DETLEF HARTMANN

KRISEN – KÄMPFE – KRIEGE

Assoziation A, Gneisenaustraße 2a, 10961 Berlin, www.assoziation-a.de
berlin@assoziation-a.de, hamburg@assoziation-a.de
Gestaltung: Andreas Homann, Druck: CPI
ISBN 978-3-86241-448-2

DETLEF HARTMANN/

KRISEN KÄMPFE KRIEGE

BAND 1/

ALAN GREENSPANS ENDLOSER »TSUNAMI«/

EINE ANGRIFFSWELLE ZUR ERNEUERUNG KAPITALISTISCHER MACHT/

ASSOZIATION A

DETLEF HARTMANN wurde 1941 geboren und ist seit Ende der 1960er ununterbrochen aktiv in sozialen, insbesondere Häuserkämpfen, immer in offener Gegnerschaft gegen formelle Parteibildungen, marxistische Orthodoxie und den Glauben an die Möglichkeit kampfunabhängiger objektiver wissenschaftlicher Erkenntnis.

Nach Studium in Hamburg und Berkeley, einem Zentrum der 68er-Revolten und -Bewegung gegen den Vietnamkrieg, Anwaltstätigkeit in Köln vor allem im Kontext der Kämpfe gegen Stadtsanierung, Vertreibung, Psychiatrie, Ausländerpolitik. Ehemaliger Mitarbeiter der Zeitschrift Autonomie und danach bis heute im Redaktionskollektiv der Materialien für einen neuen Antiimperialismus.

Bei Assoziation A sind mehrere Bücher des Autors erschienen.

»Wir befinden uns mitten in einem Kredit-Tsunami, der einmal in einem Jahrhundert vorkommt.«/

ALAN GREENSPAN AM 23. OKTOBER 2008
IN EINEM HEARING ZUR SUBPRIME-KRISE

»Heute, während die Säulen des Kapitalismus um uns zusammenbrechen, mag es merkwürdig scheinen sich zu fragen, welche Schübe der Weltveränderung diese große Rezession hervorbringen werden — welches nächste ›Big Thing‹ uns hinter der Ecke erwartet …
Die Ingenieurfortschritte der 1930er machten den zweiten Weltkrieg zu einem Blutbad. …
Mach dich bereit für das nächste Big Thing.«/

EDITORIAL VON FOREIGN POLICY, MAI/JUNI 2009

VORWORT

In diesem Jahr, da die alte Welt wieder ein Stück aus den Fugen gerät und die Weltwirtschaft nach Meinung vieler Experten bald in die Luft fliegt, wird es höchste Zeit, sich um den wahren Grund dieses Verfalls zu kümmern: Alan Greenspans »Tsunami«. Greenspan war vom August 1987 bis Januar 2006 Vorsitzender der amerikanischen Zentralbank (Federal Reserve Board, »Fed«). Er war der mächtigste Banker der Welt, genannt der »Maestro«. Ihm wurde vorgeworfen, durch eine ultralockere Kreditpolitik die »New-Economy-Blase« (2000) und die »Subprime-Blase« (Höchststand 2006) verursacht zu haben und damit den globalen wirtschaftlichen Zusammenbruch im Jahre 2008. Dehalb fand das Hearing statt, in dem er sich mit der Behauptung verteidigte, es handle sich um einen unabwendbaren »Jahrhundert-Tsunami«.

Die Krise hat das Ausmaß einer »Großen Depression« angenommen. Sie dauert bis heute an, trotz ständiger Überflutungen der Märkte mit frischem Geld der Zentralbank(en).

Verschiedenste Symptome, die den Verfall begleiten, sind in den Medien allgegenwärtig. Um nur einige zu nennen:

Die hohe Weltverschuldung von inzwischen 199 Billionen (199-tausend Milliarden) Dollar, Tendenz steigend. Die weiter wachsende Kluft zwischen Arm und Reich, die amerikanische Fast-Food-Arbeiter*innen zu drei, statt zuvor zwei Jobs zwingt und in Europa Menschen ins Mordmeer treibt. Die fortgesetzte Zerstörung der alten Mittelklasse und der überkommenen Sozialstrukturen. Die technologische Arbeitslosigkeit. Der mögliche »Grexit« mit erneut drohendem globalen Zusammenbruch. Die triumphale »Weltregierung«(Spiegel) durch »Silicon Valley«, begleitet von EU-Techno-Kommissar Oettingers Klagegesang: »Wir haben das Spiel in der IT-Branche verloren«. Die zunehmende Politik der Spannung in den osteuropäischen, mediterranen und pazifischen Halbperipherien mit ihren verschiedenen Formen des »hybriden Kriegs«. Und wirklich last and least: die Desorientierung im politisch-ökonomischen Wissenschaftsverständnis um die Ablösung des alten neoklassischen Marktparadigmas: »Goodbye, Homo economicus«, wie Anatol Kaletsky spottete. Diese Symptome tauchen mit unterschiedlicher Häufigkeit, abwechselnd allein oder in Gruppen im Brei der Tagesberichterstattung auf, und werden gemeinhin als Einzelthemen behandelt. Zu Unrecht, denn sie haben sowohl einen gemeinsamen Grund als auch einen gemeinsamen historischen Ort: den »Tsunami«.

Der Tsunami wurde mit der New-Economy-Blase eingeleitet. Er setzte sich über die Subprime-Welle und, nach dem Zusammenbruch von Lehman Brothers, in die Bernanke-Welle fort – bis in die heutigen Ausläufer unter einer globalen Zentralbanker-Riege druch Yellen (US), Draghi (EU), Japans Kuroda, Chinas Zhou Xiaochuan und auch Indiens Rajan. Greenspans Tsunami-Formulierung war raffiniert. Er sagte nicht »wir befanden [uns]«, er sagte: »wir befinden [uns]«. Doch er hat es anders gemeint, als es zumeist verstanden wurde. Doppeldeutig: kritisch bis bußfertig für den Erwartungshorizont seiner Hörer- und Kritiker*innen, bejahend für die wenigen Eingeweihten in der Fed. Denn dort wurde der Jahrhundert-Tsunami schon Ende der 1990er als »grundlegender Jahrhundert-Umbruch« gefeiert. Ein keineswegs naturwüchsig-katastrophisches Ereignis, vollzog Greenspan bzw. die Fed mit dem Auslösen des Tsunami vielmehr eine gezielte Offensive zur Zerstörung der alten kapitalistischen Welt und zum Aufbau einer neuen. Eine in ihrer komplexen Konzeption historisch beispiellose Offensive. Die oben genannten Einzelsymptome verstand Greenspan als die historisch notwendigen Facetten dieser Offensive. Ohne sie, ohne diesen umfassenden »Tsunami« werden wir die aktuelle Krisenphase nicht verstehen können.

Um die Offensive zu begreifen, müssen wir die Legenden beiseiteräumen, unter denen sie begraben und dem Blick entzogen wurde. Was ich hier zu erzählen versuche, ist ihre wirkliche Geschichte. Sucht man ihren Ursprung, findet man ihn am ehesten am 22. August 1995. Das war das Datum einer zukunftsweisenden Sitzung des Offenmarktausschusses der Fed unter ihrem Vorsitzenden Greenspan. In dieser Sitzung wurde die erste tektonische Erschütterung zur Entfesselung genau dieses Tsunami angedacht. Es war eine Erschütterung, die zu beiden Zusammenbrüchen führte, zum Crash des Jahres 2000 und zum »melt-down«, zur »Kernschmelze« des globalen Finanzsystems in der Lehman-Pleite 2008.

Beide Zusammenbrüche waren nicht das, als was sie gemeinhin deklariert wurden: Folgen einer grob-fahrlässigen und riskanten Zinspolitik zur Befriedigung der spekulativen Gier gewaltiger Horden von Finanzjongleuren im kapitalistischen Kasino, sträflich abgekoppelt vom vernachlässigten produktiven Realsektor. So wollen es die Legenden. Doch das genaue Gegenteil ist richtig. Die Blasenbildung wurde nicht fahrlässig, sondern absichtlich betrieben. Der Zusammenbruch wurde bewusst herbeigeführt, erklärtermaßen in vollem Wissen. Und dies geschah erst recht nicht unter Vernachlässigung des produktiven Sektors, sondern gezielt zu seiner Revolutionierung und Förderung. Das erzähle ich im *ersten Kapitel.*

Der tektonische Schock aus dem Inneren der Fed, der den Tsunami in Gang setzte, war die Entscheidung zur Forcierung einer IT-Innovationsoffensive, die ihrerseits die Reaktion auf die Kämpfe der 1960er und 1970er Jahre gewesen war.

»Man kann Computer überall sehen, außer in den Produktivitätsstatistiken«, hatte der US-Papst der Innovations- und Wachstumstheorie Robert Solow zuvor noch gesagt. Das stand so in den Statistiken, und diese Meinung wurde allgemein geteilt, auch unter Alan Greenspans Gouverneurskolleg*innen. Es war Greenspan, der sich in dieser Situation als der wohl genialste Vorsitzende in der Geschichte der amerikanischen Zentralbank erwies. Er hatte die Intuition und eine gute Nase. Er »roch« förmlich die Produktivitätsfortschritte. Er erklärte, die Statistiken seien falsch, fehlerhaft. Wenn er Recht hatte, so sagte er sich, dann enthielt die wachsende Produktivität ein brisantes Potential von epochaler Sprengkraft. Und ein genügend mit Liquidität gefütterter Innovations- und Produktivitätsschock konnte drei Dinge leisten: Erstens die Macht der Arbeiter*innen nachhaltig erschüttern. Zweitens die Gesellschaftsstrukturen zugunsten eines erneuerten kapitalistischen Regimes zertrümmern. Und drittens die gefährdete US-amerikanische Welthegemonie erneuern.

Als Bewunderer Joseph Schumpeters, des Theoretikers der »schöpferischen Zerstörung«, war ihm eines klar: Ein solcher Vorstoß verlangte eine ungeheure Flut aus dem Nichts, »ex nihilo«, geschöpfter Kredite. Nur eine entsprechende Blase würde für Fortschritt sorgen. Nur ein schneller Vorstoß würde Erfolg bringen, so sagte es die neue Wachstumstheorie. Und nur aus der Blase und dem dadurch entfesselten spekulativen Boom könnten Schwärme innovativer »Startups« gefüttert werden, die die Entwicklungspfade zugleich schlagen und besetzen, die Marktführer bilden, die Monopolgewinne ernten und Netzwerkeffekte nutzen würden. Nicht der Staat, sondern allein sie könnten die »schöpferische Zerstörung« der überkommenen Wirtschaftsstruktur betreiben. Nur sie könnten ein neues politisch-ökonomisches Regime herstellen und die Anpassungszwänge in die Gesamtgesellschaft hineintreiben.

Greenspan projektierte dies mit einer beispiellosen historischen Bewusstheit in Analogie zur ersten fordistischen Blase hundert Jahre zuvor. Da er mit seiner Meinung zunächst weithin allein stand (bis auf das Einverständnis von Bill Clinton, Al Gore, Robert Rubin und Larry Summers und vielleicht noch seiner Kollegen Roger Ferguson und Lawrence Lindsey, und natürlich den ihre Chance suchenden Startups), wusste er: Es würde ein zähes Ringen werden – nach innen wie nach außen. Das betrieb er mit einem außerordentlichen taktischem Geschick und propagandistischer Raffinesse. Dabei nahm er schon damals die Option einer Wiederholung von »1929« in Kauf. Und Greenspan hat auf ganzer Linie gewonnen.

Am Ende der New-Economy-Blase war die amerikanische Gesellschaft aufgemischt. Die Machtpfeiler einer neuen kapitalistischen Ära waren errichtet: Das »Cluster«, die unternehmerische Machtzusammenballung »Silicon Valley«, war auf dem Weg zur Welthegemonie. Der Finanzsektor war revolutioniert. Die neue Elite der »creative class« hob sich aus den sterbenden Mittelschichten des alten fordistischen Regimes heraus. Diese waren dem unerbittlichen Prozess der Auflösung und Entwertung überantwortet. Die neuen Technologien machten ihre Jobs überflüssig oder schoben sie in Billiglohnländer. Die Gouverneure der Fed waren domestiziert und auf Linie. Alan Greenspan war der »Maestro«, der mächtigste Mann der Welt nach dem Präsidenten. Er war zugleich der »Cheerleader« der Zentralbanken in aller Welt. Und vor allem: Die europäische und japanische Entwicklung blieb abgeschlagen zurück – bei bis heute stetig wachsendem Abstand. Das erzähle ich im *zweiten Kapitel.*

Die zweite Welle von Greenspans Tsunami, die »Subprime«-Welle, dauerte nach zweijähriger Stagnation von 2003 bis 2007. Auch sie entstammte strategischen Überlegungen. Diese trug Greenspan schon 2001 offen in Bankerkreisen vor. Die zweite Welle wiederholte nur das dynamische Profil der ersten. Zu ihrer Fütterung wurden in die Armut abgedrängte Schichten als regelrechtes »Subprime-Material« ausersehen. Unter Bushs »Ownership«-Ideologie wurden sie propagandistisch in die Verwirklichung ihres »amerikanischen Traums« gelockt – oder getrieben, wie man will. Hypotheken wurden ihnen nachgeworfen. Mit diesen sollten sie eine Hauspreisblase hochschäumen, um die IT-Industrien mit Kaufkraft und sich selbst mit ihrem Lebensunterhalt zu versorgen. (Dass viele das Angebot aufgriffen, um sich gezielt zu Lasten der Hypothekenbanken zu versorgen, steht auf einem anderen Blatt).

Die Früchte der zweiten Welle sind beeindruckend: Amazon, Facebook, der Durchbruch von Salesforce zur amerikanischen und Googles zur Weltmacht sowie Schwärme neuer Startups. Sie zementierte die Herrschaft der neuen »Cluster«-Fürstentümer, an ihrer Spitze der »Kaiserpalast« Silicon-Valley.

Der Zusammenbruch kam wie erwartet, aber die geschaffenen Positionen ökonomischer, wirtschaftlicher und politischer Macht blieben. Die soziale Zerstörung erreichte einen weiteren Höhepunkt. Wieder zeigte sich: Blase und Krise sind der *modus operandi,* die Bewegungsform des Kapitalismus zur Verwirklichung eines Innovationsschubs. Europa, Japan und die Welt fielen noch weiter zurück.

Eine weitere Frucht: der »Homo oeconomicus«, der Kunstmensch neoliberaler Glaubensrichtung, starb nach kurzer, aber heftiger Krankheit einen plötzlichen (wenn auch von manchen schon erwarteten) Tod. Das alte Paradigma rational operierender Wirtschaftsteilnehmer verendete kläglich unter beißenden Spottgesängen: »Goodbye, Homo economicus«, ruhe in Frieden!

Es machte dem neuen Paradigma der »Verhaltensökonomie« Platz, das für den vertieften Zugriff auf das menschliche Verhalten stand. So machte die politische Ökonomie des Kapitalismus endgültig Schluss mit der Welt simpler Modelle, der Gesetze, der linearen und allenfalls stochastischen Formeln. Sie nahm die Menschen mit ihren Begierden und scheinbaren »Irrationalitäten« und »Fehlern« als Akteure eines wirtschaftlichen und gesellschaftlichen Prozesses in den Blick – und damit eines unaufhebbar historischen Prozesses.

Die Modelle, in denen die Menschen als abstrakte Variable figurierten, wurden –zumindest für die makroökonomische Dimension – zunehmend aufgegeben. Auch der Glaube an die Objektivität einer »Gesetzlichkeit«, ob in Einzelprozessen oder epochalen Entwicklungen, wurde ad acta gelegt. Zu diesen letzteren gehört prominent die Theorie der »langen Wellen« aus Kondratjews Küche, die bis heute auch in linken Zirkeln spukt, um ihren Durst nach Gesetzlichkeit zu befriedigen.

Die Modelle wurden angesichts der Nicht-Determiniertheit menschlichen Verhaltens als zu primitiv geoutet, als dürftige und mangelhafte Abstraktionen der viel reicheren Wirklichkeit. Nur die Marxisten haben das nicht begriffen (außer wenigen, wie der griechische Wirtschaftsmathematiker und Exminister Yanis Varoufakis). Sie zogen es, nicht ohne Berechnung, vor, aus ihrer Heimat des 19. Jahrhunderts zu operieren.

Allerdings war der verhaltensökonomische Umbruch lediglich die unerlässliche Anpassung der Methodik an die Innovationsstrategien rund um ihren informationstechnologischen Kern. Auch dieser war darin, das muss man im Kopf behalten, nur die Reaktion auf die fundamentale und umfassende Erschütterung des kapitalistischen Kommandos in den 1960er und 1970er Jahren. Der Abschied vom primitiven »homo oeconomicus« ist also nichts weiter als die Vervollständigung des strategischen Arsenals auf dem Niveau der Theoriebildung und der politischen Philosophie. All das erzähle ich im *dritten Kapitel.*

Warum *erzähle* ich überhaupt so ausführlich, anstatt mich auf Kapitalbewegungen, Investitionen, Wertschöpfung und Profite zu beschränken? Warum mache ich keine wissenschaftliche Analyse unter Verwendung objektiver Aggregate? Genau darum. Denn sie wäre überholt, sie wäre gestrig, wenn nicht vorgestrig. Sie gehört einer vergangenen Epoche an. Frontexperten der Methodik, im Führungsfeld auch hier Alan Greenspan, hatten die Veränderungen früh begriffen und zum Teil mit betrieben. Diese Veränderungen sind in Wirklichkeit Kinder der Innovationsoffensive. Sie sind in ihrem Kontext hervorgetreten, »emergiert«. Subjektive Bewegkräfte, Kampfstrategien, die vitalen Energien, vor allem die »Erzählformen« wurden als Grundbausteine menschlichen Handelns und Verstehens wahrgenommen und usurpiert. Das wird exemplarisch am »Framing« deutlich: der Verhaltenslenkung durch die Vorgabe des erzählerischen Rahmens. An seinen aggressiven Strategien wird deutlich, dass es um kapitalistische Bemächtigung und Inwertsetzung der Erzählformen ging, um Formen der Enteignung, um eine Kapitalisierung der Erzählung als »Narration«.

Die innovativen kapitalistischen Akteure tragen zwar dem Umstand Rechnung, dass es keine vom Subjektiven gereinigten »Tatsachen« und ihre kausalen Verkettungen gibt. Aber sie trachten danach, sich der Subjektivität zu bemächtigen und sie zu kapitalisieren. Auch und gerade als »Narration« – und auch dies eine Reaktion auf die kämpferischen Erzählweisen von unten. Für die innovativen kapitalistischen Akteure gibt es grundsätzlich nur noch »animal spirits« des sich Erneuernden, d.h. Seelenkräfte, vitale Energien und die Erzählung als ihren Rahmen. Sie meinen die »animal spirits« der kapitalistischen Unternehmer und Dienstleister. Rückblickend wurden selbst keynesianische Formeln als eingeschrumpfte Erzählungen geoutet.

Darum erzähle ich alles, so gut es geht. Ich lasse die scheinbar objektiven Größen und Aggregate als Bestandteile der Erzählung auftreten und schicke das Verständnis ihrer scheinbar objektiven Beziehungen mit einem Fußtritt in die Vergangenheit. Leider erzähle ich manchmal gut und manchmal nicht so gut. Dann wird es etwas zäh, sorry Leute. Mit einer kleinen Bitte um Nachsicht möchte ich trotzdem dazu einladen, mir in die Auseinandersetzungen innerhalb der Fed zu folgen. Denn so formiert sich eben die Dynamik eines Innovationsschocks. So ereignet sich Geschichte. Außerdem bitte ich, mich in die Entwicklungen der Methode (im 3. und letzten Kapitel) zu begleiten, so ungewohnt manches sein mag – sie sind wichtig. Denn die »Wirklichkeit« wird in den Köpfen hergestellt, oder besser: im Leib-Seele-Kontinuum, ob im Krieg von oben oder der Befreiung von unten. In der Ökonomie ist die Wirklichkeit das Resultat des methodischen Blicks der Handelnden. Indes, der Blick ändert sich im historischen Prozess. Genauer: in der Geschichte der Kämpfe. Und mit ihm die Antagonismen der Wirklichkeit.

»Wie Schumpeter gesagt haben könnte, Modelle sind auch der ›schöpferischen Zerstörung‹ unterworfen«, erklärt Greenspan seinen kapitalistischen Lesern. Das ist der beste philosophische Satz, den ich je von einem kapitalistischen Banker gelesen habe. Er könnte vom ganz frühen Marx stammen. »Warum es die Welt nicht gibt«, hat Markus Gabriel, einer der neo-realistischen Philosophie-Upstarts aus der Perspektive des Berufsphilosophen treffend dazu gesagt. Die Welt »gibt« es nicht. Es gibt nur die Wirklichkeit, in der menschliche Kräfte »wirken« und unablässig noch nie dagewesen Neues hervorbringen – ein »emergenter« Prozess also. Aber kein Entwicklungsprozess.

So etwas sagen die Herren und die in ihren Diensten stehende Wissenschaft. Es ist ein antagonistischer Prozess. Das sagen diejenigen, die sich von diesen Herren befreien. Wem das alles zu detailliert, zu philosophisch, zu mühselig erscheint, sollte sich nicht plagen und das überschlagen. Für Nachfragen stehe ich gerne persönlich zu Verfügung.

Greenspans Tsunami ist nicht vorbei, er erscheint endlos. Die Orientierung an Schumpeter wurde von Obama und seinem ökonomischen Berater Larry Summers für die radikal weiterbetriebene IT-Innovationsoffensive geradezu programmatisch erneuert. Um das hiermit verbundene Bekenntnis zur politisch-ökonomischen Aggressivität einschätzen zu können, habe ich die Darstellungen über Schumpeter im Methodenkapitel detailliert ausgeführt. Außerdem ist es gut, mehr über diesen »Ökonomen des 21. Jahrhunderts« (Summers) zu wissen.

Nach Bush wurde die finanzielle Fütterung der Innovationsoffensive in einer dritten Tsunami-Welle unter dem Zentralbankvorsitzenden Ben Bernanke und der ihm nachfolgenden Vorsitzenden Janet Yellen fortgesetzt. Beide waren treue, wenn auch nicht unkritische Mitarbeiter Greenspans. Bernanke etwas unkritischer, Yellen etwas kritischer. Aber die Wellen, die sie einschließlich ihrer japanischen und europäischen Erweiterungen mit den Techniken des »Quantitative Easing« (den Wertpapierkäufen) in gigantischem Ausmaß entfesselt haben, sind – auch wenn ihr Ende heute projektiert scheint – noch immer genuine Folgewellen innerhalb des großen »Tsunami«. Wir können sie nur verstehen, wenn wir ihren Ursprung Mitte der 1990er Jahre und die hier nachgezeichnete Entwicklung kennen. Diese Ausweitung der Liquidität war sogar schon vorweg gedacht, als Greenspan 1998 die Option ins Auge fasste, eine Wiederholung von »1929« in Kauf zu nehmen.

Kernthema des Buchs ist der Weg innovativer Aggressivität bis in die Subprimekrise mit Schwerpunkt auf dem Finanzsektor. Die Entfaltung der Informationstechnologien in ihre verschiedenen Stränge – Produktion, Verkehr im weitesten Sinne, Expansion in die Peripherien, Militär – habe ich darum stiefmütterlich behandelt. Ausführlicher wird es im letzten Band, der die Innovationsoffensive und die Bewegungen von unten in die Jetztzeit verfolgt. Für die neuen Wellen gibt es in diesem

Band ebenfalls keinen Platz mehr. Ich habe das Buch zerlegt und zu drei Teilen verarbeitet.

Im zweiten Band werde ich versuchen, Lehren aus der Geschichte des letzten großen fordistischen Tsunami zu ziehen und in seine Höhepunkte des ersten und zweiten Weltkriegs zu verfolgen. Im dritten Band werde ich über die letzte Welle der Geldflut und die Fortentwicklung des technologischen Angriffs erzählen. Und ich werde das mit großen Besorgnissen tun. Sie kreisen um die Frage, ob wir uns schon mitten im Kriegsgeschehen zur Verwirklichung neuer Macht aus den neuen Technologien befinden, wie dies die Vorläufer im ersten und zweiten Weltkrieg nahelegen. Darum das zweite als Platzhalter an den Anfang gesetzte Zitat. Einen kleinen Vorgeschmack hierfür habe ich vor zwei Jahren[1] (noch optimistisch) und Anfang dieses Jahres[2] (weniger optimistisch) zu geben versucht. Ich werde meine Besorgnisse in einem kurzen »Ausblick« im letzten Kapitel dieses Bands umreißen.

Und wo bleiben die Bewegungen der sozialen Revolution und des Widerstands? Dass eine Innovationsoffensive, ein Tsunami nicht aus sich heraus erklärbar ist, wissen wir und wusste vor allem Greenspan. Er ist nur aus dem Konflikt mit seinen Antagonisten, den Menschen, die um ihr Leben, um ein anderes Leben, um eine andere Gesellschaft kämpfen, verständlich.

Zu Beginn des ersten Kapitels habe ich die Entstehung der Informationstechnologien als zunächst ambivalente und dann eindeutige kapitalistische Antwort auf die weltweit sozialrevolutionären Kämpfe (Kürzel »68«) dargestellt. Es war eine Antwort auf die noch immer je nach Standpunkt verkürzt dargestellten Revolten gegen die »stahlharten Gehäuse« effizienter Rationalisierung, von denen Max Weber spricht. Gegen die »eisernen Käfige« (in der treffenden englischen Übersetzung) des westlichen und östlichen Fordismus (»Realsozialismus«).

Es war Greenspans nach der neoliberalen Wende der 1980er Jahre lancierte Schockpolitik, die diese Kämpfe als Abwehrkämpfe in die Defensive gebracht und dort zunächst gehalten hat. Die Betreiber des »Tsunami« konnten die Initiative zunächst bis in die Peripherien hinein behaupten. Neuere Hoffnungen keimten mit den ambivalenten Revolten des arabischen, israelischen, Istanbuler, ukrainischen Frühlings auf, sowie des rus-

---

1 D. Hartmann, Was tun mit Kommunismus? Mitkämpfen. Die Chancen der sozialen Weltrevolution in der Krise der Innovationsoffensive, in: Selbsthilfegruppe Ei des Kolumbus (Hg.), Was tun mit Kommunismus?!, Münster 2013, S. 340 ff. Auch als Download unter: www.materialien.org/texte/Hartmann/Hartmann _2013_Kommunismus.html.

2 D. Hartmann, 1914 – 2014 – ? Deutschlands Offensive im weltweiten Umbruch, in: G. Hanloser (Hg.), Deutschland. Kritik, Münster 2015, S. 35 ff.

sischen Frühlingsversuchs 2011/12[3]. Sie lassen in den gewaltigen Migrationswellen dieser Tage, in denen Menschen ihre Zukunftshoffnungen, ihr unvergleichliches kosmopolitisches Bewusstsein und ihre Fähigkeiten zur Selbstorganisation nach Europa tragen – die die Enge unserer retardierenden Lebensgewohnheiten sprengen werden –, neue Knospen erkennen.

All das gehört allerdings nicht mehr der Phase der ersten Tsunami-Welle und ihrer krisenhaften Blockierung an. Darum werde ich mich ihnen im dritten Band widmen, nachdem die Widerstandserfahrungen in der Auseinandersetzung mit der fordistischen Offensive ausgewertet wurden. Einen Zwischenbericht enthält das Buch von John Malamatinas und mir über die Kämpfe gegen die europäischen Weiterungen des Tsunami im »Krisenlabor Griechenland«.[4]

Gisela Schmidt, Dirk Vogelskamp und Rainer Wendling danke ich sehr für ihre Hilfe bei der Arbeit an diesem Buch. Es hat eine lange Vorgeschichte, aus der auch viele Diskussionen mit meinen Freund*innen eingeflossen sind. Sie beginnt mit einer Arbeit aus dem Jahre 1985[5] zur Politik »schöpferischen Zerstörung« durch das nationalsozialistische Modernisierungsprojekt und zu den dagegen gerichteten Kämpfen. Darin registrierte ich zum ersten Mal die neoschumpeterianische Wende. Just in dem Moment, als sie den Weg zu ihrer heutigen Dominanz einschlug. Veröffentlichungen in der Folgezeit haben verschiedene Facetten der sozialen Auseinandersetzungen mit neuen »politischen Technologien« immer wieder beleuchtet.

Zum Gebrauch dieses Buchs: Ich habe dafür Tausende von Seiten interne Protokolle der Fed-Sitzungen einschließlich des Vorbereitungsmaterials und Hunderte von Reden Greenspans und seiner Gouverneurs-Kollegen und -Kolleginnen gelesen und verarbeitet. Ich habe die Reden Greenspans aber nur in seltenen Fällen mit Überschrift und Fundort zitiert, um nicht endlos wieder dieselbe Fundstelle nennen zu müssen. Stattdessen habe ich nur »Greenspan, Datum« zitiert. Das schadet nichts. Seine Reden sind sehr einfach über die Homepage der amerikanischen Zentralbank auffindbar. Man kann sich auf folgender Seite leicht durchklicken: www.federalreserve.gov weiter über: News&Events/Testimony and Speeches/Jahr/Datum. Die Reden aller Gouverneure sind auf der Homepage chronologisch aufgeführt. Zu den Sitzungsmaterialien und den Protokollen geht's

3 Vgl. Fn. 1 u. 2.
4 D. Hartmann, J. Malamatinas, Krisenlabor Griechenland, Finanzmärkte, Kämpfe und die Neuordnung Europas, Berlin, Hamburg 2011.
5 D. Hartmann, Völkermord gegen soziale Revolution. Das US-imperialistische System von Bretton Woods als Vollstrecker der nationalsozialistischen Neuen Ordnung, in: Autonomie Neue Folge Heft 14, Klassengeschichte – soziale Revolution, Berlin2 1987, S. 217 ff.

über www.federalreserve.gov, dann Monetary Policy/FOMC Transcripts and Other Historical Materials/Jahr/Meeting/Transcripts (Sitzungsniederschriften) bzw. das für jede Sitzung gefertigte als »Beigebook«, »Greenbook«, Bluebook« vorbereitende Material. Das geht schneller, als wenn man eine in der Fußnote angegebene Internetfundstelle eingibt – meist mit hoher Fehlerquote. Außerdem ist es lehrreich. Die Aura des aus herrischer Gewalt zu Marmor verarbeiteten obersten Geldtempels, der das hier geschilderte Geschehen bestimmte, ist noch durch das digitale Netz zu erschnüffeln. /

1. BEWUSST GEGEN DIE WAND

Vabanque 2003: Wie der Weg in die Kernschmelze des globalen Finanzsystems eingeschlagen wurde – wissentlich und mit weit geöffneten Augen.

Am Sonntag, den 14. September 2008 entschlossen sich US-Finanzminister Henry Paulson, der Präsident der New Yorker Zentralbank Timothy Geithner und der Vorsitzende der Fed, die Investment Bank Lehman Brothers, eine der größten, fallen zu lassen. Lehman Brothers war angefüllt mit »toxischen«, hochgiftigen Wertpapieren. Giftig, weil sie weniger wert waren, als draufstand, oder sogar ganz wertlos waren. Die Bank hatte sie in den Jahren der sogenannten Subrime-Blase erworben, des aufgekochten Schaums aus spekulativ hochgetriebenen Hauspreisen und Hypothekenwerten und der daraus konstruierten Derivate. Ihr Wert war in den vorausgehenden Monaten dramatisch verfallen. Keiner mochte sie mehr kaufen. Die Panik setzte unmitelbar danach ein. Banken verliehen kein Geld mehr, vor allem nicht untereinander – die Grundlage dessen, was wir »Liquidität« nennen. Die Liquidität »verdampfte«, wie man sagte. Das durch Kredit »geschaffene« Geld verflüchtigte sich als Dunst. »Keine Institution erschien noch sicher. Das Kreditgeschäft fror ein und die Wirtschaft versank wie ein Stein«, wie Alan Blinder, Princeton-Professor und früherer Fed-Gouverneur, dichtete. Eine Kernschmelze des Weltfinanzsystems stand bevor.[6] Und da alles, Handel, Zulieferer, Transport, Produktion, auf Kreditfinanzierung basierte, drohte auch der völlige Zusammenbruch der Weltwirtschaft. Warum?

Der Kern der gängigen Krisenlegenden ist schnell skizziert. Sie werden folgendermaßen erzählt:

Schuld war die Gier, die Gier, und nochmals die Gier. Sie suhlte sich spekulativ in casinokapitalistischer Zockerei, in Betrug, in staatlich angeheizten Schneeballsystemen etc. Zu ihrer Fütterung wurde eine gigantische Kreditblase aufgebläht.[7] Niedrig gehaltene Zinsen verlockten zur Vergabe fragwürdiger Konsumenten-, Kreditkarten- und vor allem fauler Hypothekenkredite an einkommensschwache Hausbesitzer (»subprime«, unterhalb eines tragfähigen Niveaus). Die Kredite wurden kurzerhand zu Wertpapieren umfrisiert, die auf die Schuldsumme lauteten. Sie wur-

---

6 Einen guten zusammenfassenden Überblicksbericht über diese Tage gibt: D. Wessel, In Fed We Trust, New York 2009, 1. Kap.

7 Exemplarisch als besonders krasses Beispiel: S. Wagenknecht, Wahnsinn mit Methode. Finanzcrash und Weltwirtschaft, Berlin 2008.

den von betrügerischen Finanztechnikern geschickt verbrieft (»Securitization«) und gebündelt. Aus den Kreditunsicherheiten wurde dadurch die nur scheinbare Sicherheit handelbarer Finanzpapiere. Betrügerische Ratingagenturen versahen sie mit einem Gütesiegel. Dann wurden sie als Wertpapiere an die Pensionskassen, Versicherungen, Vermögensbesitzer, kleinen Sparer vertickt. Ja, sie hielten sogar noch zur Sicherung neuer Anleihen her. Die Sicherung von Schulden durch Schulden. Realwirtschaftlich flossen die Erlöse Großteils in den Absatz von Autos, Computern, Haushaltswaren. Sie produzierten so eine künstlich schuldengetriebene Nachfrage. Die musste die seit Jahren nachlassende effektive Nachfrage aus arbeitsgeschöpften Werten auf immer dünnerem Eis dem unausweichlichen Einbruch entgegentreiben. Bis die Blase platzte und die Dynamik versandete. Mit ihrem Platzen brach die aufgetürmte Überinvestition zusammen. Eine dramatisch nachlassende (»Unter«)Konsumtion konnte sie nicht mehr auffangen. Die Schuldigen wurden in den Stars des Kapitalismus gesucht: CEOs der Securitization- und Versicherungsbranche, Investmentbanker, mathematische Jongleure, Ratingspezialisten. Sie hätten sich an den satten Boni fettgefressen, die für erfolgreiche Arbeit und Geschäftsabschlüsse ausgeschüttet wurden. Schuldige wurden auch in den nachlässigen öffentlichen Organen gesucht, die durch ihre laxe Aufsicht in die Katastrophe regelrecht eingeladen hätten. Allen voran die Fed. Sie habe unter ihrem als »Mr. Bubble« geschmähten Vorsitzenden Alan Greenspan die Blase mit gigantischen zinsgünstigen Liquiditätsströmen gefüttert. Klingt doch plausibel, oder? Jedenfalls ist das der tragende Bestandteil einer seitdem enorm aufgepusteten Theorieblase.

Handelte es sich wirklich um eine Katastrophe? Gar eine von der Art einer Naturkatastrophe? So wollte es Greenspan glauben machen. Er nahm das Erklärungsangebot der »Gier« dankend an. Sicher war es die Gier, sagte er – wider besseres Wissen, wie wir sehen werden. Dabei sprach er nicht von der Gier der Banker und Broker. Bei ihm war es die Gier der betrogenen Wertpapierkäufer, die Gier auf Rendite. Es sei in erster Linie die weltweite Nachfrage nach den Papieren gewesen, die die Krise verursacht habe.

Das war nicht ungeschickt. Denn damit entlastete er die Wall Street und brachte ihre Banker und Broker auf seine Seite. In seiner Anhörung vor dem »Committee of Government Oversight and Reform« des Kongresses am 23.10.2008 erklärte er: »Wir befinden uns mitten in einem Kredit-Tsunami, wie er einmal in einem Jahrhundert vorkommt ... diejenigen von uns, die ihre Sicherheit im Eigeninteresse der Kreditinstitutionen gesucht haben, die Werte der Aktionäre zu schützen (vor allem ich selbst) sind in einem Zustand schockierten Unglaubens«.

Auch bei Greenspan fand sich im Kern des Tsunami die »Securitization« geringwertiger (»Subprime«)Hypotheken für den Handel auf den Finanzmärkten. Nicht nur die Zuhörer, sogar sich selbst stilisierte er mit seiner Version der Legende wie folgt zum Opfer der Katastrophe: »Aber Subprime-Hypotheken, als Wertpapiere verpackt und verkauft, wurden Gegenstand einer explosiven Nachfrage von Investoren weltweit. Diese hypothekengestützten Wertpapiere aus dem Subprime-Sektor wurden ursprünglich zu den erhöhten Risiken entsprechenden Zinsraten angeboten. Aber da die US-Hauspreise immer noch stiegen, waren die Betrugs- und Kündigungsraten trügerisch maßvoll. Verluste waren minimal. In den Augen der raffiniertesten Investoren der Welt erschienen sie als wohlfeiles Schnäppchen. Die Folge war ein Ansteigen der globalen Nachfrage für amerikanische Subprime-Wertpapiere durch Banken, Hedge- und Pensionsfonds, die von unrealistischen positiven Ratings durch Kreditagenturen unterstützt und damit nach meiner Einschätzung der Kern des Problems wurden. Die Nachfrage wurde so aggressiv, dass viel zu viele Wertpapierverpacker und Kreditgeber glaubten, sie wären in der Lage, hypothekengesicherte Wertpapiere so schnell zu verkaufen, dass sie das Kapital ihrer Aktionäre niemals einem Risiko aussetzen würden und von daher auch keinen Anreiz spürten, die Kreditqualität der von ihnen verkauften Produkte einzuschätzen.« Und auf Nachfrage des Ausschussvorsitzenden Henry Waxman: »Also ist das Problem hier, dass etwas, das wie ein solides Gebäude und wie eine tragende Säule des Marktwettbewerbs und freier Märkte aussah, zusammenbrach. ... Ich war geschockt, als das System zusammenbrach ... Ich verstehe noch immer nicht voll, wie das passierte.«[8]

Cool und unverfroren wiederholte er das im Jahre 2013 noch einmal. Geradezu herausfordernd wählte er als Überschrift eines vorzüglichen Artikels über Verhaltensökonomie und Risikoberechnung (dazu weiter unten) 2013 in Foreign Affairs: »I Never Saw it Coming«.[9]

Stimmt irgendwie sogar. Er sah es nicht »aufsichzukommen«. Denn er hatte es selbst bewusst so betrieben. Doch Greenspan war keineswegs »geschockt«. Denn er selbst hatte die gesellschaftliche Erschütterung wissentlich herbeigeführt. Er sah dem Tsunami nicht ins Auge, er hatte sozusagen darauf geritten. Und er hatte den Aufprall des Tsunamis erwar-

---

8 Greenspan Testimony on Sources of Financial Crisis, Wall Street Journal 23.10.2008. A. Smith, Greenspan: It's a ›credit tsunami‹, CNN Money vom 23.10.2008. Von besonderem Interesse ist das Protokoll einer Befragung Greenspans durch Parlamentarier, den Vorsitzenden der SEC Cristopher Cox, den früheren Finanzminister John Snow und weiteren Experten am Abend der Anhörung. Hier spielt Greenspan aus seiner enormen Souveränität in Fragen ökonomischer Methodik Katz und Maus mit den Beteiligten. Vgl. PBS Newshour, Greenspan Admits ›Flaw‹ to Congress sowie unter: www.money.cnn.com/2008/10/23/news/economy/committee_regulatory

9 A. Greenspan, Never Saw It Coming, Foreign Affairs, Ausgabe: November/December 2013.

tet, denn er selbst hatte maßgeblich darauf gedrängt, den Weg für die »Orgien« der neuen Verbriefungstechniken freizuräumen und die Liquidität für die Gewalten des Tsunami zu entfesseln. Seit Jahren war ihm das Krisendrama der Tage nach dem Lehman-Zusammenbruch vorweg geläufig – und zwar bis ins Detail. Seit Jahren waren die Tsunami-Wogen in Sichtweite, die Überinvestition und Investitionszurückhaltung eine offene Tatsache – alles lange vor Einsetzen der Rezession im Dezember 2007 (nach NBER-Kriterien[10]).

DER TSUNAMI – EIN OFFENES GEHEIMNIS

Für diejenigen, die hören und lesen konnten, war der Tsunami spätestens 2004 ein offenes Geheimnis. Die Spatzen pfiffen es von den Dächern der führenden Medien. Sie pfiffen es sogar in den Säulenhallen der höchsten Tempel des Finanzwesens. Oder, um im Bild zu bleiben: die enorme Woge der öffentlichen Warnungen schwoll Mitte des Jahrzehnts auf die Stärke eines mittleren Tsunamis an und brandete gegen die Fed.

Hier die wichtigsten Stimmen dazu:

Anfang 2003 malte Warren Buffett, bis heute reichster Finanzinvestor der Welt, das düstere Bild eines »melt-down« des globalen Finanzsystems an die Wand. »Kernschmelze«, das war für ihn die unkontrollierbare Kettenreaktion von Ausfällen bei Kreditderivaten der bereits damals auf annähernd zwei Billionen Dollar angewachsenen Verbriefungsindustrie. Buffett wusste, wovon er sprach. Und jeder wusste, dass Buffett wusste, wovon der sprach. Denn es war nicht irgendeine Meinung. Buffett operierte im Kern des Systems. Als Insider des intimen Netzwerks aus Wall Street und Federal Reserve hatte er seine Erfahrungen schon gut vier Jahre zuvor bei der Rettung des Finanzsystems vor dem LTCM-Zusammenbruch zur Geltung gebracht. Long-Term Capital Management war ein Hedge-Fonds, der auf dem Wertpapiermarkt operierte und sich nach der Asien- und Russlandkrise verkalkuliert hatte. Buffett war die graue Eminenz hinter der Bühne, die maßgeblichen Anteil an der Rettungsoperation hatte.[11] »Immense Kreditrisiken sind mittlerweile bei einigen wenigen Kreditderivate-Händlern konzentriert«, erklärte er.[12] »Unserer Ansicht nach sind Derivate finanzielle Massenvernichtungswaffen und sie bergen Gefahren, die im Augenblick zwar verborgen, potentiell jedoch todbringend sind.«[13]

---

10 Das NBER, National Bureau of Economic Research, bestimmt nach einer Reihe von Kriterien das Einsetzen einer Rezession etc.

11 Vgl. B. Woodward, Maestro. Greenspan›s Fed and the American Boom, New York 2000, S. 200 ff.

12 Vgl. den Bericht von Thomas Hammer in: Die Zeit vom 3.4.2003.

13 Zit. n.: Der Spiegel 47/2008, S. 58.

Aus einer anderen Perspektive warnte Louis Utichelle, der einflussreiche Wirtschaftsredakteur der New York Times. Er zeichnete unter Berufung auf Stimmen aus der Wirtschaft die Situation der in Derivaten versteckten Kreditrisiken im Zuge der dramatisch angewachsenen privaten Überschuldung so: »Warum die Amerikaner mit dem Geldausgeben nicht aufhören dürfen.«[14] Dabei bezifferte er die private Verschuldung auf acht Trillionen Dollar. (»Trillionen« steht im US-Englischen für »Billionen« nach unserer, auch im Folgenden verwendeten Schreibweise. Amerikanische »Billions« heißen bei uns »Milliarden«. Eine Billion also, das sind Tausend Milliarden, eine Eins mit 12 Nullen.) Allein die blasenhaft ansteigenden Grundstückspreise erlaubten den Eigentümern, Milliarden von Dollar aus Hypothekenerhöhungen zu ziehen. Mit Bushs Steuererleichterungen spülten sie 200 Milliarden in ihre Taschen. Letztlich kam alles aus dem Reservoir der aufgeschäumten Kreditblase: der durch niedrige Zinsen[15] der Fed von inflationsbereinigt minus 2 % entfesselten Liquiditätsströme und der ausländischen Anlagen in die Verbriefungen der Schulden zu Wertpapieren. Dies, stellt Utichelle fest, treibe entscheidend den Konsum auf neue Höhen. Mit 7,8 Billionen Dollar speiste er zwei Drittel der ökonomischen Dynamik. Dagegen hätten realwirtschaftliche Investitionen in die Erweiterung der Produktionskapazitäten mit der Steigerung nichts mehr zu tun. Die Firmen investierten nur noch in Ersatz und Verbesserung. Sie laborierten seit langem mit Überkapazitäten. Diese seien in der »New Economy«-Blase einschließlich der technologisch induzierten Produktivitätssteigerungen aufgetürmt worden und bis jetzt nicht abgebaut worden. Die Nöte der Existenzsicherung, aber auch der soziale Druck, sich auf dem ständig steigenden Niveau des Informationszeitalters halten zu müssen, trieben die Familien in den schuldengespeisten Konsum. Doch allein schon mäßige Steigerungen des Zinsniveaus würden zum Zusammenbruch der Dynamik führen.

Wirtschaftsredakteur William Branigin von der Washington Post sekundiert einen Monat später mit ähnlichen Angaben,[16] ebenfalls über die nie dagewesene Höhe privater Insolvenzen von 1,6 Millionen im Jahre 2003 bei steigender Tendenz. Aus dieser Entwicklung würde ein erhöhter Arbeitsdruck resultieren. Durchschnittsamerikaner*innen würden nicht mehr genug für die Rente haben. Noch stiegen die Hauspreise an, und auch der Appetit vor allem ausländischer Anleger auf die neuen »Securities« sei noch nicht gestillt.

---

14 L. Utichelle, Why Americans Must Keep Spending, New York Times, 1.12.2003.

15 Federal funds rate für Übernachtkredite, vgl. Bericht von E.Andewa, in: New York Times vom 27.6.2004.

16 W. Branigin, U.S. Consumer Debt Grows at Alarming Rate, Washington Post 12.1.2004.

Der Tag der Abrechnung aus der Schulden/Preisspirale sei heute noch nicht gekommen, zitierte auch Edmund Andrews in der New York Times James Paulsen, Chefinvestmentstratege bei der Wells Capital Management, aber vielleicht in fünf Jahren.[17]

Ähnliche Stellungnahmen kamen aus England, wo Greenspan gerade von der Queen zum Ritter geschlagen worden war. Der renommierte Ökonomie-Ressortchef des »Guardian«, Larry Elliott, zeichnete unter Rückgriff auf neue Publikationen das düstere Bild einer globalen Überinvestition. Sie sei das Resultat der von Greenspans Fed gefütterten Kreditexplosion. Die billige Hypotheken-Refinanzierung habe zu einer Blase geführt, die bei Platzen eine globale Rezession vom Ausmaß der Großen Depression produzieren würde.[18]

Unruhig wurde 2004 schließlich auch Greenspans republikanische Entourage (Greenspan selbst und ein großer Teil der Fed-Gouverneure standen den Republikanern nahe). Aus Präsident Bushs Think-Tank, dem American Enterprise Institute,[19] blies John Makin, der darin den »Economic Outlook« betreute und oft im Wall Street Journal publizierte, Alarm. Auf dem Hintergrund des Budget- und Außenhandelsdefizits sei die exzessive Verschuldung privater Haushalte durch Hypothekenrefinanzierungen unhaltbar. Sie könne die Überinvestition nicht nachhaltig auflösen und verzerre zudem Investitionsentscheidungen. Man müsse »Greenspans zweite Blase« (die erste war die »New-Economy«-Blase 2000) frühzeitig durch Zinsschnitte beenden. Es sei billiger, jetzt dafür zu zahlen als später mit systemischen Zerstörungen. Da die Blase mehr als 20 metropolitane Zentren ergriffen habe, sei die Lage sehr ernst.[20]

Natürlich wurde auch im linken Spektrum die krisenhafte Überakkumulation thematisiert. So etwa von Robert Brenner in »Boom und Bubble«[21] oder von Dirk Vogelskamp und mir als Grund, zu kriegerischen Formen der Erzwingung globaler Anpassung und Inwertsetzung über-

---

17 E. Andrews, Greenspan Changes His Position on Danger of Budget Shortfalls, New York Times 16.3.2004.

18 L. Elliott, American deficit dependency: kill or cure, the fallout's global, The Guardian 21.7.2003. Kurz danach malte der englische Notenbankchef den Zusammenbruch der parallelen englischen Spirale exzessiver Hauspreisspekulation in einem »negativen Nachfrageschock« für die gesamte Wirtschaft an die Wand, vgl. Christoph Pauly, Party vor dem Ende, in: Der Spiegel 50/2002. Vgl dazu auch: A. Seager, House Crash would derail economy, warns IMF, The Guardian 22.4.2004; A. Cowell, British Boom Driven by Personal Debt, New York Times, 28.4.2004.

19 Vgl. dazu: D. Hartmann, D. Vogelskamp, Irak. Schwelle zum sozialen Weltkrieg, Berlin 2003.

20 Kurzzusammenfassung der lesenswerten Beiträge von J. Makin, America Demands; China Supplies, American Enterprise Institute: Economic Outlook (im Folgenden AIE/E.O.) 1.4.2004: ders., Greenspan's Second Bubble, AEI/E.O., 28.3.2005; ders., The Energy in Real Estate, AEI/E.O., 17.8.2005; ders., America's Resilient Consumers, AEI/E.O., 26.8.2005.

21 R. Brenner, Boom & Bubble. Die USA in der Weltwirtschaft, Hamburg 2003, bei aller methodischen Beschränktheit noch immer ein nützlicher Überblick.

zugehen.[22] Nun wird Greenspan unsere Veröffentlichung mit Sicherheit nicht gelesen haben. Aber er hat einige der Berichte, die wir darin verarbeitet haben, tagtäglich in seiner Badewanne hinnehmen müssen. In der Badewanne zelebrierte er als belesenster und gebildetster Fed-Chef aller Zeiten den täglichen Verzehr von Presse und Literatur.

Das soll hier genügen. Es ist nur ein kleiner Querschnitt aus wohlinformierten Medien. Neben den Zeitungsberichten, konnte Greenspan dazu auch gleichzeitig die medialen Aufrufe am Rand der Artikel verfolgen, die täglich zur Beteiligung an der Hypothekenblase aufforderten. Dort war eine Leiste eingeblendet mit der Überschrift: »Hypothekenzinsen schlagen Niedrigrekorde! Klicken Sie Ihren Staat an und refinanzieren Sie noch heute«. Alle US-Staaten waren mit Links für den online-Leser aufgeführt. (Ich habe mich einmal durchgeklickt. Meine Hypothekenrefinanzierung auf dem Niveau extrem standardisierter Vorgaben war eine Sache von weniger als einer Minute.[23])

Das Ganze war ein nationaler spekulativer Rausch zur Verflüssigung der Grundstücks-Vermögensbestände und ihrer Einspeisung in die Blase, der sich da abzeichnete (in Einzelnen dazu Kap. 3).

ZWEI KOPFNÜSSE FÜR GREENSPAN: EINE AUS DER BIZ, EINE AUS DEM IWF

Von weit größerem Gewicht waren allerdings die Warnungen aus den Spitzeninstituten globaler Geldpolitik. Mit großem technischem Sachverstand stießen sie Greenspans Nase an den entscheidenden Punkten in den Morast der gärenden Krise. Im Kern sagten sie, dass die Verwandlung von Schulden in handelbare Wertpapiere es den Gläubigerbanken erlaubte, das Risiko durch Verkauf schnell loszuwerden. Der vom gesamten Markt geteilte Risikopegel stiege dadurch unmerklich an, bis es plötzlich krachen müsste und niemand dem anderen mehr vertraute und etwas leihen würde. Damit würde die Liquidität aus gegenseitiger und sonstiger Kreditgewährung, das Kreditvolumen und der Zahlungsverkehr »verdampfen«.

Ich gebe die Katastrophenwarnungen in ihren wichtigsten Details wider. So zäh sich das auch lesen mag, es lohnt sich. Zum einen weil sie in ihrer geldtechnischen Genauigkeit exemplarisch sind. Zum anderen, weil sie heute, in einem entwickelten Stadium von Greenspans endlosem Tsunami, in neuen Warnungen wiederholt werden – wie etwa derjeni-

---

22 D. Hartmann, D. Vogelskamp, a.a.O., S. 36 ff (s. Fn. 19), mit umfassendem Überblick über die amerikanische Presse und Stimmen aus Politik und Ökonomie.

23 www.LowerMyBills.com war eine der Adressen, über die die Bedingungen anzufordern waren.

gen vor einem griechischen »Lehman-Moment«.[24] Dann aber auch, weil die kritisierten Kredit-Techniken mit der Krise nicht etwa verschwinden, sondern ein neues monetäres Zeitalter einleiten sollten (dazu ausführlich weiter unten). Und schließlich, weil sie den Ingrimm der Debatten auf höchster Ebene zeigten, und darüber hinaus Greenspan den Spiegel vorhielten, wodurch er wusste, was sie wussten.

DER AFFRONT AUS DEM BANKEN-OLYMP

Allen voran schritten die BIZ, die Baseler Bank für Internationalen Zahlungsausgleich, und der IWF. Die BIZ ist das weltweite Zentralorgan von 55 Notenbanken, auch der Fed und der EZB. Hier laufen alle ihre Daten zur Gesamtanalyse zusammen und alle zwei Monate treffen sich hier auch ihre Vertreter. Schon in den Jahresberichten von 2001 und 2002 und den darin verarbeiteten Publikationen hatte die BIZ deutlich und bestimmt vor den Gefahren finanztechnisch induzierter Überdehnung gewarnt.[25] Wobei davon auszugehen ist, dass diese Gefahren in internen Debatten mit Vertretern der amerikanischen Fed eindringlich erörtert worden waren. Ein Jahr später ergriffen ihr Chefökonom William White und sein Mitarbeiter Claudio Borio die Gelegenheit, ihre Warnungen vor der Crème de la Crème ihrer Kollegen in die Öffentlichkeit zu tragen. Das geschah beim Jahrestreffen 2003 in Jackson Hole, Wyoming (im Folgenden als »Jackson Hole« mit Jahreszahl zitiert, im Internet zugänglich). In Jackson Hole treffen sich auf Einladung der Federal Reserve Bank von Kansas City die globalen Spitzen aus Praxis und Wissenschaft jedes Jahr im August zu einem Symposium mit Vorträgen, Meinungsaustausch und Debatten. Als »Davos« der Banker, hat das Treffen eine führende Rolle in der monetären Strategieentwicklung gewonnen.

Greenspan sprach in diesem wie den vorangegangenen Jahren in seiner ruhigen, gemessenen Art die einleitenden Worte. Danach aber sollte es für ihn knüppeldick kommen. Er musste sich nach einer Reihe von Beiträgen schließlich von White und Borio eine Schelte anhören, wie noch kein Vorsitzender der Fed vor ihm. Mit billigem Geld habe er die finanzielle Überdehnung der Weltwirtschaft betrieben. Er habe sie in eine sehr ernste Lage gebracht, selbst wenn sie sich noch nicht voll zu einer Finanzkrise entwickelt hätte.

---

24 Seit der Episode im Jahre 2011, die Larry Elliott mit seinem Artikel »Greece: markets talk of Lehman moment as fears of a new crisis grow«, Guardian, 21.6.2011, behandelte, taucht der griechische »Lehman-Moment« immer wieder und vor allem bei jeder Zuspitzung des Dramas aus den Fluten der Alltagsberichterstattung auf.

25 BIS 71st Annual Report 2001, S. 123ff, mit einer bewundernswert konzisen Darstellung unter Einschluss moderner verhaltensökonomischer Ansätze. Die USA werden hier im Gegensatz zum White/Borio-Paper noch nicht ausdrücklich genannt. Ich komme unten darauf zurück. Dann: BIS 72nd Annual Report (8. July 2002,) S. 69 ff, 123 f., 129 f., 132 f.

White und Borio hielten ihren Vortrag unter dem unscheinbaren Titel »Wohin monetäre und finanzielle Stabilität? Die Implikationen sich entwickelnder Strategie-Regime«.[26] Doch der Inhalt hatte es in sich. Es war nichts weniger als ein exzellent begründeter Affront gegen Greenspan. Borio und White beschrieben seine Strategien als Grund des globalen systemischen Risikos, als Weg in die Katastrophe also. Sie werteten wissenschaftliche Untersuchungen zur Veränderung und Dynamik systemischer Risiken unter den Bedingungen entfesselter Finanzmärkte aus. Auf den Kernpunkt gebracht: Die enorme Elastizität der Finanzmärkte sei in der Lage, einen Investitionsboom weit über die kritische Grenze irreversibler Überinvestition und damit in den Abgrund einer Rezession zu treiben. Sie tue dies quasi »under cover«, also bevor es in den üblichen Anzeichen der Überhitzung, Inflation, in der Buchführung und den Unternehmenskrisen bzw. -zusammenbrüchen überhaupt sichtbar würde. Die Folge sei eine unbeherrschbare Beschleunigung in die Katastrophe, lange bevor sich die üblichen Krisenindikatoren aufdrängten. Je länger diese verdeckte Überhitzung (»disguised overheating«[27]) andauere, umso schlimmer wäre es. Die Quelle dieser Elastizität fanden sie in den IT-gestützten Innovationen der Finanzmärkte. Dazu gehörten vor allem die neuen Verbriefungstechniken, die »Sekuritisierung« von Kreditschulden und Derivativen. Diese entfesselten (»unbundle«, Greenspans eigene Lieblingsvokabel) die Risiken aus der Bindung an die bankinterne Risikoüberwachung. Denn die Hersteller der »Verbriefungen« konnten sie schnell verkaufen und ihre eigenen Risiken damit verschwinden lassen. Sie verteilten sie so auf das System im Ganzen und steigerten sie exponentiell durch die Hebelwirkungen (»leverage«, etwa wenn Schulden in Form der »Verbriefung« als »Wert«, als Sicherheit zur Grundlage weiterer Beleihungsketten gemacht und so beliebig aufgebläht werden). Die potenzierten Schulden würden daher selbst dann noch als Nachfrage wirken, wenn die zugrundeliegenden Gegenstände (etwa Grundstücke) längst zu leeren Werthüllen geworden seien.

»Dennoch können diese Prozesse (der Elastizitätssteigerung, d.A.) gelegentlich zu weit gehen. Wenn das passiert, türmen sich – maskiert unter günstigen Bedingungen – Ungleichgewichte und damit verbundene Verzerrungen im Verlauf der Boomphase auf. Begünstigt von realen Unsicherheiten bei der Interpretation verfügbarer Daten, werden zykli-

26 C. Borio, W.R. White, Whither Monetary and Financial Stability? The Implications of Evolving Policy Regimes, in: Federal Reserve Bank of Kansas City, Conference Papers zum Symposium in Jackson Hole 2003, »Monetary Policy and Uncertainty: Adapting to a Changing Economy«, Kansas City 2003, S. 131. In der Folge nur noch als »Jackson Hole« zitiert, alle Meetings unter: www.kansascityfed.org/publications/research/escp.

27 Ebd., S. 173.

sche Entwicklungen als fundamentale Verbesserungen in langfristigen Wachstumserwartungen fehlgedeutet. Die in die Ökonomie eingebauten Stabilisierungsmechanismen können ihre Überdehnung nicht verhindern. Dies sät die Saat potentiell schädlicher Widerstände, wenn im Gefolge die Wirtschaft sich aus ihrem unhaltbar schnellen Wachstum heraus schließlich verlangsamt und sich die prozyklischen (wachstumstreibenden) Kräfte umkehren. Einige der Gegenkräfte erwachsen auf der Nachfrageseite, wenn Haushalte und Firmen um ihre Bilanzen kämpfen müssen, gefangen zwischen nachlassenden Gewinnen und Einkommen, fallenden Vermögenswerten und dem Niveau exzessiver Verschuldung« »Wenn wir auf die Erfahrungen der letzten Jahre zurückblicken, so können wir Anzeichen von Dynamiken der hier betonten Art erkennen. Die Erfahrungen in Japan, einigen ostasiatischen Ländern und – in mehrfacher Hinsicht – die jüngsten Entwicklungen in den Vereinigten Staaten, daher in der Weltwirtschaft, teilen eine gemeinsame Charakteristik: investitionsgetriebene Booms, die von finanziellen Entwicklungen verstärkt wurden und nicht in steigender Inflation endeten. Diese fielen mit Perioden zusammen, in denen die Erwartungen tragfähigen Wachstums erheblich überschätzt wurden. In diesen Fällen, da finanzielle Ungleichgewichte hinreichend anwuchsen und sich zerstörerisch entwickelten, erwuchsen finanzielle Spannungen, die weiteren Abwärtsdruck auf die Preise ausübten.«[28]

White und Borio operierten nicht mehr aus einer traditionellen Methodik heraus, wie es die meisten bürgerlichen Kritiker, rechte wie linke, noch heute tun. Sie bewegten sich – wie Greenspan selbst – auf dem damaligen Entwicklungsstand neuer verhaltensökonomischer Ansätze. Diese lassen die alten statischen Vorstellungen einer bloßen Mechanik objektiver Aggregate und Bestimmungsgrößen (Geldmenge, Zins etc.) hinter sich zurück. Darüber hinausgehend, ja, sie durchbrechend, operierten sie mit Blick auf verhaltensbestimmende Erwartungen, Wahrnehmungen und Perspektiven der ökonomischen Akteure selbst. So finden sie die Gefahren im Zusammenspiel der »prozyklisch« (konjunkturtreibend) eingefärbten (und bis zu bis zu Manipulation und Betrug reichenden, wie wir wissen) Ratings, Risikowahrnehmungen und -bewertungen und Verlustschätzungen zu einem kohärenten prozyklischen »Verhaltensmuster« – besonders ausgeprägt auf dem Terrain der Finanzmärkte.[29]

In diesen Kontext war auch der eigentliche Affront gegenüber Greenspan gut verpackt. Da aktuelle Inflationsmessungen keine ausreichenden

---

28 Ebd., S. 151 f., 166 f.

29 Ebd., S. 151. Für eine beeindruckende Demonstration von behavioral economics vgl. BIS-Report 2001, a.a.O., S. 131 ff. (s. Fn. 25). Ich komme unten darauf zurück.

Indikatoren für die Bedrohungen eines systemischen Zusammenbruchs darstellten, könnte er damit auch nicht, wie er es tat, bei der Legitimation seiner Zinspolitik hausieren gehen. Inflationsmessungen seien ungeeignet, die Politik der Glaubwürdigkeit der Zentralbankentscheidungen zu fundieren. Sie könnten den Weg eines unhaltbaren Booms in die schließlich offene Inflation geradezu verdecken. Auch der Begriff des »bubble« helfe in Anbetracht der verdeckten Natur der Überhitzung nicht. Damit liefe der von Greenspan (und auch von Bernanke) vorgebrachte Einwand ins Leere, einen »bubble« könne man ja erst nachträglich erkennen. Das führe dazu, dass eine Zentralbank unter diesem »Glaubwürdigkeitsparadox« schließlich zum Opfer ihres eigenen Erfolgs würde.[30]

Das war starker Tobak, ein Verstoß gegen die banküblichen Usancen feiner Zurückhaltung. Und das gegenüber einem Vorsitzenden, der seine Politik und Berichte immer im Erfolg der Inflationsbekämpfung gesonnt und seine Selbstinszenierung als »Maestro« inflationsfreier Politik zu einem regelrechten Zentralbankprodukt gemacht hatte.[31]

White und Borio machten damit die von Greenspan so sehr begrüßte und betriebene Modernisierung der Kapitalmärkte als Brutfeld der neuen Systemkrisen aus. Deren Überspannungen seien es, die die Realwirtschaft in Booms hineintrieben und dann in Rezessionen erstarren ließen. »Märkte sind auch stark prozyklisch, ebenso wie sie die Verfügbarkeit äußerer Finanzierung einschnüren können. Genauso gut können sie unter Stress einfrieren, wenn die Liquidität verdampft … Der entscheidende Grund ist, dass die Kosten finanzieller Überdehnung ernst sind, auch wenn sie sich noch nicht in einer voll entwickelten finanziellen Krise materialisieren.«[32]

White und Borio skizzierten damit das Verdampfen der Liquidität im Lehman-Moment vorweg, als keine Bank einer anderen noch einen Kredit geben wollte. Warum aber dieser im grellen Licht der Öffentlichkeit vorgetragene Affront vom Chefökonom einer Institution, der der Kritisierte selbst angehörte, der er sogar jahrelang mit vorgestanden hatte? Ein Affront aus eigenem Hause also? Normalerweise dringt aus dieser Schattenwelt der BIZ kaum etwas nach außen, allenfalls die oft Marksteine setzenden theoretischen Beiträge. Der Grund lag auf der Hand. Offenbar wurde ein lange schwelender Konflikt in die Öffentlichkeit transportiert, sozusagen als letztes Mittel. Aus den Baseler Jahresberichten und Green-

30 Ebd., S. 164.
31 Zur Öffentlichkeitsarbeit der Zentralbanken als neuem konstitutivem Moment postkeynesianischer Zentralbankpolitik ausführlich weiter unten.
32 Ebd., S. 170.

spans öffentlichen Erklärungen seit 2001 wird deutlich, dass es schon damals hinter den Kulissen heftig geknallt haben muss.

William White war kein aggressives Naturell zu eigen. Er war ein zurückhaltender Bankspezialist und muss mangels Resonanz keinen andere Möglichkeit gesehen haben, als den Weg in die Öffentlichkeit zu suchen. Cool, wie Spitzen-Banker sind, blieb die Hitze der Kontroverse jedenfalls in Jackson Hole eingehüllt in sachlichen Disput, mit kleinen Spitzen versehen. Mark Gertler (häufiger Koautor von Ben Bernanke) und Frederic Mishkin stellten sich auf Greenspans Seite. Für White und Borio sprachen David Hale und Michael Mussa. Greenspan selbst blieb während des Vortrags unbewegt und würdigte White auch später keines Blicks. Er hatte die Weichen seiner Politik schon 2001 gestellt und feierte 2003 das Wachstum aus privater Verschuldung in seinen öffentlichen Anhörungen euphorisch. Auch in den Protokollen der Sitzungen des Offenmarktausschusses (FOMC) vom Herbst/Winter 2003 fehlt jede Resonanz auf White und Borio. William White selbst ließ sich nicht entmutigen und kam erst nach dem Platzen der Blase zu nachträglicher Anerkennung.[33]

KOPFNUSS NR. 2: DER IWF ZIEHT NACH

Aber nicht nur aus der BIZ, auch aus dem IWF wurde die Kritik ab 2003 immer lauter. Das 2. Kapitel des »World Economic Outlook« vom April 2003 stellte der IWF unter die Überschrift »When Bubbles Burst« (Wenn Blasen platzen). Er versuchte, die Erfahrungen aus dem Platzen der »New Economy«-Blase im Jahre 2000 unter Berücksichtigung der Erfahrungen mit Blasen in früheren Epochen und der Nachkriegszeit zu summieren.[34] Die technologische Entfesselung der Finanzmärkte durch »Securitization« und den damit verbundenen riskanten Hebelwirkungen wurde auch hier als Triebkraft gefährlicher Überinvestition in den Crash identifiziert.[35] Der IWF-Forschungsdirektor Kenneth Rogoff nutzte die Pressekonferenz zur Vorstellung des »Outlook« für eine unmissverständliche Klarstellung, indem er auf die Überkapazitäten in den leitenden Sektoren hinwies, vor allem aber auf die besorgniserregende Hauspreisentwicklung.[36]

Im August 2005 erreichte die Kritik auch von hier aus eine zweite, ungewöhnliche Zuspitzung. IWF-Forschungsdirektor Raghuram Rajan suchte an gleicher Stelle wie vor ihm William White und Claudio Borio die direkte Konfrontation mit der Fed und ihrem Maestro. Rajan (inzwischen Vorsitzender der indischen Zentralbank) war als Professor der Universität

33 Vgl. die sorgfältige Recherche von Beat Balzli und Michaela Schießl, Der Mann, der zu viel wusste, in: Der Spiegel 28/09. S. 76 ff.
34 IMF World Economic Outlook, April 2003, Kap. II, S. 61.
35 Ebd., S. 76 ff., mit gutem Literatur-Apparat.
36 Mitschrift der Pressekonferenz S. 9, www.imf.org/external/np/tr2003/tr030409.htm.

von Chicago mit besonderen Kenntnissen auf dem Gebiet der Großen Depression ein Schwergewicht. Auch seine Ausführungen gebe ich im Detail wieder, weil sie heute noch brandaktuell sind. Der unmittelbare Hintergrund waren seine Vorarbeiten zum »World Economic Outlook« für September 2005, die intern bereits zirkulierten. In dessen Vorwort fasste Rajan die Krisenmomente kurz und markant zusammen. Als Grund diagnostizierte er die »exzessive« Überinvestition – ähnlich wie in der japanischen Krise 1990 und dem Technologieboom bis 2000 – vor allem in den USA. Deren Folge sei eine drastische Investitionsstockung gewesen. Ein Ausweg sei über den Weg eines kreditgefütterten Konsumwachstums gesucht worden. Die damit einhergehende Steigerung der Vermögenspreise stelle einen unhaltbaren Prozess dar, der Anlass zur Besorgnis gebe.[37] Sein Text skizzierte die Entwicklungen im Detail. Seit Ende der 1990er Jahre fände in 18 US-Bundesstaaten, die insgesamt für 40% des BSP stünden, ein Hauspreisboom statt. Zum ersten Mal seit 1970 handele es sich nicht nur um lokale, sondern auch um nationale Schübe. Dies hätte die Hypothekenkredite von 3% des BSP im Jahre 2000 auf 8% im Frühjahr 2005 getrieben. Ein Drittel davon sei verfügbares Geld (net equity extraction), frei für den Konsum. Ein Nachlassen dieser Steigerung würde einen bedrohlichen Schock für die Realwirtschaft bedeuten. Dies sei Folge allein amerikanischer Strategieentscheidungen.[38] In der Pressekonferenz zur Vorstellung des »Outlook« verwies Rajan ebenfalls eindringlich auf den Grund der Krise in der Überinvestition durch die Zuspitzungen des IT-Bubble. Sie sei durch das unhaltbare Anheizen öffentlicher und vor allem privater Verschuldung auf der Basis steigender Hauspreise nicht nachhaltig aufzulösen. Bei Strafe eines Zusammenbruchs könne sie nur hingehalten werden. Letztlich könnte sie nur durch die Forcierung qualitativer Investitionsschübe in Niedriglohnländern aufgefangen werden, wobei Zweifel an deren Fähigkeit blieben, sie überhaupt zu absorbieren.[39]

Noch deutlicher gegenüber Greenspan wurde Rajan beim Symposium von Jackson Hole vom 25.–27. August 2005 unter dem Motto »The Greenspan Era: Lessons for the Future«.[40] Unter der Überschrift »Has Financial Development Made the World Riskier?«,[41] nahm er die von Greenspan so sehr geförderten neuen Finanzierungsinstrumente ins Visier. Deregulie-

37 IMF Word Economic Outlook, September 2005, S. XI f.

38 Ebd., S. 20 f. und S. 91.

39 Mitschrift der Pressekonferenz unter: www.imf.org/external/np/tr/2005/tr050921.htm, S. 2ff. Zweifel an deren Fähigkeiten, ihn ohne Überinvestitionserscheinungen zu absorbieren (absoptive capacity), äußerte er zusammen mit Arvind Subramanian 2006 in einem Aufsatz über »Patterns of International Capital Flows and Their Inplications for Economic Development, in: IMF Research Department, S. 16 f. Es ging um die Grenzen des Inwertsetzungspotenzials einer Gesellschaft. Auf soziale Blockierungen der »Absorption« geht er allerdings nicht ein.

40 Jackson Hole 2005 zum Thema: The Greenspan Era: Lessons for the Future. (s. Fn. 26)

41 R. Rajan, Has Financial Development Made the World Riskier?, in: ebd., S. 313.

rung und neue Informationstechnologien hätten zu einer ausgeprägten Standardisierung von Verträgen und der Kommodifizierung (Warenform, D.H.) der Finanztransaktionen geführt. Diese zerrissen die alten Beziehungen von Einverständnis, Vertrauen und Kontrolle zwischen den Partnern des Kreditgeschäfts und führten dadurch zu erhöhten Risiken. Die Standardisierung habe den den Weg geöffnet für gezielte Verpackungs-, Mischungs- und Bündelungsstrategien für das Massengeschäft mit dem Verkauf riskanter Papiere an passive Käufer. Die könnten die Zusammensetzung und Risiken nicht mehr durchschauen. Andersherum könnten die Geldflüsse der Bündel in verschiedene »Securities« aufgelöst und »tranchiert« werden mit Unterschieden in Liquidität, Fälligkeit, Risiko, je nach Klientel. Dieser Prozess der »Securitization« ermögliche eine Spezialisierung auf den Märkten in jene Teilnehmer, die besondere Fähigkeiten zu ihrer Herstellung hätten und jene, die schließlich das Risiko tragen müssten – zugleich eine Form der Risikostreuung.[42] Im Bank-Management änderten sich die Anreizstrukturen zu manchmal »perversen« Verzerrungen in Richtung hochriskanter Massenoperationen, die vor den Investoren verborgen gehalten würden und Herdenbildung förderten.[43] Bankmanager würden von einem crash kaum betroffen. Sie könnten sich einfach eine neue Bank suchen. Banken würden sich kaum bei der Fütterung des Rausches zurückhalten, solange das Ausmaß des Abschwungs unklar und im Nebel bliebe. In einem Abschwung aber würde ihnen die im System gehaltene Liquidität wenig nützen. Diese würde sich in wenigen unanfechtbaren Banken halten. Wenn diese auch noch das Vertrauen in ihre Schwestern verlören, würde der Interbankverkehr einfrieren und man wäre in einer umfassenden Finanzkrise angelangt.[44]

Die breitere Verteilung der Risiken sei dagegen kein Schutz. Im Gegenteil, sie würde sich bei gleichzeitiger Intensivierung der Beziehungen zwischen Märkten und Finanzinstitutionen in deren Steigerung auswirken. »Während dies das System über kleine Schocks hinweg diversifizieren hilft, setzt es das Gesamtsystem großen systemischen Schocks aus – bei bedeutenden Verschiebungen in Vermögenspreisen oder Änderungen in Liquiditätsaggregaten.... Während es schwer ist, Grundsätzliches über etwas derart Komplexes wie das moderne Finanzsystem zu sagen, produzieren diese Entwicklungen mehr Finanzsektor-getriebene Prozyklizität als früher. Sie können eine größere (wenn jetzt noch kleine) Wahrscheinlichkeit eines katastrophischen »meltdown« hervorrufen, einer Kernschmelze des Finanzsystems.«[45] Bei

---

42 Ebd., S 321 f.
43 Ebd., S. 334 ff.
44 Ebd., S. 344 ff.
45 Ebd., S. 346.

allen Erfahrungen mit den bisherigen Verdiensten Greenspans warnte Rajan gleichwohl vor übermäßigem Optimismus. Reichten die bisherigen Rezessionsschocks für ausreichende Tests des Systems aus? Vielleicht sollte der Vorsitzende Greenspan gerügt werden, während seiner Amtszeit nur zwei milde Rezessionen zugelassen zu haben. ... »Hier scheint eine Annahme vorzuliegen, dass Liquiditätsinfusionen kostenlos sind. Das sind sie nicht ... Die niedrigen Raten im Zuge einer Liquiditätsspritze können ihre eigenen Anreizverzerrungen hervorrufen.«[46] Mit Liquidität solle man nicht so freizügig umgehen, sie sei ein öffentliches Gut.

Rajan riet trotz Deflationsrisiken dringend, die Zinssätze raufzusetzen, um die hochgetriebenen Hauspreise runterzuholen. Vor allem müsse die Erwartung der Akteure, die Institutionen würden sie durch Liquiditätsspritzen schon wieder aus den Schwierigkeiten herausholen (moral hazard) mit Strafen für riskantes Management diszipliniert werden. Sie müssten überwacht werden und ihre Geschäftspraktiken öffentlich gemacht werden. Es ginge nicht an, dass die einzige Strafe für risikoreiches Management darin bestünde, sich eine neue Bank suchen zu müssen.

DIE IKONE BLEIBT STUMM – WARUM? DIE KATZE WIRD AUS DEM SACK GELASSEN

Wie schon bei White und Borio, so provozierte auch Rajan's Angriff[47] keine Reaktionen der unbewegt zuhörenden Ikone selbst. Die Reaktionen der Versammlung, wie das Wall Street Journal sie wiedergibt,[48] zeigten, wie sakrosankt und prägend die »Greenspan Doktrin einer allgemeinen Wohlfahrt aus technologischen Innovationen und Privatinteressen« (Donald Kohn[49]) auf den globalen Kommandohöhen geworden war. Nur einer der Zuhörer unterstützte Rajan. Bei den anderen stieß er auf taube Ohren und Widerwillen. Ja er wurde regelrecht verhöhnt. Er sei eine Art Anti-Markt-Maschinenstürmer. (Wiewohl jeder im Saal aus seinen Publikationen wissen musste, dass das Gegenteil richtig war). Der frühere Finanzminister Lawrence Summers verstieg sich sogar zu der beleidigenden Erklärung, die grundsätzlich »blauäugige Voraussetzung des Papiers

46 Ebd., S. 347 f.

47 Anfang Januar 2006 wiederholte Rajan in öffentlichen Reden seine Analyse der Blockierung der Weltökonomie, die er in globaler Überinvestition und Schrumpfung globaler Nachfrage ausmachte, verbunden allerdings mit Vorschlägen aus der gewohnten IWF-Rezeptur struktureller Reformen. Vgl. R.Rajan, Perspectives on Global Imbalances, gehalten auf der Global Financial Imbalance Conference, 23.1.2006 in London, abrufbar unter: https://www.imf.org/external/np/speeches/2006/012306.htm; ders. The Role of the International Monetary Fund in a Changing World, Vorlesung am Kieler Weltwirtschaftsinstitut am 10.4.2006, abrufbar unter: https://www.imf.org/external/np/speeches/2006/041006.htm

48 J. Lahart, Mr. Rajan Was Unpopular (But Prescient) at Greenspan Party, Wall Street Journal 2.1.2009.

49 Federal Reserve Bank of Kansas City, The Greenspan Era..., a.a.O., S. 371 (s. Fn. 40).

(sei) fehlgeleitet«. Es war offensichtlich: die Spitzenkapitalisten verloren ihre Contenance. Rajan selbst fühlte sich wie ein früher Christ in einer Versammlung halbverhungerter Löwen.[50] Doch dann wurde es spannend. Der aus seiner Tätigkeit als Gouverneur der Fed mit ihrer Tsunami-Politik seit 1994 bestens vertraute Alan Blinder und auch Ricardo Reis ließen die Katze aus dem Sack. Die Devise sei: *»Explodieren lassen und dann die Trümmer aufmoppen«*[51] Greenspan selbst hat, einer derart profanen Ausdrucksweise abhold, diese Devise oft geschickter formuliert. Man könne eine Blase nicht vorher, sondern nur nachträglich erkennen, erklärte er, erst dann also, wenn sie geplatzt sei.[52] Das ist so, als wenn man sagte, die Baufälligkeit eines Hauses könne erst durch den Einsturz festgestellt werden. Die Strategieanweisung lautete also: Mögliche Blase? Wenn schon. Voll ausreizen und wenn sie platzt, war's wirklich eine. Das bedeutete nichts weniger, als die wissentliche Inkaufnahme des kommenden Zusammenbruchs, den Borio, White, Rajan so sachkundig vorgezeichnet hatten. Im Klartext: »Soll's doch krachen, danach sehen wir weiter!« Sehenden Auges in die Kernschmelze, »wide eyes shut« in den Aufprall des Tsunami. Frech und mit Ansage sogar.

Rajan allerdings war erst mal weg vom Fenster und verließ den IWF. Ob als Strafe des mächtigen Maestro oder freiwillig, konnte ich nicht ermitteln. Immerhin, der »Economist« (Dauerfan Rajans), hielt Greenspan Anfang Januar 2006 in einem Rückblick zwar sein Gespür für das Potential der IT-Revolution zugute, sah ihn aber dadurch auch geblendet für die Gefahren der von ihm entfesselten exzessiven Liquidität. Den Vorsitz über eine einzelne Blase (die Internetblase von 2000) könne man ja noch als Pech ansehen. Der Vorsitz über zwei Blasen röche nach Leichtsinn, nach monetärer Kurzsichtigkeit (monetary myopia). Erst im Sommer 2007 trauten sich auch Fed-Regionalbank-Präsident*innen Janet Yellen und Gary Stern, Rajan's Kritik in ihren Reden zu zitieren. Die Schuldenblase sei nicht mehr als eine Anleihe auf die Zukunft. Greenspan hätte eine schwerwiegende Gefahrensituation herbeigeführt.[53] UBS und Morgan Stanley gelobten gar, sich an Rajans Vorschlägen zu orientieren.[54] Zu spät. Der Interbankverkehr fror, wie prognostiziert, im »Lehman-Moment« ein. Die Liquidität verdampfte, das Misstrauen schien unüberwindlich. Das Kreditwesen erstarrte, keine Bank wollte einer anderen noch etwas leihen. Die

---

50 R. Rajan, Fault Lines, Princeton 2010, S. 3.

51 A. Blinder, R. Reis, Understanding the Greenspan Standard, Jackson Hole 2005, S. 68 sowie S. 70 und S. 80 (s. Fn. 26), eine genaue Analyse erfolgt weiter unten.

52 Fundstellen in den Reden vom 24.5.2001 und 30.3.2002 (vgl. www.federalreserve.gov), in denen Blinder schon die »Aufmoppen«-Strategie ausmacht, vgl. Kap. 3.

53 Vgl. Economist Special Report über Alan Greenspan, 14.1.2006.

54 Vgl. J. Lahart, a.a.O. (s. Fn. 48).

aufgeschäumte Überakkumulation in den zentralen realwirtschaftlichen Sektoren erwies sich als unauflösbar. Das globale Wirtschaftssystem stand unmittelbar vor dem völligen Zusammenbruch.

Aber die entscheidende Frage ist: Hatte Greenspan nicht zugehört? Sicher doch, sehr genau. Auch wenn er es gar nicht brauchte. Denn er hatte es ja so gewollt, er hatte diese Politik so betrieben. Auch die Befunde der Fed selbst, deren kollegiale Kompetenz, wissenschaftlicher Apparat und Forschungsverbindungen weltweit ihresgleichen suchen, zeichneten die Entwicklung genau und in allen Einzelheiten vorweg. Das ist der Stoff für das dritte Kapitel dieses Buchs. Wenn es nun hieß, »explodieren lassen«, hat dann die Fed, hat Greenspan das System absichtlich gegen die Wand gefahren? Nein, nicht absichtlich, der crash war nicht sein Ziel. Aber er handelte in vollem Wissen der vorausgesagten Entwicklung. Aber warum, in aller Welt? Etwa um die Profitgier und das Kasino zu füttern? Absurd. Oder etwa aus der Eitelkeit des Maestro, der das Aufmoppen seinem Nachfolger zuschieben wollte? Wohl kaum. Denn, wie sich zeigen wird, waren Greenspan und Bernanke völlig d'accord.

Was also dann? Hier beginnt das, was man die »unentdeckte Agenda« nennen könnte. Die Agenda ist noch immer unentdeckt, aber nicht geheim. Denn wer lesen konnte, konnte sie kennen. Unentdeckt aus zwei Gründen: Einmal, weil sich offenbar niemand die Mühe machte, die Protokolle der Fed gründlich zu studieren (leider scheint sie wirklich niemand zu lesen, wie Fed-Gouverneur Laurence Meyer klagte[55]). Unentdeckt aber auch, weil niemand die Reden Greenspans beachtet hat. Greenspans Agenda indes lag offen sichtbar im hellen Tageslicht. Aber die Öffentlichkeit, die Fachleute der politischen Ökonomie haben sie nicht wahrgenommen, »wide eyes shut«. Das liegt vor allem an der neoklassischen Methodenblindheit, der ich im 3. Kapital nachgehe.

Der Grund jedoch, warum Greenspan sich von den warnenden Vorwürfen nicht getroffen fühlte, lag auf einer anderen, einer höheren makropolitischen, ja epochenpolitischen Ebene. Greenspan war ein Kapitalist und Patriot reinsten Wassers. Es ging ihm um die Entfesselung einer epochal und weit ins 21. Jahrhundert angelegten umfassenden Innovationsoffensive. Und es ging ihm um die Rückeroberung der Initiative auf dem globalen Feld des Klassenkriegs. Und vor allem ging es ihm um die Wiederherstellung der gefährdeten globalen Hegemonie des amerikanischen Kapitalismus. In diesem Kontext würde dem erwartbaren Crash nur die Bedeutung einer Etappe zukommen. Nicht vernachlässigenswert, aber mehr auch nicht. All das wird im beschränkten Blick auf die

55 L. Meyer, A Term at the FED, New York 2004, S. 43.

monetäre Vorgeschichte, die Zinspolitik, die Gier, das Kasino und auf die 2005 einsetzende Rezessionsphase nicht sichtbar. Es erschließt sich erst aus der Gesamtschau und der historischen Einordnung des Projekts, das Greenspan in Anlehnung an Joseph Schumpeter als epochalen Zyklus »schöpferischer Zerstörung« begriff und betrieb. Es war ein Projekt, die alte Welt von den Kommandohöhen des amerikanischen Kapitalismus aus endgültig zu zertrümmern und eine neue herzustellen. Die alte Welt zu zerstören und sie auf neuem Niveau wieder zu errichten. /

EIN EPOCHALER SCHOCK »SCHÖPFERISCHER ZERSTÖRUNG« AUS DER FED

Wie Greenspan die Offensive zur Zerstörung der alten Welt und zur Erneuerung des kapitalistischen Kommandos mit dem Arsenal informationstechnologischer Bemächtigung unter amerikanischer Hegemonie antrieb und orchestrierte.

In der zweiten Hälfte der 1990er Jahre entfesselte sich eine Innovations- und Akkumulationsoffensive auf ihren ersten globalen Höhepunkt im Jahre 2000 hin, der sogenannten »New-Economy-Blase«. In ihrem finanzpolitischen Kern agierte das Federal Reserve Board unter dem Vorsitz von Alan Greenspan. Ihren realökonomischen Kern bildeten anschwellende Schwärme von IT- und vor allem Internetunternehmen. Ihre Potentiale sozialer Zerstörung und Bemächtigung, ihre Ansprüche an Anpassung und Unterwerfung prallten in breiter Front auf die überkommenen gesellschaftlichen Strukturen. Ihre Akteure suchten den Durchbruch auf ein neues Niveau von Macht, Produktivität und Inwertsetzung und damit die Reorganisation des kapitalistischen Kommandos auf einer historisch neuen Stufe. Sie operierten aus den hegemonialen Kernen der »Cluster«, unternehmerischen Zusammenballungen wie Silicon Valley, Route 128, Research Triangle, Austin Texas. Sie verwirklichten sich als Avantgarden der Creative class in einem schwindelerregenden Sturm technologischer Erneuerung und der historisch beispiellosen Anhäufung von Reichtum. Im Zentrum dieses Sturms, im Auge des Orkans und im Epizentrum des heraufkommenden Tsunamis operierte der Offenmarktausschuß (Federal Open Market Committee, FOMC). Er war das zentrale Organ der Fed unter seinem »Maestro« Greenspan. Er konnte die innovativen Kräfte des realökonomischen Bereichs zwar nicht generieren. Das taten die aus dem Boden schießenden Startups der Creative class. Sie hingegen konnten ihrerseits nicht im ausreichenden Maße für die erforderliche Liquidität und die gesamtgesellschaftliche Dynamik sorgen, die für ihre Entfaltung und die Verdrängung der tradierten Industrien erforderlich war. An dieser Stelle stieg Greenspan ein. Er sah seine Aufgabe nicht nur im klassischen Funktionsbereich einer Zentralbank. Er sah sie darin, diese Kräfte zu fördern, sie mit Liquidität zu versorgen, ihnen durch kohärente Zinspolitik die Sicherheit des Liquiditätsflusses zu garantieren. Darüber hinaus versuchte Greenspan aus seiner zentralen Position heraus den innovativen Akteuren die Melodie einer »neuen Ära« vorzuspielen, sie anzutreiben, sie propagandistisch auf der Suche nach ihrem historischen Selbstverständnis anzustoßen und zu unterstützen.

Sie als Ideengeber zu leiten und ihre Vorstöße zu einer gesellschaftlich kohärenten Gewalt eines historischen Schubs zu verhelfen, in eine neue Epoche hinein. Als die FOMC-Sitzung vom 26.9.1995 das große Potential der Informationstechnologien zur Steigerung der Produktivität und zur schockartigen »Arbeiterverunsicherung« beschwor, als Gouverneur Alan Blinder – wenn auch noch etwas ungläubig und leicht spöttisch – vom »Schöne-neue-Welt-Szenario« des Vorsitzenden sprach, da war die erste kleine Bresche für den Durchbruch des Tsunami geschlagen.

INFORMATIONSTECHNOLOGIEN

1995 waren die Informationstechnologien so weit entwickelt, dass sie für einen Durchbruch reif schienen. Dazu ein kurzer, kursorischer Rückblick. Ich folge dabei nicht den verdinglichten Erzählungen aus der Ecke der tradierten politisch-ökonomischen und auch marxistischen Blickwinkel. Es war nicht »das Kapital« und es waren auch nicht die großen etablierten kapitalistischen Unternehmen, die diese Entwicklung irgendwann in Gang setzten. Im Gegenteil, wie immer waren sie neuerungsfeindlich. Vielmehr hatten, ähnlich wie bei jedem Wendepunkt des gesellschaftlichen Antagonismus zuvor,[56] innovative Avantgarden die Initiative ergriffen, die ihre historische Chance suchten.

Sie waren zunächst Teil einer locker verwobenen sozialen und kulturellen Emanzipationsbewegung gegen die Zwänge der alten Gesellschaft. In diesen Zwängen hatte sich ein Disziplinarnetz materialisiert, mit dem der Fordismus alle Bereiche des Lebens durchdrungen hatte. Was in den frühen Formen des Aufbegehrens der 1950er Jahre nur undeutlich erkennbar war: Sie waren der Beginn einer über Jahrzehnte andauernden Revolte. Sie suchte den Ausbruch aus den Käfigen des Fordismus und sollte ihren Höhepunkt Ende der 1960er Jahre erreichen. Aus dieser Bewegung heraus verwandelten die frühen IT-Avantgarden ihre technologischen Emanzipationsschritte zu Pflastersteinen ihres eigenen Wegs zu Macht und Geld, und schließlich in eine neue kapitalistische Ära der sozialen Zerstörung und Bemächtigung, einer Ära neuer Spielräume von Produktivität und Profit.

Wenn wir diese Entwicklung verstehen wollen, können wir die historischen Linien der bloßen technischen Erfindung vernachlässigen. Es ist gleichgültig, ob man sie in den aussagenlogischen Anfängen von Aristoteles' Syllogistik sucht, oder den im Hellenismus daraus entwickelten Maschinchen, in den Rechenmaschinen der Herren G.W. Leibniz, Charles Babbage, der Frau Ada Lovelace, bei Frederick W. Taylor (wie Herbert

56 Zum tayloristischen Wendepunkt ausführlich im zweiten Band.

Simon es tut). Eine neue kapitalistische Epoche begründet all dies nicht. Denn das waren nur Erfindungen, keine epochebegründenden kapitalistischen Innovationen aller Lebensvollzüge. Auch die ersten Rechnergiganten gehören noch in das kriegsökonomische Spätstadium der alten fordistischen Welt. Dort wurden die Bemühungen des Vorreiters Konrad Zuse (Reifestadium Z4 1944) sehr schnell von John Mauchly, Prosper Eckert (Hardware) und Grace Hopper (Programmierung) überholt. Auch die Beschleunigung bei der Entwicklung der Atombombe, die sich dann in den Computerdinosauriern »Colossus«, EDVAC und als Nachzügler ENIAC materialisierte, gehörte noch der spätfordistischen kriegsökonomischen Konkurrenz der militärisch-ökonomisch-wissenschaftlichen Komplexe an.

Wenn man eine Geburtsstunde, einen Moment des Take-off der IT-technologischen-Offensive sucht, dann findet man sie am ehesten in der Emanzipation von acht Transistor-Spezialisten. Sie arbeiteten im ersten Transistorunternehmen Shockley Semiconductor Labs. Und sie hatten kein Lust mehr auf das knallharte Regime, das ihr Chef William Shockley in altem fordistischem Geist über sie ausübte. Sie gingen als »die verräterischen Acht« in die Geschichte ein, nachdem sie 1957 Shockley verließen und ein eigenes Unternehmen gründeten, »Fairchild Semiconductor«. Das war damals ein unerhörter Vorgang, denn unter dem alten Regime bewegte man sich kaum aus den Gittern der Industriegiganten hinaus. In der Regel trat man ein, blieb drin, wechselte allenfalls und eher selten mal in ein nach gleichem Muster organisiertes Unternehmen. Und wenn man nicht darin starb, dann in den Tentakeln ihres Versorgungssystems.

Einer der dynamischsten Meuterer war Gordon Moore, der später den noch immer herrschenden globalen Marktführer Intel gründen sollte. Und er sollte »Moore's Gesetz« formulieren, wonach sich die Rechenleistung jedes Jahr verdoppelt.

Moore stand exemplarisch für den emanzipatorischen Geist des »Verrats«. Sein Lieblingsfilm war »die Meuterei auf der Bounty«. Klar, denn auch hier emanzipierte sich die Mannschaft auf dem Wege zu Lust und Freiheit vom knallharten Regime des altertümlichen Kapitäns. Das Drehbuch des Films war eine genuin postmoderne Erfindung und ging komplett an der historischen Vorlage aus dem 18. Jahrhundert vorbei. Moores Begeisterung für dieses Zeitgeistprodukt war ein Indiz dafür, wie sehr die »Verräter« damals noch eingesponnen waren in den Beginn einer Welle der gesellschaftlichen Emanzipation aus den finsteren Käfigen des fordistischen Disziplinarnetzes. Dazu muss man sich daran erinnern, dass die fordistisch/tayloristische Rationalisierung keineswegs auf die Fabrik beschränkt gewesen war. Dort hatte sie vielleicht einen ihrer wichtigen Ausgangspunkte. Denn dort betrieben ihre Akteure einen regelrechten »Krieg« (Taylor) gegen das proletarische Beharren auf Autonomie und Selbstorganisation. Aber von Beginn an zielte der »Krieg« über die Fabrik hinaus auf die Unbeherrschbarkeit des Lebens vor allem der Immigrant*innen in den Quartieren. Er griff zugleich in alle Dimensionen der Gesellschaft. Denn ein politisch-ökonomisches Regime ist auf die Durchdringung nicht nur der Fabrik mit seinem Paradigma angewiesen, sondern darüber hinaus der Gesamtgesellschaft in allen ihren Dimensionen.

Daraus wird verständlich, dass die emanzipatorischen Impulse die eisernen Käfige in allen gesellschaftlichen Bereichen öffneten, nicht nur in der Fabrik. So webte sich die Erzählung der »Bounty« in das beträchtliche emanzipatorische Spektrum ein. Dazu gehörte das Selbstverständnis der proletarischen Jugendlichen (Rythm 'n Blues, Boogie, früher Rock). Dazu gehörten die Kämpfe der Arbeiter*innen und vor allem Lehrlinge in Fabrik und Bürokratien. Dazu gehörten die Weigerungen der Menschen, die Verkehrsformen in den starren Gefügen einer maschinenorientierten Infrastruktur, Einkaufszentren, Wohnmaschinen und den darin exerzierten Konsumterror weiter hinzunehmen, mit dem das fordistische Kommando den Warenabsatz organisierte und »keynesianisch« fütterte – auch den Warenabsatz der Kulturindustrie. Dazu gehörten die Kämpfe gegen die fordistisch strukturierten Knäste und Psychiatrien, für die exemplarisch die Intiativen des französischen Philosophen Michel Foucault stehen. Dazu gehörte der Ausbruch aus den Gefängnissen des rigiden Regimes der fordistischen Kleinfamilie – in Deutschland mit den spätnazistischen Widerwärtigkeiten –, von den Formen der feministischen Wut gegen den kleinbürgerlichen Haustyrannen bis hin zum wütenden Exodus der Kinder. Sie korrespondierte mit den Revolten in Osteuropa, da ja Leninismus und Stalinismus nur den peripheren und darum weit gewalttätigeren Strang des Fordismus darstellten. Sie alle stellten die metropolitane Entsprechung zu trikontinentalen Bewegungen dar, die aus den antikolonialen Kämpfen in die unmittelbare Konfrontation mit den metropolitanen Unterwerfungsstrategien geraten waren.

Bürgerliche Historiker operieren mit Vorstellungen einer Generationen-Zäsur, um diesen Umbruch zu erklären. Sie tun das, weil sie den Gedanken an Kampf, Emanzipation und Befreiung von den Zwängen und der Gewalttätigkeit des fordistischen Regimes als einer politischen Technologie im weitesten Sinne herausreinigen wollen. Doch eine solche Generation »erschien« nicht so einfach. Sie verwirklichte sich in der Revolte, wenn auch durchaus ambivalent. Es war eine Bewegung, die in der ganzen gesellschaftlichen Breite die eisernen Käfige der Fabrikgesellschaft aufsprengte, kulminierend in ihren Höhepunkten Ende der 1960er (68),

Anfang der 1970er Jahre. Es war diese komplexe Revolte, die in ebenso komplexer Weise die Krise produzierte. Die Verkürzung des Krisenverständnisses auf die Ausbeutung in der Produktion (profit squeeze) ist angesichts des umfassenden Charakters fordistischer Unterwerfung und der Kämpfe nicht nur absurd, sondern ein reformismustypischer Beitrag zum kapitalistischen Regime. Die Krise stellte das kapitalistische Kommando insgesamt infrage, in allen gesellschaftlichen Dimensionen, und blockierte dergestalt die kapitalistische Verwertung in umfassender Weise. Die Entwicklung der Informationstechnologien, zunächst genährt aus Impulsen der Befreiung und Selbstverwirklichung, kehrte diese Impulse um. Die Technologien durchbrachen die emanzipatorische Hülle ihrer Entstehungsgeschichte. Nach und nach entfalteten sie ihr Potential zu einem epochalen technologischen Angriff als Instrumente der Einkreisung des Aufbegehrens und damit auch des Auswegs aus der Krise. Was als Selbstverwirklichung begonnen hatte, mutierte zu Zwängen der Selbstunterwerfung und Selbstoptimierung.[57] In der Auseinandersetzung damit verlagerte sich der sozialrevolutionäre Kampf auf ein neues historisches Niveau.

Sicher zielten in der Produktion informationstechnische Strategien über numerisch gesteuerte Maschinen, in Handel und Bürokratie über Computer früh auf die Einkreisung dieses Aufbegehrens. Aber die Hauptstränge der Informationstechnologien legten erst nach und nach ihre emanzipatorischen Beimischungen ab. Mehr noch als die »verräterischen Acht« fühlten sich breite Hacker-Bewegungen lange in den emanzipatorischen Gesamtprozess eingebunden. Die Querverbindungen in die Hippie-Kultur blieben bis in die Entwicklung des PC erhalten (»PCs für alle!«). Die flachen Hierarchien, Kooperation und Spaß, auf die die Managementphilosophie der »verräterischen Acht« weiterhin Wert legte, mochten zu Anfang noch die emanzipatorischen Impulse des Beginns widerspiegeln. Sie wurden auch bei der Gründung ihrer weiteren, zunehmend profitablen Unternehmen als Management-Philosophie beibehalten. Aber bald waren die Ingredienzien erkennbar, die später als »Googleness-Faktors« ein neues kapitalistisches Kommando zum Ausdruck brachten. Querverbindungen und Austausch mit den großen Unternehmen und ihren Laboratorien, wie auch dem Militär gewannen stetig an Bedeutung. Nach und nach wurde der emanzipatorische Gehalt getilgt. Im Prozess der Weiterentwicklung von PC und Software und schließlich ihrer übergreifenden Vernetzung zum Internet profilierte sich – wie schon im For-

57 Vgl. D. Hartmann, G. Geppert, Cluster – Die neue Etappe des Kapitalismus, Berlin/Hamburg 2008, Kap. I, S. 28 ff.

dismus der nietzscheanische Barbar des 20. Jahrhunderts58 – der Barbar des 21. Jahrhunderts. Wieder war es der männliche Barbar: noch immer sind so gut wie alle Unternehmensgründer Männer – sexistisch in der von ihnen männlich geprägten Startup-Kultur.[59] In der Charakterisierung von Manuel Castells: »Die Internet-Unternehmer sind zugleich Künstler, Propheten und gierig. ... Ihre Techno-Meritokratie verschrieb sich einer Mission der Weltherrschaft (oder Gegenherrschaft) durch die Macht des Wissens. ... Sie würden die Welt übernehmen durch die Macht, die diese Technologie ihnen verlieh.«[60]

Das Internet mochte zwar aus militärischen Bedürfnissen nach störungsfreier Kommunikation (Arpanet) hervorgegangen sein. Ihre Potentiale als Medium von gesamtgesellschaftlicher Herrschaft und Zugriff gewann es, als es die spielerischen Anfänge von E-Mail-Communities und Bulletinboards (innerstudentische Nachrichtenbörse) hinter sich ließ.

Es bedarf keiner weiteren Ausführungen, dass diese Innovationsoffensive als technologischer Kern in die breitgefächerten sozialen Angriffe eingebunden war, die mehr schlecht als recht mit den Begriffen Neoliberalismus, Reaganismus und Thatcherismus etikettiert werden. Sie zielten auf die rechtlichen, institutionellen und finanziellen Garantien, mit denen der Fordismus sein Regime korporatistisch abgesichert und in der Form des »Keynesianismus« makroökonomisch bewirtschaftet hatte. Sie sind das Spielfeld der gängigen ökonomistischen Verkürzungen. Nicht unkorrekt, aber falsch in der Ausblendung der Innovationsoffensive. Sie sind sattsam bekannt, sodass ich mir Einzelheiten ersparen kann.[61]

Der Umschlag zum Take-off eines neuen Wegs zur Weltherrschaft war 1995 erreicht, als das world-wide-web von 50 Web-Servern auf 500 im Oktober 1993 und schließlich 100.000 (Ende 1994) hochgeschossen war. Die frühen 90er Jahre waren auch die Jahre, in denen die Politik vor allem ab 1993 unter Präsident Clinton die gesetzlichen und institutionellen Grundlagen für diese Entwicklung zu schaffen begann. Schon unter Reagan waren im »Halbleiterabkommen« von 1986 und 1991 die Exporte von in den USA hergestellten Chips systematisch gefördert worden. Doch es war dann Al Gore, der mit verschiedenen Gesetzgebungsvorstößen 1991 und 1992 und dann als Vizepräsident unter Clinton 1993 mit dem »National Information Infrastructure Act« den

Prozess wesentlich vorantrieb. Gleichwohl verlief er noch immer etwas behäbig.

---

58 Dazu mehr im 2. Band.

59 Vgl. Z. Corbyn, Silicon Valley is cool and powerful. But where are the women? The Guardian online, 8.3.2015.

60 M. Castells, The Internet Galaxy, Oxford 2001, S. 59.

61 Verlässlich: R. Brenner, Boom & Bubble. Die USA in der Weltwirtschaft, Hamburg 2003.

Auf der Gegenseite war der Widerstand des sozialen Gegners, der Betroffenen, der Arbeiter*innen im weitesten Sinn, auf den die Informationstechnologien trafen, breit, aber nicht hochschwellig. Die Reibungen haben insofern nur zur Verlangsamung bei ihrer Durchsetzung beigetragen. Sie waren dadurch geprägt, dass die Arbeiter*innen dem technologischen Angriff zunächst weitgehend ohne den Schutz der institutionellen Arbeiterbewegung ausgesetzt blieben. Die Gewerkschaften standen aus der Zusammenarbeit mit den Unternehmen, die sich im Korporatismus des New Deal und später des Kalten Kriegs etabliert hatte, dem technologischen Angriff relativ offen gegenüber. Wie in Deutschland waren die Regeln des Deals zwischen Hinnahme technologischer Zumutungen und Lohnzugeständnissen festgezurrt. Die Gewerkschaften blickten dabein auf eine lange Geschichte seit den kriegsökonomischen Arrangements im I. Weltkrieg zurück. Sie waren im New Deal und Kalten Krieg den jeweiligen Erfordernissen der Massenproduktion angepasst worden. Die grundsätzliche Abneigung der Arbeiter*innen gegen die Hinnahme neuer Technologien war also nicht ihre Sache. Sie standen eher auf der Gegenseite.

Gleichwohl oder gerade deshalb war die Bandbreite des Widerstands beträchtlich. Es war ein Widerstand vor allem im Sinne der »resistance«: der passiven Widerstandsformen. Dazu gehörte die hinhaltende und eingeschränkte Bereitschaft zum Mitmachen, die »resistive compliance«, wie es in den USA hieß, des »widerständischen Mitmachens« (plakativ: Dienst nach Vorschrift). Dazu gehörte auch der Absentismus und die raffiniert eingesetzte Trägheit (interia). Gerade dieser Trägheit galt das Augenmerk der historisch versierten Innovationstheoretiker wie etwa dasjenige Joel Mokyrs, der uns im Methodenkapitel noch beschäftigen wird.

Reibungen, Verzögerungen, Blockierungen bei der Einführung der Informationstechnologien entstanden also aus der Vielfalt des Resistenz-Verhaltens. Dies nötigte die wissenschaftlichen Kettenhunde der Unternehmer erst einmal dazu, sich Gedanken über die soziale Genese und Bedeutung der »resistance« zu machen.[62] Ihr sozialer Nährboden wurde

---

62 Zu allem für den Zeitraum exemplarisch aus der im anglo-amerikanischen Raum weitgehend internationalisierten Debatte die ausgezeichneten Ausführungen zu »What counts as resistance?«, in: Nurses resisting information technology, Nursing Inqiry Bd. 10, S. 257, hier: S. 258. Meist sind die Australischen und vor allem englischen Beiträge ergiebiger. Sie sind nicht so ideologisiert wie die amerikanischen, die den Arbeiter*innen nicht so nahetreten wollen, ihr Verhalten als »Widerstand« zu deuten. Für die Auseinandersetzungen in den USA als Einstieg sehr informativ und mit einer hervorragenden Bibliographie und Literaturbericht die Arbeit von: Kathryn Stam et al., Employee Resistance to Digital Information Technology Change in a Social Service Agency: A Membership Category Approach. In: Journal of Digital Information Vol 5, No 4. Informativ auch aus dem call-centre-sektor: P. Bain et al., Entrapped by the ›electronic panopticon‹? Worker resistance in the call centre, in: New Technology, Work and Employment, Volume 15, Issue 1, pages 2-18, March 2000.

in einer nunmehr ganzheitlichen Herangehensweise im sozio-kommunikativen Geflecht der Arbeiter*innen und ihren daraus hervorgehenden Arbeitsplatzvorstellungen ausgemacht. Ausgemacht und bekämpft, am raffiniertesten und grundlegendsten in einem »ethnomethodologischen Ansatz«. Hierin wurden »Technology acceptance models« (TAM) entwickelt. Als »Forschungsgruppen« getarnte wissenschaftliche Agenten suchten in Interviews einen kommunikativen und interaktiven Zugang zu den Arbeiter*innen. Und zwar mit dem Ziel, sie auf ihrem eigenen Terrain zu fassen, in einen kommunikativen Prozess hineinzuziehen, um die Gründe und Strategien des Widerstands zu erforschen und den Widerstand aufzulösen.[63] Eine markante Aussage aus einem derartigen Interview: »I: Können Sie noch an irgendwas anderes denken, dass Ihr Leben verbessern könnte? A: Ja. Mach, dass das Internet sich selbst zerstört (lacht). I: Haben Sie ein Problem mit dem Internet? R: Weiß nicht. Es ist eben sehr unpersönlich oder sowas.«[64]

Für Deutschland haben wir für einen durch die Entwicklungsverzögerung bedingten späteren Zeitraum über derartige Strategien in »Cluster« und dem Buch über die Kämpfe bei »Gate Gourmet« berichtet.[65] Hierbei erwies sich die Produktion von Verunsicherung und Angst, der auch für Greenspan zentral werden würde, als wichtiger Strategiestrang: »... es gehört zu den Grundsätzen jeder modernen Strategie, dass es ein Gefühl von Sicherheit nie geben darf.«[66]

Die in relativ ruhigem Fahrwasser treibende Konfliktualität veränderte sich schlagartig mit dem Einsatz des Internet. Das Internet war ein »game-changer«, wie es im amerikanischen heißt. Die Zeit davor, sagt Michelle Rafter, könne man in seinem Licht nur als idyllisch bezeichnen,[67] eine diametrale Änderung der Regeln des Kampfes. Bis dahin waren die Unternehmen bei der Einführung und Veränderung der noch plumpen IT-Apparaturen auf das kommunikativ aufwändige Anlernen durch einen professionellen Human-Relations-Spezialisten angewiesen. Es war kostspielig, bedurfte schier endloser Gespräche und gab Raum und Gelegenheit zu hinhaltendem Widerstand. Mit derm Internet wurde die Last des Lernprozess auf die Arbeiter*innen abgewälzt. Nach einem Erwerb der Grundkompetenz konnten und mussten sie alle Anweisungen und Lernzu-

63 Kathryn Stam et al., Employee Resistance ..., a.a.O., (s. Fn. 62).

64 Ebd., S. 8.

65 D. Hartmann, G. Geppert, Cluster ..., a.a.O., S. 33 f., 37 ff., 60 ff., (s. Fn. 57), »Sie sollen sich nicht verstecken können«, sowie D. Hartmann, McKinsey – das Selbst – der Klassenkampf, beide Aufsätze in: Flying Pickets (Hrsg.), ... auf den Geschmack gekommen. Sechs Monate Streik bei Gate Gourmet, Berlin/Hamburg 2006, S. 203 und S. 215; D. Hartmann, Revolutionäre Subjektivität, die Grenze des Kapitalismus, in: M. van der Linden, Über Marx hinaus, Berlin/Hamburg 2009, S. 219, hier: S. 221 ff.

66 D. Hartmann, G. Geppert, Cluster ..., a.a.O., S. 46 (s. Fn. 57).

67 M. Rafter, Net Gains: HR Technologies in the '90s, Today, Workforce 22.8.2012.

mutungen selbst aus dem Netz beziehen. Unterwerfung unter die technologischen Diktate wurde zur Selbstunterwerfung, zur Selbstoptimierung, zur Selbsteinspeisung in die kapitalistische Inwertsetzung. Grob kann man das Internet in Analogie zur Eisenbahn als dem tragenden Innovationsinstrument des »Eisenbahnzyklus« begreifen. Wo die Eisenbahn die Erschließungewalt in die äußeren Ressourcen hineintrieb (Militär, Steuereinnehmer, Arbeitskraftrekruteure), treibt das Internet die erschließende Gewalt in die »inneren«, die leib-seelischen Territorien wertrelevanter Ressourcen an. Es gibt zu dieser epochalen Verlagerungsstrategie mehrere Stränge im *turn* zur »Wissensökonomie«.[68] Aber der »game-changer« Internet war einer der ganz wichtigen. Darüber hinaus war auf diese Weise die Konkurrenz am Arbeitsplatz leichter anzustacheln, zu managen und mit entsprechender Software zu kontrollieren. Gleichwohl blieb die Verschmelzung von Human-Relations-Management mit Internettechniken ein zäher Prozess. Die Bereitschaft der HR-Abteilungen, ihre Strategien offenzulegen, ist auch im Intranet begrenzt. Das »Nutzer«-Verhalten ist begrenzt kontrollierbar und Resistenz-Strategien haben sich angepasst. Mehr zum permanenten Kleinkrieg auf diesem Sektor in 3. Band.

Natürlich gab es zur den mikropolitischen Kampfprozessen am Arbeitsplatz auch die trostlosen Reflexe auf der »wissenschaftlichen« Ebene.[69] Sie beschäftigen sich aus der Vogelperspektive mit den Eigenheiten der Reorganisation und des Transformationsprozesses vom tayloristischen zum posttayloristischen »ganzheitlichen« Management und den Schemata der »Restrukturierung«. Wir brauchen uns nicht weiter damit zu beschäftigen. Denn Greenspans Agenda war die Befeuerung und das Management dieses Kampfprozesses aus einer makroökonomischen Institution und hat mit den Lächerlichkeiten dieser »Wissenschaft« wenig gemein.

TAKE-OFF AUS DER FED: IT, SCHOCKOPERATION IM KLASSENKAMPF, UND US-HEGEMONIE

Zu dieser Zeit, Anfang der 90er Jahre, war sich die Wirtschaftswissenschaft noch immer nicht über den ökonomischen Nutzen der Informationstechnologien im Klaren. Man teilte weithin die skeptische Einschätzung von Robert Solow (US-Papst der Innovations- und Wachstumstheorie): »You can see computing everywhere but in the productivity statistics«. Der

68 Vgl. D. Hartmann, G. Geppert, Cluster ..., a.a.O., (s. Fn. 57).

69 J. Cohen, W. Dickens, A. Posen, Have New Human Resource Management Practices Lowered the Sustainable Unemploment Great?, in: A. Krueger, R. Solow (Ads), The Roaring nineties, New York 2001, S. 219; A. Lindbeck, D. Snower, Reorganization of Firms and Labour-Market in Inequality, in: American Economic Review, vol. 86 (2), S. 315-21, May 1996; dies., Multi-Task Learning and the Reorganization of Work: From Tayloristic to Holistic Organization, Journal of Labour Economics, 18 (3) July 2000, S. 353 ff.

Maestro war da ganz anderer Meinung. Weit früher als andere (selbst als die lange Zeit ungläubigen Kollegen in der Fed; die Linke war sogar zehn Jahre später noch nicht so weit) erspürte er einen epochalen Produktivitätsschub. Er sah den historischen Moment erreicht, da die Fed unter seiner Führung die Entwicklung aufgreifen und im Zuge eines globalen Machtvorstoßes in eine neue politisch-ökonomische Ära treiben konnte. Nicht allein natürlich, sondern in ständiger und enger Fühlung mit dem Techno-Enthusiasten Bill Clinton. Und das auch nicht direkt, denn die Unabhängigkeit der Fed gebot Distanz. Aber über die dichtgeknüpften geradezu intimen Kontakte mit Finanzminister Robert Rubin und seinem Stellvertreter Lawrence Summers.[70]

Die Protokolle der FOMC-Sitzungen (Federal Open Market Committee) in den ersten Monaten des Jahres 1995 und die vom wissenschaftlichen Mitarbeiterstab zur Vorbereitung gefertigten Berichte (Beigebook, Greenbook, Bluebook) ließen nicht erkennen, dass etwas in der Luft lag. Die Informationstechnologien wurden zwar behandelt, aber das statistische Zahlenmaterial drängte offenbar nicht dazu, ihnen eine besondere konjunkturelle Relevanz als Wachstumstreiber zuzumessen. Im Komitee der Fed gab es bis dahin auch keinen Versuch, sie in ihrer grundsätzlichen Bedeutung für die ökonomische und gesellschaftliche Entwicklung zu diskutieren und einzuschätzen. Das geschah zum ersten Mal im Verlauf der zweiten Jahreshälfte 1995. Greenspan witterte förmlich eine strukturelle Zunahme der Produktivität aufgrund der neuen Technologien – und zwar lange bevor sie auch objektiv registriert wurde und mit einem intuitiven Spürsinn, der seine Kollegen noch zehn Jahre später in staunender Bewunderung hielt. Wenn irgendetwas Gouverneur Laurence Meyers Insiderbericht über seine Zeit in der Fed aus dem Jahre 2004[71] kennzeichnet, dann sein fortwährendes Staunen über Greenspans frühe Hellsicht. Greenspan machte diesen Produktivitätsschub von vorneherein zum Gegenstand strategischer Erörterungen vor allem zu drei Punkten: Erstens die Möglichkeit, die kapitalistische Entwicklung auf ein historisch neues Niveau zu heben. Zweitens, die Initiative in der Auseinandersetzung mit der Arbeiterklasse zurückzugewinnen. Drittens – angesichts der gerade schwächelnden europäischen und japanischen Wirtschaftsentwicklung – die Chance, die amerikanische Führungsrolle nachhaltig zurückzuerobern. Die Debattenbeiträge waren, wie es in einem histori-

70 Vgl. dazu: B. Woodward, Maestro, a.a.O., S. 194 (s. Fn. 11); A. Greenspan, The age of Turbulence, London 2007, S. 159 ff. Zum Einlesen in die IT-Geschichte empfehle ich den bei allen kapitalistischen Einäugigkeiten in sozialer und kultureller Hinsicht breit angelegten Bericht von: Walter Isaacson, The Innovaters, New York 2014; daneben auch D. Hartmann, G. Geppert, Cluster, a.a.O. (s. Fn. 57) und die darin angegebene Literatur.

71 L. Meyer, A Term..., a.a.O., S. 6, S. 36 ff., S. 80 ff. et passim (s. Fn. 55).

schen Wendepunkt zu erwarten ist, eher unausgegoren, unfertig, tastend und von Seiten der ungläubigen Kollegen gegen Greenspans Drängen eher zurückhaltend. Ich habe sie gerade deshalb als O-Ton etwas umfangreicher zitiert.

In der Sitzung des Federal Open Market Committee (FOMC) vom 22. August 1995 machte das Mitglied des wissenschaftlichen Apparats der Fed David Stockton Ausführungen über die schlaffe Entwicklung des Produktivitätstrends. Larry Slifman hingegen, ebenfalls aus dem Stab der Fed, erwiderte, das Bild könnte sich vielleicht ändern, wenn man Software nicht in Verbindung mit dem Computer registriere, sondern als eigenes Zwischenprodukt. Es gebe auch einige andere dienstleistungsartige Produkte, deren Wachstum in der Berechnung der Produktion registriert werden müssten. Man kann vermuten, dass dieser Punkt schon mit Greenspan zuvor im Stab erörtert worden ist, denn er nahm ihn sofort als Stichwort für eigene weitere grundsätzliche Erörterungen:

»Es gibt da ein größeres statistisches Problem. Wir alle beobachten mit scharfer Aufmerksamkeit, dass es eine Verschiebung in Richtung zunehmend geistig-begrifflichen (conceptual) und immateriellen (impalpable) Mehrwerts (value added«, Wertzuwachs, jedoch nicht im marxistischen Sinn, D.H.) gibt und dass das aktuelle Bruttosozialprodukt in gleichbleibenden Dollarwerten zunehmend weniger sichtbar ist. Alle diese intellektuellen Dienstleitungen sind historisch in Einkommensaufstellungen als Ausgaben geführt worden, wobei Forschung und Entwicklung deutlich die größten und offensichtlichsten von diesen sind. Wir bewegen uns in Richtung einer Ökonomie, in der Mehrwert zunehmend Software ist, Telekommunikationstechnologien und verschiedene Mittel, Wert ohne den Transfer eines physikalischen Guts zu verleihen. Kommunikation ist der offensichtliche klassische Fall. Dementsprechend erhalten wir zunehmend Belege dafür, dass wir wahrscheinlich Gegenstände als Kosten ausweisen, die in Wirklichkeit kapitalisiert werden sollten. Das ist das Problem mit der Software. Ihnen ist bewusst, dass wir alle eine Anzahl von Industrien beobachtet haben, in dem das Verhältnis des Börsenwerts zum Buchwert viel höher als eins ist. In gewissen Industrien ist es in der Tat ein Vielfaches. Der Trend von Markt- zu Buchwert ist über die Jahre dramatisch angewachsen, und ich vermute, dass wir das nicht alles als wechselnde Marktverwertung von Aktien im Allgemeinen ausweisen können. Es ist wahrscheinlich so, dass eine wachsende Menge von Kapitalausgaben im klassischen Sinn falsch als Ausgaben klassifiziert wird, und das vermindert den Buchwert von Firmen offensichtlich ziemlich weit unter das Niveau, wo es wäre, wenn diese Ausgaben in angemessener Weise kapitalisiert worden wären. Die Börsen sagen uns im Grunde genommen, dass dort in der Tat eine Beschleunigung der Produktivität stattgefunden hat, wenn man zutreffend das im Output einschließt, was die Märkte als Output bewerten. Wenn es tatsächlich ein Versagen in der Erfassung des vollen Outputs gegeben hat, dann werden wir in der Tat ein Produktivitätswachstum ausweisen, das zu niedrig ist. Es ist schwer vorstellbar, dass die Produktivität nur 1% steigt auf der Basis neuer Gewichtung mit Profitmargen, die sich wie dargestellt bewegen, und mit all der verbreiteten Firmenumstrukturierung, die sich derzeit vollzieht. Ich denke, die Schwierigkeit liegt nicht in der Produktivität. Ich denke sie liegt im Handelsministerium (das die Statistiken herstellt, D.H.)«.[72]

Den meisten von uns ist inzwischen dieser fundamentale Umbruch zu immateriellen Dimensionen von Kapital und Wert geläufig.[73] In der Tat war die Wendung zu den »intangibles«, wie sie in der amerikanischen Managementliteratur heißen, gerade dabei, zum zentralen Thema zu werden. Der wissensdurstige und vielbelesene Greenspan wird, wie auch die folgenden Ausführungen zeigen, einige Anregungen aus dieser Ecke bezogen haben. Gleichwohl steht er damit an vorderster Front im Verständnis der grundsätzlichen Bedeutung des kapitalistischen Umbruchs. Wir haben dies als Materialisierung des Umbruchs in den sozialen Auseinandersetzungen auf dem Weg in eine neue Ära ebenfalls bereits 1994 ziemlich grundsätzlich in der »Materialien«-Redaktion reflektiert.[74] Und genau darum – um eine Transformation in den Klassenauseinandersetzungen selbst – ging es auch Greenspan. Dies wird daran deutlich, dass er von vorneherein den Innovationsschock als Schockwirkung auf die Arbeiter*innenklasse begriffen und in den Mittelpunkt der Auseinandersetzungen gerückt hat. Nicht als Auswirkung, nicht als Folge, sondern als Kern ihrer sozialstrategischen Logik.

Das FOMC ist das zentrale Organ der Federal Reserve. Es bedient das Hauptsteuerungsinstrument, die Federal Funds Rate. Das ist der Zinssatz für kurzfristige Übernachtkredite. Er bestimmt seinerseits über die Erwartungen in seine Stabilität (expectations hypothesis) das langfristige Zinsniveau und damit die Kreditvergabe und -nachfrage. Wenn er also erwartbar niedrig bleibt, bleiben wegen ausreichender Refinanzierbarkeit auch die langfristigen Zinsen niedrig. Damit steuert dieser

72 FOMC-Sitzungsbericht vom 22.8.1995.

73 Gerald Geppert und ich haben diesen Umbruch als Umbruch in den Klassenauseinandersetzungen beleuchtet, in: D. Hartmann, G. Geppert, Cluster ... a.a.O, (s. Fn. 57); vgl. auch D. Hartmann, Revolutionäre Subjektivität ..., a.a.O., S. 219, (s. Fn. 65).

74 Materialien für einen neuen Antiimperialismus, Das Ende des sowjetischen Entwicklungsmodells, Heft 4, Berlin 1994.

Zinssatz die Liquidität nicht nur für Unternehmen, sondern für alle Marktteilnehmer*innen und macht zugleich das FOMC zum Herrn über die Weltwirtschaft. Mit diesen Zinssätzen beeinflusste die Fed auch den Kleinkrieg der keynesianischen Auseinandersetzungen im Produktionssektor. Als einen ihrer wesentlichen Parameter verfolgte sie von Sitzung zu Sitzung genau die Non Accelerating Inflation Rate of Unemployment (NAIRU). Damit wird die Arbeitslosenquote errechnet, die das Kapital braucht, um Lohnforderungen und damit Inflation einzudämmen. Oder anders gesagt: die Zinsrate, die unternehmerische Investitionen soweit zurückhält, dass eine ausreichende Reservearmee und Klassenkonkurrenz gesichert ist, um dem Druck von Lohnforderungen vorzubeugen. In Deutschland ist die NAIRU unter dem Begriff Phillips-Kurve geläufig. Wir kennen sie aus Ex-Kanzler Schmidts endlosen Kommentaren, mit denen er das Auf und Ab ihrer Wirksamkeit unablässig wiederkäute. In England heißt sie Beveridge Curve, zu der es einen guten Überblicksartikel von Olivier Blanchard und Peter Diamond gibt.[75] Die NAIRU und ihre Schwestern waren das zentrale makroökonomische Monitoring-Instrument der keynesianischen Geld- und Zinspolitik in den Klassenauseinandersetzungen. Sie wurde in allen Sitzungen der Fed ausgiebig erörtert. Hieraus wird verständlich, warum die im Folgenden abgehandelte Bewertung des Innovationsschocks für die Klassenauseinandersetzungen in die Erörterungen der NAIRU einflossen. Denn wenn der Schock und die damit verbundene Steigerung der Produktivität die Arbeiter*innen erfolgreich zur Lohnzurückhaltung zwang, konnte die Arbeitslosenquote nach der NAIRU-Richtlinie niedriger angesetzt werden. Man brauchte zum Druck auf die Arbeiter*innen nicht mehr soviel Arbeitslosigkeit und konnte die Zinsen lockern und ein höheres Investitionsvolumen in Kauf nehmen, ohne Lohndruck und Inflation zu riskieren. Letztlich zielten Greenspans Schockinitiativen darauf, durch den komplexen technologischen Innovationsschub die keynesianischen Strategien des Klassenkriegs aufzulösen und ihn auf neuem Niveau zu reorganisieren. Mit enormen Vorteilen aus einem zügig und schockartig durchgeführten Angriff. Wie Greenspan dies lanciert hat, gibt die folgende Darstellung der Sitzungen wieder.

Im Herbst 1995 stellten die Erhebungen, die ihren Niederschlag im sitzungsvorbereitenden Beigebook, Greenbook und Bluebook fanden, eine Verringerung der NAIRU fest, die unter Berücksichtigung von Kreditrate

75 O. Blanchard, P. Diamond, The Beveridge Curve, Brookings Papers on Economic Activity 1/1989, S. 1; zur deutschen Rezeption von Gewerkschaftsseite E. Hein, Die NAIRU – eine post-keynesianische Interpretation, WSI-Diskussionspapier Nr. 113, März 2003. Sie zeigt drastisch, wie tief die gewerkschaftliche Theoriebildung in die kapitalistischen Strategien eingesumpft ist.

und Nominalinvestitionen nicht erklärbar schien.[76] Als erste vermuteten der Präsident der Zentralbank von Cleveland Jerry Jordan und das langjährige und erfahrene Mitglied des wissenschaftlichen Stabs Mike Prell in der Sitzung vom 26.9.1995 einen Grund in dem, was sie »Arbeiterverunsicherung« nannten, »worker insecurity«.[77] Die Verunsicherung der Arbeiter*innen sei durch die Schockwirkungen technologischer Innovationen verursacht worden. Sie wirkten sich in einer Verringerung des Lohndrucks aus. Prell: »Es gibt ein Gefühl, dass infolge des technologischen Wandels ein Jobverlust das Risiko der Lohnverringerung im nächsten Job herbeiführen würde.« Es ist gut möglich, dass dies im Vorhinein mit Greenspan erörtert worden war. Jedenfalls griff dieser den Gedanken sofort auf: »In jedem Fall gibt es Hinweise, dass es ein Verunsicherungsproblem gibt und dass dies in der Tat einen strukturellen Effekt mit sich bringt, wie Präsident Jordan ausgeführt hat. Das muss der Fall sein, wenn Sie berücksichtigen, dass die Arbeiterschaft mit dem Kapitalstock bei der Produktion von Gütern und Dienstleistungen interagiert. Wenn der Kapitalstock sich zunehmend rapide transformiert, sodass er sich zunehmend unsicherer anfühlt (allgemeine Heiterkeit), ist die Annahme vernünftig, dass die Leute, die mit dem unsicheren Kapitalstock arbeiten, sich hinsichtlich ihrer Jobs verunsichert fühlen. ... Wenn wir auf die (technologische) Transformationsrate blicken, dann muss die Verunsicherung einen (lohn-)drückenden Effekt haben. ... Wir könnten bald auf Widerstand dagegen treffen ... Ich habe gerade die Daten über das Durchschnittsalter des Kapitalstocks erhalten, das als Maßstab für technologische Verunsicherung benutzt werden könnte.«[78]

In der Sitzung vom 15.11.1995 versuchte Jordan die Fragen dahingehend zu vertiefen, inwieweit die Firmen die Verunsicherung nutzten, um die zugleich selektive und enthomogenisierende (d.h. die Gegenmacht schwächende) Investition ins »Humankapital« durch Trainingsprogramme voranzutreiben. Prell erklärte zur modellwissenschaftlichen Verarbeitung dieser Frage, man habe ein Moment des Angebotsschocks ins Modell eingeführt, um die Verringerung der NAIRU darzustellen. Auch die Produktivitätsgewinne der Investitionen bedürften der Darstellung.[79]

---

76 Interessant ist, dass der Bericht von Joseph Stiglitz – als Vorsitzender von Clintons Wirtschaftsrat und ausdrücklich mit der Überwachung der Beziehungen zur Fed und Vorbereitung der gemeinsamen Sitzungen betraut – in seinem Buch über »Die roaring nineties, Der entzauberte Boom« (Berlin 2004) zwar vom Fallen der NAIRU, aber nichts von ihrer Bewertung durch die Fed für den Klassenkampf (S. 96. ff) berichtet, wo ihm doch von Clinton die Überwachung »der Worte und Taten« des Republikaners Greenspan (S. 95) aufgetragen war. Ich halte es für ausgeschlossen, dass dieser Aspekt ihm in Anbetracht seiner freizügigen Behandlung durch Greenspan entgangen sein könnte. Greenspan hatte, wie Stiglitz bekundet, die volle Billigung Clintons.

77 Ich habe »insecurity« mit »Verunsicherung« übersetzt, weil sie als dynamische, herbeigeführte Reaktion auf technologischen Schock behandelt wird.

78 Sitzungsprotokoll vom 26. 9. 1995, S. 4–6.

79 Sitzungsprotokoll vom 15.11. 1995, S. 15–17.

Auf der letzten Sitzung des Jahres ergriff Greenspan hierzu erneut das Wort. Governor Alan Blinder hatte gerade befriedigt festgestellt, dass die Arbeiterschaft in der letzten Zeit trotz angespannter Arbeitsmärkte einen schweren Schlag hingenommen hätte. Er sage das für diejenigen, die Angst vor Lohndruck hätten und um klarzustellen, dass eine »Umkehr in der natürlichen Ordnung der Dinge« zu erwarten sei.[80] In seinem üblichen abschließenden Statement vor der Abstimmung über die Zinsrate machte Greenspan hierzu längere grundsätzlichen Ausführungen. Wegen ihrer zukunftsweisenden Bedeutung möchte ich sie etwas ausführlicher zitieren:

»In Übereinstimmung mit Don's (Don Kohn, der in seinem FOMC-Briefing gerade das Fallen der NAIRU erörtert hatte, D.H.) Bemühungen, längerfristige Strategiefragen zu skizzieren, möchte ich eine ungefähre Hypothese darüber formulieren, wohin die Wirtschaft über einen längeren Zeitraum gehen wird und was die zugrunde liegenden Kräfte sind. Sie erinnern sich sicher daran, dass ich etwas früher in diesem Jahr das Thema der außerordentlichen Bedeutung sich beschleunigender Technologieentwicklungen besonders auf dem Gebiet Silicon-basierter Technologien auf die Veränderungen des Kapitalstocks, ihre ziemlich dramatische Abnahme im Durchschnittsalter und als Konsequenz der Herbeiführung eines hohen Grades von Verunsicherung für diejenigen Individuen auf die Tagesordnung gebracht habe, die sich mit dem ständig wechselnden technologischen Apparat auf den Arbeitsmärkten auseinandersetzen müssen. Ein Beispiel, das einem diese Entwicklung näher bringen könnte, obwohl es ein wenig realistisches Beispiel ist, ist, wie Sekretärinnen sich fühlen würden, wenn der Platz der Tasten auf ihrer Schreibmaschine alle zwei Jahre geändert würde. Genau das machen wir mit der gesamten Arbeiterschaft.

Wie ich in meinen Bemerkungen vor zwei oder drei Sitzungen angedeutet habe, resultiert daraus eine bedeutende Zunahme der Arbeitsplatzunsicherheit, die sich auf die Beziehung zwischen Arbeitsplatzverunsicherung und Lohnsteigerungen auswirkt. Ich denke, dies erklärt zunehmend, warum Lohnmuster in letzter Zeit derart eingeschränkt wurden. Ein außerordentlicher Beleg aus jüngster Zeit hierfür ist eine beispiellose Anzahl von Arbeitsverträgen mit fünf- oder sechsjähriger Befristung. ... Ich denke, die Beschleunigung im Wechsel der Kapitalgüterzusammensetzung und der technologische Fortschritt haben über den Arbeitsmarkteffekt hinaus aus verschiedenen Gründen eine ziemlich deutliche

80 Sitzungsprotokoll vom 19.12.95, S. 29.

Auswirkung auf die Kostenseite. Grundsätzlich hat die Miniaturisierung von Produkten als Resultat der Computerchip-Technologien, wie Sie alle wissen, zu einer erheblichen Minderung der Transportkosten geführt... Dies hat zu einem bedeutenden Schub in Richtung wachsender Spezialisierung der Arbeit geführt, weil es die Reichweite für das Engagement eines Individuums oder einer Firma ausgeweitet hat. Wir schreiben die alten Themen komparativer Vorteile und der Arbeitsteilung aus den alten ökonomischen Textbüchern neu. Effektiv ist die Welt mit der Verbreitung miniaturisierter Produkte und fallender Kommunikationskosten kleiner geworden ... Was wir jetzt beobachten, ist eine enorme Bewegung hin zur Verbreitung des Outsourcing, nicht nur in die unmittelbare Umgebung, sondern zunehmend rund um den Globus. Was man damit erwarten könnte und was wirklich passiert, ist die Kombination wachsender Kapitaleffizienz und fallender nominaler Lohnstückkosten ...

Man müsste annehmen, dass wir das in den Produktivitätsdaten wiederfinden würden, aber es ist schwierig, es überhaupt zu finden. Meiner Meinung nach gibt es mehrere Gründe hierfür. Der wichtigste ist die miserable Qualität der Daten. Ich glaube, wir haben nicht korrekt definiert, wie wir den Mehrwert in verschiedenen Industrien erfassen können, wie ich schon einmal ausgeführt habe. Bei der Betrachtung der Marktwerte kapitalisieren wir die verschiedenen Typen von Aktivitäten nicht richtig. In der Vergangenheit haben wir auf Kapitalausgaben nur in der Art von Ausgaben für Hochöfen oder Stahlwalzwerke geblickt. Nun aber wird die Wertsteigerung einer Firma von solchen Faktoren beeinflusst, ob und inwieweit ein in der Firma durchgeführtes Arbeitertraining eingesetzt wird und welcher Art es ist. Genau das schafft ökonomischen Wert im Sinne des Aktienmarkts, und das messen wir nicht richtig.

Zum zweiten sollten wir uns an den Befunden von Professor Paul David aus Stanford[81] orientieren, die sich auf die Frage beziehen, warum Computertechnologie nicht die Produktivität hervorruft, die wir mit Blick auf das Einzelunternehmen erwarten würden. Der Grund ist, dass die globale Infrastruktur sich noch nicht darauf eingerichtet hat. In ähnlicher Weise kamen Elektromotoren im späten 19. Jahrhundert in Gebrauch, aber sie wurden in einem System eingesetzt, dessen Infrastruktur auf die Minimie-

81 P. David, The Dynamo and the Computer, An Historical Perspective on the Modern Productivity Paradox, American Economic Association Papers and Proceedings, American Economic Journal 80 (1990), S. 355, vor allem 357; P. David, Technical Choice, Innovation and Economic Growth, Cambridge 1975; P. David, Understanding the Economics of QWERTY: the Necessity of History, in: W.N. Parker (Hg.), The Economic History and the Modern Economist; Oxford, S. 30; P. David, G. Wright, General Purpose Technologies and Productivity Surges: Historical Reflections on the Future of ICT Revolution, in: P. David, M. Thomas (Hg.) The Economic Future in Historical Perspective, Oxford 2003, S. 135. Die Einleitung enthält interessante narratologisch orientierte Ausführungen zur historischen Pfadbildung jenseits des Kausalschemas (S. 20–27).

rung der Kosten für Dampfmaschinen eingerichtet war. Die Technologie für eine Dampfmaschinenökonomie unterscheidet sich grundsätzlich von der einer Elektro-Motor-Ökonomie. Erst mit der horizontalen Reorganisation von Fabrikgebäuden in den 1920er Jahren waren die Unternehmen schließlich in der Lage, die im elektrischen Dynamo wohnenden Synergien zu nutzen, mit dem Erfolg ziemlich dramatischer Produktivitätsgewinne ... Firmen verlegen enorme Anstrengungen auf die Computertechnologie. Eine Menge davon ist verschwendete Energie, wie es unausweichlich sein muss, und wir haben weite Teile der Geschäftsverfahren noch immer nicht auf die fundamental neuen Technologie hin reorganisiert.

Ich kann sicherlich der Annahme zustimmen, dass meine Hypothese das statistische Äquivalent einer fallenden NAIRU ist. Das ist gut und schön, aber nur zu sagen, dass die NAIRU gefallen ist, wozu wir ja neigen, ist nicht sehr hilfreich. Das ist so, weil immer wenn wir die Inflationsvorhersage verfehlen, sagen wir, dass die NAIRU gefallen ist. Wir müssen aber verstehen, was das verursacht ... Nun, bevor ich zu weit gehe, möchte ich wiederholen, was ich gesagt habe, als ich zum ersten Mal die Frage von Arbeiterverunsicherung und Löhnen aufgeworfen habe. Wenn mit einem bestimmten Grad von Arbeitsplatzverunsicherung eine Reallohnsteigerung verbunden ist, dann würden wir bei einem höheren Grad von Arbeitsplatzverunsicherung denselben Trend bekommen, nur auf einem geringeren Reallohnniveau ... Es ist eine vorübergehende Angelegenheit und keine, die uns in einen Dauerzustand der Nicht-Inflation versetzt. Wir wissen nicht, wo der Angelpunkt dieses Prozesses ist, ob er sechs Monate oder sechs Jahre vorhält. Das Paul David-Argument würde bedeuten, dass es sechs Jahre vorhält. Ich bin da nicht so sicher, aber sicherlich hat sich dieser 1989 verfasste Aufsatz als außerordentlich voraussehend erwiesen.«[82]

Diese Überlegungen veranlassten Greenspan, für eine Herabsetzung der Zinsrate zu stimmen (jedes Mitglied hat gleiches Stimmrecht), obwohl er die Situation am Rande einer Anleihen- und Aktienblase sah (was für eine Heraufsetzung der Zinsen gesprochen hätte). Die anderen Mitglieder zeigten sich derart beeindruckt, dass sie – zum Teil gegen ihre Neigungen – dem Votum Greenspans folgten (so ausdrücklich die Präsidentin der Zentralbank von Boston Frau Cathy Minehan und Governeur Alan Blinder, der seine ambivalente Haltung in eine spöttische Bemerkung zu Greenspans »schöne neue Welt-Szenario« kleidete).

Nun verblüffen Greenspans Ausführungen und die dadurch ausgelösten Erörterungen in der Fed nicht gerade durch besondere Subtilität.

---

82 Sitzungsprotokoll vom 19.12.1995, S. 35-39.

Das konnten sie auch nicht. Die Gouverneur*innen waren Geldleute und nur in Finanztechniken versiert. Fragen des »technologischen Wandels« mochten sie vielleicht aus der Presse oder allenfalls aus ihren Kontakten zur Geschäftswelt kennen. Greenspan musste sich auf einen nachvollziehbaren politischen Kern des technologischen Angriffs beschränken: den der Verunsicherung. Wir wissen, wie gut Greenspan es verstand, seine Darstellungen am Empfängerhorizont auszurichten. So variierte der Grad an Subtilität seiner Darstellungen je nach Adressaten erheblich, wie man den Reden, Verlautbarungen und schriftlichen Veröffentlichungen entnehmen kann. Die Interna des Fed-Apparats sind uns verschlossen. Wir können nicht sagen, ob es dort eine Abteilung für die Beobachtung technologischer Innovationsprozesse gab. Dies ist in Anbetracht des hohen Qualifikationsstandards gut möglich, gar wahrscheinlich. Die Kenntnis der Arbeiten von Paul Davids zum historischen Verlauf innovativer Offensiven, die Greenspan in die Komitee-Debatten einbrachte, macht es auch wahrscheinlich, dass Greenspan mit den sozialen Konflikten gut vertraut war, die der technologische Angriff auslöste, und mit dem Widerstand, auf den er traf.

Mir nicht – und ich glaube, auch sonst niemand – sind die Debatten unter den Spitzen der Clinton-Administration über den Einstieg von Greenspans Fed in den technologischen Angriff zugänglich. Ich denke, es ist kein Zufall, dass er gerade in dem Moment einsetzte, als die Internet-Unternehmen eine neue Dynamik in der Entfaltung der Informationstechnologien erkennen ließen. Das Internet war ja nicht nur ein »gamechanger« in den Klassenauseinandersetzungen auf dem »shop floor«, am Arbeitsplatz. Es war ein game-changer im Supply-Chain-Management, im Outsourcing, im Wissensmanagement auf Mikro- und Makroebene (darüber regulieren die meinungsbildenden Unternehmen, was relevantes Wissen ist, vergleiche nur allein »askwiki«, eine regelrechte Kapitalismusschulung); wie auf der Mikroebene müssen sich Lernende jeder Art im Internet ihre Lernstrategien und ihr Wissen inklusive der Rezepte ihrer eigenen Zurichtung abholen. Es fungiert als oberes Zensurmedium und von hier aus greifen all die über die Social Media vermittelten Zwänge der Selbsteinspeisung, Selbstunterwerfung und Selbstoptimierung, die ich im 3. Band behandeln werde. Es ist ein universelles Medium des postmodernen sozialen Kriegs bis in den derzeit noch kalten Krieg des »Cyber-Warfare«.

Und das war Mitte der 1990er Jahre schon in Konturen erkennbar. Die Internetblase wurde unter Greenspan zum schockartigen Vorstoß, der die Innovationsoffensive radikalisierte, umfassend »vergesellschaftete« und in einen Prozess rücksichtsloser Steigerung hineintrieb, der bis heute anhält, stetig gefüttert von neuen Wellen in Greenspans endlos scheinendem Tsunami.

Aus diesen Ausführungen wird deutlich, dass es weit zu kurz greifen würde, die massive Entfesselung von Liquidität in die Sektoren der neuen Technologien in den Jahren bis zur New-Economy-Blase nur unter dem Gesichtspunkt der Fütterung eines Investitionszyklus zu begreifen. Sicher, sie bot sich als als ein Ausweg aus der Stagnation an, die die amerikanische und die Weltwirtschaft bis in die frühen 1990er Jahre lähmte. Aber diese Sichtweise würde die qualitative Seite des eröffneten Zyklus übersehen. Entscheidend war hier – und dafür steht der Hinweis auf Paul David – der Durchbruch einer Innovationsoffensive in die Gesamtgesellschaft und auf Weltebene. David gelangte in seinen Untersuchungen über basistechnologische Analogien von Elektro- und Informationstechnologien zur Vorstellung der historischen Ähnlichkeit der gegenwärtigen und der fordistisch/tayloristischen Innovationsoffensive als einer umfassenden »mentalen Revolution« (Taylor), die in alle gesellschaftlichen Dimensionen hineingriff. Das ist es, was Greenspan mit der organisatorischen Neuausrichtung der Synergien und der Anpassung der »globalen Infrastruktur« zu fassen versuchte. Er begriff die Chance, die neuen Technologien zum Kern einer Innovationsoffensive mit ähnlicher Wirkung zu machen, wie die technologischen Kerne es in der fordistisch/tayloristischen Offensive der 1920er Jahre gewesen waren, nachdem eine jahrzehntelange Inkubationsphase überwunden worden war. Greenspan dachte in großen historischen Zusammenhängen. In diesen verortete er den Versuch, die Fed zum zentralen Agenten eines neuen historischen Projekts in eine offene Zukunft zu machen.

Kann eine Zentralbank Agent einer kapitalistischen Offensive sein? Können das nicht allein Unternehmer und Geschäftsbanken? Sie kann das. Einmal ist die Fed rechtlich als Privatbank organisiert, auch wenn sie sich laut Website nicht als Privatunternehmen sieht. Sie ist Kreditgeberin letzter Instanz (lender of last resort) und macht Gewinne, die sie dem Staat überweist. Sie agiert also wie eine Privatbank, allerdings mit öffentlichen Aufgaben und Machtbefugnissen. Im Übrigen macht sie auch hier das, was Banken immer gemacht haben und was sie so gewalttätig macht. Und das ist nicht so sehr der Profit, sondern die Politik. Banken geben Kredite, aus dem Nichts geschöpftes Geld an Unternehmen. Und damit machen sie Politik. Sie entscheiden sich für bestimmte Unternehmensstrategien zu Lasten anderer und bestimmen diese in Kreditbedingungen und -verhandlungen mit. Das sind meistens innovative Strategien mit hoher Produktivität. Strategien also mit einem großen technologisch/organisatorischen Unterwerfungspotential.

Greenspan agierte dementsprechend als Vorsitzender eines Geldhauses mit unbegrenztem Kreditschöpfungspotential und zugleich als Stratege eines gesamtkapitalistischen Innovations- und Unterwerfungsangriffs. Also durchaus banktypisch, aber auf gesamtgesellschaftlichem Niveau. Beim Thema »Zentralbankfunktionen« wird leider meist nur der Kreditschöpfer und -geber letzter Instanz gesehen. Vergessen wird die Macht als Innovationsstrategin of last resort, oder wenn man will, als Gewalttäterin of last resort.

Greenspan war klar, dass nur eine Entfesselung gewaltiger Kreditmengen von Tsunami-Ausmaßen den spekulativen Prozess einer Blase in Gang setzen konnte. Spekulativ auch in dem Sinne, dass es nicht nur um Geld ging, sondern um Innovation und Produktivität. Denn die kleinkarierten und kleinbürgerlichen Kritiker der Spekulation – einschließlich der linken – vergessen meist, dass die Spekulation nicht nur Zockerei ist. Sie ist – etwa im Bereich des Vermögens- und Fondsmanagements – ein wettbewerbsförmiges alltägliches kapitalistisches Prüfungsverfahren zur Ermittlung der geld- und realwirtschaftlich mittel- bis langfristig produktivsten und im Klassenkrieg erfolgreichsten Unternehmen. Spekulation hieß also in der Internetblase über die Zockerei hinaus, dass Gewinne sowohl als Investition in neue Startups fließen würden, als auch in die Nachfrage nach deren Produkten. Es ging Greenspan daher mit der Entfesselung des Innovationsschocks um die Freisetzung eines Angebots- und Nachfrageschocks in einem. Allerdings war die Spekulation schon damals nicht mehr auf den Aktiensektor beschränkt. Schon 1995 wurde eine Spekulationswelle auf dem Eigenheimsektor in Gang gebracht – Lernstoff für die spätere Subprime-Blase. Clintons Sekretär des Wohnungs- und Stadtentwicklungsamts Henry Cisneros lancierte eine Strategie zur Lockerung der Bedingungen bei der Hypothekenvergabe. Er formulierte eine »Nationale Hauseigentumsstrategie: Partner im Amerikanischen Traum«.[83] Spätere Berechnungen haben ergeben, dass diese niedrigschwellige und auf die Mittelschichten beschränkte Hausblase einen beträchtlichen Anteil an der für das Hightech-Wachstum erforderlichen Nachfrage hatte. Ich kann es nicht beweisen, aber ich habe in Anbetracht des Datums und der Funktion keinen Zweifel, dass auch sie in die Tsunami-Kalkulationen Greenspans und seiner Kungelbrüder in der Administration einfloss.

All dies gibt den Ausführungen Greenspans über die Wirkungen des Innovationsschocks auf die Arbeiterklasse erst ihre besondere Bedeutung. Er begriff ihn nicht als lediglich neues Mittel im Kontext überkommener Formen der Auseinandersetzung. Vielmehr sah er darin die Möglich-

83 J. Fried, Who Really Drove the Economy Into the Ditch?, New York 2012, Vorwort und Teil 1; P. Wallison, Hidden in Plain Sight, New York 2015, S. 13 ff., 156 ff.

keit, die Klassenauseinandersetzungen in eine neue Ära hineinzutreiben. Eine Ära, in der das Kapital mit Hilfe seiner Technologien das Moment des Überraschungsangriffs für sich nutzen und langfristig die Initiative zurückgewinnen könnte. Prononcierter noch als Marx die »Maschinerie« als Kampfmittel gegen die Arbeiterklasse behandelte, wurde hier »Technologie« als strategischer Gebrauchswert in einer historischen Innovationsoffensive konzipiert und nutzbar gemacht. Greenspan nennt dann auch gleich entscheidende Gesichtspunkte: der Schockcharakter des innovativen Vorstoßes als Form der Rückgewinnung der Initiative, der die Klasse zunächst einmal in die Defensive drängen würde, wenngleich der Widerstand nicht auf sich warten lassen würde. Die Arbeiter*innen würden der Dynamik eines technologischen Wandels ausgesetzt werden, der sie nicht etwa nur zum passiven Objekt machte. Er würde sie dazu zwingen, sich durch Training und Erwerb verwertbarer Fertigkeiten anzupassen, ihm zu folgen und sich zu unterwerfen. Darüber hinaus würde diese Offensive zu einer neuen internationalen Arbeitsteilung führen, die die Klasse auf dem Wege des Outsourcing einem zusätzlichen Dauerdruck aussetzte, der dem Kapital Vorteile in der Lohngestaltung sicherte und die NAIRU niedrig hielt.

Dem technologischen Schock und den neuen Technologien innewohnenden strategischen Qualitäten wird also eine *unmittelbare* Bedeutung in den Klassenauseinandersetzungen und der Wertschöpfung zugewiesen, sogar mit Blick auf den zu erwartenden Widerstand. Damit sprengte Greenspan auch methodisch den Rahmen der neoklassischen politischen Ökonomie auf. Wie sehr es Greenspan auf die Klassenauseinandersetzungen ankam, ist auch daran zu erkennen, dass diese Gesichtspunkte nicht etwa am Rande behandelt wurden. Sie bildeten von vorneherein den Kern der Erörterungen. Die Sitzungsberichte bis zum Jahre 1995 und die vorbereitenden Materialien in Beigebook, Greenbook, Bluebook enthalten eine Vielzahl von Hinweisen auf den sich verstärkenden Einsatz neuer Technologien. Die oben zitierten Äußerungen in den Sitzungen vom Spätsommer/ Herbst 1995 waren allerdings die ersten, die diese in ihrer grundsätzlichen und historischen Bedeutung in der Fed behandelten. Es ist markant, wie schnell und unmittelbar ihre Bedeutung für Klassenauseinandersetzungen und Lohnentwicklung die zentrale Stelle einnehmen.

Alan Blinder hat, ebenso wie Laurence Meyer, zehn Jahre später bewundernd eingeräumt, dass er und die meisten Zentralbankpräsidenten und Gouverneure, ja sogar die maßgeblichen Spitzen der politischen Ökonomie und die maßgeblichen Statistiken die innovationsbedingten Produktivitätssteigerungen jahrelang verpasst hätten. Sie hätten sogar den von Greenspan gezogenen Schlussfolgerungen für die Politik der Zentralbank über Jahre hinweg skeptisch gegenüber gestanden. Etwa zu dieser Zeit zog auch der Rest der Welt langsam nach. Blinder bezieht sich in seinen Äußerungen hierzu auf die hier wiedergegebene Dezembersitzung. Bezeichnend ist aber, dass er die im Zentrum stehende Frage der technologisch induzierten Arbeiterverunsicherung und die damit verbundenen strategischen Spielräume für das Kapital mit keinem Wort erwähnt. Dies ist ein deutlicher Beleg dafür, wie oft die führenden Akteure des Kapitalismus Klassenkrieg meinen, wenn sie ihr neutralistisches Aggregatevokabular in wohltönenden scheinbar objektiven Sätzen ausstoßen.[84] In der Tat stellt die Debatte in diesen Sitzungen einen Knotenpunkt von entscheidender historischer Bedeutung im Umbruch der Klassenauseinandersetzungen in eine neue Ära dar, wie wir ihn auch in »Cluster« beleuchtet haben. Das gilt auch bezüglich der Frage der Wiedergewinnung der Hegemonie des amerikanischen Kapitalismus, die Greenspan so sehr am Herzen lag.

Greenspan hingegen zögerte nicht, diese Erkenntnisse und die daraus folgende Strategielinie propagandistisch sogleich umzusetzen. Seine vorrangige Bühne war zunächst die halbjährige Anhörung vor dem Senatskomitee für Bankwesen, Haus- und Stadtentwicklung (Committee on Banking, Housing, and Urban Affairs, nach seinen gesetzlichen Begründern kurz »Humphrey-Hawkins«). Nachdem er im Februar-Report 1996 schon dahingehende Andeutungen gemacht hatte, rückte er in den beiden folgenden Anhörungen die Schockwirkungen der Informationstechnologien gegen die Arbeiter*innen weiter in den Mittelpunkt. Im Juli-Report erklärte er: »Ein wachsender Teil der Arbeitskräfte benutzt die Werkzeuge der neuen Technologien. Die im physischen Kapital eingesetzten Micro-Chips machen Arbeit effizienter und die verfeinerte Software trägt zum intellektuellen Kapital bei. Die daraus folgenden Wellen von Verbesserungen der Produktionstechniken haben schnell die ökonomische Überlebensfähigkeit von Firmen und manchmal sogar ganzer Industrien geändert, ebenso wie den Marktwert von Qualifikationen der Arbeiter*innen. Angesichts derart schneller und wechselhafter Strömungen überrascht es nicht, dass die Arbeiter*innen weniger bereit sind, die Möglichkeiten eines Arbeitsplatzwechsels zu testen. In der Tat erscheint die freiwillige Aufgabe des Jobs gedämpft, trotz der Anzeichen für einen engen Arbeitsmarkt. Weil die Arbeiter*innen eine größere Unruhe über ihre Arbeitsplatzsicherheit und Vermarktbarkeit verspüren, wenn sie den Job wechseln müssen, nehmen sie offenbar geringere Lohnsteigerungen auf dem jeweils gegebenen Niveau der Arbeitsmarktanspannung hin.«[85]

---

84 A. Blinder, R. Reis, a.a.O., S. 47-61 (s. Fn. 51).

85 A. Greenspan, Testimony of Chairman Alan Greenspan, The Pederal Reserve's semiannual monetary report. Before the Coomittee on Banking, Housing, and Urban Affairs, U.S. Senate 18.7.1996.

Im nächsten Humphrey-Hawkins-Report vom 26.2.1997 legte er Zahlen für die »Angststeigerung« vor: Sie stieg von 27% auf 46% der Arbeitsbevölkerung, verbunden mit den entsprechenden Auswirkungen auf die Löhne und die wachsende Dauer der Arbeitsverträge. Die Unsicherheit sei auf die neuen Technologien und die mit ihnen verbundenen Auswirkungen auf die Fertigkeiten (skills) zurückzuführen.[86]

Die Darstellungen waren ungewohnt und hatten deutlich propagandistischen Charakter. Der Befund war aus den Daten keinesfalls gesichert. Auch in der Unternehmerschaft war die Kampfstrategie noch nicht voll durchgesetzt. Offenbar wählte Greenspan diesen Ort, weil er eine große öffentliche Aufmerksamkeit garantierte. Darüber hinaus war der Senat besonders geeignet, diese strategische Linie in die Bundesstaaten und ihre Unternehmerschaft zu tragen. Es war das Angebot einer sich selbst erfüllenden Prophezeiung, wenn Greenspan denn die monetären Voraussetzungen eines Boom-Schocks organisieren konnte. In meinen Augen war dies ein kühnes propagandistisches Manöver.

DER TECHNOLOGISCHE GRIFF NACH GLOBALER MACHT

In der Sitzung des Offenmarktausschusses vom 5. bis 6. Juli 1995 in Jackson Hole stellte Greenspan die ungewöhnliche Schwäche der japanischen und europäischen Wirtschaft dar, die entgegen dem früheren Anschein große Schwierigkeiten hätten, zu ihrer Stärke zurückzufinden.[87] Ein günstiger Moment also für die Rückgewinnung der amerikanischen Führungsrolle im Zuge der Innovationsoffensive. In Jackson Hole sagte er dazu:

»Über die letzten zwei Dekaden hinweg haben wir einen bemerkenswerten Umschwung in der U.S. Wirtschaft erlebt. Die Nachwehen des Vietnamkriegs und eine Serie von Ölschocks hatten die Vereinigten Staaten mit hoher Inflation, schwachem Produktivitätswachstum und einer abnehmenden Wettbewerbsfähigkeit in den internationalen Märkten zurückgelassen. Aber anstatt die Rolle einer einstmals großen aber schwindenden wirtschaftlichen Macht zu akzeptieren haben wir – aus Gründen, die zweifellos noch diskutiert werden – die Dynamik früherer Generationen von Amerikanern wieder aufgenommen. Eine Welle von Innovationen über eine große Breite von Technologien, in Kombination mit einem erheblichen Maß von Deregulierung und weiterer Herabset-

86 A. Greenspan, Testimony of Chairman Alan Greenspan, The Pederal Reserve's semiannual monetary report. Before the Coomittee on Banking, Housing, and Urban Affairs, U.S. Senate, 26.2.1997.

87 FOMC-Sitzungsbericht vom 5.–6.7.1995, S. 57.

zung der Handelsbarrieren, hat eine prononcierte Ausweitung des Wettbewerbs und der schöpferischen Zerstörung vorangetrieben.«[88]

Zu Beginn dieses großen Zyklus war es ebenfalls ein Symposium in Jackson Hole im Jahre 1991 gewesen, wo Greenspan an einer intensiven Diskussion über die Bedrohung der amerikanischen Hegemonie durch wachsende und sich konsolidierende regional organisierte Blöcke teilnahm.[89] Bereits im Symposion von 1989 hatte der deutschstämmige amerikanische Makroökonom Rüdiger Dornbusch ein aufrüttelndes Referat gehalten über »den Dollar in den 1990er Jahren: Wettbewerb und die Herausforderung neuer ökonomischer Blöcke«[90] Darin behandelte er die Vor- und Nachteile der japanischen und europäischen Regionalisierungspolitik in der Schaffung kohärenter Großraumstrukturen auf die amerikanische Wirtschaft. Im Symposion von 1991 geht es dann fast ausschließlich um die verschiedenen Aspekte der Regionalisierung vor allem unter währungspolitischen Gesichtspunkten und ihrer Auswirkung auf die Bedeutung Amerikas.

Auf der Konferenz stellten die meisten Teilnehmer die Entwicklung neuer Handelsräume als Ausgangspunkt einer neuen Konkurrenzsituation vor allem zwischen EU und NAFTA vom Standpunkt eines grundsätzlichen Gleichgewichts dar, mit den verschiedensten Bedenken, Unsicherheiten und Erwartungen. Es war dann Allan Meltzer, der die Geschichte der amerikanischen Führerschaft nach dem zweiten Weltkrieg als Erfolgsgeschichte zeichnete, kostspielig zwar für die Führungsmacht USA, aber nutzbringend für die Geführten. Er stellte seine Ausführungen ausdrücklich in den Dienst der »defense of the hegemon«, der Verteidigung der Führungsmacht, wie es in der Überschrift des Schlusskapitels heißt. Die US-Wirtschaft sah sich damals eindeutig im Nachteil, in der Defensive. Greenspans Einstellung war klar, wie wir dem obigen Zitat entnehmen können. Für ihn eröffnete die Situation des Jahres 1995 die Chance zur Rückeroberung der globalen Führung durch die aus der Fed gefütterte Innovationsoffensive. In seinem Buch »The Age of Turbulance« heißt es hierzu:

»Dieses ökonomische Wachstum brachte die nationale Psyche in Schwung und änderte die Art, wie wir uns selbst in der Welt sahen. Durch die 80er Jahre hindurch und weit in die 90er Jahre hinein waren die Amerikaner durch eine Periode der Angst und Depression hindurchgegangen. Die Menschen waren beunruhigt, dass wir Boden an Deutschland, an das

88 Jackson Hole 2003, S. 1 (zu Jackson Hole s. Fn. 26).
89 Jackson Hole 1991.
90 Jackson Hole 1989, S. 8.

gerade zur Einheit findende Europa und an Japan verloren. In den 80ern schienen Japans gigantische Zaibatsu, oder Konglomerate, einen besonderen Schrecken darzustellen: Sie hatten die USA auf dem Stahlsektor geschluckt, in der Fabrikausrüstung, hatten unsere Kraftwagenhersteller in die Defensive gebracht und uns derart komplett auf dem Gebiet der Unterhaltungselektronik übertrumpft, dass sogar die Fernseher, auf die wir für Nachrichten angewiesen waren, die Firmennamen Sony, Panasonic und Hitachi trugen. Seit Sputnikzeiten hat sich Amerika nicht in einem derart furchterregenden Rückstand gesehen. Selbst das Ende des kalten Kriegs besserte die düstere Stimmung nicht auf – unsere enorme Militärmacht fühlte sich plötzlich bedeutungslos an und der internationale Status war nunmehr von ökonomischer Potenz bestimmt.

Dann kam der Technologieboom und änderte alles. Er machte Amerikas leichtfüßige, unternehmerische Misserfolg-na-wenn-schon-Geschäftskultur zum Neidobjekt der Welt. Die US-Informationstechnologie überflutete den Weltmarkt, ebenso wie Innovationen von Starbucks bis hin zu Kreditderivativen. Studenten zogen aus anderen Ländern an amerikanische Universitäten um. Die Änderungen, die die Vereinigten Staaten unternommen hatten, um ihre Ökonomie zu modernisieren – zwei Dekaden oft qualvoller Deregulierung, Gesundschrumpfung und Herabsetzung von Handelsbarrieren – alles zahlte sich nun aus. Während Europa und Japan in die Flaute abglitten, war Amerika im Aufstieg.«[91]

Aufstieg und neue Hegemonie für ein ganzes Zeitalter also durch die Innovationsoffensive, bis zum Rand des Möglichen gespeist aus den unerschöpflichen Liquiditätsquellen der Fed unter Greenspan. Der mächtigste Banker der Welt hatte hierzu nur zwei Mittel. Aber die schöpfte er mit großem Geschick, historischer Bewusstheit, philosophisch-methodischer Reflektiertheit und Zielstrebigkeit aus. Das eine war die Festlegung der Zinsrate, ein wirksames aber unsensibles Instrument von der Qualität eines Vorschlaghammers, wie sich sein Kollege Allan Blinder treffend ausdrückte.[92] Das andere war die Kommunikation mit den Märkten, den Avantgarden, den führenden Institutionen, die Greenspan virtuos beherrschte. Greenspan hat hunderte von Reden über den Prozess und die

---

91 A. Greenspan, The Age ... a.a.O., S. 183 (s. Fn. 70). Greenspan war mit dieser Einstellung nicht allein, sie wurde besonders im eng zusammenarbeitenden strategischen Kerntrio aus Robert Rubin, Larry Summers (Treasury) und Greenspan (dazu: B. Woodward, a.a.O, S. 194, s. Fn. 11) geteilt. Aber nicht ausposaunt, wohl um die globalen Verlierer nicht scheu zu machen. Beleg dafür ist die Rede von Summers vom 10. Juni 1997 unter dem Titel »American Global Leadership: The Denver Summit and Beyond«, für die er Rügen einstecken musste. Greenspans Kollege Governor L. Lindsey berichtet von dieser Rede in: Economic Puppetmasters, Lessons from The Halls of Power, Washington 1999, S. 196, Note 6 (zu Kap. 2). Unter der dort aufgeführten Internetangabe leider nicht mehr aufrufbar.

92 A. Blinder, R. Reis, Understanding ... a.a.O., S. 67 (s. Fn. 51).

verschiedenen Dimensionen »schöpferischer Zerstörung« gehalten. Über den Sinn radikaler Zerstörung überholter Arbeitsplätze, der »job destruction«, über »angst« (im Wortlaut) und Sicherheitsverlust der arbeitenden Bevölkerung, über die »winner« und die »loser«, über Erziehungswesen, über die Flexibilisierung der Finanzmärkte. »Vorschlaghammer« und Propaganda, beides half, in wenigen Jahren einen total und epochal angelegten Transformationsschock freizusetzen. Am Ende dieses Prozesses stand eine uneinholbare Führung amerikanischer Unternehmen auf den Leitsektoren des 21sten Jahrhunderts, »Cluster« als wissensökonomische Machtkerne der Globalisierung, neue Unternehmerstars und Mittelschichten der neuen Creative class, die in einer beispiellosen Dynamik Eigensucht mit neuem Lifestyle verbanden und die durch diese Schockpolitik die alten Arbeiter*innen- und Mittelschichten ins Abseits drängten. Neuer Lifestyle implizierte einen neuen Sozialrassismus gegenüber den *Losern* und einen neuen Sexismus aus der Perspektive spielerischer Aggressivität neuer Männer, die in den Startups das Genderverhältnis postmodern auf ein neues Niveau transportierten.

BOOM-TIME. IM RAUSCH SCHÖPFERISCHER ZERSTÖRUNG

Vorweg eins zur Klarstellung. Wenn ich Greenspan als zentralen Akteur der Offensive »schöpferischer Zerstörung« zeichne, dann aus der Perspektive der Kämpfe und nicht, um ihm »Betrug« und unverantwortliche »Blasenarbeit« im Dienst an Spekulanten und Reichen nachzuweisen. Greenspan war ein Exponent der gebildeten amerikanischen Mittelschichten, ein – nicht irrelevant in unserem Kontext – guter Musiker,[93] ein Patriot, ein Kapitalist reinsten amerikanischen Wassers und vor allem war er eins: ein Innovator auf der höchsten monetären Kommandoebene. Er hat die komplexen Kräfte des kapitalistischen Umbruchs in eine neue Ära mit beispiellosem Gespür früh erkannt und sie in allen ihren wesentlichen Strängen mit den Mitteln seiner Position gefördert und vorangetrieben: Realökonomie, Finanzinstrumente, Wirtschaftsmethodik und -theorie einschließlich der philosophischen Implikationen. Die Kritik an ihm, an »Mr. Bubble« und seinem »Betrug« operiert zumeist auf einem schwachen methodischen Niveau. Wer immer also Innovation als technisch-zivilisatorischen Fortschritt oder auch nur als neutral begreift und ihre bis ins Barbarische reichende Gewaltsamkeit aggressiver Schocks nicht thematisiert, deren Kritik an Greenspan operiert immanent. Diese Kritiker*innen

93 Er betonte die Bedeutung der musikalischer Erziehung für die synthetischen konzeptuellen Leistungen und darum auch für die Entwicklung des Kapitalismus in der Wissensgesellschaft – auf den Niveau neuester neurologischer und neuropädagogischer Erkenntnisse.

bewegen sich in den Grenzen eines gemeinsamen Diskursrahmens. Sie zielen letztlich auf Teilhabe, auch wenn sie sie »links«, »keynesianisch« oder sonst wie einkleiden. Natürlich halten sich mein grimmiger Respekt und das intellektuelle Vergnügen, Greenspan auf seinem Weg »schöpferischer Zerstörung« bis in seine Philosophie nachzuspüren, in engen Grenzen. Aber das sind nun nicht die Grenzen zwischen einem marktradikalen oder marktreformerischen Kapitalismus. Es sind die Grenzen zu einem Kapitalismus, der mit seinen innovatorisch-technologischen Zugriffen in immer tiefere Bereiche des Humanen greift. Kapitalismus zerstört und mordet und vertieft dabei die Ressourcen seiner Wertgewinnung – schöpferisch und innovativ und auf jeder seiner historischen Stufen mit immer feineren Mitteln. Der Ausgangspunkt meiner Perspektive liegt jenseits seiner innovativen Raumgewinne. Er orientiert sich an denjenigen, die ihre Lebens- und Einkommensstrategien, ihre Subjektivität gegen die Schocks und Strategien schöpferischer Zerstörung im Kampf neu erfinden, weltweit. Er liegt auf der Seite derer, in denen Greenspan und selbst viele Linke nur »Subalterne« sehen.

NACKTE DATEN

Die nackten Zahlen der Investitionsoffensive sind schnell berichtet, man kann sie überall nachlesen.[94] Zur Ausschöpfung der erahnten Spielräume für Produktivität, Wachstum und der Vorteile in den Klassenauseinandersetzungen stellte Greenspan die Zinspolitik radikal um und sog nach und nach das ganze Kollegium des Offenmarktausschusses in sein Kielwasser. Ein niedriges und in der Schlussphase dramatisch herabgesetztes Zinsniveau öffnete die Geldschleusen zur Flutung in die Wirtschaft und vor allem der IT-Sektoren. Zunächst war die Zinspolitik noch maßvoll. Im Juli 1995 wurde der Zins von 6% auf 5,75% gemindert. In der Folgezeit war das Bemerkenswerte, dass die Zinsen im Wesentlichen unverändert blieben – im März 1997 waren sie bei 5,5% angelangt –, obwohl die Konjunktur eine ungewohnte Dynamik erreicht hatte. Zu diesem Zeitpunkt wäre nach allgemeiner Meinung eine Dämpfung durch Erhöhung der Zinsen, verbunden mit einer ausdrücklichen Warnung, durchaus möglich gewesen. Im Jahre 1998 legte der Aktienmarkt bis zum Juli um 21% zu. Ein erstes Anzeichen, dass sich über die Akkumulationsdynamik eine spekulative Übertreibung legen würde. Gegen alle Erwartung verminderte die Fed in der Sitzung vom 29.09.98 den Zins um 0,25% auf 5,25%. Legitimiert wurde

---

94 Jahresberichte der BIZ, des IWF, auch: W. Fleckenstein, F. Sheehan, Mr. Bubble, München 2008, Kap. 2; R. Batra, Greenspans Betrug, München 2006, Kap. 4 und 5; auch – wenn gleich wegen der überholten orthodoxen Sichtweise – R. Brenner, Boom... a.a.O., Kap. 4–8 (s. Fn. 21); R. Shiller, Irrational Exuberance, Princeton 2000. Kap. 1, schon damals etwas moderner.

dies zum Teil durch den Zusammenbruch des russischen Finanzsystems und des Hedge-Fonds LTCM (spekulativ im Derivate-Markt hochgehebelt und im September implodiert[95]). Aber die Folgezeit zeigte, dass hier zwei Fliegen mit einer Klappe geschlagen wurden. Die Gelegenheit wurde genutzt, die Märkte weiter mit Liquidität zu fluten. Gerade mal 16 Tage danach wurden die Zinsen auf 5% gesenkt. Der Markt zeigte sich völlig unbeeindruckt von der LTCM-Pleite und notierte 5% höher. Dies hätte nach konservativen Vorstellungen zu einer Zinserhöhung führen müssen, um zumindest ein Signal gegen die Überhitzung zu geben. Gleichwohl wurde der Zinssatz noch einmal um 0,25% auf 4,75% gesenkt. Der Erfolg dieses als »Greenspan-Put« in die Geschichte eingegangenen Manövers ließ nicht auf sich warten. Die Terminmärkte gingen um enorme 5% nach oben. An den Börsen lösten sich die Aktien der neuen Technologien dramatisch vom Niveau der alten Sektoren. Die Firma »The Globe.com«, die am 13. November 1998 zu 9 $ pro Aktie an die Börse ging, schoss am selben Tag auf 63,50 $ hoch, um mehr als 600%. An Thanksgiving, einem besonders drastischen Börsentag, verdoppelten sich die Kurse einiger Internet-Unternehmen. Jeder der Top-15-Gewinner im Nasdaq stieg um mindestens 45%. Der Nasdaq 100 notierte gegenüber dem Vorjahr eine Steigerung von 42%. In der Sitzung des Offenmarktausschusses vom 13. Dezember 1998 erklärte der Fed-Präsident der Zentralbank von Cleveland Jerry Jordan:

»Ich habe – wahrscheinlich hat es jeder nun mitbekommen – Newsletter und Beratungsdienste gelesen sowie Leute auf CNBC (ein besonders aggressiv eingestellter Wirtschaftssender) reden hören, die behaupten, es gäbe kein Risiko, dass der Aktienmarkt fällt. Wenn er nämlich zu fallen begänne, würde die Fed den Geldhahn aufdrehen, um den Aktienmarkt wieder auf Kurs zu bringen. So können in deren Sicht die Märkte von nun an nur nach oben gehen. Ich vermute, dass immer mehr Leute daran glauben und danach handeln.«[96]

Das war genau der Punkt. Die drei kurzen Zinssenkungen des »Greenspan Puts«, so geringfügig sie zu sein schienen, waren als eindeutiges Signal zu verstehen und auch verstanden worden: »Investiert so viel ihr könnt und wenn Probleme auftreten, wird billige Liquidität nachgeschossen.« Eine solche Botschaft gehörte zur Kommunikationspolitik der Fed. Sie modernisierte sich hierin zum kommunikativen Organ über die klassischen Funktionen der Zentralbankpolitik ins Kommunikationszeitalter (die BIZ hat diese methodischen Durchbrüche schon im Jahre 2001 genauestens

95 R. Lowenstein, When Genius Failed, New York 2000.
96 Zit. nach W. Fleckenstein, F. Sheehan, Mr Bubble, a.a.O., S. 43, (s. Fn. 94)

registriert, wie ich oben schon erwähnt habe und unten weiter ausführen werde). Mit dem Jahresende 1998 legte der Investitionsboom den Turbo ein zu weiterer Beschleunigung bis ins Stadium des Überschäumens im Jahre 2000. Die Dynamik schien nicht mehr zu bremsen, schon lange nicht durch die magere Erhöhung der Zinsen im August 1999 auf 5,25%. Sie sollte es wohl auch nicht, wie der »Economist« richtig feststellte:

»Eine kluge Zentralbank hätte jetzt die Zinsschraube stärker angezogen. Sogar nach der Erhöhung in dieser Woche liegen die amerikanischen kurzfristigen Zinsen immer noch einen Viertelpunkt niedriger als ein Jahr zuvor. Solch zaghafte Schritte dürften der Wallstreet fälschlicherweise rückversichern, dass die Fed alles sicher unter Kontrolle hat – und die Aktienmärkte zu schwindelerregenden Höhenflügen ermutigen. Aber Greenspans Dilemma ist weitgehend hausgemacht: Es reflektiert ein Versagen Amerikas, wirtschaftliche Ungleichgewichte früher anzupacken, bevor sie so schlimm werden.«[97]

Das wollte die Fed auch gar nicht, wie sich zeigen wird. Und verstärkte so die Dynamik erst richtig. William Fleckenstein schildert eine Momentaufnahme vom 10.11.1999:

»Liberate Technology um etwa 34 $ gestiegen, nur ein Anstieg um 50%, Next Level Comunication plus 31 $ etwa ein Anstieg um 150%, und iBasis Technology plus 24 $, ein Zuwachs von 150%. Als die Luft aus der Blase entwich, stürtzten diese Aktien um mehr als 90% ab ... (das) Vertrauen in den Greenspan-Put führte zu einer unkontrollierbaren Ekstase. Routinemäßig schossen die Neuemissionen am ersten Handelstag – wenn nicht sogar in den ersten Handelsstunden – hoch. Cobald Network sprang um 482% nach oben, Foundry Network war gut für 525%, Akamai Technologies schnellte um 458% hoch. Und so lief es. Die Bewertungen waren so absurd wie fast bedeutungslos – alle drei Unternehmen notierten beim hundertfachen ihrer Umsätze.« Insgesamt stieg der Börsenwert informationstechnologischer Firmen von fast Null zu Blasenbeginn bis zum Frühjahr 2000 auf vier Billionen.[98]

Nun gut, ich brauche diese Orgie nicht weiter auszumalen, jede(r) hat schon etwas darüber gelesen. Der uns schon bekannte Michael Prell aus dem Fed-Mitarbeiterstab verglich in der FOMC-Sitzung vom 21. Dezember 1999 diese

---

97 Zit. n. ebd., S. 70.

98 W. Nordhaus, Schumpeterian Profits and the Alchemist Fallacy Revisited, Yale University, Dpt. of Econmics. Discussion Paper No. 6, 2.04.2005, S. 2.

Entwicklung mit der bekanntesten Blase aller Zeiten, der Südseeblase, die 1720 Frankreich und England an den Rand des Abgrunds brachte.[99]

Aber es war nicht nur Schaumschlägerei. Unter den vielen in dieser Orgie hochschießenden und schnell wieder verlöschenden Startups tauchen auch die Namen auf, die wir heute noch kennen: Lucent, Cisco, Yahoo, vor allem Salesforce, sehr früh mit der Cloudentwicklung am Start und jetzt gefährlicher Konkurrent für SAP, zum Schluss auch noch Google und viele andere, die durch diesen schnellen rauschhaften Vorstoß in eine Markt- und Machtposition gehoben wurden. Das dumpf-kritische Gerede von »Bubble« und »Wahn« verdeckt, dass genau dies die historische Form ist, in der der Kapitalismus seine Innovationsschübe inszeniert, diesmal unterstützt und systematisch gefüttert durch einen Vorsitzenden der weltführenden Zentralbank, der dies genau reflektierte. Am. 13.01.2000 hielt er eine Rede, über »Technologie und die Wirtschaft«, die er in diesem Jahr in verschiedenen Varianten und an verschiedenen Orten wiederholte:

»Wenn wir aus der Perspektive, sagen wir mal, von 2010 auf die 90er Jahre zurückblicken, dann wird vermutlich deutlicher werden, wie die momentan wirkenden Kräfte geartet sind. Wir könnten möglicherweise unter diesem Blickwinkel zum Schluss kommen, dass die amerikanische Wirtschaft bei der Jahrhundertwende eine Jahrhundert-Beschleunigung der Innovationen erlebte, die die Produktivität, den Output, die Unternehmensgewinne und die Aktienkurse mit einer seit Generationen nicht dagewesenen oder überhaupt noch nie dagewesenen Geschwindigkeit vorwärts getrieben hat. Alternativ könnte die Retrospektive aus 2010 auch folgern, dass ein Großteil dessen, was wir gerade erleben, nur eine der vielen euphorischen, spekulativen Blasen war, die sich in der Menschheitsgeschichte ereignet haben. Und natürlich können wir nicht ausschließen, in der Rückschau zum Ergebnis zu kommen, dass Elemente beider Szenarien in jüngerer Zeit im Spiel waren. Auf der einen Seite gingen die Hinweise auf dramatische Innovationen – wahrhaftig tektonische Umwälzungen in der Technologie – weit über bloße Mutmaßungen hinaus. Auf der anderen Seite werden diese außerordentlichen Errungenschaften von Sorgen begleitet, dass die sogenannte New Economy Ungleichgewichte verschärft, die an irgend einem Punkt abrupt angepasst werden müssen, was die wirtschaftliche Expansion sowie die mit ihr verbundene Euphorie und den aus ihr resultierenden Wohlstand auf lähmende Weise beendet ... Aber es ist die Informationstechnologie, die diese spezielle Phase ausmacht. Der Grund liegt darin, dass die Erneuerungen in der Informationstechnologie die Wurzel

99 Sitzungsbericht vom 21.12.1999 (hier zit. n. W. Fleckenstein).

der Produktivität und des Wirtschaftswachstums sind. Ihr bedeutender Beitrag liegt in der Reduzierung der für die Produktion des nationalen Outputs erforderlichen Anzahl an Arbeitsstunden ... Ein Ergebnis des schnelleren Fortschreitens der IT-Innovation war die sichtbare Beschleunigung des Prozesses ›schöpferischer Zerstörung‹, eine Kapitalbewegung von scheiternden Technologien zu Spitzentechnologien. Der Prozess der Kapitalumschichtung über die ganze Wirtschaft hinweg wurde unterstützt durch eine erhebliche Entfesselung von Risiken in den Kapitalmärkten, ermöglicht durch die Entwicklung innovativer Finanzprodukte, die sich ihrerseits den informationstechnischen Fortschritten verdanken ... Wären die erwarteten hohen Gewinne bei diesen Investitionen nicht eingetreten, dann hätte sich die gegenwärtige Investitionskonjunktur – dafür gibt es kein besseres Wort – schon vor langer Zeit totgelaufen ... Sicherlich ist gerade ein vorteilhafter Investitionszyklus am Werk. Eine ganz neue Reihe profitabler Investments erhöht die Produktivität, was für eine Zeitlang zu erhöhten Gewinnen führt – und so weitere Investitionen und Verbrauch ankurbelt ... Sicherlich haben Europa und Japan an dieser neuerlichen Welle der Erfindung und Innovation teilgehabt. Sie dürften jedoch langsamer bei ihrer Anwendung gewesen sein. Die relativ unflexibleren und darum kostspieligeren Arbeitsmärkte dieser Ökonomien scheinen eine wichtige Ursache zu sein ... Was das wohlstandsgetriebene Nachfrage-Übermaß über das durch Produktivität gesteigerte Angebot beenden wird, sind weitgehend die Entwicklungen in den Finanzmärkten. Dieser Vorgang ist bereits erheblich vorangeschritten.«[100]

Dementsprechend begegnete später Fed-Gouverneur Alan Blinder dem Vorwurf mangelnder Bekämpfung der Blase, die ja in den Jahren 1995 bis 1997 noch möglich gewesen sei, mit dem Einwand: »Stellen Sie sich doch nur vor, welche makroökonomischen Möglichkeiten verspielt worden wären, hätte das FOMC die Zinsen mit dem Ziel erhöht, die »Blase« im Jahre 1995 und 1996 zum Platzen zu bringen«.[101] Alice Rivlin drückt diesen Gedanken, später, bezogen auf die Subprime-Phase, gegen die harte Kritik so aus: »Und die wirkliche Frage ist, sollten wir Zinsraten einsetzen, um die Häuserblase zu verlangsamen und den Rest der Wirtschaft bestrafen? Ich glaube nicht, dass das möglich gewesen wäre.«[102] Ryan Cooper wiederholt dies 2015 aus 20 Jahren Distanz unter Berufung auf Dean Baker und Jared Bernstein, zusammen mit einer Aufforderung an die jetzige Fed-Vorsitzende Janet Yellen, sich daran zu orientieren. »Egal was für Fehler Green-

100 Greenspan, 13.01.2000, S. 1,2, 4, 5, 7.
101 A. Blinder, R. Reis, a.a.O., S. 66 (s. Fn. 51).
102 PBS Newshour, Greenspan Admits..., a.a.O., S. 9 (s. Fn. 8).

span hatte, das Bedeutendste, was er je geleistet hat, war die Weigerung, die Zinsen zu erhöhen, als der ökonomische Boom in den späten 90ern an Kraft gewann ... Greenspans große Einsicht war es, dass die Internetrevolution die Produktivität befeuerte mit der Folge größeren Wachstums ohne höhere Inflation.«[103] Baker und Bernstein verbinden diese Einschätzung mit dem Beifall für Greenspans kühne Herausforderung der Modelle ökonomischer Orthodoxie.[104] Kein Problem für den geschichtsphilosophisch reflektierten Greenspan. Er sah auch ökonomische Modelle dem Prozess schöpferischer Zerstörung unterworfen.[105] Es ging also nicht um die Kontrolle der Blase, es ging um ihre Förderung zur Herstellung eines Innovationsschubs, der die amerikanischen Unternehmen und die Vereinigten Staaten insgesamt uneinholbar an die Spitze der Welt katapultieren würde. Denn uneinholbar sind sie noch heute und eilen mit ihren Nachfolgern und wie Pilze hochgeschossenen Wettbewerbern weiter davon. Ein europäisches Suchmaschinen-Unternehmen könnte nicht einmal mit Yahoo konkurrieren, das seinerseits rettungslos hinter Google zurückliegt.

Der Vorwurf der Überakkumulation, der Überinvestition, wie er von Linken wie Rechten vorgebracht wird, erscheint angesichts eines solchen auf ein völlig neues Niveau reichenden Verständnisses politischer Ökonomie gestrig und überholt. Der aggressive Weg in die Überakkumulation, in das Überschießen innovativer Energien ist ein Mittel der »fortschrittlichsten« Unternehmen, sich zu erfinden, sich zu schockartiger Geltung zu bringen. Ein Mittel auch, die Anpassungsimperative, die Greenspan bei diesem Vortrag im Blick hat, zu organisieren und der Welt aufzuherrschen. Nur wenn wir dies begreifen, begreifen wir auch die Bedeutung der erneuten Überdehnung vor 2007. Und in vollem Umfang begreifen wir es nur, wenn wir die übrigen Dimensionen schockartiger Anpassungsimperative in Betracht ziehen, die Greenspan und auch andere Mitglieder des Offenmarktausschusses wie z. B. Roger Ferguson mit dem Begriff »schöpferische Zerstörung« verbinden, von denen jetzt die Rede sein soll.

GREENSPANS PROJEKT: DIE SCHÖPFERISCHE ZERTRÜMMERUNG DER ALTEN WELT

Greenspan hat die Fed-Offensive unter die Leitvorstellung der »schöpferischen Zerstörung« gestellt. Diesen Begriff hat er bei Joseph Schumpeter entlehnt.[106]

103 R. Cooper, What Janet Yellen could learn from Alan Greenspan, The Week, 18.1.2015; D. Baker, J. Bernstain, Getting Back to Full Employment, Washington 2013, S. 29 ff.

104 Ebd.

105 A. Greenspan, The Age ..., a.a.O., S. 174 (s. Fn. 70).

106 Zu Schumpeter umfassend in Kap. 4. Greenspan hat die Orientierung an dieser Grundstrategie kapitalistischer Entwicklung und Reichtumsbildung bis in die Notwendigkeiten von Angst, Schmerz und Opfer in seinem letzten Buch noch einmal bestätigt: A. Greenspan, The Map and the Territory, New York 2013, S. 93, 255 ff.

Er steht für die zyklische Umwälzung aller ökonomischen und sozialen Verhältnisse, ihrer Zertrümmerung und Erneuerung im Gefolge unternehmerischer Basisinnovationen. Greenspan teilte diese Orientierung mit anderen Spitzen der amerikanischen Wirtschaftspolitik. Der wichtigste darunter war Larry Summers, mit dem er intensiv zusammenarbeitete. Summers sollte 2009 als ökonomischer Chefberater und unter Beifall Obamas ausdrücklich die Orientierung an Schumpeter in der »Entfesselung explosiver innovativer Energie« als Leitstrategie der Wirtschaftspolitik propagieren.[107] Greenspan berichtete, dass bei ihm die Orientierung an der fundamentalen Dynamik des Kapitalismus weit zurückreichte, der sich unablässig durch die Verschrottung alter und hinfälliger Branchen und Verlagerung der Ressourcen in neuere produktivere revitalisiert. »Ich las Schumpeter in meinen 20ern und dachte immer, dass er Recht hatte und ich habe den Prozess (schöpferischer Zerstörung D.H.) während meiner gesamten Karriere wirken sehen.«[108]

In seinen Büchern bringt Greenspan dies an vielen zentralen Stellen zum Ausdruck. Das reicht von der Feststellung der Produktivitätssteigerungen im Zuge der innovativen Dynamik der IT-Technologien bis hin zu Fragen des Klassenkampfs.[109] In der Zeit ab 1995 hat er das historische Wirken »schöpferischer Zerstörung« in unzähligen Reden ins Zentrum von Analyse und Politik gestellt und in seine verschiedenen Stränge verfolgt. In den Kern der Analyse rückt er damit die Kräfte dieses »Wirkens«: innovative Energien, die sich in unternehmerischem Verhalten verwirklichen und geschichtsmächtig machen. In sie schließt er die Manifestation der »animal spirits« ein,[110] »Lebensgeister«, vitale unternehmerische Energien. Den Begriff entlehnt Greenspan (ebenso wie Robert Shiller und George Akerlof (dazu unten) aus Keynes' 1936 erschienenen »General Theory of Employment, Interest and Money«.[111] Keynes fasst darin das Wirken der lebendigen unternehmerischen Triebkräfte als dynamischen Grund wirtschaftlichen Verhaltens – ähnlich fundamental wie Schumpeter und jenseits mathematisch und rational begründeter Erwartungen.[112] Er ver-

107 L. Summers, A Vision for Innovation, Growth, and Quality Jobs, The White House 21.9.2009;

108 A. Greenspan, The Age ... a.a.o., S. 48 (s. Fn. 70); War Greenspan auch Nietzscheaner, wie Schumpeter? Er hat sich meines Wissens nicht dazu geäußert. Aber die Frage liegt nahe, weil er zum Freundeskreis von Ayn Rand gehörte, die von Nietzsche inspiriert war, vgl. P. Saint-André, Nietzsche, Rand, and the Ethics of the Great Task, Journal of Ayn Rand Studies Bd. 10, S. 329.

109 Ebd., S. 48 ff, S. 504 ff. und passim.

110 A. Greenspan, The Map ..., a.a.O., S. 8 ff, Kap. 1 et passim (s. Fn. 106).

111 J. M. Keynes, The General Theory of Employment, Interest and Money, London 1936, S. 161 f. Der Begriff war den akademischen Kreisen, in denen Keynes wirkte, durchaus geläufig. Der englische Ausdruck steht für das lateinische »spiritus animales«. Zum Bedeutungsfeld von »spiritus« gehört auch der (kühne) unternehmerische Sinn und »animalis« kommt von »anima« (Seele, Lebenskraft).

112 J.M. Keynes, The General Theory of Employment, Interest and Money, London 1936, S. 161 f. Dazu noch weiter unten.

wendet diesen Begriff für die grundlegende Erkenntnis, dass Unternehmer bei ihren Investitionsentscheidungen nicht etwa nur von rationalen Kalkulationen ökonomischer Größen geleitet werden, sondern von Vertrauen und Zuversicht in die zukünftige Entwicklung, Garant von spontanem Optimismus:

»Denn wenn die lebendigen Triebkräfte gedämpft sind und der spontane Optimismus stockt und uns nichts übrig lässt, als uns auf eine mathematische Erwartung zu verlassen, wird Unternehmertum verblassen und sterben ... Wir sollten nicht daraus schließen, dass alles von Wellen irrationaler Psychologie abhängt. Im Gegenteil, der Zustand langfristiger Erwartung ist oft gefestigt, und, wenn er dies nicht ist, üben andere Faktoren ihre ausgleichenden Wirkungen aus. Wir erinnern uns nur selbst daran, dass menschliche Entscheidungen, die die persönliche, politische oder ökonomische Zukunft berühren, nicht von streng mathematischer Erwartung abhängen können, da eine Basis für solche Kalkulationen nicht existiert; und dass es der uns innewohnende Drang zum Handeln ist, der die Räder antreibt, während unsere rationalen ›Selbste‹ zwischen den Alternativen wählen, so gut wir können, kalkulierend, wo wir es können, aber für unsere Motivation oft zurückgreifend auf Launen, Gefühl oder Glück.«[113]

Für Keynes, der die Weltwirtschaftskrise auch als Krise der Zuversicht sah, kam diesen »animal spirits« durchaus eine große Bedeutung zu. Nicht so zentral wie für Schumpeter, wie wir unten sehen werden. Aber immerhin so gewichtig, dass einige Theoretiker wie Richard Posner unter diesem Eindruck noch einmal zur »General Theory« gegriffen haben und – »How I Became a Keynesian« – konvertiert sind. Und keinesfalls so peripher, wie manche unter dem Eindruck des nach dem Krieg etablierten Vulgärkeynesianismus (oder nach seiner Schülerin Joan Robinson »bastard Keynesianism«) dies einschätzen wollen.[114] Im Beharren auf dem historischen Wandel in der Manifestation der im Kapitalismus wirkenden Kräfte und Energien zeigt Greenspan, welch nachgeordnete Rolle für ihn ökonomische Modelle spielen. Denn auch sie unterlägen ja (wie oben belegt) dem Prozess schöpferischer Zerstörung. Dies macht seinen mühelosen und bemerkenswert undoktrinären Brückenschlag von Schumpeter zu Keynes nachvollziehbar.

Damit folgt zugleich die Theorie der Praxis. Die theoretischen Modelle und die mathematischen Operationen ihrer Formalisierung sind jeweils

113 Ebd.

114 Vgl. C. Schramm, Economics and the Entrepreneur, Claremont Review of Books, Spring 2008, S. 37, hier: S. 38, wo die unternehmerischen »animal spirits« gegen ihren systemischen Platz in der General Theory als »lesser instincts« relativiert werden. Zu Posner s. R. Posner, How I Became a Keynesian, New Republic 2009.

nur Ausdruck des historischen Prozesses und darüber hinaus zu dürftig, um seine Komplexität und Vielfalt, vor allem aber seine Dynamik zum Ausdruck zu bringen. So hat Greenspan auch kein theoretisches »Konzept« schöpferischer Zerstörung, das er der Analyse und Praxis zugrunde legen könnte. Vielmehr sieht er sich als Akteur, der die Praxis schöpferischer Zerstörung im historischen Prozess der kapitalistischen Entwicklung während seines Wirkens in seiner Funktion als Herr über die Weltliquidität verwirklichen hilft. Zugleich sucht er sie zu reflektieren, theoretisch zu begleiten. Er betreibt die sozialökonomische Zertrümmerung und Innovation und benennt sie mit Schumpeter als »schöpferische Zerstörung«. Damit stellt er – immer aus der kapitalistischen Perspektive – das Verhältnis von Theorie und Praxis in der politischen Ökonomie wieder auf die Füße und zwar – dies kann man auch als Gegner durchaus anerkennend konstatieren - auf die Füße der realen Klassenauseinandersetzungen. Den »Grundgedanken« wiederholt er in vielen Formulierungen. Schöpferische Zerstörung wirkt für ihn im Kern der aktuellen Prozesse. Darin verbindet sich die innovative Welle auf dem Gebiet der IT mit technologisch entfesselten neuen Formen der Liquiditätsbeschaffung zu einer sich intensivierenden zyklischen Dynamik. Sie »zerstört« die bestehenden Verhältnisse schockartig nicht nur in Produktion und Finanz, sondern nach und nach in allen Lebensbereichen, um sie »schöpferisch« auf ein historisch neues Niveau zu treiben. Wie Schumpeter behandelt er »Innovation« als aggressive unternehmerische Umsetzung von neuen Möglichkeiten der Herrschaft, Produktivität und daraus folgenden Anpassungszwängen, die den neuen Technologien innewohnen – produktive und finanztechnische zugleich. Eine von den vielen knappen Formulierungen sei hier exemplarisch zitiert:

»Ein Ergebnis der zunehmenden Beschleunigung in der Anwendung von IT-Innovationen war die deutlich wahrnehmbare Beschleunigung des Prozesses »schöpferischer Zerstörung«, die Verlagerung des Kapitals (Schumpeter sprach von »Andersverwendung«) von verfallenden Technologien zu Front-Technologien (cutting edge). Der Prozess der Kapital-Reallokation durch die Gesamtwirtschaft hindurch wurde unterstützt von einer erheblichen Entfesselung (unbundling) von Risiken in Kapitalmärkten, die durch Entwicklung innovativer Finanzprodukte ermöglicht wurden, von denen viele ihre Brauchbarkeit den Fortschritten auf dem IT-Sektor verdanken.«[115]

115 Bemerkungen des Vorsitzenden Alan Greenspan über Technologie und Ökonomie vor dem »Economic Club of New York am 13.1.2000.

Die Aggressivität dieses dynamischen Gesamtprozesses bringt er an verschiedenen Stellen mit Vokabeln wie »einreißen« der bestehenden Zustände zum Ausdruck, die innere Kohärenz der verschiedenen aggressiven Stränge in den verschiedenen gesellschaftlichen Bereichen mit »Welle kreativer Synergien«[116] Auch wenn wir Greenspan in seiner Selbstdarstellung dieser schon relativ frühen Orientierung folgen können, so denke ich, dass die Lektüre der Arbeiten von Nathan Rosenberg, ein ausgewiesener Schumpeter-Spezialist an der Universität Stanford, nach einem Vortrag im Sommer 1997 ihn dazu veranlasst hat, diesen »narrativen« Pfad weiter zu folgen und ihn zu identifizieren.[117]

Die Vielzahl der Reden mit der propagandistischen Darstellung des Prozesses »schöpferischer Zerstörung« verwirklicht den Grundgedanken, dass die ökonomische Entwicklung und vor allem die Dynamik des Zyklus zugleich ein kommunikativer und narrativer Prozess ist. Wie wir oben bereits ausgeführt haben, sieht Greenspan sich, die Fed im Allgemeinen und die Mitglieder des FOMC in einen kommunikativen Prozess ökonomischer Entwicklung eingewebt. Die Berichte des Offenmarktausschusses lassen erkennen, wie genau der kommunikative Effekt von Zinspolitik und begleitenden Erklärungen auf die Erwartungen der Marktteilnehmer zielte, ja sich geradezu im kommunikativen Prozess der Marktentwicklung verortet. Greenspan ist von plumpen Kritikern häufig als »Cheerleader« der »New Economy« verhöhnt worden. Wenn dies auch nicht ganz falsch ist, so hat sein kommunikatives Verhalten den eigentlichen Grund in einer verhaltensökonomischen Neueinschätzung des ökonomischen Prozesses und des Zyklus überhaupt. Die Dauerpropaganda für »schöpferische Zerstörung« sagte den Märkten: Ihr, bzw. eure Besten, eure Eliten, eure Frontleute, ihr seid die Herren eines historischen Prozesses. Er verschafft euch nicht nur Gewinne. Er wälzt die Gesamtgesellschaft um und macht sie zu einem neuen Umfeld eurer ökonomischen Initiativen. Nutzt Sie! Die absichtliche Selbstinklusion Greenspans als propagandistischer Prophet, als Akteur auf höchstem politischen Niveau dieses Prozesses wird in vielen seiner Darstellungen deutlich. Er machte Geschichte, indem er sie erzählte. Ich gehe weiter unten bei der Behandlung methodologischer Fragen noch darauf ein.

EINSATZFELDER DES INNOVATIVEN ANGRIFFS

Die Technologien, die Schumpeter im Kern der Dynamik lokalisiert, sind schnell benannt: Es sind – wie wir schon gesehen haben – vorrangig die Informations- und Kommunikationstechnologien. Ihr historisches Her-

116 Ebd.

117 Vgl. Anhörung des Vorsitzenden Alan Greenspan mit dem Halbjahresbericht der Fed vor dem Komitee für Banken, Wohnen und städtischen Angelegenheiten des U.S. Senats am 22.7.1997.

vortreten, ihre »Emergenz« bestimmt spezifisch diese historische Periode, »defines this special period«. Greenspan sieht ihre Wirkung nicht auf die Produktion beschränkt, sondern im Sinne eines »technisch-ökonomischen Paradigmas« (techno-economic paradigm), einer Durchdringung aller gesellschaftlichen Dimensionen[118]. Sie bringen Produktivität, Produktion und Distribution auf ein neues Niveau. Sie sorgen für die Reorganisation, Verdichtung und Beschleunigung der Austauschprozesse zwischen den Unternehmen (e-commerce), der Rationalisierungsprozesse durch Zuliefererketten, Verteilungsketten und des Rückflusses der Informationen (supply chains) über die nationalen Grenzen hinweg, Reorganisation von Architektur und Städtebau und des Gesundheitswesens (Beschleunigung der Behandlung durch Integration der Information)[119] formen Kultur, Werte, Mentalitäten.

Aber ebenso wenig wie Schumpeter begreift Greenspan Innovationen nur als Technologien oder gar Erfindungen. Vielmehr sieht er sie als prozessierend-dynamische Form unternehmerischer Durchsetzung. Sie schlagen historische Pfade des Transformationsgeschehens in die überkommene alte Gesellschaft. Es ist nicht die Technologie, die für sich selbst etwas bewirkt. Es ist der »unternehmerische Geist der amerikanischen Geschäftsleute«, der – getragen von starken Traditionen – sich in Wiederaufnahme historischer Linien an die globale Spitze der globalen ökonomischen Dynamik stellt.[120] Schon dieser Grundgedanke transportiert methodisch die völlige Abkehr vom überkommenen Modellverständnis der Klassik und Neoklassik. Das drückt sich noch stärker darin aus, dass Greenspan einen fundamentalen Umbruch in der Verschiebung zum immateriellen Charakter von Technologien, Kapital und Wert konstatiert – heute ist das für viele nicht mehr ungewohnt, aber damals bedeutete es ein neues Verständnis der Avantgarden kapitalistischer Entwicklung. Er sieht die zentralen innovativen Bestandteile zunehmend als »konzeptualisiert« (conceptualized), ob als Software oder durch IT-Innovationen geförderter organisatorischer managerialer Verfahrensweisen.[121] Das Charakteristikum, das diesen Innovationsschub anderen großen Innovationsschüben vergleichbar macht, ist ihr grundlegender Charakter als Basisinnovationen. Er ermöglicht die Durchdringung vieler gesellschaftlicher Felder. Green-

118 Wenn wir Chris Freeman folgen, so rezipiert Greenspan hiermit die bahnbrechenden Arbeiten von Carlota Perez. Sie behandelt unter diesem Begriff die umfassende gesellschaftliche Transformation in der Durchsetzung epochaler Innovationsoffensiven wie etwa zur fordistischen Massenproduktion. Vgl. Chris Freeman, Vorwort zu: C. Perez, Technological Revolutions and Financial Capital, Celtenham 2002, S. IX. Ich halte das für falsch, Greenspans Ansätze reichen weiter zurück, als Perez' weiter unten noch ausgiebig behandelte Arbeiten.

119 Greenspan, 13.1.2000, S. 1, 3.

120 Greenspan, 11.3.2004, S. 1, 13.01., S. 8.

121 Greenspan, 4.9.1998, S. 2; 20.01.1999, S. 2.

span formuliert damit etwas, was die amerikanische politische Ökonomie als »multipurpose technologies« bezeichnet. Aber er geht darüber hinaus, wenn er den Prozess aufgrund der Anpassungsimperative von einem großen Verbreitungsdruck getrieben sieht, sowohl nach innen, wie weltweit nach außen.[122] Dies macht deutlich, wie weit Greenspan in der Verbegrifflichung der kapitalistischen Entwicklung von mechanistischem Denken und ursächlich verstandenen Wirkzusammenhängen entfernt ist. Seine Politik und sein Verständnis wird bestimmt von Vorstellungen der Emergenz, unternehmerischer Energien, prozessierender Durchdringung.

DIE ENTFESSELUNG DES TSUNAMIS ZERSTÖRERISCHER FINANZINNOVATIONEN

Zu einer innovatorischen Gesamtdynamik[123] sieht Greenspan die stürmischen Innovationen auf dem Sektor der Finanzinstrumente, -produkte und -dienstleistungen mit denjenigen auf dem Realsektor verbunden – auch sie Instrumente der »schöpferischen Zerstörung«: Sie wurden erst nach Einsetzen in der Subprime-Krise in Fachkreisen gründlich analysiert und von einer breiten Öffentlichkeit wahrgenommen und skandalisiert.

Da ich hier nicht mit dem Reifestadium als Produkt der Subprime-Krise anfangen kann, eine detallierte Geschichte den Rahmen aber sprengen würde, behandele ich dieses wichtige Thema in der Hoffnung auf Nachsicht der Leser*innen an zwei Stellen.

Im traditionellen Bankgeschäft nimmt die Bank Kredite (Einlagen, z.B. Spareinlagen) gegen Zinsen unter bestimmten Rückzahlungsfristen und -bedingungen und vergibt Kredite gegen höhere Zinsen unter veränderten Bedingungen und meist längeren Fristen. Die »Transformation« von Kredit, Liquidität und (Fälligkeits)Fristen werden zum Wesen der Bankgeschäfte gezählt. (Auf die Behandlung weiterer Details wie Mindestreservebedingungen, Rediskontierung etc. verzichte ich hier). Der Bankkredit blieb den engen Beziehungen zu den Kunden verhaftet, deren Bonitätsbewertung in den Risikobereich der Bank fiel. Er blieb als Gläubigerposition (bis auf die engen Möglichkeiten der Rediskontierung bei Zentralbanken) illiquide bei ihr liegen. Das änderte sich dramatisch im Zuge der Innovationen. Standardisierbare und in Massen vergebene Kredite (Hypotheken-, Autokauf-, Studentenkredite etc.) wurden in einem Pool zusammengefasst

122 Greenspan, 22.7.1997, S. 4; 14.6.1999, S. 2; 13.1.2000, S. 5.

123 Carlota Perez hat diesem Auftreten historischer Doppelinnovationen dadurch Rechnung getragen, dass sie spezifische finanztechnische Innovationen mit »realwirtschaftlichen« Innovationsschüben korreliert: das Aufkommen lokaler Banken mit der englischen industriellen Revolution, Konsumentenkredite mit der fordistischen Massenproduktion und nunmehr der parallelen Entwicklung der Internetrevolution ... (s. Fn. 118); Vgl. auch Bericht »Wild-animal spirits«, in: Economist, 22.1.2009. Ähnlich auch Manuell Castells in seiner Trilogie über die Internet-Revolution: Das Informationszeitalter. 3 Bände, Opladen 2001–2003.

und gebündelt, und auf dieser Basis wurden Wertpapiere als »asset-backed securities« verkauft. Diese Verwandlung, ein rein technischer Vorgang, heißt Sekuritisierung. Es ist eine Verwandlung von Schuld oder – von der anderen Seite betrachtet – von Gläubigerposition in Wertpapier.[124] Der Sekuritisierer war zunehmend eine eigene, aus der Bank ausgelagerte, selbständig operierende Rechtsperson, die die Kredite kaufte, zu derartigen Wertpapieren verarbeitete und auf den Markt warf. Darum wird das Modell auch OD-Modell genannt, für »Originator« (Wertpapierhersteller) und »Distributor« (Verteiler). Banktheoretisch waren die Käufer nun das, was alte Einlagengeber im traditionellen Geschäft waren, in neuer Verkleidung sozusagen, nur dass nun der Kaufpreis für die Wertpapiere funktional an die Stelle der »Einlagen« trat. Dies löste den Kredit aus den engen Beziehungen zwischen Bank und Kunde heraus. Er wurde dadurch zu einer handelbaren Ware transformiert. Diese konnte über die Märkte verkauft oder als Sicherheit für weitere Kreditaufnahmen verwendet werden. Die ursprünglich bankbetriebene Vermittlung (intermediation) war nun durch eine neue marktvermittelte Beziehung zwischen Vermögensbesitzern (vormals Einlegern, nunmehr Käufern) und Massenschuldnern verdrängt und ersetzt worden. Diese neuen Vermittlungsformen zielten vor allem auf die gewaltigen Liquiditätsreservoirs, für die die sogenannten »institutionellen Anleger« (Pensionsfonds, Versicherungsgesellschaften, Staatsfonds etc.) Geld einsammelten. Ihre Suche nach Anlagemöglichkeiten wurde nunmehr durch die neuen zinstragenden Papiere befriedigt. Diese wurden in quasi industrieller Massenproduktion durch im Schatten des tradierten Banksystems konstruierte virtuelle Sekuritisierungsroboter (wie Gary Gorton[125] sie treffend nennt) fabriziert. Standardisierte Massenware, je mehr, desto besser. Im Kern war dies eine Rationalisierungsoffensive mit Hilfe der neuen Informationstechnologien, die eine Standardisierung der Verträge, Risikoklassen, Rechtsformen voraussetzte bzw. mit sich brachte.[126] Dadurch wurden enorme Liquiditätsspielräume eröffnet. Denn der Verkaufserlös konnte wieder an neue Schuldner ausgeliehen werden – Material für neue Sekuritisierung. Damit wurden zugleich enorme Risiken eröffnet, nicht nur quantitativ, sondern auch qualitativ. Denn die Banken, die bisher die Kreditwürdigkeit der Schuldner und Sicherheit der Rückzahlung überwacht hatten und das Risko der Bonität trugen, wurden aus

124 Vgl. A. Weber, Lessons learnt: The reform of financial regulation and its implications, Speech at the UCL Economiocs and Finance Society in London, Thursday, 10 March 2011; Z. Pozsar, Shadow Banking, Federal Reserve Bank of New York, Staff Report no. 458, 7/2010, S. 1 ff.

125 G. Gorton, Slapped in the Face by the Invisible Hand: Banking and the Panic of 2007, Yale and NBER, 9. May 2009, S. 8.

126 L. Kendall, Securitization: A New Era in American Finance, in: ders. et al. (Hg.), A Primer on Securitization, Cambridge 1996.

dieser Funktion und dem Risiko entlassen. Das Risikopotential sickerte in das Marktsystem als Ganzes. »Unbundling the risk«, die Entfesselung des Risikos, wie es propagandistisch im FOMC-Jargon hieß.

Greenspan sah auch diese Entwicklung als Ausdruck informationstechnischer Innovationen. Zu Recht, denn erst sie ermöglichten das globale Massengeschäft der Märkte mit standardisierten Finanzprodukten. Er förderte sie energisch und zielstrebig als Prozess der schöpferischen Zerstörung[127] – durch »Zertrümmerung der tradierten Bankstrukturen«, wie Anton Brender und Florence Pisani es ausdrücken.[128]

Bei der ursprünglichen Erfindung dieser Finanzinnovationen haben Greenspan und die Fed ebenso wenig eine Rolle gespielt, wie bei der anfänglichen Entwicklung der produktiven Innovationen. Aber sie haben sie aufgegriffen und ihre Entfesselung und Dynamisierung maßgeblich betrieben. Zwei der ursprünglichen Stränge sollen hier kurz beleuchtet werden. Einmal die Entfesselung eines »alternativen« Bankwesens (alternative banking, auch Shadow Banking genannt) aus der Krise der 70er Jahre. Als Antwort auf die große Weltwirtschaftskrise von 1929 waren die Banken – vor allem im Glass-Steagall Act von 1933 – an die Kette gelegt worden, um der Entwicklung exzessiver spekulativer Risiken vorzubeugen. Unter anderem wurde die Zinshöhe für Einlagen gedeckelt und damit auch der Bankkonkurrenz um dieselben Grenzen gesetzt, verbunden mit einer Einlagensicherung und stabilen Refinanzierungsbedingungen bei der Fed. Als in der Krise der 70er Jahre die Inflationsraten stiegen (anders: das Kapital die Profite aus der monetären Entwertung sog), gerieten die Banken und Sparkassen wegen der Zinsdeckelung unter Druck. Investmentfirmen wie Meryll Lynch, Vanguard etc. lockten anlagewilliges Publikum in Geldmarktsfonds für die Investition in Anleihepapiere (wie Treasury Bonds des Schatzamts, Unternehmensanleihen etc.). Sie konnten damit höhere Zinsgewinne erwirtschaften. Drei Pferdefüße: es gab keine Regulierung und Kontrolle, keine Einlagenversicherung und die »Sicherheit« (collateral) bestand nicht in Wertgegenständen, sondern verbrieften Schulden – Schulden besichert durch Schulden also.[129] Daneben gingen die Wall-Street-Investmentfirmen dazu über, niedrig verzinste aber sichere Papiere an Banken und konservative Investoren (etwas unter Marktpreis als ihr Gewinn – auch haircut genannt) zu verkaufen, um den Erlös in höher verzinslichen, meist riskanteren Papieren anzulegen. In der Regel wurde der

127 Greenspan in den bereits zitierten Reden, und 13.2.1997, S. 1, 4–6; ders., 17.7.1997, S. 1, S. 4; ders., 17.6.1998, S. 1 ff., S. 6, dazu noch weiter unten.

128 A. Brender, F. Pisani, Global imbalances and the collapse of globalised finance, Centre for European Policy Studies (CEPS), CEPS Paper, Dexia 2010, S. 6.

129 Zu all dem vgl. R. Gilbert, Requiem for Regulation Q: What it did and Why it Passed Away, Federal Reserve Bank of St. Louis Review, 2/68 (1986), 23.

Verkauf mit einem Rückkaufversprechen verbunden. Diese Technik des Shadow Banking wird mit »Repo« (für repurchase agreement i.e. Rückkaufvereinbarung), bezeichnet. Ökonomisch ist diese Rückkaufvereinbarung gleichbedeutend mit einer Verwendung der Papiere als Sicherheit für einen Kredit. Shadow Banking hat das traditionelle Bankwesen nicht ersetzt, sondern auf einer alternativen Spur überholt, zugleich vereinnahmt und innovativ überformt. Denn es bezieht die Arbeit der Banken ein, denen die Aufgabe als Kreditgeber verbleibt und für die Gebühren abfallen, aber auch etwas von den Gewinnen. Bis 2007 schwoll das Shadow Banking auf über zwölf Billionen $ (zwölftausend Milliarden) an.

Sekuritisierung, die handelbare Verbriefung, bildet daher den technischen Kern der Innovation. Sie liefert das Material für das Shadow Banking, denn sie sorgte für die Massen verbriefter Schulden, die dort neben den konservativeren Papieren als Handelsobjekt und Sicherheit Verwendung finden. Wegen dieses Massenhandels lautet eine andere Bezeichnung hierfür auch »wholesale banking« (Großhandelsbankwesen). Die Sekuritisierung wurde schon in den 70ern bei den großen staatlich kontrollierten Hypothekeninstitutionen Fannie Mae und Freddy Mac als GSEs (government-sponsored enterprises, staatsgeförderte Unternehmen) wegen der kostengünstigen Standardisierung ihrer Geschäfte praktiziert. Banken konnten Gläubigerpositionen aus standardisierten Hypothekenverträgen an die GSEs verkaufen. Diese packten sie in Pools zusammen, verbrieften sie und brachten sie als durch den Pool besicherte Papiere (asset-backed securities, ABS) und garniert mit einer Garantie gegen Zahlungsausfälle auf den Markt, um sich selbst zu refinanzieren. In den frühen 90ern wurde diese Technik durch die Resolution Trust Corporation (RTC) federführend verfeinert.[130] Die Entwicklung war so stürmisch, dass schon im Jahre 1992 40% der amerikanischen Hypothekenkredite sekuritisiert waren[131] (das Hauptanwendungsgebiet dieser Techniken waren jedoch zunächst Kreditkartenschulden). Ihre Reichweite ging bald über die GSEs hinaus. Nicht nur Hypotheken, sondern andere homogene Kredite wurden zu einem »pool« zusammengefasst und an eine Sondereinrichtung (special purpose vehicle«, SPV oder »special investment vehicle, SIV) verkauft (oder erst dort »gepooled«). Diese verpackte sie zu Einheiten aus Klassen unterschiedlicher Herkunft und Risiken und verkaufte darauf bezogene Wertpapiere, »Securities«. Das waren dann also durch die Buchverpackungen gesicherte Papiere – ABS (asset-backed securities, wertbesicherte Papiere). Vermarktet wurden sie zumeist durch Verkauf an »institutionelle Anleger« (z.B. Versicherungen). Aus dem Erlös wurde der vorhergehende Kauf finanziert. Auch »strukturierte« CDOs (col-

130 M. Zandi, Financial Shock, New Jersey 2009, S. 112.
131 Zahlen mit einer guten Gesamtdarstellung bei: P. Wallison, a.a.O., S. 111 ff. (s. Fn. 83).

lateralized debt obligations) waren nach ihrer Erfindung durch das Haus Drexel Burnham Lambert im Jahre 1987 schon entwickelt.[132] Sie bezogen verschiedenartige Schulden (neben Hypotheken- Auto-, Konsumentenkredite etc.) mit unterschiedlichem Risikogehalt ein, bündelten sie und vermarkteten sie in Tranchen.

Auf eine Kurzformel gebracht, könnte man das »alternative banking« so zusammenfassen: Kredite werden durch Ersparnisse finanziert, die nicht mehr von Institutionen als Einlagen eingesammelt werden, sondern direkt durch den Verkauf von Wertpapieren. Die mit diesen Krediten verbundenen Risiken werden nunmehr durch ihre Käufer getragen, die keine Ersparnisse einsammeln. Banken machten früher beides. Nun ist Einsammeln und Ausleihen entkoppelt, dazwischen treten die Märkte für Wertpapiere. Bankfunktionen übt jedoch auch das *alternative* oder Shadow Banking aus, wenn wir die oben beschriebene Bankdefinition der Kredit-, Liquiditäts- und Fristentransformation zugrundelegen. Allerdings geht mit ihm die Macht der Banken im überkommenen Sinn auf die Märkte über, auf die Käufer. Diese üben ihr Kommando – Steuerung, Kontrolle, Definition der Kreditbedingungen – unmittelbar aus. Und mit dem Grad ihrer Internationalisierung oder Globalisierung entziehen sich ihr Kommando und ihre Politik bis in die Sozialpolitik dem nationalstaatlichen Zugriff und weichen der staatlichen Regulierung in den Schatten aus. Auch das Risiko diffundiert in die Märkte. Es steigt systemisch an wie der Flutpegel. Die Krise wird nicht mehr von Kettenzusammenbrüchen bestimmt, sondern vom Absturz des Gesamtsystems, wenn, bildlich, die Pegel über eine – schwer vorhersehbare – Marke gestiegen sind. Inhalt der Eingangs wiedergegebenen Klagen Whites, Borions und Rajans.

Der Einsatz von »Rating-Unternehmen« für die Bewertung der Kreditqualität zur dementsprechenden Vermarktung war ebenfalls schon weit gebräuchlich. Auch der Risikotransfer an eine Drittbank oder Versicherungsgesellschaft und die Vermarktung der Sicherungspapiere (credit default swaps, CDS) war schon in vollem Gange. Diese letzteren wurden zu dem großen Derivative-Markt gezählt, bezeichnet als OTC-Markt (over-the-counter-derivative-market). Er reichte in den 1990er Jahren an die Hundert-Billionen-Dollar-Grenze heran und erreichte 2007 bereits 600 Billionen. Schon in diesen frühen Jahren standen Fragen des Risiko-Managements und Zweifel an seinen Möglichkeiten im Zentrum der Debatten. In einem Bericht einer Arbeitsgruppe der Bank für internationalen Zahlungsausgleich vom September 1992 heißt es hierzu:

---

132 Vgl. dazu A. Brender, F. Pisani, a.a.O., S. 10 f (s. Fn. 128).

»Der Hauptvorteil der Asset Securitisation besteht darin, dass er Banken in die Lage versetzt, die Kreditrisiken auf andere zu verteilen und dadurch Kapitalressourcen als Grundlage neuer Kreditgewährung freizusetzen, die sonst jenseits ihrer Kapazität gelegen hätte. Die Anlage- und Liquiditätsvorteile des Sekuritisierungsprozesses leiten sich aus der Verwandlung illiquider Werte in liquide Mittel her, die für zusätzliche Kreditgewährung freiwerden. Wegen der kreditfördernden Wirkung ist das Rating vermögensbesicherter Wertpapiere oft höher als das ihres Herstellers, der dadurch in die Lage versetzt wird, Liquiditätsquellen anzuzapfen, die ihm sonst nicht zugänglich wären ... Zinsrisiken können reduziert werden, wenn man sie auf die Investoren verlagert.«[133]

Auch in der Folgezeit gehört die Berichterstattung der Bank für Internationalen Zahlungsausgleich bezüglich der quantitativen, qualitativen und Risikoentwicklung der Asset-Backed Securites und OTCs zu den spannendsten Chroniken des Themas. Sie sind darum so wichtig, weil ihre Entwicklung am deutlichsten den epochalen Umbruch in den transnationalen Kapitalismus beleuchtet. Dieser ähnelt dem Umbruch vom Gold zum Staatsgeld in der Transformationskrise der 20er und 30er Jahre. Er zielt darauf, Kommando, Kontrolle und Geldform aus den tradierten Strukturen des nationalstaatlich gebundenen Korporatismus herauszulösen. Dies erlaubte, sie auf einem neuen Niveau zu etablieren, das sie für den politischen Druck von unten einschließlich ihrer demokratischen Formen unerreichbar machte. Das Kommando wurde auf die transnationale Ebene der Kapitalmärkte (Institutionelle Anleger, Fonds etc.) mit ihrem wissensgesellschaftlichen Instrumentarium aus Analysten, Ratingagenturen und Beratungsgesellschaften abgezogen. Dieser Prozess wird von der reformistischen Linken unter dem Begriff »Finanzialismus« oder »Finanzialisierung« in die Nähe des Skandals, Kasinos, Fehlentwicklung, gar Denaturierung des Kapitalismus gerückt und damit verharmlost. Er ist keine Fehlentwicklung. Vielmehr ist er gemeinsam mit den realwirtschaftlichen Innovationen der finanztechnische Teil einer komplexen Machtreorganisation des Kapitalismus. Er ist von ähnlicher historisch-materialistischer Bedeutung wie analoge historische Umbrüche, etwa die Etablierung des Goldstandards im 19. Jahrhundert, das Morgan-Kartell von 1907, das zur Gründung der Fed führte und die parallelen Manöver der Reichsbank zur Lösung der Mark aus der Goldfessel im Aufmarsch zur Finanzierung des ersten Weltkriegs – oder der Liquidation des Gold-Standards zugunsten der Entfesselung des Staatsgelds in den 1930ern. Was die oberflächliche Krisen-Kritik in der Skandalisierung des Kasinos sys-

133 BIZ, Asset Transfers and Securitisation, BIZ-Working-Paper Sep. 1992.

tematisch unterschlägt und kleinredet, enthüllt sich als finanztechnischer Strang der historischen Offensive zur postfordistischen Reorganisation des Kapitalismus und damit in ein Kerngeschehen kapitalistischer Entwicklung.

Innovationstreiber und patriotischer Akteur amerikanischer Hegemonie in der Entwicklung des Kapitalismus, der er war, ergriff die Greenspan-Fed früh die Initiative bei der Förderung dieses Vorstoßes finanztechnischer Innovation. In einer Rede vor dem Komitee für Bankwesen und Finanzdienstleistungen beschwor Greenspan am 13.2.1997 die Notwendigkeit finanzieller Modernisierung:

»Der unablässige Druck von Technologie und Markt verändert in drastischer Weise die finanzielle Landschaft und erodiert die überkommenen Positionen der Wettbewerber, während er neue Wettbewerbsstrategien und Teilnehmer zur Erscheinung bringt, die neue regulatorische Antworten erzwingen und Druck auf den Kongress ausüben, die Entwicklungen im öffentlichen Interesse zu gestalten.«[134] Greenspan drängt zur Aufhebung der unterschiedlichen Behandlung von Handels- und Bankprodukten mit dem Argument dass die Risiken gering seien. Dies würde das Ende der Trennung der Bank- von Handelsgeschäften mit sich bringen, wie sie als Konsequenz aus der großen Depression im Glass-Steagall-Gesetz durchgesetzt worden sei. Für Greenspan ein Gebot des innovativen Drucks, denn: »... es ist klar, dass der stürmische technologische Wandel das Wesen dessen verändert, was die Finanz ausmacht.«[135]

Damit stieg Greenspan maßgebend in die verschiedenen Initiativen ein, die dann schließlich ihre gesetzliche Fassung im »Gesetz zur Modernisierung der Finanzdienstleistungen von 1999« gefunden haben – besser bekannt unter dem Namen einiger Initiatoren als Gramm-Leach-Bliley-Gesetz (GLBA). Eine maßgebliche Erklärung für eine schnelle Durchsetzung dieser Gesetzgebung gab Greenspan vor demselben Komitee am 17.06.1998 zugunsten eines einheitlichen Markts der Finanzdienstleister (einschließlich der Banken), Versicherungsunternehmen und -firmen ab. Er solle die Finanzprodukte der Finanzfabriken (manufacturers) zugunsten von größtmöglichem Wettbewerb und Flexibilität aufnehmen. »Amerikanische Finanzinstitutionen sind heute unter den innovativsten und effizientesten Herstellern finanzieller Dienstleistungen der Welt. Sie nehmen am Wettbewerb auf einem Markt teil, der bedeutenden und fundamentalen Veränderungen unterworfen ist, die von einer Revolution in Technologie, Kapitalmarktinnovationen und der Globalisierung der

134 Greenspan, 13.2.1997, S. 1.
135 Ebd. S. 6.

Finanzmärkte und der finanziellen Dienstleistungsindustrie vorangetrieben werden. Technologie verwischt die Trennlinie zwischen Handel und Bankwesen.«[136] Greenspan drängte: »Wenn sie nicht bald aufgehoben werden, könnten die gesetzlichen Hindernisse für Effizienz die globale Dominanz des amerikanischen Finanzsektors unterminieren ...«[137] In verschiedenen Beiträgen unterstützte Greenspan die Initiativen, die die stürmisch wachsenden Derivativenmärkte aus der unter Roosevelt 1936 durch das Commodity Exchange Act (CEA) eingerichteten Überwachung herausnehmen wollten.[138] Das galt auch für die noch stürmischer wachsenden OTC (over-the-counter)-Derivative. Sie sind im Gegensatz zu öffentlich gehandelten Derivaten nicht standardisiert, sondern auf speziellen Bedarf zugeschnittene Verträge. Sie werden von großen »Dealer«-Banken »over-the-counter«, über die Theke verkauft.

Greenspans Druck in Richtung Entfesselung der Finanzmärkte war immerhin so groß, dass ihm von einigen Kritikern schon darum die neuerliche Finanzkrise in die Schuhe geschoben worden ist. Nicht zu Unrecht. Als es im Jahre 2002 in eine neue Welle der spekulativen Einspeisung der Grundstückswerte auch der ärmeren Schichten gehen sollte, um aus der Stagnation herauszukommen, erklärte Greenspan dies technisch so: »Bedenkt man die Bedeutung genauer und zeitgerechter Information in der Finanzdienstleistungsindustrie, so ist es nicht überraschend, das dieser Sektor enorm von der innovativen Anwendung der neuen Technologien profitiert hat, die die Entwicklung eines weiten Spektrums neuer Finanzdienstleister und -produkte ermöglicht hat. Für die Konsumenten von Haushalts- und Geschäftskrediten haben die Computer- und Telekommunikationstechnologien die Kosten gesenkt und die Reichweite der finanziellen Dienstleistungen verbreitert. Als Resultat haben wir eine Vermehrung spezialisierter Kreditgeber und neuer Finanzprodukte erlebt, die auf sehr spezifische Marktbedürfnisse zugeschnitten sind. Zur gleichen Zeit eröffnet die Entwicklung von Techniken der Kreditberechnung und der Sekuritisierung von Kredit-Pools das Potential, neue Zugänge für nationale Kreditmärkte sowohl für Konsumenten als auch Firmen zu eröffnen.«[139]

Nicht nur die nationalen, sondern die globalen Kreditmärkte. Die Transformation von Krediten in warenähnliche standardisierte Produkte erlaubte den Griff nach den globalen Ersparnissen. Banken vertickten sie

---

136 Greenspan, 17.6.1998, S. 1, S. 16 auf die Einzelheiten der langen Erklärung mit ebenso langen Anhängen kann ich hier nicht eingehen.
137 Greenspan, 11.2.1999.
138 Greenspan, 24.7.1998.
139 Greenspan, 5.2.2002, S. 1.

weltweit und speisten so enorme Finanzströme in den amerikanischen Boom ein. Das alte Banksystem wurde durch ein globalisiertes »alternatives Banksystem« gesprengt. Was Rajan, White und andere in den Jahren ab 2003 als Gefahrenpotential zum Angelpunkt ihrer Kritik machten, war schon in den 1990ern Wirklichkeit geworden.

JOB-DESTRUCTION, QUAL, ANGST, KLASSENKAMPF

Wenn man die Entwicklung in der politischen Ökonomie des Kapitals, aber auch die aus der Linken kommende Rezeptionsgeschichte der technologischen Innovationen betrachtet, so ist erstaunlich, wie früh Greenspan die Bedeutung der Innovationen als Mittel der Klassenauseinandersetzungen aufgegriffen und radikalisiert hat. Die Schockwirkung eines schnellen innovativen Vorstoßes auf die Widerstandfähigkeit der Arbeiterklasse und die herbeigeführten rapiden Terraingewinne auf dem Lohnsektor – das waren Offensiven, deren Möglichkeiten er auslotete wie keiner seiner Vorgänger und Kollegen in der Fed und wie kaum sonst jemand auf den Kommandohöhen der kapitalistischen Entwicklung. Wenn wir jetzt einige seiner Ausführungen exemplarisch Revue passieren lassen, dann sagen uns die Erörterungen des Jahre 1995, dass wir den Ausdruck des Bedauerns getrost vernachlässigen können, mit dem Greenspan die Leiden der Arbeiterklasse unter den innovativen Vorstößen als »dunkle Seite des Kapitalismus«[140] zuweilen belegt hat. Vorrangig ging es ihm darum, die Arbeiter*innen in die Defensive zu stoßen, ihre Verhandlungsmacht zu mindern, sie zu spalten und die Löhne unter Druck zu setzen. Die »Verunsicherung« der Arbeiter*innen unter den Schlägen der Offensive ist für ihn die entscheidende Wirkung. Sie resultiert aus der Zangenbewegung von Entwertung tradierter Qualifikation (skill obsolescence), der Neuzusammensetzung am Maßstab neuer Fähigkeiten, dem Zwang zur Flexibilität, dem Outsourcing entwerteter Arbeitsformen in Billiglohnländer, der technologisch bedingten »Freisetzung« der Arbeiter*innen in Produktion und Bürokratie und das alles zusammen unter der Peitsche enormer Beschleunigung der Umwälzung und von Produktzyklen. »Eine Qual für diejenigen, die auf der Verliererseite der schöpferischen Zerstörung gefangen sind«, Opfer des »Tempos von Arbeitsplatzneuschöpfung und -zerstörung«.[141] Die »Qual«, der »Stress«, die »Furcht«, die »angst« (in amerikanisiertem Deutsch), die Sorge und Unsicherheit aus der alltäglichen Auseinandersetzung mit den traumatisierenden Anpassungsanforderungen (adjustment trauma): Greenspan wird nicht müde, die Wirkungen der fundamentalen Schockoffensive technologischer Innovation auf

140 A. Greenspan, The Map... , a.a.O., S. 255 (s. Fn. 106).
141 Greenspan, 11.3.2004, S. 4 f.

die Arbeiter*innen in allen ihren Facetten zu beschwören.[142] Vor allem das Innovationstempo, »die Infrastruktur, mit der alle Arbeiter*innen tagtäglich konfrontiert sind, hat den Grad von Angst und Unsicherheit in der Arbeiterschaft eindeutig gesteigert. 1981, auf dem Tiefpunkt der Rezession, sah die internationale Begleitforschung 12% der Arbeiter*innen in Angst um ihre Jobs. Dagegen hat dieselbe Forschungsorganisation auf dem heutigen angespannten Arbeitsmarkt 37% in Sorge um den Arbeitsplatz gefunden.«[143] »Aber der Anpassungsprozess drückt existenziell auf eine Arbeiterschaft, die ohne eigene Schuld überflüssig gemacht wurde ... Dennoch ist die protektionistische Neigung ... unklug und führt in die Niederlage ... Generation auf Generation hat die Episoden erfahren, in denen die technologisch Überholten versucht haben, den Prozess zu unterminieren ... Von den Ludditen bis zu den Smoots und Hawleys wurden die Kräfte des Wettbewerbs angegriffen. Am Ende behielten sie [die Angreifer] nicht die Oberhand ...«[144] Ihnen bliebe nur die Anpassung und das Angebot von Trainings- und Lernangeboten, innerbetrieblich, wie in der schulischen Ausbildung der neuen wissensgesellschaftlichen Orientierungen.[145]

Wie oben ausgeführt, sieht Greenspan den ökonomischen Gewinn aus der Rückeroberung von Initiative und Kommando, den Schockwirkungen und dem daraus fließenden Anpassungs- und Zurichtungsdruck makroökonomisch in der Steigerung von Produktivität und der Reduzierung der NAIRU verwirklicht. Mir ist unter den führenden Repräsentanten der amerikanischen politischen Ökonomie niemand bekannt, der die Bedeutung der politischen Technologie für die Klassenauseinandersetzungen seit den 90er Jahren derart entschieden in den Mittelpunkt gestellt hat wie Greenspan. Man vergleiche damit etwa den Rückblick auf diese Phase in dem von Alan Krueger und Robert Solow herausgegebenen Buch über »Die wilden Neunziger«, »The Roaring Nineties«.[146] Im ganzen Buch ist trotz der damals bekannten Erklärungen Greenspans von den Auswirkungen auf die Arbeiter*innen kaum die Rede, zugunsten langweilig objektivistischer Ausführungen über Modelle, Aggregate, Kurven usw.[147] Greenspan hat sich weit aus dem Fenster gelehnt, wenn er gegen die Gepflogenheiten der kapitalistischen politischen Ökonomie den Klassenkampfaspekt der Innovationsschübe derart in den Vordergrund stellt. Es ist allerdings kaum verwunderlich, dass er keine detaillierteren Darstellungen bringt.

---

142 Greenspan, 18.07.96, S. 3; ders., 26.7.1996, S. 1 f., S. 4; ders., 22.7.1997, S. 3, S. 6 ff.; ders., 16.2.1999, S. 2 ff; ders., 23.2.1999, S. 6; ders., 18.4.1999, S. 2 f.; ders., 13.1.2000, S. 3 f.; ders., 11.7.2000, S. 3 f.

143 Greenspan, 16.9.1999, S. 2.

144 Greenspan, 16.4.1999, S. 3.

145 Greenspan, 11.3.2004.

146 A. Krueger, R. Solow (Ads.), a.a.O. (s. Fn. 69).

147 Allenfalls die jüngeren mit einem Beitrag aufgenommenen Autor*innen Jessica Cohen, William Dickens und Adam Posen berühren dieses Thema, vgl. ebenda.

Der unternehmerische Adressatenkreis seiner Reden wusste, was gemeint war.

WISSENSGESELLSCHAFT UND DIE ZERSTÖRERISCHE ERNEUERUNG DES HUMANKAPITALS

Im Hinblick auf die zunehmend »intellektuellen« und »konzeptuellen« Kapitalbestandteile fasst Greenspan die Dynamik schöpferischer Zerstörung früh als wissensgesellschaftlichen Prozess. In ihrem globalen Kern macht er die neuen amerikanischen Clusterbildungen aus, die ihre hegemoniale Position bis heute stetig ausgebaut haben. Und ihre »winner«, die sich zu neuen Herren des Prozesses machen.

GEEKS ARE GODS

Die Gewinner, das sind für ihn diejenigen, die sich aus den wissensgesellschaftlichen Zentren, zumeist Hochschulen, durch die Gründung völlig neuer Startup-Unternehmen zu Herren des historischen Prozesses machen. Herren wie Steve Jobs mit Apple, Andreesen mit Netscape, Gates mit Microsoft, Page mit Google, Bezos mit Amazon, Zuckerberg mit Facebook. »Geeks are gods«, formuliert der »Economist« etwas reißerisch, aber treffend.[148] Und sie residieren in Silicon Valley, dem derzeitigen Olymp des Kapitalismus. Nicht »das Kapital«, sondern unternehmerische Akteure, die sich als »geeks«, den strebsamen Tüftlern der Hochschulen in ihren »spin-offs« zu den Göttern einer neuen Epoche machen, gefolgt von Schwärmen von Halbgöttern und einem riesigen wissensökonomischen Gefolge.

Greenspan sagt dazu:

»Die Stufe und Reichweite höherer Bildung in den USA wurde aus der Erkenntnis gestaltet, dass Forschung – die Herstellung des Wissens – in einem komplementären Verhältnis zu Lehre und Schulung steht – die Verbreitung von Wissen ... Was das System so effektiv macht, ist, dass es wesentlich von den Werten einer starken Marktökonomie beeinflusst ist – Wettbewerb, Risikobereitschaft und Innovation. Amerikas Ruf als der Weltführer in höherer Erziehung gründet sich auf die Fähigkeit dieser vielseitigen Institutionen in ihrer Gesamtheit, den praktischen Bedürfnissen der Wirtschaft zu dienen, und wichtiger noch, kreatives Denken zu entfesseln, das unsere Gesellschaft voranbringt.

In einer globalen Umgebung, in dem die Aussichten wirtschaftlichen Wachstums nunmehr wesentlich von der Fähigkeit eines Landes

148 »Surfing the digital wave, or drowning?«, Economist, 7.12.2013

abhängt, neue Technologien zu entwickeln und anzuwenden, werden die Forschungseinrichtungen unserer Universitäten weltweit beneidet. Die Renditen, – gemessen z.B. im Strom von Sachverstand, neuen Produkten und Startup-Gesellschaften – sind bis heute beeindruckend. Hier ist der vielleicht am häufigsten genannte Maßstab unseres Erfolgs die Emergenz bedeutender Zentren von wirtschaftlicher Innovation und Unternehmertum – Silicon Valley, das Forschungsdreieck (research triangle) und die Zusammenballung von biotechnologischen Unternehmen im nordöstlichen Korridor – zu Clustern, wo kreative Ideen frei zwischen örtlichen Universitätslehrern und Industriellen hin und her fließen.«[149]

Greenspan sieht die »winner« mit den »losern« der deklassierten und dequalifizierten Unterklassen in ein dynamisches Gewebe eingespannt. Die Entfesselung der »kreativen intellektuellen Energien« produziert auf der anderen Seite Angst, Unsicherheit aus »job destruction« und »job obsolescence«.[150] Im Spektrum integriert, bewegt sich das »Humankapital in Form unserer Lehrer«. »Humankapital – in Form unserer Lehrer – und Technologie sind entsprechende Bestandteile in der Produktion von Lern-Output, genau wie in anderen Geschäftsaktivitäten. Um das effizienteste Ergebnis aus neuen technologischen Entwicklungen zu erreichen, müssen wir Lehrer mit der notwendigen Ausbildung zur Verfügung stellen, um sie effektiv zu nutzen und Foren für Lehr- und Bildungsforschung herstellen, die Ideen und Ansätze vermitteln, wie man am besten Technologie und Curriculum integrieren kann.« Bis hin in die »Schulklassen und Ausbildungsstellen für untergeordnete Fertigkeiten.« »Allgemein gesprochen, müssen wir sicherstellen, dass unsere gesamte Bevölkerung eine Ausbildung erhält, die ihre volle und fortgesetzte Beteiligung in dieser dynamischen Periode amerikanischer Geschichte ermöglicht.«

Sogar philosophische, literarische, musikalische und künstlerische Erziehung bezieht Greenspan ein, weil sie ein weiteres Verständnis aller Aspekte des Lebens erzeugen. Denn »die meisten großen konzeptuellen Fortschritte sind interdisziplinär und beziehen Synergien unterschiedlicher Spezialgebiete ein. Aber den Geisteswissenschaften (liberal arts) obliegt noch mehr als nur die Aufgabe der Steigerung technischer intellektueller Effizienz. Sie fördern das Verständnis für Lebenserfahrungen,

---

149 Greenspan, 16.2.1999, S. 4; ders., 11.7.2000, S. 4, Greenspan verwendet nicht den Begriff »Cluster«, sondern das Partizip »clustered« im Zusammenhang der Kernformationen Silicon Valley etc, die von der Literatur als »Cluster« bezeichnet werden und inzwischen auch den strategischen Ansatzpunkt nachholender Entwicklung in der Bundesrepublik bilden, vgl. D. Hartmann, G. Geppert, Cluster, a.a.O. (s. Fn. 57). Der Bezug Greenspans auf die zeitgleiche theoretische Rezeption dieser Phänomene ist eindeutig.

150 Die beiden o.a. Reden (s. Fn. 149) behandeln sie als einheitlichen Komplex historischen Wandels.

die weiter reichen als materieller Wohlstand und sie sind in der Tat vergleichbar und verstärken sich wechselseitig. Das intensive Vergnügen, das viele beim Anhören von Mozarts großartigem Klavierkonzert in d-Moll erleben, hat viel mit der tiefen Befriedigung bei der Lösung eines komplexen mathematischen Problems zu tun. Die Herausforderung für unsere Institutionen höherer Bildung besteht darin, erfolgreich die Erfahrungen in allen Aspekten menschlicher intellektueller Aktivität zu verbinden, im Besonderen unsere künstlerischen Neigungen und technischen Fertigkeiten.«[151]

Ein bevorzugtes Feld der Erziehung und mentalen Formierung (man kann auch sagen Zurichtung) sah die Fed in der »finanziellen Erziehung und Alphabetisierung« der Mittel- bis Unterschichten. Besonders Greenspan, seine Vertreter*innen Alice Rivlin und Roger Ferguson und Zentralbankgouverneur Edward Gramlich engagierten sich hier. »Um einbezogen und empowered zu fühlen, braucht der Bürger ein grundlegendes Verständnis davon, wie die Welt funktioniert – in diesem Fall die ökonomische Welt.«[152] Die unteren Schichten und Bezieher niedriger Einkommen sollen lernen, wie man geregelt spart, Schulden macht, Hypotheken für ein Haus aufnimmt und bedient. Es geht darum, Menschen im Sinne einer »lebenslangen finanziellen Erziehung« Finanzwissen »einzuimpfen« und finanztechnisch zu »indoktrinieren« (inculcate)[153]. Wissensschaffung also im wissensgesellschaftlichen Verständnis.[154] Vizegouverneurin Alice Rivlin bewies das methodologische Selbstverständnis in der Fed für solche Operationen, wenn sie in der genannten Rede die Ärmlichkeit der Lehrbuchökonomie an den Prozessen der »komplexen mehrdeutigen realen Welt« maß, denen die politische Ökonomie auch in der Dimension der Bewusstseins- und Verhaltensformung gerecht zu werden habe.[155] Die Erlangung und Bedienung von Mikrokrediten, Subprime-Hypotheken, produktive Organisation von Geschäfts- und Lebensführung, all das gehört dazu (ähnlich wie es in der Hartz IV-Programmatik entwickelt wurde).[156] Das alles bis hin zur charakterlichen Entwicklung von »low-willpower« Techniken von Lebenspraktiken im Sinne eines verwertungsfreundlichen Lebens.[157] Eingebettet wurde dies in sozialarbeiterische

151 Zu allem: Greenspan, 16.2.1999 und 11.7.2000, zum Letzteren ebenda S. 4 f.
152 A. Rivlin, On economic litracy, Rede auf der Economic Literacy Conference bei der Zentralbank von Minneapolis am 13.5.1999, S. 2.
153 Greenspan, 10.1.2002, S. 3 f.
154 Vgl. D. Hartmann, G. Geppert, Cluster, Kap. 1, a.a.O. (s. Fn. 57) zur Wissensformierung.
155 A. Rivlin, On Economic ..., a.a.O. (s. Fn. 152).
156 Ebd.
157 R. Ferguson, Reflections on Financial Literacy, Remarks Before the National Council on Economic Education, Washington, D.C., 13. May 2002.

»Empowerment«-Strategien auf städtischer und regionaler Ebene.[158] Die Intensivierung von Greenspans Bemühungen bei dieser indoktrinierenden Impfung und Aufbereitung finanzfreundlicher Mentalitäten im Jahre 2002 macht deutlich, dass es um den Griff nach den bisher nicht erschlossenen Verschuldungspotentialen derjenigen gesellschaftlichen Segmente geht, die nicht schon in die Dynamik der ersten Blase einbezogen waren. Das waren vor allem die Bezieher geringeren Einkommens unterhalb des ersten Fünftels der Einkommensschichtung bis hin zu den Armen und den jetzt schon in die übermäßige Arbeitsausbeutung gedrängten Unterklassen. Ihre Bereitschaft sich zu verschulden, in die zweite Blasenentwicklung einzuspeisen, wurde zur elementaren Politik der Ära Bush und seiner Vision der Ownership Society, auf die ich in der Darstellung der zweiten Krisenphase hin zum heutigen Zusammenbruch eingehen werde. In Greenspan Formulierung eine »nationale Priorität«.[159] Schon hier wird deutlich, dass die Strategie über die Krise hinausweist: Über den Druck von Kredit bzw. Schulden das Verhalten und die Lebensführung ökonomisch in den Griff zu bekommen.

Ich zitiere so ausgiebig, um das komplexe Verständnis deutlich zu machen, in dem die Fed unter Greenspan den Umbruch in eine neue Ära betrieb. Mit energetischen Vorstellungen, die – wie wir unten sehen werden – die klassischen und neoklassischen Modelle durchbrechen, beteiligte sie sich als zentrale monetäre Akteurin an der Formierung und Pfadbildung ökonomisch bestimmter nicht nur gesamtgesellschaftlicher, sondern globaler Entwicklung. In ihr suchte der amerikanische Kapitalismus die hegemonial treibende Position einzunehmen, wie schon vor hundert Jahren im Take-off des Taylorismus.

Die imperialen Dimensionen der Offensive schöpferischer Zerstörung berührt Greenspan in verschiedenen Punkten. Er versteht sie jedoch nicht als System, sondern als Prozess. In ihm formieren sich Cluster als die imperialen Kerne einer Reorganisation des globalen Gefälles. Sie tun dies nicht im Sinne der Herrschaft über ein statisches System. Vielmehr operieren sie als hegemoniale Spitzen eines globalen Erschließungs- und Unterwerfungsprozesses. In ihm entfaltet sich der Anpassungsdruck der Innovationen nach innen und über die Grenzen hinweg im Zuge einer Durchdringung (pervasive, imperatives of the newer technologies ... across borders).[160] Supply-chain-management und Outsourcing, beide organisatorisch auf Informationstechnologien angewiesen, werden als

158 Zu all dem und zu den beiden schon genannten Reden siehe: Greenspans Reden vom 6.4.2001, 10.1.2002 und 5.2.2002 exemplarisch für für viele.

159 Greenspan, 10.1.2002, S. 1.

160 Greenspan,. 22.7.1997, S. 4; ders., 13.1.2000, S. 5.

Strategien dieses imperialen Erschließungsvorstoßes in die Peripherien behandelt.[161] Das hegemoniale Gefälle im globalen Prozess schöpferischer Zerstörung zu Europa und Japan (deren Rückständigkeit zeitgleich von den internationalen Institutionen wie IWF und BIZ, wie auch von McKinsey in beeindruckenden Studien konstatiert wurde), wird auf die durch Kultur und Arbeitsgesetze bedingte mangelnde Flexibilität zurückgeführt.[162]

RESISTENZEN, WIDERSTAND, KRIEG

Greenspan scheut sich – ebenso wie Schumpeter – seine Darstellungen »schöpferischer Zerstörung« in eine Grundvorstellung des historischen Antagonismus einzubetten. Alleiniges Subjekt bleiben für ihn die Träger der innovativen unternehmerischen Energien und »animal spirits«. Aber er nimmt den Widerstand wenigstens zur Kenntnis – notgedrungen. Allerdings wertet er ihn ab als verzweifeltes Beharrungsvermögen der »loser«. Auch wenn diese – wie Ludditen und die Bewegungen der amerikanischen Arbeiter*innenklasse – gegen die Innovationsoffensive Widerstand leisteten, so müssten sie letztlich verlieren. Am besten wäre es, so meint er, wenn die Arbeiter*innen ihre Anpassung vorauseilend selbst betrieben:

»Man könnte meinen, dass die Arbeiter*innen langfristige Veränderungen in den Arbeitsmöglichkeiten vorhersehen sollten und sich noch vor dem Veralten ihrer Jobs in Bewegung setzen müssten. Derartige prognostische Fähigkeiten sind nicht häufig unter Arbeiter*innen anzutreffen. Aber auch nicht unter den Firmenmanagern oder den beratenden Ökonomen.«[163]

In Ermangelung einer derartigen vorauseilenden Anpassung müsste die Qual derer, die von der Kehrseite der schöpferischen Zerstörung erfasst werden, zum Ausgangspunkt rigoroser Erziehung und laufender Schulung gemacht werden.[164]

Die Art und Weise, wie Widerstände und Resistenzen sich entwickeln, nimmt Greenspan nicht näher in den Blick. Aber als nach dem Platzen der New-Economy-Blase die Nachfrage ausblieb und ihre Quellen aus Vertiefung und Erweiterung der Innovationsoffensive (Globalisierung) zu versiegen drohen, benennt er den Feind präziser: innerer und äußerer Protektionismus, Arbeiter*innen, die das Rentenalter zu erreichen suchen, ohne sich dem Veränderungsdruck zu beugen, militante Gegner

161 Ebd.
162 Greenspan, 14.6.1999, S. 3; ders., 13.1.2000, S. 5; ders., 11.7.2000, S. 2.
163 Greenspan, 4.4.2001, S. 2.
164 Greenspan, 11.3.2004, S. 1, S. 5.

der Globalisierung und damit in seinen Augen Förderer des Protektionismus, und der internationale »Terrorismus«.[165] Greenspan setzt Widerstand und Widerstände direkt in Beziehung zu der von ihm geförderten Innovationsoffensive und ihren im globalen Gefälle traumatisierenden Wirkungen. Die Berufung auf moralische Gesichtspunkte von Unfairness, Ausbeutung, des Umsturzes der Demokratie weist er zurück im Namen der letztendlichen Wohlfahrtsgewinne für alle aus der innovativen Offensive. Man brauche mehr Globalisierung, nicht weniger. Die »protektionistischen Neigungen« gegen die traumatisierenden Wirkungen schöpferischer Zerstörung würden nur die langfristigen Wohlfahrtsgewinne verhindern.[166] Nicht die Gegnerschaft gegen die Antiglobalisierungsbewegungen zeichnet sein Verständnis aus, sondern der präzise Bezug auf die Strategien technologisch-finanztechnischer Innovation als eigentlichen dynamischen Kern der Globalisierung. Er nimmt die Bewegungen, die in Seattle ihren Ausdruck gefunden hatten, sehr ernst.[167] Er macht unter der Oberfläche die Resistenzen aus, die sich gegen die Innovationsoffensive mit der in seinen Augen notwendigen Verursachung von Trauma, Qual und Stress richten. Greenspan steht damit nicht allein: So behandeln u.a. Harold James, Robert Bruner und Sean Carr[168] als herausragende Kenner der kapitalistischen Zyklik die blockierende Wirkung der Antiglobalisierungsinitiativen als Krisengrund.

Aus diesem Verständnis begreift Greenspan auch den »Terrorismus« als reale Gefahr.

»Terrorismus bedeutet eine Herausforderung für die bemerkenswerte Erfolgsgeschichte der Globalisierung. Eine globale Gesellschaft spiegelt eine zunehmende Öffnung des ökonomischen Umfelds, in dem die Teilnehmer ihre Freiheit in Anspruch nehmen, in Geschäft und Finanz zu investieren, wo immer in der Welt die Möglichkeiten gesteigerter Wertschöpfung vorhanden sind. Sie fördert den zunehmenden grenzüberschreitenden Kontakt und weitere Ausbeutung des Werts der Spezialisierung, aber in einem globalen Rahmen. Die Furcht vor terroristischen Aktivitäten jedoch hat das Potential, den Rückzug von sowohl inländischen als auch weltweiten Aktivitäten herbeizuführen. Wenn wir zulassen, dass der Terrorismus unsere Aktionsfreiheit unterminiert, würden wir zumindest einen Teil der spürbaren Fortschritte revidieren, die durch die Nachkriegsglobalisierung erreicht wurden.«[169]

---

165 Greenspan, 13.1.2000; ders., 4.4.2001; ders., 24.10.2001 und 11.12.2003.
166 Greenspan, 4.4.2001 und 24.10.2001.
167 Vgl. Fn. 127.
168 H. James, The End of Globalization, Cambridge 2001, S. 4 ff; R. Bruner, S. Carr, The Panic of 1907, Hoboken 2007, S. 24 ff., 163 ff.
169 Greenspan, 24.10.2001.

Dagegen setzt Greenspan vor allem handelspolitische Fortschritte im Rahmen des Gatt und in der Forcierung der panamerikanischen Freihandelszone NAFTA mit Sondervollmachten der Administration (fast track oder trade promotion autorthy).[170]

ZÄHLT GREENSPAN AUCH DEN KRIEG ZU DEN MITTELN SCHÖPFERISCH-ZERSTÖRERISCHER INNOVATION?

Systematisch behandelt er dieses Thema nicht. Seine Einstellungen versteckt er in passageren Bemerkungen. So sieht er den zweiten Weltkrieg als »Zerstörung« und dadurch als Ausgangspunkt der »schöpferischen« Phase der Nachkriegsentwicklung, insbesondere Deutschlands.[171] Immerhin, sein Vize Roger Ferguson, der sich in einer Anhörung vom 24. April 2002 ebenfalls als ausdrücklicher Propagandist schöpferischer Zerstörung im Sinne Schumpeters erklärt[172] wird deutlicher. Er belegt in einem zusammen mit einem Mitarbeiter der Fed im Frühjahr 2004 verfassten Artikel, dass historische Produktiviäts-Booms jeweils auf einen großen Krieg folgten. Der Grund: die kriegsförmige Beseitigung von Faktoren, die zuvor langfristige Wachstumsperspektiven blockiert hätten, etwa aus neuen Technologien. Er beruft sich auf Mancur Olson, der 1982 in seinem Buch über Aufstieg und Fall der Nationen auch den Nationalsozialismus in diesem Sinne lobend hervorgehoben hat.[173]

FORCIERTER SCHUB IN DIE ERSTE BLASE

Konnte Greenspans Fed den in irrationalem Überschwang (irrational exuberance) aufschäumenden Boom in die 2000 platzende Blase nicht stoppen? Konnte schon, wollte aber nicht. Der Boom hatte die Aufgabe die Offensive und ihre Schockwirkungen zu Lasten der Arbeiter*innen und der US-Konkurrenten mit größtmöglicher Geschwindigkeit anzutreiben. Geschwindigkeit zählte. Nur so war die globale Hegemonie der innovativen Sektoren herzustellen und irreversibel zu befestigen. Nur so war es möglich, zugleich die Pfade künftiger technologischer und sozialökonomischer Entwicklung sowohl zu schlagen, als auch zu formieren und zu besetzen – verbunden mit den üblichen Monopolgewinnen aus Innovationsführerschaft. Dies würde die stagnierenden Ökonomien vor allem Europas und Japans einerseits beleben und in den Konjunkturzyklus

---

170 Greenspan, 4.4.2001; vgl. NZZ, 5.4.2001 in einem Bericht über die Anhörung vor dem Finanzausschuss des Senats.

171 A. Greenspan, The Age ..., a.a.O., S. 285 (s. Fn. 70).

172 Remarks by Vice Chairman Roger W. Ferguson, Jr. before the Florida Council of 100, Washington D.C., 12.5.2000, S. 4.

173 R. Ferguson, W. Wascher, Distinguished Lecture on Economics in Government: Lessons from past Productivity Booms, Journal of Economics Perspectives 18 (2/04) 3, hier: S. 23, Anm. 14.

eingliedern. Es würde sie aber auch nachhaltig ins zweite Glied der neuen Entwicklungsdynamik verweisen und im Status einer nachholenden Entwicklung festhalten. Zugleich würden ihre Industrien im Rahmen einer neuen internationalen Arbeitsteilung zu Lieferanten von Konsum- und Investitionsgütern der alten Sektoren machen – ein Mittelglied im neuen globalen Gefälle. Dadurch würden strukturell die Eigenheiten der 20er Jahre reproduziert.

Es war im Federal Reserve Board vor allem und in erster Linie Alan Greenspan, der sich den aggressiven Antrieb dieses Durchbruchs zur Aufgabe gemacht hat, mit allen ihm zu Gebote stehenden Mitteln und wenig Rücksicht auf die sozialen und ökonomischen Kosten. Unmissverständlich äußerte er öffentlich immer wieder seine Entschlossenheit, der Innovationsoffensive aggressiv den größtmöglichen Schub zu verleihen. Das hieß vor allem, sie mit sicherer Liquidität, Optimismus und »animal spirits« auszustatten. In einer Phase, in der sie Fahrt aufzunehmen begann, sagte er am 22.7.1997:

»Wie es auch immer um den Trend hinsichtlich Produktivitätssteigerung und darüber hinaus gesamtökonomischem Wachstum steht, vom Standpunkt der Fed aus gilt: Je schneller, um so besser. Wir sehen unseren Job darin, dass Maß von Liquidität zu fördern, das am besten die effektivste Grundlage für Wachstum unterstützt.«[174]

Denn es hat sich gezeigt, dass vor allem die Geschwindigkeit zählt, mit der Innovationen umgesetzt werden.[175]

Und noch kurz vor dem Absturz der Offensive sagte er im Januar 2000 fast wortgleich: »Unsere geldpolitische Herausforderung ist es, die finanziellen Bedingungen so gut wie wir irgend können zu fördern, die diese ökonomische Expansion und technologische Revolution so lang und so kräftig wie möglich aufrechterhält.«[176]

Aber reicht das für einen Durchbruch? Ist allein das schon ein genügend aggressiver Antrieb? Lag in der Bereitstellung von Liquidität nicht vielmehr nur die bloße Eröffnung von Möglichkeiten? So würde es aussehen, wenn man die objektivistischen Vorstellungen zugrunde legt, die ihren Platz in der Welt der Modelle und Aggregate haben. Die üblicherweise vorgebrachten Formeln und Rezepte für das zyklische Geschehen reduzieren sich zumeist standardisiert auf entsprechende Modelle. Sie stellen die Produktivitätsgewinne durch neue Technologien in den Mittelpunkt. Diese Gewinne treiben die Aktien- und andere Vermögenswerte hoch,

---

174 Greenspan, 22.7.1997, S. 5

175 Vgl. dazu X. Comtesse, W. Zinkl, Prosperieren werden nur die Schnellen. Die Faktoren hinter der wirtschaftlichen Dynamik der USA, in: NZZ, 16./17. 10. 1999; B. Schulz, Die Technologie legt den Grundstein für den Boom, in: FAZ, 3.1.2000.

176 Greenspan, 26.1.2000, S. 1.

gefüttert durch zinsgünstiges Geldmengenwachstum aus den Schleusen der Fed. Diese treiben ihrerseits wieder Produktion und Produktivitätsgewinne in die Höhe, Anlass für weitere Steigerung von Geldmenge und Wachstum der Gesamtnachfrage. Die Spirale eines sich selbst antreibenden Prozesses. Eine sehr konzise und kurze Darstellung bot das FOMC-Mitglied Alan Blinder an:

»Die Gesamtnachfrage wird hochgetrieben sowohl durch schnelleres Geldmengenwachstum als auch durch Vermögenswachstum auf den Aktienmärkten, wenn die Erwartung höherer zukünftiger Produktivitätsgewinne in Aktienwerten kapitalisiert werden.«[177]

Andere Formulierungen differenzieren die Gesamtdynamik zur Angebots- und Nachfrageseite hin aus:

»Beweise für eine beschleunigte Produktivität haben die Erwartungen auf zukünftige Unternehmenserträge gefördert und dabei zugleich weiteren Kurssteigerungen Nahrung gegeben, während die Produktivitätssteigerungen zur Inflationsminderung beigetragen haben. Im Zusammenhang gedämpfter Preissteigerungen und allgemein unterstützender Kreditbedingungen haben steigende Wertpapierkurse den Ausgaben einen Schub gegeben und diese ihrerseits dem Wachstum von Produktion, Beschäftigung und produktivitätssteigernden Kapitalinvestitionen.«[178]

Eine andere Formel betont genauer den Aspekt des Angebotsschock getriebenen Zyklus im Gegensatz zum Nachfrage-getriebenen Zyklus. Das zeitweilige FOMC-Mitglied Lawrence Lindsey, Harvardprofessor in einflussreichen Beraterpositionen in den Reagan-, George Bush und George W. Bush-Administrationen formuliert dies wie folgt:

»Eine natürliche Reaktion der Federal-Reserve ist die Bedienung des Angebotsschocks, will sagen die Stimulierung der Nachfrage nach den neuen Produkten durch Zinsreduzierung. Der Effekt ist die Expansion von Produktion und Beschäftigung, während die neue Technologie die Kosten dämpft und die Inflation im Zaum hält.« »Wie wir sehen werden, ist eine der Charakteristiken eines angebotsgetriebenen Zyklus schnelles Wachstum, stabile oder fallende Preise und ein boomender Markt für Finanzwerte wie Aktien und Wertpapiere. Viele Historiker verweisen auf die Entwicklungen der späten zwanziger Jahre als Beispiel für eine andere

---

177 A. Blinder, R. Reis, a.a.O., S. 88, Anm. 86 (s. Fn. 51), vgl. auch: A. Blinder, J. Yellen, The Fabulous Decade Macroeconomic Lessons from the 1990s, New York 2001, S. 70.

178 A. Blinder, R. Reis, a.a.O., S. 70, (s. Fn. 51); Greenspan 2.7.1998, S. 3; E. Gramlich, Asset Prices and Monetary Policy, 30.11.2001.

Ära, in der unsere Wirtschaft von einem positiven Angebotsschock angetrieben wurde ... In Wirklichkeit ist der Prozess eines Angebotsschubs gleichbedeutend mit enormer schöpferischer Zerstörung.«[179] Greenspan nennt diese sich selbst verstärkende Dynamik einen »tugendhaften« Zirkel (virtuous circle) im Gegensatz zur Verfallsdynamik eines bösartigen (vicious) Zirkel. Ein solcher Teufelskreis[180] bildet eine Abwärtsspirale aus verfallenden Gewinnen, Aktienkursen, verfallender Konsum- und Investitionsbereitschaft.

Aber das ist nicht alles. Greenspan bleibt dabei nicht stehen. Für ihn ist dieser Prozess kein objektives Geschehen eines mit Feed-back-Mechanismen angereicherten mechanischen Ablaufs. Greenspan durchbrach diese Vorstellung. Er spielt auf einem ganz anderen Feld: Seine Aufmerksamkeit galt den Subjekten. Er zielte auf ihre Kräfte und Energien, die sich in einer bestimmten historischen Situation geschichtsmächtig machen konnten. Modelle seien, so sagte er, nicht in der Lage, diesen Prozess abzubilden. Sie stellten nur Werkzeuge dar, Hilfsmittel und Arbeitshypothesen. Diese müssten ihre Bedeutung und Funktionsfähigkeit im historischen Prozess beweisen. Sie müssten sich in ihm verändern. Greenspan ging davon aus,[181] dass sich in einem Zyklus nicht objektive Bestimmungsgrößen, sondern Menschen mit ihren Ideen, Vorstellungen, vor allem Zukunftsvorstellungen, Gefühlen – Begehren, Optimismus, Risikoängsten – verwirklichten. Dies sei es, was die Dynamik eines virtuous circle bestimme. Und zwar nicht als Ausdruck eines Geschehens von blinden Interaktionen, sondern eines kommunikativen Gesamtgeschehens. Es werde nicht nur von Individual- oder Gruppenprojektionen beherrscht, sondern von Formen der Vergemeinschaftung. In ihnen bilde sich eine bestimmende historische Gesamterzählung heraus und mache sich geschichtsmächtig. Die New Economy formierte sich als treibender Kern eines komplexen sozial- und psychohistorischen Geschehens. In diesem Geschehen sah Greenspan die Fed nicht allein als Institution der Steuerung und Liquiditätsversorgung, sondern als treibende Macht. Er sah ihre Gouverneure und sich selbst als Akteure, als bestimmenden Agenten im kommunikativen, sich ständig verändernden gesamtgesellschaftlichen Geschehen. Kurz: Er durchbrach radikaler als irgendjemand sonst bis dahin und beispielgebend das, was Ben Bernanke als die »car analogy« bezeichnet hat. Das ist die Vorstellung einer Mechanik objektiver Kausalbeziehungen bestimmter Größen und Aggregate.[182] Sie wurde aufgegeben zugunsten der

179 L. Lindsey, Economic Puppetmasters Lessons from the Halls of Power, Washington 1999, S. 37 f.
180 Greenspan, 2.7.1998, S. 3.
181 Grundsätzliches zu seiner Methodik weiter unten.
182 B. Bernanke, The Logic of Monetary Policy, Bemerkungen vor dem National Economists Club, Washington 2004.

Vorstellung eines kommunikativen dynamischen Gewebes unter Einschluss zentraler Akteure auf den Kommando-Höhen globaler monetärer Macht. Heute ist uns dieses strategische Verständnis unter dem Begriff der »forward guidance« geläufig, einer kommunikativen Steuerung der Markterwartungen durch die Zentralbank. Damals war es neu.

NARRATIVE STEUERUNG: DAS EINSAUGEN IN DIE EPOCHALE ERZÄHLUNG

Zum Betrieb dieses kommunikativen Prozesses gehörten inhaltliche Vorstellungen von Strategie und Pfadbildung. Sie würden in ständiger Kommunikation mit Märkten und Gesellschaft verwirklicht werden. Sie reichten von der Grundvorstellung schöpferischer Zerstörung und ihrer neuen unternehmerischen Herren, der Bildung der Creative class neuer innovationstragender Erzählungen, der Profilierung der wissensgesellschaftlichen Pfade, bis zur Herausbildung eines gesellschaftlichen Selbstverständnisses in Form einer gemeinschaftsbildenden Erzählung von der Art eines Mythos der Selbsterneuerung. Greenspan sah sich selbst als treibender Erzähler nicht etwa nur der Aktienblase, sondern dieser komplexen historischen Dynamik:

»Nun, der Aktienmarkt war damals nicht meine Hauptsorge. Ich hatte eine andere Agenda. Ich war entschlossen, die Menschen auf den Gedanken an das große Gesamtbild technologischer Erneuerung zu bringen. Aus der Beobachtung der ökonomischen Realprozesse habe ich die Überzeugung gewonnen, dass wir am Rande eines historischen Schubs standen. Die heftig steigenden Aktienpreise waren nur sein Anzeichen.«[183]

Greenspan sah sein programmatisches Projekt darin, als maßgeblicher ideengebender Akteur den Zyklus als Großerzählung in die Phantasien seiner tragenden Kräfte zu treiben. Als große und umfassende Erzählung epochaler Erneuerung um den innovatorischen Kern der neuen Technologien herum, in deren Schub sich die Träger ihrer Energien selbst einbinden. Der Londoner »Economist« – wie immer außergewöhnlich wach

183 A. Greenspan, The Age ..., a.a.O., S. 166 (s. Fn. 70). An dieser Stelle empfiehlt sich die Lektüre des Originals. Die deutsche Ausgabe (A. Greenspan, Mein Leben für die Wirtschaft, Frankfurt 2007, S. 195) übersetzt »people« mit »meine Kollegen«. Das gibt das Wort »people« nicht her. Greenspan war in seinen Formulierungen sehr genau und ein Meister stilistischer Kalibrierung. Wenn er eine Beschränkung auf die Kollegen gemeint hätte, hätte er in Anbetracht seines immer von Respekt getragenen Umgangs mit seinen Kollegen nicht respektlos von »den Leuten« geredet, sondern respektvoll geschrieben »board«, »staff«, »colleagues«. Den unmittelbaren Kontext dieser Sätze bilden außerdem nicht die Darstellungen der FOMC-Erörterungen, sondern die Märkte. Die Diskursagenda richtete sich auf einen breiten gesellschaftlichen Adressatenkreis. Und da hat Greenspan genau das gemacht, was er in diesem Zitat sagt: er hat sie in hunderten Reden, Interviews und dergleichen mehr mit einem Dauerregen aus der Wolke des »Gesamtbilds« begossen.

für die historischen Stränge wirtschaftlicher und methodologischer Innovation und aufmerksamer Beobachter Greenspans – hat den Kerngedanken in einem Leitartikel zur Krise treffend zum Ausdruck gebracht. »Jede Blase braucht eine plausible Erzählung, ob es die transformative Kraft des Internets ist oder das Wachstumspotential der emerging markets. Dazu braucht sie leichtes Geld – und Zinssätze auf beinahe Null-Höhe«.[184] Und kurz darauf noch einmal grundsätzlicher: »... Bubbles beginnen mit einer Verdrängung (displacement), einem Schock für das Finanzsystem, vielleicht in der Form einer neuen Technologie wie etwa die Eisenbahn oder das Internet. Diese liefert das Narrativ – die Grundgedanken, die Investoren zum Mitmachen bewegen. Sie beginnen zu glauben, dass die Dinge diesmal anders liegen und dass Vermögenspreise auf neue Höhen klettern können. Das nächste Stadium ist ein rapides Kreditwachstum, das die Blase aufbläst. Indem die Investoren Kredite aufnehmen, um den fraglichen Vermögenswert zu kaufen, macht die daraus resultierende Preiserhöhung das Narrativ glaubwürdiger. Auf dem Höhepunkt jedoch beachten die Investoren die Fundamentaldaten gar nicht mehr und kaufen einfach im Glauben, dass die Preise weiter steigen müssen. Dieses Stadium ist gekennzeichnet von hohen Bewertungen und allgemeiner Begeisterung für den Kauf von Vermögenswerten – in den 20ern illustriert vom Bild der Schuhputzer, die Aktientipps weitergeben und in den frühen 2000ern von der Popularität von Hauskaufprogrammen im Fernsehen. Schließlich bleiben der Blase – ähnlich wie bei Schneeballsystemen – die Käufer aus, die Preise fallen. Die Euphorie weicht dem letzten Stadium, dem Abscheu – bis der Zyklus von neuem beginnen kann.«

Der Herstellung von Zuversicht, Zutrauen, Optimismus, Euphorie und ihrem Verfall kommt im historischen Zyklus daher eine zentrale Bedeutung zu. Greenspan behandelt sie als dem ökonomischen Prozess innewohnende Momente, als endogen.[185] Ein objektivistisches, mechanisches Modell wird subjektiviert. Und zugleich insoweit historisiert, als die Charakteristika der sich über die »animal spirits« verwirklichenden Innovationen neu sind, einzigartig, emergent und somit singulär. In der angebotenen Narration versorgen sie sich mit der sozialen Einbettung, mit dem übergreifenden Zusammenhang eines sinnvollen Ganzen für die

---

184 »A developing Bull market«, Economist, 26.11.2009. Ich habe keinen Zweifel, dass sich dies auf das angeführte Zitat Greenspans bezieht – auf dem Hintergrund der grundlegenden methodologischen Entwicklung natürlich, auf die ich im Folgenden eingehe.

185 Dies ist ein folgerichtiger Ausdruck der Subjektivierung der politischen Ökonomie, die ich weiter unten noch behandeln werde und er steht damit keineswegs allein. Auch der japanische Notenbankpräsident Masaaki Shirikawa zählt »optimism« und Risikobereitschaft wie selbstverständlich zu den »endogenen« Größen der neuen politischen Ökonomie, vgl. M. Shirikawa, International Policy Response to Financial Crises, Rede auf dem jährlichen Symposion in Jackson Hole von 22.8.2009, Symposion 2009, S. 1 f.

Selbstverwirklichung ihrer tragenden Avantgarden und damit vor allem mit Sicherheit.

Die Bedeutung dieses narrativen Sicherheitsgewinns betonte Michael Prell im Mai 1999, als die Blasenbildung schon eine deutliche Dynamik zeigte, Prell war viele Jahre als eine Art informeller Chefökonom des wissenschaftlichen Stabs der Fed maßgeblich mit der Vorbereitung des Materials für die Sitzungen und des einleitenden Vortrags betraut. Bei der Erläuterung des innovativen Produktivitätsschubs wies er auf die Bedeutung des Verständnisrahmens hin, den Greenspan zu seiner narrativen Agenda erklärt hatte: »Ich würde sagen, dass ein bisschen mehr als grob gerechnet die Hälfte des zukünftigen Produktivitätswachstums dem positiveren Blick auf die strukturellen Produktivitätsfortschritte geschuldet ist. Es ist auch keine völlig belanglose Frage für uns – selbst bei unserem kurzen Zeitrahmen –, teilweise, weil man gern ein Gefühl für die Erwartungen der Leute hätte und [wissen möchte], was sich in ihre Vorstellungen über ihr dauerhaftes Einkommen einweben würde. Wenn die Leute fühlten, dass wir mit diesen Produktivitätsgewinnen nur eine kurze Periode des Wohlstands erlebten, dann würden sie sich anders verhalten, als wenn sie dies als eine neue Ära ansähen, die Jahrzehnte dauern wird. Ich denke, der Aktienmarkt verhält sich gewissermaßen, als ob es eine neue Ära wäre ... Auch wenn wir es vorziehen, unverbindlich zu bleiben, reflektieren die Vorgänge in der Wirtschaft offenbar das Zukunftsbild der Leistungsentwicklung, das wir in unsere Prognosen einbauen, wenn sie nicht darüber hinausgehen.«[186]

Die Kooperation innerhalb der Fed war exzellent. Greenspan war bei allem Anspruch auf Respekt sehr kollegial. Ich gehe daher davon aus, dass Fragen der narrativen Steuerung durch umfassende Rahmenerzählungen wie die der »new era« in Greenspans Stab schon auf hohem Niveau behandelt wurden.

Bevor ich auf die kommunikativen Strategien, Techniken, Taktiken der Fed im narrativen Betrieb des Zyklus bis in die Blase des Jahres 2001 eingehe, einige Bemerkungen zu ihrer grundsätzlichen Bedeutung. Ihre Bedeutung ist so groß, dass sie gar nicht überschätzt werden kann. Bisher ist sie kaum ausgelotet. Die kommunikativen Strategien, Techniken und Taktiken sind bestimmend und zugleich eingewoben in einen grundlegenden Umbruch der Methodik, die die Quellen von Wirklichkeit – Handeln, Verstehen und Erkennen zugleich – in den Subjekten und ihrer kommunikativen Vermittlung sucht. Dies ist ein epochaler paradigmatischer Umbruch um den Kern der produktiven Innovationen, wie ihn Thomas Kuhn gezeichnet hat. Ein Umbruch auch dessen, was wir historischen Materialismus

186 Sitzungsbericht vom 18.5.99, S. 16.

genannt haben. (An dieser Stelle müssen einige Schlaglichter genügen, um die Fed-Politik in ihrem historischen Kontext verstehen zu können. Ich bemühe mich, dies in zeitnahen Darstellungen bis 2000 nachzuzeichnen, grundlegende Ausführungen zum methodischen Umbruch bis 2015 bleiben dem Methodenkapitel des letzten Bandes vorbehalten).

Im engeren Sinne bewegte sich Greenspan beispielhaft und beispielgebend im Feld der neueren Ansätze zu einer ökonomischen Narratologie. Sie wendeten sich vom Paradigma des Homo oeconomicus als Träger rationaler Erwartungen und Entscheidungen ab zugunsten einer so genannten Verhaltensökonomie. Auf dem Finanzsektor erforschte die behavioral finance als eine Art Vorhut die Einflüsse von scheinbar irrationalen Gefühlen und Neigungen bei Entscheidungen der Marktteilnehmer. Allein bis 2000 sind die Publikationen kaum noch übersehbar. Diese Vorhut erklärt sich aus der Überschaubarkeit und Standardisierung der untersuchten Vorgänge. Es geht großenteils um die Investitionsentscheidungen im spekulativen Feld. Die Schneisen dieser Forschungsrichtung hatten Daniel Kahneman, Amos Tversky und Richard Thaler geschlagen. Ihre frühen Beiträge zu Entscheidungen unter Risiko sind heute Standard. Sie waren vor allem ein früher Affront gegen die Theorie rationaler Erwartungen.[187] In einem Aufsatz von 1984[188] gaben sie einen noch immer lesenswerten Überblick über die bis dahin durchgeführten Untersuchungen. Danach spielen subjektive Bewertungen eine wesentliche Rolle und weichen erheblich von objektiven Wahrscheinlichkeitsberechnungen ab. So stellten sie etwa fest, dass sich Risikoabneigung unterschiedlich bei Gewinnen und Verlusten auswirken. Bei hohen Gewinnmöglichkeiten ist die Risikoabneigung gering, je höher das Verlustrisiko, umso größer die Abneigung. Großen Einfluss hat die Risikoformulierung, die innere Darstellung, auch die »mentale Berechnung« (mental accounting). Sie bedingt eine enorme Variabilität der Einscheidungen. Ein Beispiel: die Mehrheit zieht in einer Katastrophe eine sichere Rettung von 200 Leben einer sicheren Ein-Drittel-Chance für eine Rettung von 600 Leben vor, obwohl es dasselbe ist. Viele würden bei Verlust einer Konzerteintrittskarte keine neue kaufen, bei bloßem Verlust der entsprechenden Geldsumme aber schon. Oder – mit Richard Thaler: wenn Spieler (Spekulanten) Geld gewinnen,

---

187 A. Kahneman, A. Tversky, Prospect Theory: An Analysis of a Decision Under Risk, Econometrica 1979, S. 263; dies., Rational Choice and the Framing of Decisions, Journal of Business 1986, S. 253: hier behandeln sie die Rationalitätsanalyse als Tautologie und »Nullhypothese«.

188 D. Kahneman, A. Tversky, Choices, Values and Frames, American Psychologist, 1984, S. 341; Eine überwältigende Fülle von manchmal verblüffenden Beispielen, die z.T. Greenspan schon bekannt gewesen sein mochten und den interessanten Versuch einer Einordnung und Systematisierung bietet Daniel Kahnemans Buch Thinking fast and slow, New York 2011; dt. Schnelles Denken, langsames Denken, München 2011); für eine neuere neurophysiologische Verortung des Framing-Effekts vgl.: B. De Martino et al, Frames, Biases and Rational Decision-Making in the Human Brain, Science 313, S. 684.

riskieren sie mehr, als wenn sie ihr Spiel einfach fortsetzen. Sie behandeln ihre früheren Gewinne gewissermaßen noch als Geld des Kasinos und noch nicht als ihr eigenes. Der Verlust ist dann weniger wichtig.[189] Und – von Bedeutung in unserem Kontext: die Art der inneren narrativen Darstellung (framing) prägt Optimismus und Risikoabneigung und die davon bestimmten Entscheidungen. Das gilt für die sprachliche Formulierung ebenso wie für die Kontexteinbettung von Wahlmöglichkeiten, bis in makroökonomische und strategisch-politische Dimensionen hinein. Fed-Gouverneurin Janet Yellen hat diese Zusammenhänge mit ihrem Ehemann George Akerlof[190] schon 1985 reflektiert. Sicher wusste Greenspan davon. Im »wissenschaftlichen« Kauderwelsch, zum Abgewöhnen: »Die Ergebnisbewertung hängt wegen der Nichtlinearität der Wertfunktion von der Formulierung ab und die Tendenz der Leute, Optionen unter Bezug auf den Referenzrahmen zu bewerten, wird durch die Formulierung des Problems nahegelegt oder impliziert«.

Framing ist zentral. Wie selbstverständlich und eher beiläufig tragen Kahneman und Tversky in ihren Bericht der Narrativität des Entscheidungsprozesses Rechnung, allerdings ohne diesen Gedanken weiter zu verfolgen: »Entscheidungen fällen ist wie Prosa erzählen – Menschen machen das die ganze Zeit, bewusst oder unbewusst.«[191]

---

189 Zit. n.: R. Rajan, Fault Lines, Princeton 2010, S. 109.

190 G. Akerlof, J. Yellen, Can small deviations from rationality make significant differences to economic equilibria?, The American Economic Review Vol. 75 No. 4, S. 708.

191 D. Kahneman, A. Tversky, Choices ..., a.a.O., S. 341 (s. Fn. 188). Allerdings verkürzt Kahneman die Behandlung der grundlegenden Bedeutung von Narrativität und Geschichten in seinem Buch »Schnelles Denken, langsames Denken« (S. Fn. 188) auf sehr fragwürdige Weise. Er nimmt sie gar nicht erst in den Blick und behandelt sie nur unter dem Aspekt der »Verzerrung« der Wirklichkeit (S. 247 ff.). In der Rückschau, so sagt er, sei die »Geschichte« (exemplifiziert an Googles Erfolgsgeschichte) ein Mittel, Ereignisketten den Schein des Sinns und der – illusionären – Zwangsläufigkeit zu verleihen. Die Einwirkung von Zufall und Glück werde ausgelassen. Er habe von zu vielen Leuten gehört, die die Krise von 2008 vorausgesehen hätten. Sie hätten das geglaubt, aber nicht gewusst, erst nachträglich hätten sie es natürlich gewusst. Diese – sicherlich für die Rückschau oft zutreffend – verkürzende Bewertung von »Erzählung« als Verzerrung ist vor allem dem Umstand geschuldet, dass Kahneman als gelernter Statistiker sein Forschungsgebiet weitgehend auf die Erklärung standardisierter bzw. standardisierbarer Wahloperationen beschränkt hat. Hier ist »Rationalität« definierbar und die intuitiven menschlichen Umgehensweisen und »Geschichten« erscheinen verzerrend und »irrational«. Aber das ist nur ein ganz kleiner »künstlich« rationalisierter Bereich menschlichen Handelns, ein kleiner Ausschnitt aus der Wirklichkeit. Ökonomisch verengt er sich auf den mikroökonomischen Sektor von Investitionsentscheidungen etwa an der Börse. Jenseits dieses Bereichs entwickelt Kahneman keine Theorie der Handlung und der Erklärung. So liegt auch die Bedeutung von Narrativität in der Dimension von Innovation, makroökonomischer Strategiebildung und dergleichen mehr, jenseits seines engen Horizonts. Dass etwa Borio, White, Rajan zu einer exakten Vorhersage des crashs kommen konnten, weil sie selbst Akteure und Strategen auf diesem Sektor waren und Greenspan daher narratologisch verstanden, musste ihm entgehen. Der Wert von Kahnemans Buch für uns ist daher nur sehr begrenzt. Gleichermaßen ist es seine Horizontverengung, die auch sein Drängen möglich und plausibel macht, »rationale« Statistik an die Stelle »irrationaler« Vorstellungen von Kausalität bzw. Erzählung zu setzen, und – in der von ihm berichteten Kontroverse mit Gary Klein – Algorithmen an die Stelle von Intuition. Interessant ist das vielleicht als Anknüpfungspunkt einer methodologischen Debatte.

Schon zu Zeiten von Greenspans Managment der ersten Tsunamiwelle waren die Befunde zur behavioral finance weitgehend in einem Standardrepertoire kanonisiert. Dazu gezählt wurden unter anderem: Übervertrauen und Überoptimismus, Status-quo-Neigung (Beibehaltung einmal eingenommener Vorstellungen), unterschiedliche Verlustaversion (s.o.), Bestätigungsneigung (Bestätigung der eigenen Vorstellungen), Orientierung an prägenden Beispielen, Herdenverhalten, Framing-Effekte (auch Kontexteffekte, die verkürzende Einbettung in einen definierten Kontext), um nur einige prominente Kandidaten zu nennen.[192] Das ist nicht alles unbedingt neu. Einen Teil kennt man schon aus der Rhetorik des Aristoteles und Cicero.

All das »wirkt«, es ist ökonomische »Wirklichkeit«. Es gehört großenteils zur spezifischen, oft intuitiven Rationalität von Menschen bei Entscheidungen unter Unsicherheit und Risiko. Es ist inzwischen Gegenstand von postmodernen Rationalisierungsbemühungen durch Zielvorgaben und ihr spezifisches Framing durch Formulierung. Relevant für unsere Darstellungen hat sich Terrence Odean insbesondere mit dem Einfluss von Überzuversicht (overconfidence) in Wissenseinschätzung und Entscheidungen beschäftigt. Hierbei hat er besonders die Bedeutung »mimetischer (nachahmender, D.H.) Ansteckung« und »mimetischer Dynamik« für die Entwicklung von spekulativen Blasen untersucht.[193] »Mimesis« ist der philosophische Vorläufer der unten behandelten Spiegelneuronenbefunde. Kent Daniel, David Hirschleifer und Avanidhar Subramanyam[194] gehen der ökonomischen Bedeutung der Neigung nach, die eigenen Fähigkeiten durch günstige Ereignisse bestätigt zu sehen und ungünstige fehlendem Glück oder Sabotage in die Schuhe zu schieben (biased self-attribution). Spieltheorie ist ohne narrative Vermittlung von Spielsituation und Strategien nicht denkbar.

Eine herausragende Bedeutung kommt in diesem Zusammenhang Robert Shiller zu, Nobelpreisträger und einflussreicher Forscher der Yale

---

192 Lesenswert zwei ausgezeichnete Zusammenfassungen mit umfassenden, damals fast erschöpfenden Hinweisen, auch auf Greenspans Politik: T. Lin, A Behavioral Framework for Securities Risk, Seattle University Law Review Band 34, S. 325; J. Hanson et. al., Taking Behavioralism Seriously: The Problem of Market Manipulation, New York University Law Review Band 74, S. 630.

193 T. Odean, Volume, Volatility, Price, and Profit. When all Traders Are Above Average, The Journal of Finance 1998, S. 887 und: ders., Mimetic Contagion and Speculative Bubbles, Theory and Decision, Bd. 27 (2004).

194 K. Daniel et al., Investor Psychology and Security Market Under- and Overreactions, Journal of Finance 1998, S. 1839. Die genannten Aufsätze geben wegen des Detailreichtums der Marktsituationen und Einstellungen ein plastisches Bild von den Forschungsrichtungen. Einen guten Überblick gibt Hersh Shefrin in der von ihm herausgegebenen dreibändigen Aufsatzsammlung »Behavioral Finance«, Cheltenham 2001, S. XIII, wo er in offener Auseinandersetzung mit dem Paradigma effizienter Märkte aus der Schule Eugene Famas die Rationalitätshypothesen der Vergangenheit und durch ein völlig neues Paradigma von der grundsätzlichen epochalen Bedeutung im Sinne Thomas Kuhns überholt darstellt (XVII).

Universität. Am Gegenstand des Aktienmarktes – seinem Spezialgebiet – und dessen Volatilität weist er nach, dass die rationalen Modelle der »Theorie effizienter Märkte« (efficient markets theory) und der »Theorie rationaler Erwartungen« überholt sind. Dies lange bevor sie in der aktuellen Krise auch auf breiter Front als ungenügend und nicht aussagefähig angegriffen wurden. Menschliche Interaktionen, in denen Optimismus, Überschüsse der Zuversicht (overconfidence), Vorstellungen einer »neuen Ära« mit neuem Lebensstilen und Reichtum bis hin zum Triumphalismus nationaler Hegemonie wirken, können ökonomische Aktivitäten und Wertbestimmungen antreiben – auch in spekulative Überspitzungen hinein. Den Geschichten, Erzählungen, der narrativen Formierung treibender Vorstellungen käme dabei eine zentrale Bedeutung zu. Nur der methodische Umbruch zu behavioral economics und behavioral finance könne diesem wirtschaftlichen Realprozess Rechnung tragen. Theoretische Modelle »effizienter Märkte« seien nicht mehr als »Metaphern der Welt um uns herum« und hätten lediglich »ihren Platz als Illustrationen oder Charakterisierungen einer idealen Welt, wir können sie nicht aufrechterhalten in ihrer reinen Form als genaue Beschreibungen wirklicher Märkte.«[195] Heute, mit den maßgeblichen Beiträgen von Carmen Reinhart und Kenneth Rogoff, Nassim Taleb und aus dem von George Soros gestifteten Forschungsinstitut INET ist dies nichts Neues mehr. Damals lag das an der Wissensfront. In einem Kapitel zur Methode der politischen Ökonomie werde ich unten die Finanzkrise als den Ort auch des methodischen Umbruchs in eine neue historische Etappe der politischen Ökonomie darstellen, Ausgangspunkt zu grundsätzlichen Gedanken über die Historizität von Methode und ökonomischer »Wirklichkeit«.

Eine Reihe von theoretischen Ansätzen hat die fundamentale Bedeutung von Geschichten, Erzählungen, Narrationen bzw. Narrativität in den Vordergrund der methodologischen Debatten gestellt. In einem viel beachteten und maßgebenden Aufsatz über »Modelle, Geschichten und die ökonomische Welt« hat Mary Morgan[196] gezeigt, dass ökonomische Modelle nicht etwa Welt »abbilden«. Vielmehr gewinnen und vermitteln sie ihren Sinngehalt nur über Narrationen. »In diesem Aufsatz behaupte ich, dass Modelle uns helfen, die ökonomische Welt, in der wir leben, zu beschreiben und zu verstehen, indem wir Geschichten über die Welt erzählen. Die Story kann eine Geschichte über die wirkliche Welt (die vergangene, gegenwärtige, zukünftige) sein, oder eine Geschichte über

---

195 R. Shiller, From Efficient Markets Theory to Behavioral Science, Journal of Economic Perspectives, Bd. 17 (2003), S. 83, hier: S, 96, S. 102, im übrigen S. 84, S. 89 ff., S. 97 f., ders., Irrational Exuberance, Princeton 2000, S. VII ff., S.21 f., S. 28 ff., S. 49 f., S. 87 ff., S. 100 ff., S. 142 f., S. 160 ff.

196 M. Morgan, »Models, stories and the economic world«, Journal of Economic Methodology 2001, S. 361.

die hypothetische Welt, die das Modell zeichnet ... Die Geschichten sind weder ›bloß heuristisch‹ (Erkenntnishilfen, D.H.), noch ›bloß rhetorisch‹, sondern essentieller Teil der Art und Weise, in der Modelle gezeichnet und gebraucht werden.«[197] Morgan verdeutlicht dies anhand der keynesianischen Basisgeschichten von Paul Samuelson, John Hicks und James Meade an Erzählsequenzen etwa der Art: »Angenommen die Lohnhöhe und Ersparnis bleiben gleich, aber die Gesamtausgabe für Waren nimmt zu ...«, was passiert dann? Solche Erzählsequenzen stellen »simplifizierte Versionen der Situation in der realen Welt dar«.[198] Die methodologische Brisanz liegt darin, dass Morgan[199] Brücken schlägt zu den Geschichtstheoretikern Louis Mink und Hayden White.

Ähnlich hat auch Tyler Cowen Modelle als Abstraktionen ökonomischer Erzähleinheiten behandelt. Er hat darauf hingewiesen, dass die ökonomische Mathematisierung historisch ihren Ausgangspunkt von verbalen Modellen stilisierter Geschichten genommen hat. Die Vermittlung von ökonomischer Politik an das Publikum sei gänzlich auf Narrationen angewiesen, weil die Bürger in Geschichten dächten: »Statt dessen werden Bürger stark von Geschichten, Filmen und populärer Kultur beeinflusst. Sie denken in Vorstellungen des Narrativen ...« (Ein Gesichtspunkt, der besonders für Greenspans Politik der populären Verallgemeinerung seiner Geschichte der schöpferischen Zerstörung in einer New Economy von Bedeutung ist).[200] Auch David Levy und Sandra Peart haben in ihren Aufsatz über die Metapolitik von Ökonomie und Dichtung auf den fundamentalen Zusammenhang von Geschichten und ihren modellhaften Abstraktionen in der Ökonomie hingewiesen. Sie betonen wie Tyler Cowen eine grundlegende Erfahrung, der vor allen Dingen David Velleman nachgegangen ist, dass »Personen ihr Leben wie Geschichten leben«.[201]

Elke Muchlinski hat den Weg der modernen Zentralbankenpolitik von der inzwischen aufgegebenen monetaristischen Strategie zur kommunikativen Steuerung der Erwartungen nachgezeichnet. Mit der Ära Greenspan

---

197 Ebd. S. 361.

198 Ebd. S. 375.

199 Vgl. auch M. Morgan, Experiments versus models: New phenomena, inference and surprise, Journal of Economic Methodology 12 (2), 2005, S. 317-329, insbes. S. 318. Lesenswert, wenn auch mit etwas anderer Gewichtung, in diesem Zusammenhang auch Daniela Bailer-Jones, Models, Metaphors and Analogies, in: P. Machamer, M. Silberstein (Hg.), The Blackwell guide to the philosophy of science, Malden (Blackwell Online). 2008, S. 108, insbes. 118 ff.; kürzlich hat der Informationstechnologie- und Big Data-Experte Steve Lohr dazu den markanten Satz geprägt: »In a sense, a math model is the equivalent of a metaphor, a descriptive simplification« (S. Lohr, If Algorithms Know All, How Much Should Humans Help?, NYT Online 6.4.2015)

200 T. Cowen, Is a novel a Model? George Mason University Buchanan Center, Working Paper, 2005, insbesondere S. 3-6, S. 11.

201 D. Levy, S. Peart, The MetaPolitics of Economics & Poetry, Papier im Rahmen der Serie »Sciences Gay & Dismal«, 2002, S. 2, S. 14; D. Velleman, The Possibility of Practical Reason, Oxford 2000, S. 28f., S. 56 ff.

sei ein Schub zur kommunikativen Einflussnahme in einem interaktiven Marktfeld vollzogen worden.

Darin nähmen die Akteure aktiv am kommunikativen Kontext teil und stellten die »Wirklichkeit« des Markts kommunikativ her. »Die Erwartungssteuerung der Akteure gelingt nicht als eine lineare Projektion gegebener Erwartungen, die sich in der Metapher der linearen Flugbahn einer Billardkugel beschreiben ließe. Daher ist die Steuerung der Erwartungen nur über ein kontextsensitives Sprachhandeln möglich ... Nur mit dem Markt, mit den Akteuren des Finanzmarktes und nicht gegen sie.« Nicht also »in begrifflichen Analogien zur Mechanik«, vielmehr »als dialogische Bedeutungsgenerierung«. »Denn das Handeln und Entscheiden einer Zentralbank unter Unsicherheit ist nicht in mechanischen Reiz-Reaktionsmustern verwurzelt, sondern wirkt *through markets* und damit als sprachliche Interaktion.«[202] Muchlinski entwickelt diese Feststellungen zum Umbruch von Zentralbankhandeln und -theorie im Kontext des generellen Umbruchs des politökonomischen Verständnisses in einem »linguistic turn«, weg von den Mechaniken objektiver Bestimmungsgrößen. Ökonomik, Markt werden als kommunikativer Komplex begriffen, in dem Innovationen, Steuerungsformen, Markthandeln sich wesentlich in kommunikativen Formen vermitteln.[203]

Aus einem anderen Blickwinkel thematisiert die neuere Geschichtswissenschaft diesen Zusammenhang. Hayden White, Jean-Francois Lyotard und Paul Ricoeur ragen heraus. Danach ist Geschichtsschreibung notwendig und unaufhebbar narrativ. Die geschichtliche Erzählung vermittelt nicht etwa nur als Medium, als Vehikel Informationen über Ketten tatsächlicher Ereignisse. »Die Erzählung formt also den Ereigniszusammenhang ... eine Leistung, wie sie die wörtliche Präsentation der ›Ereignisse‹ als reine ›Tatsachen‹ niemals hervorbringen könnte.«[204] Übertragen auf Ökonomie wirken Geldmenge, Zins etc. nicht als Tatsachen. Sie wirken etwa im Kontext von Greenspans narrativem Angebot bei der Herstellung eines historischen weit in die Zukunft reichenden epochalen Zyklus. Das ist dann auch der Unterschied. Greenspan geht weiter. Er macht Geschichte, indem er sie erzählend generiert. Ihm geht es um die Herstellung von Geschichte, nicht um ihre Deutung.

---

202 E. Muchlinski, Sprache, Bedeutung und Verstehen in der Ökonomik. Eine »kodierte Sprache« für die Federal Reserve Bank?, in: A. Kabalak et al., Ökonomie, Sprache, Kommunikation. Neuere Einsichten zur Ökonomie, Marburg 2008, S. 85, hier: S. 86, S. 91, S. 95, S. 103, S. 111.

203 Vgl. die anderen Beiträge in diesem Band, insbes. von Mitherausgeber Birger Priddat, Alihan Kabalak, Elena Smirnova und Günter Ulrich, dazu noch weiter unten im Methodikkapitel.

204 H. White, Das Problem der Erzählung in der modernen Geschichtstheorie, in: P. Rossi (Hg.), Theorie der modernen Geschichtsschreibung, Frankfurt 1987, S. 57, hier: S. 75, S. 81; vgl. auch die präzise Zusammenfassung von P. Ricoeur in: La mèmoire, l'histoire, l'oubli, Paris 2000, S. 307 ff., insbesondere S. 310 ff.

Der neurophysiologischen Grundlage der fundamentalen Bedeutung von Narrativität scheint die Forschung inzwischen etwas näher gekommen zu sein. Jedenfalls weist die Entdeckung des Spiegelneuronensystems in diese Richtung. Die Befunde hierzu integrieren Handeln, Emotionen und Erkennen jenseits kausaler Schemata in einer übergreifenden Logik. Ein Forscherteam der Universität Parma um Giacomo Rizzolatti hatte Anfang der 1990er Jahre eine sensationelle Beobachtung gemacht. Bei einem Affen, der einen anderen beim Essen einer Nuss zuschaute, wurden dieselben Hirnareale aktiviert, wie bei dem handelnden Affen, so »als ob« er selber äße. Der beobachtende Affe »verstand« den anderen, weil er den Handlungsablauf in seinem eigenen Gehirn mitvollzog. Bald wurden die Befunde ausgedehnt auf Gefühle. Empathie, die Fähigkeit zu Mitgefühl und emotionalem Miterleben, sei in neuronalen Spiegelprozessen zu verorten. In Anbetracht der noch immer sehr begrenzten Einsichten in die Logik neuronaler Prozesse war bald von »Als-ob-Schleifen«, »Simulation«, »Resonanz«, »Ansteckung« und dergleichen mehr die Rede. Diese metaphorischen Begriffe verdeckten, dass die Logik formal noch immer nicht abbildbar war. Gleichwohl stellte die Grunderkenntnis einen Durchbruch durch die methodologischen Grenzen von Mechanik und Kausalität dar. Handeln, Fühlen, Erkennen und – da Handeln erzählt werden muss – auch Erzählen traten als miteinander verbundene irreduzible, nicht rückführbare Grundtatsachen ins Licht, die nur ganzheitlich zu begreifen waren. Immerhin schien die neurophysiologische Basis für die ganzheitliche Übertragung von Sinn und Bedeutung des Handelns, Sprechens, Fühlens gefunden. Viele Disziplinen berufen sich inzwischen auf diese Basis, wie Psychotherapie, Pädagogik etc. Hier sollen nur die für unser Thema wichtigen genannt werden:

Managementstrategien machen sich den Ansatz zu Nutze für die Förderung und Kontrolle von Motivation, Intuition, Kreativität, für Projekt- und Personalmanagement, für die Optimierung des Verhältnisses von »Führer und Geführtem« und für die Frage der affektiven Steuerung und Organisation kollektiver Resonanzräume von Handeln, Sinn und Verstehen.[205] Facebook-Leader Zuckerberg organisiert den Griff nach der – wie Bloomberg-Mitherausgeberin Kirsten Salyer[206] formuliert – »Weltherrschaft« narrativ in der permanenten Videokommunikation über das von

---

205 Zum Überblick: G. Rizzolatti, C. Sinigaglia, Empathie und Spiegelneurone. Die biologische Basis des Mitgefühls, Franfurt 2008, vor allem S. 130 ff. und S. 191 f. über die Organisation kollektiver Handlungsräume; J. Bauer, Warum ich fühle, was du fühlst: intuitive Kommunikation und das Geheimnis der Spiegelneurone, Hamburg 2005; markant für die Organisation des »Verhältnisses von Führern und Geführten« auch das Interview mit J. Bauer vom 19.9.2009 unter: www.psychophysik.com; Nadia Zaboura. Das empathische Gehirn. Spiegelneurone als Grundlage menschlicher Kommunikation, Wiesbaden 2008.

206 K. Salyer, Mark Zuckerberg Maps Out Facebook's Next Billion, Bloomberg-Online, 4.10.2011.

ihm generierte Wachstum der Menschenverbindung (connecticity) unter erfolgreicher Blog-geführten Einbeziehung seiner Nutzer*innen: »Danke für die Ehre, euch zu dienen (und) einer Milliarde Menschen zu helfen, sich zu verbinden«.[207]

Das Pentagon arbeitet an Möglichkeiten der Sinnmanipulation durch narratives Framing zur Beeinflussung von sozialen Bewegungen in der Counterinsurgency.[208]

Wichtig für das Verständnis der Fed-Politik ist auch Fritz Breithaupts Darstellung der Beziehung von Narration und Empathie auf der Grundlage der Spiegelneuronenforschung. Ich will sie deshalb, obwohl später entstanden, kurz berühren. Breithaupt sieht die ansteckende, manipulative, persuasive (überredende) Einwirkung der Empathie zum Mitvollzug und Parteinahme wesentlich durch narratives Denken und Handeln geprägt. Narration vermag, Zwänge und Herrschaft durch die Einladung zu empathischer Einbindung als »geschichtliche« Wirklichkeiten zu prägen, zu suggerieren und herzustellen, und damit zugleich Pfade in die Zukunft zu bahnen – unter Ausschluss von Alternativen. Narrativierung, die narrative Herstellung von Empathie wird zur sinngebenden, prägenden, verhaltensleitenden und legitimierenden Macht. Bis hin zu Ausgrenzung, Feindbildung, Abwertung von Menschen als Böse, Schlechte, Minderwertige.[209]

Das genau ist es, was Greenspan machte: Geschichte der New Economy erzählen und machen in einem.

Das alles gehörte zum Wissens- und Verständnishintergrund der Fed. Man kann die Spuren bei dem lesedurstigen Greenspan mühelos erkennen. Wenn es Greenspan darum ging, das große Gesamtbild eines historischen Schubs technologischer Erneuerung in die Märkte zu lancieren, wie es alle hundert Jahre einmal vorkommt, dann bedeutete dies vor allem eins: die Aufforderung und das Angebot aus dem monetären Machtzentrum der Welt, sich aktiv in das Projekt der Neugründung einer ganzen geschichtlichen Epoche einzubringen. Es bedeutete die Aufforderung, sich als dessen neue soziotechnische Eliten, Unternehmer, Konsumenten zu verwirklichen und Geschichte zu schreiben. Greenspan sagte »the peo-

---

207 Ebd.; D. McMillan, Facebook Grows to 1 Billion Users, Creates Video to Show Global Reach, go.bloomberg.com/Tech-blog 4.10.12; Zuckerberg-posts vom 4.10.12, wo er sich über den like-Button das Lob von über 600000 Benutzern abholt, www.facebook.com/zuck/posts/10100518568346671; B. Stone, A. Vance, Facebook's »Next Billion«: A Q&A With Mark Zuckerberg, Bloomberg Businessweek vom 4.10.12.

208 Vgl. Workshop des National Security Institutes vom 1.-2.12.2010 unter dem Titel »The Neorobiology of Political Violence: New Tools, New Insights«, NSI, 165 Main Street, Medway, MA, unter Beteiligung von namhaften Neurowissenschaftlern wie Michael Gazzaniga. Der erklärt in seinem Buch »The Ethical Brain«, New York 2005, Kap 7,10, was er der Entdeckung der Spiegelneuronen verdankt. Dabei lässt er auch den Workshopleiter Oberstleutnant Casebeer als Luftwaffen-Philosophen zu Wort kommen (S. 168 ff.). Ein sengend heißes Thema also.

209 Fritz Breithaupt, Kulturen der Empathie, Frankfurt 2009, insbes. S. 28 ff., S. 114–119, S. 125 ff., S. 190 ff.

ple«, allen, die ihm gebannt zuhörten – und das war die ganze Nation, die ganze Welt: »Ich erzähl euch, wo's langgeht. Ihr seid im Strom, ihr macht Geschichte. Seht auf die Leute neben euch, die machen auch mit, fühlt euch sicher, fühlt euch aufgehoben! Wir machen zusammen eine neue Welt. Und natürlich: »werdet reich dabei!«

Wer sich in der amerikanischen Geschichte auskennt, weiß: die Erregung, »present at the creation« zu sein, ist eine spezifisch amerikanische Variante der Mobilisierung der Macht eines Gründungsmythos und seiner Energien. Greenspan rief dazu auf, sich in die Aggressivität eines epochalen Schocks schöpferischer Zerstörung einzubringen, sich selbst neu zu begreifen, zu erschaffen, anzupassen und Anpassungszwänge global zu entfesseln. Dies setzte bewusst auf neue Macht gegen neue Ohnmacht, auf Inklusion und neue Ausgrenzung, auf neuen Reichtum gegen neue Armut, auf Aufwertung sich selbst erschaffender Eliten und Arbeitsformen bei sozialer Um- und Abwertung von alten »winnern« zu neuen »losern«, bis in die Mittelschichten hinein und dies global, auf Erneuerung der amerikanischen Hegemonie gegen gefährlich nahe gekommene Konkurrenten, auf Erneuerung des alltäglichen ökonomischen und sozialtechnischen Kriegs gegen die Klasse. Und es setzte gegen scheinbar gesicherte soziale Garantien weltweit darauf, die alte Gesellschaft zu zerstören und schöpferisch die neue zu erschaffen. Das Begehren der Vielen wurde in einen zyklischen Rausch schöpferischer Zerstörung eingeladen, um daran mitzuwirken, die alten sozialen Bindungskräfte zu zerreißen und ein aggressives »Wir« zum Kern einer neuen Gesellschaft und globalen Reorganisation zu machen. Reich werden, auch durch Spekulation, sicher! Jedoch ging dies in der Tat weit über die Frage steigender Aktienkurse, ja über den Kreis materieller Werte hinaus und gab dem »Marktpopulismus ... als Umbruch im Klassenkrieg«[210] ihren Inhalt. Die abwertende Herabsetzung Greenspans zum Cheerleader einer spekulativen Welle »irrationaler Übertreibung« auf den Aktienmärkten ist lächerlich angesichts dieser Dimensionen des historischen Anspruchs. Und angesichts der methodologischen Reflexion. Denn die Vorstellung einer Verschmelzung von Erzählen und Machen von Geschichte verrät einen außergewöhnlichen Instinkt für die Tiefe und Reichweite des epochalen Umbruchs.

DER BETRIEB DES ZYKLUS IM EPOCHALEN »FRAMING«

So betrieb die Fed unter Greenspan mit ihrer aggressiven Narration ein gigantisches komplexes Framing. Es weckte Vertrauen bis zur »overconfidence«, Optimismus bis zur Euphorie, Sicherheitsgefühl, Risikobereit-

---

210 Vgl. dazu den noch heute lesenswerten Aufsatz aus der konservativen Ecke von: Th. Frank, The Rise of Market Populism, America's New Secular Religion, The Nation 30.10.2000.

schaft, Motivation, um sie in den Rahmen einer gesamtgesellschaftlichen Transformationsdynamik um den Kern der historischen Innovationsoffensive einzuspeisen. Eine gigantische epochale Soap, wenn man so will. Sicher war sie nicht die einzige Betreiberin, es war ja eine Art Hype. Die Startups selbst beteiligten sich massiv daran, denn ihr Wert hing wegen der Netzwerkeffekte von der Nutzerzahl ab.[211] Kulturpolitische Avantgarden schwelgten ebenso wie New-Economy-Propheten in wilden Visionen. Aber Greenspans Erzählung war komplexer. Und er war der Macher, denn er saß an den Schleusen des monetären Treibstoffs. Den komplexen, alle Lebensumstände umfassenden Rahmen für Risikowahrnehmung und -bereitschaft betonte Greenspan in seiner Rückschau auf die Krisenentwicklung im März 2010 noch einmal ausdrücklich.[212] Die kommunikative, narrative Seite der Generierung und Steuerung von zyklischen Energien hatte viele Dimensionen. Die erste war die persönliche: Greenspan selbst und die anderen Mitglieder der Fed. Aber an Greenspans Lippen hing die Welt. An seinen Erklärungen, Reden, Begleitformulierungen für die Vorstellung der Zinspolitik orientierten sich nicht nur die Börsenmakler und Unternehmer, sondern auch die Anleger und zwar bis in das Flüstern seiner zuweilen nebulösen und unverständlichen Äußerungen hinein, die er constructive ambiguity nannte.[213] Er wurde als der zweitmächtigste Mann in Washington bezeichnet, der zweitmächtigste Mann der Welt also.[214]

Wer damals die Weltpresse verfolgt hat, weiß, dass seine Darstellungen in den ausgehenden 1990er Jahren zum Höhepunkt des Booms hin in alle Länder der Welt tönten. Fast täglich hielten er und seine wichtigsten Propagandisten irgendwo eine Rede, die – vielfach multipliziert – die Nation in Atem und vor allem bei Laune hielt. Unterbrochen war diese Tätigkeit nur von den wichtigsten Anhörungen in den Ausschüssen und Versammlungen beider Häuser des Senats. Besonders aufmerksam verfolgt wurden seine Begleiterklärungen zu den Mitteilungen der Zinssätze nach den jeweiligen Sitzungen des Offenmarktausschusses, die alle eineinhalb Monate stattfanden. Es lohnt sich, einen Blick in die zugänglichen Protokolle der Offenmarktsitzungen zu werfen, um die Intensität der Auseinandersetzungen zur Wortwahl für die Verlautbarung von Tendenzen nachzuvollziehen. Den Mitgliedern der Fed war bewusst: das war es, woran sich die Marktteilnehmer in ihren Anlageentscheidungen im Detail orientierten, in der Sicherheit optimistischer Zukunftsprojektionen, gehalten durch die große Rahmenerzählung. Aus den Sitzungsprotokollen

---

211 Vgl. dazu den guten Überblick im Bericht des NZZ-Korrespondenten C. Hötschi, Hat die »Neue Wirtschaft« neue Spielregeln? In: NZZ 1./2.4.2000.

212 A. Greenspan, The Crisis, Washington, The Brookings Institution 9.3.2010, S. 9, Anm. 18.

213 Vgl, B. Woodward, a.a.O., S. 227 (s. Fn. 11).

214 L. Kahaner, Alan Greenspan, München 2002, S. 9.

des Offenmarktausschusses ist auch ersichtlich, wie aufmerksam seine Mitglieder im nationalen Rahmen und in ihren einzelnen Zuständigkeitsdistrikten die Reaktion auf ihre eigenen Erklärungen verfolgten, um sich daran für ihre zukünftigen Formulierung zu orientieren. Schon bald hat die Fed sich bemüht, die Befunde dazu auf eine solidere wissenschaftliche Basis zu stellen. In einem Aufsatz aus dem Jahre 2003 haben ihre zwei Gouverneure Donald Kohn (dem bei der Sammlung und Bewertung des Materials zur Konjunkturentwicklung zur Vorbereitung der Sitzungen eine besonders wichtige Rolle zukam) und Brian Sack eine Untersuchung über »Zentralbankgerede: ist es wichtig und warum?«[215] abgeschlossen. Darin kommen sie aufgrund umfangreicher Befragungen und Recherchen zum Ergebnis:

»Wir wissen auch, dass Erwartungen – sowohl über Strategiehandlungen und ökonomische Bedingungen – eine zentrale Rolle für die wirtschaftliche Leistung spielen. Unsere Ergebnisse legen nahe, dass die Verlautbarungen aus der Zentralbank über das bloße Handeln hinaus in bedeutender Weise diese Erwartungen formen und darum einen Bestandteil von größter Wichtigkeit für den geldpolitischen Prozess darstellen. Wir stellen fest, dass ein Teil der Verlautbarungen – den wir die Strategietendenzkomponente[216] nennen – in seiner Wirkung den politischen Handlungen selbst gleichkommt. Das bedeutet, dass die Strategietendenzkomponente Erwartungen einer vorübergehenden Zinsentwicklung hervorruft, die mehr oder weniger denen entspricht, die als Reaktion auf unerwartete Politikhandlungen erfolgen.«[217]

Wer die Medienberichte verfolgte, brauchte diese wissenschaftlichen Befunde kaum, um die Fed-Verlautbarungen als Steuerungsinstrument von zyklusbestimmendem Optimismus und Euphorie wahrzunehmen. Die Märkte hingen an den Lippen des Maestro und seinen Erzählungen und Fed-Verlautbarungen. Ein markantes Beispiel aus dem Strom der Kommunikation mit den Märkten waren die plötzlichen Besorgnisse und Zinsängste, die im Juni und Oktober 1999 die Märkte nach Greenspans behutsamen Warnungen vor allzu optimistischen Wachstumserwartungen und Risikounterschätzung in Unruhe versetzten und die Optimismuskurve vorübergehend absacken ließen.[218] Inzwischen ist Kommunikation als Steuerungsinstrument der Zentralbanken weltweit etabliert, der sogenannten »forward guidance«. »Wie die Fed sprechen lernte«, hat Douglas

215 D. Kohn, B. Sack, Central Bank Talk: Does It Matter and Why?, 23.5.2003.

216 Im amerikanischen Wortlaut »policy inclination component«.

217 Ebd, S. 14, S. 28 f.

218 Aus der breiten Pressereaktion vgl. »Greenspan warnt erneut vor zu viel Optimismus«, in: NZZ 15.6.1999; A. Zampaglione, Greenspan spaventa Wall Street, in: la Repubblica 23.7.1999; B. Schulz, Zinsängste beunruhigen die Börsen, in: FAZ 18.10.1999.

Holmes Anfang 2014 noch einmal nachgezeichnet, ohne allerdings den oben behandelten fundamentalen Fragen gründlicher nachzugehen.[219]

In weltweit Tausenden Zeitungsartikeln wurde im März 2015 kommentiert, dass die Fed in ihrer Verlautbarung zu Erwartungen einer Zinserhöhung das Wort »geduldig« aus der vorhergehenden Verlautbarung weggelassen habe, begleitet von einer Bemerkung der Vorsitzenden Janet Yellen, das dies aber nun auch nicht gleichbedeutend sei mit »ungeduldig«.

Es ist daher nicht überraschend, dass das Konzept des »Zyklus« sogar bis in biologische Triebkräfte hinein[220] subjektiviert wurde. In Abkehr von den tradierten mechanischen Vorstellungen wird er als Dynamik von Vertrauen, Zutrauen, Risikobereitschaft und ihres Verfalls begriffen. Das wird nicht etwa als Verfälschung einer zugrundeliegenden Rationalität verstanden, sondern als neue Ebene politisch ökonomischer Vernunft, als neue Rationalitätsebene. »Subjektive« bzw. »immaterielle« Momente verschmelzen mit denjenigen objektiver Bestimmungsgrößen zu einer hybriden Dynamik, einem hybriden Prozess. Dazu Greenspan:

»Die Kräfte, die den Grad von Zuversicht bestimmen, sind dem ökonomischen Prozess weitgehend endogen ... Sicher rät die Geschichte großer Schwünge im Zutrauen der Investoren und Wertpapierpreise aus rationalen und anderen Gründen zur Vorsicht im gegenwärtigen Kontext. Wir haben in den vergangenen Wochen wieder gelernt, dass gerade in dem Moment, in dem ein Bullenmarkt sich endlos und sicher anfühlt, während Realwirtschaft und Wertpapiermarkt sich vorwärts bewegen, es sich auch anfühlen kann, wie wenn die Märkte schrumpfen und die Erholung nicht vorstellbar ist. Beide sind natürlich unzutreffend. Aber wegen der Schwierigkeit, sich eine Wende bei solchen Emotionen vorzustellen, nähren sich Euphorie und Verzweiflung selbst. In der Tat, wenn das nicht der Fall wäre, würden die Typen psychologisch angetriebener Ebben und Fluten ökonomischer Aktivitäten, die wir beobachtet haben, wahrscheinlich nicht existieren.«[221]
Das ist inzwischen Allgemeingut der Theorieentwicklung:[222]

---

219 D. Holmes, Economy of Words: Communicative Imperatives in Central Banks, Chicago 2014; ders., How the Fed Learned to talk, NYT 2.2.2014.

220 Der Neurowissenschaftler und Endokrinologe John Coates spricht aufgrund seiner Untersuchungen an Wall-Street-Händlern zum Zusammenhang von Optimismus, Selbstvertrauen und Risikobereitschaft beim Anlageverhalten von Testosteron-bestimmten Konjunkturzyklen, in: The Hour Between Dog and Wolf: Risk Taking, Good Feelings and the Biology of Boom and Bust, Penguin (Harmondsworth) 2012.

221 Greenspan, 4.9.1998.

222 Wie etwa dargestellt bei: A. Brender, F. Pisani, Global Imbalances and the Collapse of Globalised Finance, Centre for European Policy Studies (CEPS), Brüssel, 2010, S. 160 ff.; in den bereits zitierten Economist Artikeln, sowie bei: Bradford DeLong, The Anti-History Boys, Project Syndicate 29.9.2009.

»Die Teilnehmer an den Finanzmärkten scheinen zu glauben, dass das FOMC im derzeitigen wohlwollenden Umfeld nie aufhörenden Erfolg haben wird. Jedoch gibt es keinen Beweis, dass der Konjunkturzyklus aufgehoben ist. Eine neue Rezession wird zweifellos eines Tages aufgrund von Umständen einsetzen, die von politischen Akteuren und Teilnehmern der Finanzmärkte weder wahrgenommen werden konnten noch zumindest wahrgenommen wurden. Die Geschichte zeigt, dass Teilnehmer an Finanzmärkten von Wellen des Optimismus ergriffen werden können, die ihrerseits wieder einen allgemeinen Prozess der Inflation von Vermögenswerten nähren können, die ihrerseits die Märkte der Güter und Dienstleistungen füttern können. Exzessiver Optimismus sät die Saat seiner eigenen Umkehr in Form von zur Steigerung neigenden Ungleichgewichten.«[223] Im Kern geht es um einen »Umschwung von Euphorie in Angst«.[224] » Zu einem Zeitpunkt erscheint das System stabil, zum nächsten verhält es sich, als ob ein Damm den Bruchpunkt erreicht hat und Wasser (sprich Vertrauen) sein Reservoir durchbricht ... Es gibt kein glaubwürdiges Szenario, das derart abrupte Wechsel in den Fundamentaldaten langfristiger Bewertungen an diesem einen Tag erklärt. Solch eine Marktpanik spiegelt kein einfaches Kontinuum aus der vorhergehenden Periode wider. Das abrupte Einsetzen solcher Implosionen legt die Möglichkeit nahe, dass es eine bestimmte Trennlinie des Vertrauens gibt. Wenn die überschritten ist, gleiten die Preise in den freien Fall – vielleicht über das langfristige Gleichgewicht hinaus – bevor die Märkte sich wieder stabilisieren werden.«[225] »Haben wir die Fähigkeit, Booms und Busts (Zusammenbrüche) zu eliminieren? ... Die Antwort ist nach meiner Meinung: nein, weil es kein Werkzeug gibt, die menschliche Natur zu ändern oder menschliches Verhalten mit großer Sicherheit vorherzusagen. Die Geschichte legt nahe, dass Risikoprämien fallen, wenn die Drohung einer ökonomischen Abschwächung zunehmend verblasst. Je länger eine Ökonomie mit solider Rate expandiert, umso mehr werden die Leute diese Rate in die Zukunft projizieren und die frühere Vorsicht aushöhlen. Das ist eine vollständig rationale Reaktion. Wenn die Leute an einen dreijährigen Konjunkturzyklus gewöhnt wären, würden sie weit größere Vorsicht bei Anbrechen des dritten Jahres der Expansion an den Tag legen, als wenn ihre normalen Erfahrungen in Richtung zehnjähriger Zyklen gingen.«[226]

Greenspan sprach natürlich nicht von der gesteuerten kommunikativen Herstellung von Vertrauenszyklen, um den Anschein des Manipu-

223 A. Greenspan, 26.2.1997.
224 A. Greenspan, The Crisis, a.a.O., S. 35 (s. Fn. 212).
225 A. Greenspan, 30.1.1998, S. 3.
226 A. Greenspan, 24.5.2001.

lativen zu vermeiden. Im Sinne einer hybriden Theorie der Beteiligung zentraler strategischer Akteure aus der Fed ist es natürlich keine Manipulation im engeren Sinne, sondern der Betrieb eines kommunikativen Netzes medial und über den Markt verbundener Akteure. Dementsprechend verschmelzen subjektive und objektive Momente der Wertbildung jenseits statischer Korrelationen der Klassik im Zyklus zu einem hybriden Prozess.

»Aber was in der Vergangenheit immer wahr war und auch in der Zukunft so bleiben wird, ist dass das Produkt einer freien Marktökonomie und der Begriff der Schöpfung von Reichtum immer die Werteinstellungen der Leute widerspiegeln wird. In der Tat hat der Begriff des Vermögens keine andere Bedeutung als die Widerspiegelung menschlicher Werteinstellungen. Es gibt keinen inneren Wert im Weizen, einer Maschine oder einem Softwareprogramm. Nur wenn diese Produkte gegenwärtig menschliche Bedürfnisse befriedigen oder das bei zukünftiger Bewertung tun können, werden sie wertgeschätzt. Und es sind solche Wertvorstellungen, die sich in den Schlüsselsignalen des Markts ausdrücken – Produkt und Vermögenspreise –, die Produzenten darüber informieren, was als werthaltig betrachtet wird und was bei zur Verfügung stehender Technologie profitabel produziert werden könnte.«[227]

Und noch einmal in der Rückschau seines Buches:

»Vergessen wir nicht, dass der Marktwert eines Gewinn abwerfenden Wertpapiers der erwartete zukünftige Ertrag ist, zusammen mit einem Auf- oder Abschlag, der sich je nach Euphorie, Ängsten oder auch rationaleren Bewertungen der Zukunft verändert. Es sind diese Einschätzungen, die den Wert von Aktien und anderen Ertrag bringenden Vermögenswerten bestimmen. Es sind diese Einschätzungen, die den Reichtum einer Gesellschaft bestimmen. Große Fabriken, Bürotürme, selbst Wohnhäuser haben nur in dem Ausmaß Wert, als Marktteilnehmer ihren zukünftigen Gebrauch wertschätzen. Wenn die Welt in einer Stunde unterginge, würden alle Symbole des Reichtums als wertlos eingeschätzt werden. Irgendein unbedeutenderes Ereignis – etwa ein Schuss mehr Unsicherheit im Mix unserer Zukunftsentwicklungen – und Marktteilnehmer werden ihre Gebote und Vermögensbewertungen senken. Nichts muss außerhalb unserer Köpfe passieren. Wert ist was die Leute dafür halten. Daher kann Liquidität mit dem Aufkommen einer neuen Idee oder Furcht kommen oder gehen.«[228]

Der Betrieb und die Pflege der prozyklischen »confidence« gingen über

227 A. Greenspan, 4.9.1998, S. 3.
228 A. Greenspan, The age ..., a.a.O., S. 486 (s. Fn. 70).

den Rahmen der Fed hinaus. Auch das Schatzamt (Finanzministerium, dessen Minister Robert Rubin und Vizeminister Larry Summers Greenspan eng verbunden waren) wirkte in diese Richtung. Ein guter Beleg hierfür ist die Kontroverse zwischen Rubin und dem damaligen Vorstandschef der Deutschen Bank Rolf Breuer 1999 in Davos. Breuer verlangte rasche Beschlüsse zur Verhütung von Finanzkrisen, die Bundesregierung gar ein Krisen-Frühwarnsystem. Rubin lehnte ab, um Panikreaktionen der Investoren allein schon infolge von bloßen Warnungen zu vermeiden.[229]

GEWINNER UND LOSER

Und die Gewinner, die Greenspan als Ergebnis des Zyklus im Auge hatte? Es waren weniger die Spekulanten – auch wenn ihre Gier und arrogante Selbstverwirklichung als finanztechnische Herren der Neuschöpfung eine nicht unbeträchtliche Rolle im Boom spielten – als vielmehr die hegemonialen Unternehmen, die sich aus einem Umfeld von Verlierern heraus hoben und zum Kern der globalen Transformation und des globalen Kommandos machten:

»Diese Innovationen, besonders die rapide Entwicklung des Internets aus seinen Kinderschuhen haben ein Spektrum von Startup-Firmen hervorgebracht, von denen viele die Chance bieten, große Teile des amerikanischen Produktions- und Verteilungssystems zu revolutionieren und zu beherrschen. Die Kapitalmärkte tasten in ihrer wenig geruhsamen Auseinandersetzung mit diskontinuierlichen Schüben der ökonomischen Struktur nach vernünftigen Bewertungen dieser Firmen. Die außergewöhnlichen Aktienpreisbewegungen der meisten neueren Firmen und die in den Augen einiger Leute übertriebenen Bewertungen zeigen die Schwierigkeiten an, aus der großen Anzahl die besonderen, die wenigen der neuen Technologien und operationalen Modelle aufzuspüren, die sich in den kommenden Jahrzehnten durchsetzen werden.«[230] ... »Die Größe jenes potentiellen Marktes ist so gewaltig, dass es Möglichkeiten zum Bau von Luftschlössern für eine ganze Reihe verschiedener (Firmen) gibt. Zweifelsohne werden einige dieser kleinen Firmen, deren Aktienpreise in schwindelerregende Höhe schnellen, Erfolg haben. Und sie werden möglicherweise sogar noch höhere Preise rechtfertigen. Die große Mehrheit aber wird mit Sicherheit scheitern. Das ist die Art und Weise, wie die Märkte in dieser Hinsicht meist funktionieren.«[231]

---

229 Vgl. FR 1.2.1999.
230 A. Greenspan, 13.1.2000, S. 2.
231 A. Greenspan im US-Senat, 28.1.1999, zit. n.: L. Kahaner, a.a.O., S. 29 (s. Fn. 214).

Diese schumpeterianische Vorstellung von den eliminatorischen Seiten der Innovationsdynamik war im damaligen Verständnis durchaus verbreitet, auch in Betonung der damit verbundenen notwendigen Überinvestition. Der Berkeley-Ökonom Hal Varian drückte dies noch zum Zeitpunkt der bereits offen erkennbaren Überinvestition wie folgt aus:

»Überinvestition mag verschwenderisch erscheinen, aber auf der andren Seite ist es immer leicht, die Gewinner zu identifizieren, wenn das Rennen vorbei ist. ... Eine der großen Stärken des Kapitalismus amerikanischen Stils ist seine Fähigkeit, verrückte Ideen zu finanzieren – denn von Zeit zu Zeit zahlen sich diese Ideen gewaltig aus.«[232] Leicht nachzuvollziehen. Auch Varian orientierte sich an Schumpeter[233] und war als Chefökonom beim Senkrechtstarter Google engagiert.

Im Jahr 1999 war die Dynamik der Welle des Optimismus, der Euphorie, des Rausches längst globalisiert. Greenspan war zum globalen Maestro und Propheten avanciert. Die Informatisierung der Finanzmärkte, das Internet und die Sekuritisierung der Kredtite (d.h. die Verwandlung von Schulden in handelbare Waren) hatten die globalen Ersparnisse liquide gemacht und aus ihren lokalen Bindungen, Gläubiger-Schuldnerbeziehungen und Bankbeziehungen herausgelöst.[234] Die amerikanischen Konsumenten, besonderes die des oberen Fünftels der Einkommensskala wurden vom »Reichtumseffekt« (Wealth Effect) ihres Aktien- und Grundstückseigentums berauscht. »Wir alle waren uns über den Reichtumseffekt im Klaren: Anleger, durch Wertpapiergewinne in Taumel versetzt, sparten nicht mehr (die amerikanische Sparquote wurde negativ), verschuldeten sich zunehmend und gaben mehr Geld für Häuser, Autos und Konsumgüter aus.«[235] Hypothekenschulden auf die ebenfalls im Preis steigenden Grundstücke wuchsen (auch aufgrund der ermutigenden Politik unter Clinton[236]) ebenso wie Konsumentenkredite, beides bei rapide abnehmender Sparneigung. Es waren Kredite, die sich ihrerseits aus den globalen Liquiditätszuflüssen speisten. Greenspan verfolgte diese Entwicklung über die Forschungen aus dem wissenschaftlichen Apparat der Fed bis ins Detail.[237] Die Befunde flossen nicht nur in seine offiziellen Erklärungen ein,

232 H. Varian, Economic Scene, in: NYT 14.12.2000.

233 H. Varian, Economics of the Information Technology, University of California, Berkeley, July 2001, Revised: March, 2003, S. 4.

234 Eine hervorragende Darstellung neueren Datums geben: A. Brender, F. Pisani, Global Imbalances ..., a.a.O. (s. Fn. 222).

235 A. Greenspan, The Age ..., a.a.O., S. 165 (s. Fn. 70).

236 Vgl. dazu: P. Wallison, Hidden ..., a.a.O., Kap. 5 (s. Fn. 83).

237 Vgl. D. Maki, M. Palumbo, Disentangling the Wealth Effect: A Cohort Analysis of Household Saving in the 1990s, April 2001; K. Dynan, D. Maki, Does Stock Marked Wealth Matter for Consumtion? Mai 2001, beides Fed-Papiere.

die eher dazu beitrugen, die Öffentlichkeit an diesen Effekt zu gewöhnen und ihn zu verstärken. Sie lieferten auch die Erfahrungsgrundlage für die Lancierung der zweiten Blase auf der Basis der Subprime-Schuldenwelle, die der Überinvestition einen zweiten Schub in die aktuelle Krise gab. Die Liquidität fütterte, wie Greenspan immer wieder hervorhob, vor allem den Konsum höherwertiger Konsumgüter aus den hochtechnologischen Bereichen, aber auch zugleich von Dienstleistungen im Erziehungsbereich etc. Das galt zunächst in erster Linie für die oberen 20% der amerikanischen Bevölkerung unter dem Zwang, mit den Nachbarn Schritt zu halten, »keeping up with the Joneses«. Die amerikanischen Konsumenten trieben damit zugleich die Konjunktur der industrialisierten und Schwellenländer an, deren Produkte in gigantischen und zunehmenden Warenströmen in den Verbrauch der amerikanischen Haushalte flossen. Es liegt auf der Hand, dass hierdurch das technologische Gefälle zwischen den amerikanischen Wissens- und High-Tech-Sektoren zu den industrialisierten und sich industrialisierenden Nachzüglerregionen nicht gemildert, sondern akzentuiert und verschärft wurde. Dasselbe gilt für die Finanzunternehmen bezüglich des Geschäfts mit den Finanzinnovationen einschließlich der Versicherungen (die AIG war 1999 an der Börse doppelt so hoch bewertet wie die Allianz[238]). Die produktiven Kapazitäten vor allem der europäischen Nachzügler, auch Deutschlands, wurden dadurch in den tradierten Sektoren festgehalten. Sie blieben nach Horst Siebert vom Kieler Weltwirtschaftsinstitut im Wesentlichen bei »mittleren Technologien«.[239] IT-Innovationen wurden zum größten Teil nicht selbst hervorgebracht. Sie wurden importiert und anwenderorientiert allenfalls in Unternehmen der alten Industrien eingesetzt: Autos, Maschinen, Werkzeugmaschinen, Elektrotechnik, Chemie. Auch die hochindustrialisierte Schweiz sah sich in der Informatik »primär als Anwenderland«.[240] Und das im selben Moment, in dem die amerikanische High-Tech-Industrie schockartig in völlig neue Dimensionen vordrang. Eine Art innovatives Shock and Awe (Schrecken und Ehrfurcht) auf dem Gebiet der Produktion und Finanz. Der »shock« der amerikanischen Startups ließ die Loser in »awe« zurück. Zwar gab es in Deutschland beispielsweise den »neuen Markt«, über den sich ein nachgeordneter und von der amerikanischen Lokomotive abhängiger Zyklus entfaltete. Aber seine Vorreiter vermochten das Stadium einer Scheinblüte selten zu überstehen. Sie alle blieben in Anbetracht dieser sich einschleifenden Profilierung hinter den amerikanischen Startups wie

238 F. Dries, Der Versicherungsriese AIG ist der internationalen Konkurrenz enteilt, in: FAZ 20.5.2000.
239 H. Siebert, Es geht um die Zukunft der mittleren Technologie, in: FAZ 11.6.2001.
240 NZZ 21.9.99, Orbit, S. B 35

Amazon, Yahoo, Google, Facebook (heute die Herren der Welt) zurück. Der Abstand vertiefte sich. Die neue globale Arbeitsteilung schleifte sich ein und gab den Imperativen der Strukturanpassung ein neues Profil im globalen Innovationsgefälle – ähnlich wie im fordistischen Zyklus vor allem der 20er Jahre.

IM DIENST DER BLASE

Nach all dem können wir jetzt nachvollziehen, dass für Greenspan eine »Blase«, ja sogar die »Überinvestition« nicht mehr war als der Ausdruck überschießender komplexer innovativer Energien, die aus ihren Kernen in alle gesellschaftlichen und globalen Dimensionen griffen. Die Blase musste irgendwann platzen? Nun gut. Das war das historische Geschäft, in dem sich der Kapitalismus schubweise auf ein höheres Niveau erneuerte. Der Weg des Kapitalismus also. Notwendig, nicht fatal. Bei aller Zerstörung produktiv, nicht bloß destruktiv. Und die Warnungen? Greenspan bewegte sich schon damals gegen eine Flut von Kritik und Warnungen. Warnungen nicht nur von außen, auch von innen, aus dem innersten Kreis der Gouverneure der Fed. Es lohnt sich, das in der gebotenen Kürze nachzuvollziehen, um dem Irrtum zu entgehen, Greenspan wäre, ohne gewarnt zu sein, irgendeiner Fehleinschätzung erlegen. Es gab keine Fehleinschätzung. Die Protokolle und vorbereitenden Materialien des Offenmarktausschusses der letzten eineinhalb Jahre vor dem Platzen der Blase vermitteln unter der Oberfläche vieler Gemeinsamkeiten den Eindruck eines zähen Gerangels zwischen seiner Linie, den Zyklus bis zum Platzen auszureizen, und den Einwänden, die dies immer wieder warnend infrage stellten.[241]

Die Warnungen können grob gesagt in zwei Gruppen eingeteilt werden. Einerseits machten sie Befürchtungen von Inflation und Arbeitslosigkeit geltend. Mit ihnen hatte Greenspan leichtes Spiel. Die ungeheuren Steigerungen von Produktivität und Nachfrage (gefüttert aus zyklus- oder spekulativ bedingten Gewinnen, wealth effect, auswärtiger Liquiditätszufuhr und schon damals wachsendem globalem Bedarf an IT-Gütern aus den Unternehmen des Weltmonopolisten) hielten angesichts der Überkapazitäten nicht nur die Inflation im Zaum, sondern schufen auch neue Jobs – gute der »winner« im IT-Sektor, Elendsjobs der »loser« im Servicebereich und neuen Schwitzbuden.

---

241 Es ist davon auszugehen, dass es unprotokolliert noch andere Auseinandersetzungen gab, die nicht an das Licht der Öffentlichkeit gelangt sind, die ich jedenfalls nicht kenne. Denn die Protokolle würden in einigen Jahren der Öffentlichkeit zugänglich sein und da sagt man nicht alles. Auf der anderen Seite gab es spürbar zum Teil große Distanzen zwischen den Gouverneuren und dem Maestro, mit denen dieser auch rechnete und spielte. Seine Autorität im FOMC stand allerdings schon 1999 außer Frage.

Schwieriger waren die Einwände aus der zu erwartenden Situation nach dem Platzen der Blase: dem Elend aus Überschuldung und Zusammenbruch der Vermögenswerte und der infolge der Überinvestition zu erwartenden Stagnation und Deflation. Greenspan zog sich hiergegen in der Regel auf das Standardargument des gesetzlichen Auftrags der Geldwertstabilität zurück. Die Vermeidung von »asset bubbles« gehöre nicht dazu. In solchen Diskussionskontexten wich er oft und zur Beruhigung seiner Kontrahenten auf die Beschwörung der glänzenden Geldwertstabilität aus. Ihm kam außerdem in den internen Debatten zugute, dass er gegen die lange durchgehaltenen Zweifel der Kolleg*innen in der Frage der früh von ihm diagnostizierten Produktivitätssteigerung recht behalten hatte. Exemplarisch Gouverneur Laurence Meyer, der nicht müde wurde, dies zur Entschuldigung für die Zurückhaltung eigener Bedenken immer wieder zu betonen.[242]

Schwierig war die Auseinandersetzung mit dem Bündel von Argumenten, das die Gefahren von Überinvestition, Deflation (infolge der Überinvestition stehen einer stagnierenden Nachfrage eine zu große Produktivität mit einem Überangebot an Waren gegenüber) mit der Gefahr einer Deflationsspirale (jeder wartet, bis es noch billiger wird, wie etwa in der großen Depression und seit 1990 in Japan). Demgegenüber argumentierte Greenspan nie mit dem Eingeständnis, dass er diese Gefahren in Kauf nehme. Vielmehr unterlief er die Einwände durch das immer neu aufgerollte Kolossalgemälde des Umbruchs in eine neue Ära des Kapitalismus. Im Folgenden gebe ich einen gerafften Überblick über den Zeitraum von Anfang 1999 bis Mitte 2000. Er ist wichtig für den Verlauf der Geschichte. Jeder zusätzliche Monat mit billigem Geld, Optimismuspflege oder gar -befeuerung entschied über die Schubkraft des Innovationsschocks, der Umbruchswirkungen und der imperialen Aggressivität seiner hegemonialen Kräfte. Und damit zugleich über das Ausmaß der Überinvestition und auch ihrer Vertiefung in die heutige Finanzkrise und des mit ihr verbundenen globalen Anpassungsdrucks. Das verleiht Greenspans Management im globalen Zentrum der monetären Macht einen guten Teil seiner weltgeschichtlichen Bedeutung.

Greenspan hatte die Meinungsbildung im Komitee gut im Griff. Jahre erfolgreicher Arbeit unter seiner Führung hatten seinen Vorstellungen ein ungewöhnliches Gewicht verliehen und das Meinungsbild geprägt. Ein Übriges tat die sorgfältige Vorbereitung der Sitzungen durch ihn und sein hochqualifiziertes Team (genannt die »Barone«, die durch die Vorbereitung die Sitzungen richtungsweisend beeinflussten[243]) und vor allem sein

242 L. Meyer, A Term ..., a.a.O., (s. Fn. 55), S. 27 et passim.
243 Ebd., S. 27.

öffentliches Renommee. Er traf daher auf wenige und nur ausnahmsweise einmal auf größere Widerstände. Die Komiteemitglieder anerkannten seine enormen Qualitäten. Sie fühlten sich wohl mit seiner höflichen, humorvollen und bis zur Bescheidenheit zurückhaltenden, sachlich-distanzierten Art. Selten ironisch, waren seine Beiträge nie herabsetzend, respektvoll vor allem gegenüber Mitgliedern, die ihm intellektuell nicht gewachsen waren. Seine Kollegen priesen ihn offen als einen »großen Vorsitzenden« mit besonderen »Führungsqualitäten« zur Herstellung von Konsens.[244] Den erreichte er oft auch gegen Forderungen nach zum Teil massiven Zinserhöhungen dadurch, dass er sie aufgriff und die Verwirklichung für die nächste Zeit zumindest in Aussicht stellte.[245] Vor allem gegen besorgte Prognosen und Warnungen suchte er Zinserhöhungen immer auf dem Niveau der niedrigsten Belastungen für die Märkte zu halten, um den historischen Schub nicht zu beeinträchtigen. In Anbetracht der gewachsenen Bedeutung des unternehmerischen und gesellschaftlichen Optimismus für die Schubkraft des Innovationsschocks kam es auf Nuancen in der Formulierung der veröffentlichten Prognosen an. Daher kam auch auf den ersten Blick gering erscheinenden Widerständen eine große Bedeutung zu, gerade wenn es nur um Formulierungen ging.

Greenspan sah sein größtes Problem in dem Widerspruch, der mit Argumenten aus überholten ökonomischen Vorstellungen und Modellen operierte. Er fand diese Vorstellungen noch in der alten keynesianischen Welt befangen, mit ihrer Konzentration auf die Nachfrageseite: bei erhöhter Liquidität und Nachfrage erhitze die Konjunktur mit der Folge inflationärer Entwicklungen – befangen in der alten Welt der oben behandelten NAIRU. Das aber galt nicht im Falle eines historischen Angebotsschocks. Denn dieser setzte sein neues Niveau von gesteigerter Produktivität, die Produktionsverlagerungen alter Industrien in Billiglohnländer, seine Schockwirkungen auf die Arbeiterklasse in einen enormen Preis- und Lohnverfall um. So ging Greenspan dazu über, in den Sitzungen sein Vorrecht als Chairman zu einer abschließenden Stellungnahme am Ende der Einzelbeiträge und Debatten systematisch zu nutzen. In einer Serie von Predigten bläute er den Umbruch zur neuen Sichtweise regelrecht ein. Bis die meisten es kapiert hatten oder wenigsten akzeptierten.

So knüpfte er in der Sitzung vom 2.2.1999 wieder an die Diskussion über den Innovationsschock gegen die Arbeiter aus dem Jahre 1995 an, die ich oben bereits behandelt habe. »Eindeutig passiert etwas ... Güterpreise

244 So die Komitee-Mitglieder Alfred Broaddus und Gouverneur Meyer, selbst durchaus kein Leichtgewicht und von Greenspan mit Hochachtung behandelt [Sitzungsberichte vom 21.12.1999 (S.69) und 5.10.1999 (S.55)].

245 L. Meyer, A Term..., a.a.O., S. 97 f. (s. Fn. 55).

werden von globalen Überschusskapazitäten niedrig gehalten ... In den Vereinigten Staaten ist dieser Prozess durch eine dramatische Steigerung in den Spielräumen neuer Technologien verstärkt worden ... Wir hatten gestern eine Diskussion mit der Führungsspitze von British Telecom. Sie sagte, dass das Angebot neuer Technologien und Synergien in einem derartigen Tempo wächst, dass sie nicht wissen, wo nun investieren. Alles ist irrsinnig. Die Preisfrage ist, wo die höchsten Renditen liegen. Sie liegen alle über den Kapitalkosten ... Irgendetwas Neues ist im Gange und unsere Modelle verpassen die entscheidende Variable.«[246]

Dieser Vortrag reichte immerhin, um das Drängen einiger Komitee-Mitglieder auf Zinserhöhung – wenigstens zur Kompensation der Senkungen vom letzten Herbst, ja sogar auf eine dahingehende Warnung – abzuwehren.[247]

In der Sitzung vom 30.3.1999 beschwor er wieder den »Anbruch einer neuen Ära«. »Dieser Prozess ist nicht abgeschlossen. Vielleicht erinnern Sie sich an die anekdotischen Bemerkungen auf der letzten Sitzung über technologische Synergien. Berichtsweise laufen sie in einer Geschwindigkeit ab, dass Renditeraten auf eingesetztes Sachkapital im Verhältnis zu Kosten noch

immer nicht ihren Höhepunkt erreicht haben ... Es gibt keine Preissteigerungen ... die Stücklohnkosten sind geringer als in der vorausgehenden Periode«[248] Effekt: Zinserhöhungsdruck aus dem Komitee abgewehrt.[249]

In der Sitzung vom 18.5.1999 bringt – wie schon erörtert – Michael Prell die neue Ära ins Gespräch. Greenspan stimmt der Aufnahme einer bloßen Erhöhungswarnung ins abschließende Kommuniqué zu und fängt so Erhöhungswünsche ab.[250]

In der Sitzung vom 29.6.1999 ist er mit Erhöhungsforderungen von 50–75 Basispunkten konfrontiert. Muss das sein? »Die Antwort wäre ›ja‹, wenn unsere Modelle die Wirklichkeit wiedergäben ... Wir haben in diesem Stadium jedoch keine mir bekannten Hinweise darauf, dass die Beschleunigung der Produktivitätsentwicklung beendet ist. All unsere Erfahrung und Vorlesungen in Econometrics 101 erwecken eine innere Antipathie im Bauch gegen eine derartige Beharrung von Produktivitätsgewinnen, vor allem bei mir, der ich die ältesten Eingeweide in diesem Raum habe (Gelächter). Was zunehmend evident ist, ist, dass hier irgendetwas passiert, das niemand von uns je erlebt hat – vielleicht ein Jahrhundertschub in der Art und Weise, wie Güter und Dienstleistun-

246 Sitzungsbericht vom 2-3.2.1999, S. 106–110.
247 Ebd. S. 112 ff.
248 Sitzungsbericht vom 30.3.1999, S. 30.
249 Ebd. S. 58 ff.
250 Sitzungsbericht vom 18.5.1999, S. 16, S. 58, S. 68 f.

gen produziert werden. Leute in den Frontgräben der Geschäftsoperationen wie Jack Welch von GE und Lou Gerstner von IBM nennen es eine wahrhaftige ›Revolution‹. Industrien mit niedrigen Technologien seien beseitigt, ihre Arbeiter in einer unglaublichen Geschwindigkeit rausgeschmissen worden, von denen eine Beeinträchtigung dieser Entwicklung hätte ausgehen können. ... Aber es passiert etwas in der Wirtschaft, etwas grundlegend Wichtiges und wir wissen nicht, wohin es uns führt. Schon allein die Tatsache, dass ein grundlegender Umbruch sich einmal im Jahrhundert ereignet, muss uns wachsam machen, um sicherzustellen, dass es nicht passiert, ohne dass wir es merken. Er ist wirklich, er ist entscheidend wichtig und macht unsere geldpolitische Aufgabe komplizierter.« Preise und Lohnstückkosten fielen unter diesen Bedingungen. Überhitzung? »Wir befinden uns jetzt in einem neuen Regime, und derartige Begriffe bedeuten nicht mehr dasselbe wie in der Vergangenheit«.[251] Eine Erhöhung um 25 Basispunkte, ja, aber keine negative Prognose, die den in seinem Konzept zentralen Marktoptimismus beeinträchtigen könnte. Der stellvertretende Vorsitzende William McDonough sekundierte: »Ich habe das Gefühl in meinem etwas älteren Bauch hier im Raum, dass das neue Phänomen vom Typ Einmal-im-Jahrhundert sich tatsächlich ereignet. Doch als Zentralbanker brauchen wir das angesichts der monetärpolitischen Wirkungsverzögerungen nicht unbedingt unterschreiben. Wir brauchen nur einen vernünftigen Grad von Zuversicht, der für die nächsten ein bis zwei Jahre andauern kann.«[252] Greenspan bekam, was er wollte. Und: Wir haben hier die affirmative epochale Einordnung des Schubs, die die im Vorwort angesprochene Doppeldeutigkeit von Greenspans Verwendung der Tsunami-Metapher belegt.

Der Marktoptimismus stand auch in der nächsten Sitzung vom 24.8.1999 im Mittelpunkt, nachdem Michael Prell Eingangs von den ängstlichen Stimmungen berichtet hatte. Greenspan beschränkte sich auf knappe Wiederholungen der Kernpunkte aus seiner Predigt. Einflussreiche Komitee-Mitglieder hatten sie geschluckt und stimmten einer neutralen Prognose zu.[253] In Jackson Hole wandte sich Greenspan-Nachfolger Bernanke eine Woche später öffentlich mit Nachdruck gegen eine Verhinderung der Blase durch Zinserhöhung.[254]

Die Oktobersitzung verlief angesichts der hohen Nervosität der Märkte sehr kontrovers. Gouverneur Alfred Broaddus verwies auf den unhaltbaren privaten Konsum. Ebenso Gouverneurin Cathy Minehan, die vor

251 Sitzungsbericht vom 29.6.1999, S. 84–88.
252 Ebd. S. 90 f.
253 Sitzungsbericht 24.8.1999, S. 4, S. 49 f., S. 67 f., S. 81. Ausdrücklich betonte Gouverneur Robert McTeer die Angebotsseite, S. 81.
254 Vgl. D. Wessel, In Fed We Trust, New York 2009, S. 60.

unrealistischen Vermögenswerten und wachsender Verschuldung warnte. Gouverneur Thomas Hoenig machte dafür die laxe Zinspolitik der Fed verantwortlich. Demgegenüber seien die letzten zwei geringfügigen Zinserhöhungen (je 25 Basispunkte) wertlos. Gouverneur Edward Kelly Jr. fand den Konsum – bei negativer Sparquote – inzwischen schwerelos und jenseits der ökonomischen Gravitationsgesetze. Gouverneur Jerry Jordan charakterisierte die Vermögenspreise angesichts ihrer Finanzierungsformen als unhaltbar und sah die Gefahr einer letztendlichen Kreditklemme.[255] Gouverneur Robert Parry dagegen sang das Hohelied des innovationsgetriebenen, überraschend dauerhaften Angebotsschocks, von dem auch Gouverneur Jack Guynn derzeit sogar nur die Spitze des Eisbergs ausmachen wollte, und der stellvertretende Vorsitzende McDonough verstieg sich angesichts dieses Jahrhundertphänomens mit nachhaltigen inflationsfreien Wachstumsaussichten gar dazu, den »Sieg« auszurufen, als die Frucht guter Arbeit der Fed.[256] Kein Zweifel, gegen das übliche gelassene Geschäftsklima stand das Komitee deutlich unter Spannung. Greenspans Meisterleistung in seiner zusammenfassenden Würdigung bestand darin, all die kritisch vorgebrachten Phänomene in drastischen Formulierungen ausdrücklich zu bestätigen, sogar die Erwartung exzessiver Marktübertreibungen und – ausdrücklich – einer Blase. Gleichwohl müsse gefragt werden, so wandte er ein, ob nicht die Beschleunigung auf der Nachfrageseite ebenfalls von der Angebotsseite (nicht zuletzt aufgrund des Reichtumseffekts) hervorgerufen worden sei. In der nächsten Sitzung würden sie sogar feststellen können, dass die Märkte berserkerartig durchdrehten (go berserk) und ein Konsumrausch eingesetzt hätte. Aber die Schlüsselfrage wäre, ob selbst das schon Ausdruck einer überhitzten Ökonomie sei. Die Antwort: man könne es nicht sicher wissen. Einmal mehr verwies er auf das Produktivitätswachstum. Es mache die aktuelle Periode so ungewöhnlich. Es könne sein, wie einige von ihnen erwarteten, dass sich der Reichtumseffekt schließlich wegen einer Blase abschwäche, die nicht andauern könne, und dass Angebots- und Nachfrageeffekte schließlich ohne inflationäre Ungleichgewichte konvergierten. Er hätte eigentlich keine lange Vorlesung halten wollen, aber nach der Debatte hätte das unbehagliche Gefühl einer Fehlinterpretation der ökonomischen Signale überhand genommen. Und nun drehte Greenspan den Spieß um. Eine abrupte Entscheidung oder Prognose könne negative Folgen haben: die Implosion des Reichtumseffekts und den Zusammenbruch der Börse. Im Klartext: Greenspan räumte alles ein: die Übertreibung, den Rausch, die Blase als Nachfrageseite zur innovationsgetriebenen Produktivitäts-

255 Sitzungsbericht vom 5.10.1999, S. 16-20, S. 28, S. 39 f., S. 58.
256 Ebd. S. 21-23, S. 35 f.

dynamik des Angebotsschocks. Aber, so warnte er: bitte keine falsche Bewegung, kein falsches Signal, denn es könne dann vorzeitig krachen und wenn es krachte, dann seien sie schuld. Er hielte die bisherigen Zinserhöhungen für ausreichend und rate zur Vorsicht bei der Formulierung im Begleitkommentar.[257] So geschah es dann auch. Greenspan hatte das Komitee ins Boot seiner aggressiven Schockpolitik geholt. Statt einer Politik gegen das Aufblähen der Blase eine Politik zu ihrer Entfesselung.

Dies war eine entscheidende Sitzung in einer angespannten Situation, die im Ergebnis der Dynamik für die nächsten Monate freien Lauf ließ und neuen Spielraum eröffnete. Der FAZ-Korrespondent Folkert Dries kommentierte[258] in einem hellsichtigen Artikel die Situation ohne Kenntnis der Interna, aber mit einem guten Gespür sehr treffend, Greenspan spiele Vabanque in seiner Experimentierfreude mit der New Economy. Er sei allerdings zu einem Gefangenen der Märkte geworden. Das erste ist richtig, das zweite nicht ganz. Greenspan hatte weitgesteckte Ziele. In deren Dienst sah er auch die Börsendynamik und die spekulative Gier. Gefangen waren vor allem die übrigen Gouverneure.

Die Märkte, die Gesellschaft hatten das Signal gut verstanden. Sie antworteten mit »erneuter Übertreibung« (renewed exuberance), wie Michael Prell zu Beginn der nächsten Sitzung vom 16.11.1999 feststellte. Die Nachfrageseite – auch die Verschuldung bei fallender Sparquote – bliebe stark. Die Schwellenländer erlebten einen Konjunkturverfall und das Geld strömte in die USA. Die Frage für das Komitee sei, ob die sogenannten Ungleichgewichte Ausdruck eines unhaltbaren zyklischen Booms aufgrund exzessiver finanzieller Lockerung seien.[259] Die Debatte verlief verhältnismäßig ruhig. Kein Grund zur Zurückhaltung für Greenspan. Er knüpfte an die von Prell schon aufgeworfene Frage wachsender Ungleichgewichte grundsätzliche Erörterungen. Man dürfe die Situation nicht falsch verstehen. Wachsende Produktivität schaffe kein stabiles ökonomisches System. Die Dynamik der Angebotsseite triebe Einkommen, Konsumneigung, Realzinsen, Gewinne, Aktien nach oben – und damit auch Kapital und Warenimporte mit dem Ergebnis eines Defizits. Das Ergebnis sei eine ungleichgewichtige Expansion aufgrund wachsender Produktivität und des dadurch hervorgerufenen Reichtumseffekts. Wachsende Realzinsen würden langsam in Richtung von Gleichgewicht und Balance wirken. »In diesem Jahrhundert haben wir etwas Derartiges nach meinem besten Wissen noch nicht erlebt. Es mag im vorigen Jahrhundert passiert sein mit den riesigen technologischen Veränderungen,

257 Ebd. S. 64 ff.
258 F. Dries, Von den Märkten gefangen, in: FAZ 14.12.1999.
259 Sitzungsbericht vom 16.11.1999, S. 11, S. 13.

die sich hundert und mehr Jahre zurück ereignet hätten, aber Daten, die eine Bewertung der damaligen Vorgänge erlaubten, seien praktisch nicht existent ... Unter dem Strich wissen wir wirklich nicht, wie dieses System arbeitet. Die alten Modelle funktionieren eben nicht. Und die Gründe, warum sie nicht funktionieren, sind im Wesentlichen, dass wir eine sich rapide verändernde Struktur haben, deren Parameter sehr schwer abzuschätzen sind, und wir müssen uns daher abhängig machen von anekdotischer Information und teilweise von einer Art Risikobewertung.«

Zusammenfassend sah er eine Menge Unsicherheiten – die Nachfrage übersteige derzeit das Angebot und daher sei Untätigkeit zu riskant, auf der anderen Seite sei eine Zinserhöhung mit weniger Risiken verbunden als gewöhnlich. Er plädiere für 25 Basispunkte mit neutralem Ausblick. Einstimmiges Votum dafür.[260]

Natürlich waren 25 Basisprozente angesichts der sich neu entfesselnden »exuberance« lächerlich, wie in der vorhergehenden Sitzung schon von Gouverneur Hoenig eingewandt. Sie waren eher eine weitere Ermutigung für die Märkte. Aber wichtig erscheint mir, dass Greenspan die alten gleichgewichtsorientierten Modelle, die mit ihrem linearen Formelwerk noch immer die herkömmliche ökonomische Dogmatik prägten, offen aufsprengte zugunsten von Vorstellungen eines geschichtlichen dynamischen, innovationsgetriebenen Ungleichgewichts ins Unbekannte hinein. Aus der aktuellen historischen Situation heraus, nicht in dogmatischer Orientierung, auch nicht an Schumpeter.

Die Märkte drehten allerdings weiter durch. Sie gingen »berserk«, wie Michael Prell in der Sitzung vom 21.12.1999 feststellte. Er berichtete, dass die Börse sich auch nicht mehr um die Zinsanhebungen kümmere. Der Sturm auf Technologieaktien sei unglaublich und hätte teilweise die Orientierung am Realwert verloren. Einige neue Unternehmen besetzten schon die vorderen Ränge, ohne jemals einen Dollar verdient zu haben. Er zitierte aus einem Prospekt von »VA Linux«, der ungeachtet offener Ankündigungen von Verlusten und nachhaltiger Gewinnlosigkeit gleich am ersten Tag des Börsengangs um 700% zulegte und eine Marktkapitalisierung von neun Milliarden erreichte. Nicht schlecht für ein Unternehmen, dem Analysten nur unbedeutende Technologie bescheinigten. Aber, so kommentierte Prell sarkastisch, immerhin ein Fortschritt gegenüber der historischen Südsee-Blase, in der jemand Aktien einer Gesellschaft angeboten hatte, deren Tätigkeitsbereich unbekannt sei. Es sei sogar fragwürdig, ob eine Zinserhöhung von 75 Basispunkten diese finanzielle Lokomotive stoppen könnte.[261]

---

260 Ebd, S. 48–50.
261 Sitzungsbericht vom 21.12.1999, S. 9 f.

Die Debatte ging erstaunlich wenig darauf ein und blieb überraschend zurückhaltend. Gouverneur Robert Parry hatte seine Lektion gelernt. Er verwies auf die Produktivitätsgewinne des Angebotsschocks und riet zu wachsamem Optimismus. Das galt auch für Gouverneur Guynn, der allerdings nicht auf die Ewigkeit der Neue-Ära-Phänomene wetten wollte. Gouverneurin Minehan griff immerhin die 75 Basispunkte als Vorschlag mit der Bemerkung auf, man habe die Börse ja zur Überreaktion eingeladen, ohne allerdings einen grundsätzlichen Vorstoß zu wagen.[262] Greenspan beschränkte sich im Wesentlichen auf die in den vorhergehenden Sitzungen vorgetragenen Gesichtspunkte. Er konnte wegen der aus dem Produktivitätswachstum gewonnenen Gewinnperspektiven keine Überhitzung erkennen und wehrte mühelos eine den Markt belastende Maßnahme ab.[263]

In den die Sitzung vom 1.2.2000 einleitenden Berichten stellte Michael Prell das Fortdauern der unrealistischen Börsenbewertungen fest. Eine Vorhersage des Platzens der Blase sei jedoch nicht möglich. Seine für Weltwirtschaft zuständige Kollegin Karen Johnson wies auf die Anziehungskraft der amerikanischen Produktivität und die darauf beruhenden Kapitalzuflüsse hin. Gouverneur Jordan sekundierte mit der Feststellung, dass andere Länder diese Produktivitätsgewinne jetzt nachholten, die die USA in den letzten Jahren erlebt hätten und die ja auch für steigende Kaufkraft und fallende Preise verantwortlich seien. So auch Gouverneur Gramlich. Gouverneur Meyer sah eine Überhitzung, Gouverneur Parry wollte 50 Basispunkte.[264] Gleichwohl warnte Greenspan wie im Oktober wieder vor einer aggressiven Zinserhöhung. Er warf das Katastrophenszenario eines zusammenkrachenden Markts und ernster wirtschaftlicher Instabilität an die Wand. Er setzte sich mit dem Vorschlag von nur 25 Basispunkten durch – bei zurückhaltender Inflationswarnung, während im Hintergrund die Märkte weiter tobten und berserkerten.[265]

Ein ähnliches Bild lässt sich für die Sitzung vom 21.3.2000 nachzeichnen. Die Gouverneure Jordan (»Ich will nur das Wachstum des Zentralbankgelds verlangsamen«), Guynn (»sonst hören wir wieder ›it's party time‹«) und Minehan maulten noch. Sie verlangten spürbare, über 25 Basispunkte hinausgehende Erhöhungen.[266] Doch Greenspan setzte wieder seine 25 Basispunkte durch.[267] Er wusste, dass die Märkte das in Anbetracht ihres Höhenrausches mühelos wegstecken und sogar als Ermutigung verstehen

262 Ebd., S. 19, S. 25, S. 28, S. 71.
263 Ebd. S. 45 ff.
264 Ebd. S. 16 f., S. 34 f., S. 49, S. 77, S. 101, S. 118, S. 129.
265 Ebd. S. 120 ff.
266 Sitzungsbericht vom 21.3.2000, S. 47, S. 53, S. 55 f.
267 Ebd. S. 79 ff.

würden. Die Party ging weiter. Die Lektüre des Sitzungsprotokolls vermittelt den Eindruck, dass die Mitglieder des FOMC-Komitees ernsthaften Widerstand aufgegeben hatten. Mehr als rituellen Charakter hatten die Diskussionen nicht mehr. Greenspan hatte sich endgültig durchgesetzt. Chancenlos war auch die widerborstige Gouverneurin Cathy Minehan aus Boston. Sie hatte erhebliche Warnungen ausgesprochen und ihre Forderungen nach spürbaren Zinserhöhungen so hartnäckig wie keiner ihrer Kollegen verfolgt. In den Sitzungen vom Februar, März und Oktober beschwor sie bei Fortsetzung der Politik die großen Gefahren einer platzenden Blase, je später diese platze, desto schlimmer. Die Inflation möge ja gering bleiben, aber die Märkte schäumten über. Hohe Wachstumsraten würden die Ungleichgewichte, die sich in unrealistischen Vermögenswerten und wachsender Verschuldung ausdrückten, nur noch weiter zuspitzen.[268] Hartnäckig forderte sie massive Zinserhöhungen und öffentliche Warnungen. Ohne Erfolg.

Erstaunlich war, dass die von Greenspan in die breite Öffentlichkeit lancierten Strategien schöpferischer Zerstörung praktisch keinen Eingang in die internen Auseinandersetzungen fanden. Sie erklärten ja den Sinn seiner internen Komitee-Politik, und das Komitee hätte sich mit gutem Recht benutzt fühlen können. Sie gingen wohl über seinen eher traditionellen Horizont. Ich habe jedenfalls in den Protokollen nichts gefunden, was diese Strategie in irgendeiner Weise thematisiert oder gar problematisiert hätte.

So fand sich Greenspan von der Fed unterstützt, als er Anfang 2000 in der zitierten Rede vom 13.1.2000 oder weiteren ähnlichen Reden das komplexe Bild der neuen Ära vor der Öffentlichkeit ausrollte. Hier hatte er ein Heimspiel. Er wusste sich von einer Welle der Euphorie getragen, die er selbst mit antrieb. Er war der »Maestro«, der »heilige Alan«, eine Legende und die Frage war: »Gibt es ein Leben nach Alan Greenspan?«[269] Die Medienberichte bewegten sich im Großen und Ganzen grundsätzlich affirmativ[270] in der Spannbreite von euphorisch bis ängstlich am Gängelband der Signale aus der Fed.: »Alle Augen nervös auf die Fed. Gerichtet«, »Aufatmen an der Wall Street«, »Keine Crashgefahr«, »Zinsängste«, »Noch raschere Expansion in den USA«, »Warten auf den Gezeitenwechsel am Aktienmarkt«, »Deutliche Anzeichen von Übertreibungen«, »Ein Wirtschaftsboom ohne Ende?«[271]

---

268 Sitzungsberichte vom 2.2.1999, S. 50 f., vom 30.3.1999, S. 20 f., vom 5.10.1999, S. 20.

269 R. Woodward, Maestro, a.a.O., (s. Fn. 11) F. Dries, Gibt es ein Leben nach Alan Greenspan, FAZ, 2.10.1999.

270 Für gründlichere affirmative Orientierungen an Greenspan, die die inflationseindämmende Bedeutung durch Innovationen gewachsener Produktivität in den Mittelpunkt stellen, vgl.: NZZ und FAZ vom 27.3.2000, die an Greenspans »New-Economy«-Reden anschließen.

271 Vgl. NZZ 16.5.1999; 13.6.1999; Spiegel 22/1999; FAZ 18.10.1999; NZZ 23.12.1999; FAZ 24.12.1999; NZZ 31.12.1999

Auch der nicht näher erläuterte Gebrauch des Schlagworts Blase nahm selbst blasenartig zu. Die meisten kommentierten ohne politökonomischen Tiefgang, ohne Bezug auf Greenspans eigene Darstellungen. Immerhin als Schlagwort wurde der Begriff Schöpferische Zerstörung rezipiert.[272]

Die Kritik erreichte nur in wenigen Fällen das Niveau von Greenspans komplexer Strategie und vor allem der Aggressivität seiner Schockpolitik.

Vorwürfe eines spekulativen Wahns »wie bei der Tulpenhysterie«[273] mit ihrem Bild »kapitalistischer Lemminge im blinden Taumel zum Rand der Klippe«,[274] oder – jenseits der Schwerkraft durch die reale Ökonomie – »wie ein Satellit vor dem Absturz«[275] – ja, oft schon genügte das Wort »Blase« allein. Die Vorwürfe erschienen stumpf gegen Greenspans Berufung auf die kapitalistische Logik historischer Innovationsschübe. Blase? Opfer? Selbstverständlich, sagt Greenspan, denn das gehöre zum Prozess ihrer Durchsetzung. Eine barbarische Logik? Gewiss doch. Aber Schmerzen sind unvermeidbar, und die »loser«, die Verlierer müssen sich eben anpassen.

Aber es gab auch öffentliche Kritik von weit größerem Kaliber. Dazu gehörten die Vorhaltungen von Lawrence Lindsey, einem Gegenüber von der politisch-ökonomischen Gewichtsklasse Greenspans. Lindsey hatte neben einer Professur in Harvard verschiedene einflussreiche Beraterpositionen in der Reagan- und Bush-Administration innegehabt, als er 1991 in den Federal Reserve Board berufen wurde. Er blieb dort bis 1997, um dann wirtschaftspolitischer Berater des republikanischen Präsidentschaftskandidaten George W. Bush zu werden (was er auch während dessen Präsidentschaft blieb). Damals war er auch Mitglied des Forschungsstabs des American Enterprise Institutes (AEI), der republikanischen Strategieküche.[276] Hier veröffentlichte er 1999 sein Buch »Ökonomische Marionettenspieler« (Economic Puppetmasters).[277] Darin brachte er seine Erfahrungen aus der Fed und ebenso den Inhalt seiner neueren Unterredungen und Interviews mit Greenspan ein. Ebenso wie Greenspan begriff er die Innovationswelle als »Angebotsschock schöpferischer Zerstörung«. Ebenso wie Greenspan nahm er die Verunsicherung der Arbeiter*innen wahr, die wachsende Anzahl geschäftlicher (vor allem aus den alten Industrien)

---

272 Etwas gründlicher und noch lesenswert, wenn auch ohne die sozialtechnischen Dimensionen des Klassenkampfs und Widerstands: »Ist die Inflation gebändigt?«, Unterschiedliche Meinungen zum US-Produktivitätswunder, in: NZZ 4.3.1999; J. Schreiweiß, Indexspekulationen überdecken die schlechte Marktstruktur«, in: FAZ 11.2.2000; M. Baumann, O. Gersemann, WiWo 21/20.5.1999.

273 H. Thieme, Brief aus der Wall Street, in: FAZ 13.12.1999.

274 N. Weinstein, Socialist Action 11/1999, www. socialistaction.org/news/199911/bubble.

275 E. Altvater, taz. 18.7.1999.

276 Vgl. D. Hartmann, D. Vogelskamp, Irak..., a.a.O., (s. Fn. 19).

277 L. Lindsey, Economic Puppetmasters, Lessons from the Halls of Power, Washington 1999.

und sozialer Verlierer und die anderen Folgen des destruktiven Anpassungsdrucks.[278]

Aber schon 1996 hatte Lindsey Greenspan im Komitee die Erfahrungen mit der Blase und dem Börsenkrach von 1929 und in Japan Ende der 80er Jahre vorgehalten. Er hatte dies mit der Mahnung verbunden, es werde immer wichtiger, sie irgendwann »zum Platzen zu bringen.«[279] Die Gefahr sei ähnlich wie Ende der 1920er Jahre: eine Überproduktion, das Paradox eines »Versagens im Überfluss«. Produktionskapazitäten, die durch den Kreditexzess mit einer künstlichen Nachfrage versorgt worden und beim Platzen der Blase ohne tragfähige Nachfrage geblieben seien: »Je höher sie steigen, umso härter fallen sie«. Greenspan wusste das auch. Aber er beschwichtigte. »Natürlich gibt es Gefahren«, erklärte er »und sicher wollen wir nicht mit einer wirklich teuren Blase enden.«[280] Greenspan räumte ein, dass es »... alle möglichen Parallelen zu den späten 1920er Jahren (gibt). Aber man muss mit den Analogien zu 1929–32 vorsichtig umgehen. Das Problem ist, dass wir eine recht bedeutende Rezession gehabt hätten, wenn die Maßnahmen 1930 und 1931 anders gewählt worden wären, aber wir hätten nicht den tiefen Fall gehabt, den wir als Große Depression kennen.«[281] »Andere Maßnahmen« hieß nicht etwa die Drosselung der Liquiditätszufuhr, sondern im Gegenteil: weitere Flutung zur Stützung der Nachfrage. Greenspan war vertraut mit den Arbeiten seines späteren Fed-Kollegen (ab 2002) und Nachfolgers im Vorsitz (ab 2006) Ben Bernanke zur großen Depression, der die Ursache in der mangelnden Liquiditätszufuhr sah.[282] Den Fehler einer unzureichenden Liquiditätsversorgung oder gar -verknappung, so Ben Bernanke 2002 bei Milton Friedmans neunzigstem Geburtstag, würde man Dank dessen Einsichten nicht wiederholen.[283] Im Klartext: Ist es wie 1929? Sehr wahrscheinlich. Und wenn schon. Wir werden jedenfalls die Fehler der Jahre 1930/31 nicht wiederholen und stattdessen weiter fluten. Hier also, Ende der 1990er Jahre, ist bereits die Entfesselung des endlosen »Tsunami« angelegt. Und nicht nur das, auch die Inkaufnahme einer zumindest bedeutenden Rezession als notwendige Folge einer Innovationsoffensive.

---

278 Vgl. ebd., S. 36 ff.

279 Sitzungen Mai und September.

280 L. Lindsey, Puppetmasters, a.a.O., S. 52 (s. Fn. 277).

281 Ebd. S. 36.

282 Vgl. die Aufsätze aus den 1980ern und 1990ern in: B. Bernanke, Essays on the Great Depression, Princeton 2000, Kap. 1 und 2, sowie das Vorwort. Und vor allem: die beste Kurzfassung über das Problem des Verhältnisses von breit gesteigerter Produktivität und Nachfragemangel als Krisenursache und die Gegenmittel monetärer Flutung, die ich aus seiner Feder kenne: B. Bernanke, Deflation: Making Sure »It« Doesn't Happen Here, Rede als frisch gebackener Fed-Governor vom 11.11.2002 (dort wie gewohnt zu finden über www.federalreserve.gov.), deren Inhalt er schon in den 90ern mit Greenspan erörtert haben dürfte, Pluspunkt für seine »Beförderung« in die Fed.

283 Economist 10.12.2011.

Allerdings war Lindsey nicht – ebenso wenig wie Greenspan – auf die spezifische Analogie zum Börsencrash von 1929 fixiert. Vielmehr galt sein Augenmerk ihrem Grund in Ähnlichkeiten der wirtschaftlichen Dynamik: es ging um den innovativen Angebotsschock schöpferischer Zerstörung und den Typus der Krise als Versanden ihrer Energien im Ausbleiben realer Nachfragepotentiale. So sah Lindsey die Analogie eher zu den Bubbles und Paniken vor 1914, der ersten Phase des epochal angelegten innovativen Schubs[284] – eine Annahme, die viel für sich hat, wie ich im 2. Band ausführen werde.

Greenspan brauchte Lindsey allerdings nicht, um ihn an die Analogien zwischen den Roaring Nineties[285] und den Roaring Twenties zu erinnern. Ihnen galt ohnehin seine gesteigerte Aufmerksamkeit. Denn schon nach seinen eigenen Maßstäben bewegte er sich auf dünnem Eis in eine gefährliche Risikozone hinein. 1966 hatte er einen Aufsatz über »Gold and Economic Freedom« geschrieben. Darin kritisierte er die jetzt von ihm selbst verfolgte Politik aufs schärfste, verbunden mit einem sachkundigen Ausblick auf die unvermeidlichen Folgen.[286] Sein Vorwurf: 1927 hätte die Fed die Kreditschleusen geöffnet, um der englischen Zentralbank gegen die Goldverluste beizustehen. Damit hätte sie einen phantastischen Spekulationsboom und eine unausgewogene Wirtschaftsexpansion befeuert und erst die Unternehmenszusammenbrüche und die Zerstörung des Gewebes gegenseitigen Vertrauens hervorgerufen. Greenspan gab sich in diesem Aufsatz als Propagandist des Goldstandards, der zuvor als Bremse von Kredit und Überinvestition gewirkt habe (ein Bekenntnis das er als Fed-Chairman sogar wiederholte).[287]

Die Parallele zu 1929 war ständig in Greenspans Kopf. Wie ernst er sie nahm, zeigte er im Sommer 1998, als er einige Wirtschaftswissenschaftler zu einem Diskussions-Essen und einem dreistündigen Treffen in den Sitzungssaal des Fed-Hauptquartiers einlud. Thema waren die Parallelen zu 1929 und dem Börsenzusammenbruch 1990 in Japan. »Greenspan war sehr beunruhigt über eine Neuauflage des 80er Jahre-Szenario in Tokio und das sollte er auch«, erklärte Diskussionsteilnehmer Jeremy Siegel, Professor in Wharton. Immerhin hatte Milton Friedman kurz zuvor erklärt: »Ich glaube, beides sind Blasen. Ob die Größenordnungen dieselben sind, kann ich nicht sagen. Wenn überhaupt, vermute ich, dass sich heute am Markt

284 L. Lindsey, Puppetmasters, a.a.O., S. 192 (s. Fn. 277).

285 Vgl. A. Krueger, R. Solow (Ads.), a.a.O. (s. Fn. 69) und J. Stiglitz, The Roaring Nineties. A New History of the World's Most Prosperous Decade. New York 2003.

286 Erstmals veröffentlicht in dem Newsletter seiner Freundin und Mentorin Ayn Rand, »The Objectivist« (1966, 213), dann wieder abgedruckt in: Ayn Rand, Capitalism, the Unknown Ideal, New York 1967, S. 96ff.

287 Vgl. A. Greenspan, Gold and Economic Freedom, unter: www.usagold.com/gildedopinion/greenspan.html

eine größere Blase herausbildet, als 1929.« Paul Samuelson von M.I.T. äußerte sich ähnlich. »Durch das Versäumnis einer Zinserhöhung in den letzten zwei Jahren hat sich Greenspan in eine Ecke manövriert. Jetzt muss er sich mit der Physik von Lawinen auseinandersetzen.«[288]

1929 stand vor der Tür. Warum beachtete Greenspan seine eigenen alten Warnungen nicht? Warum hörte er nicht auf seine erfahrenen Kollegen? Ich denke, die Vorwürfe von Korruption der Macht oder der Sorge um die Sicherung seines Amts greifen zu kurz. Seine Äußerungen der letzten fünf Jahre sagen uns vielmehr dies: Greenspan erlebte die historische Wucht eines innovativen Schubs und er war nach seinem eigenen Verständnis Amerikaner genug, sich mit den Ressourcen seines Amts in ihn einzubringen und »present at the creation« zu sein.

Von herausragender Qualität und besonderem Gewicht waren Voraussagen und Warnungen des Finanzexperten und späteren Nobelpreisträgers Robert Shiller (Yale University) in dem schon genannten Buch über »Irrational exuberance«. Dieses Buch hatte er seit 1999 in Arbeit, als der Aktienboom noch unanfechtbar schien. Im März erschien es in den Buchläden, jenem Monat, der sich in der Rückschau als Höhe- und Wendepunkt des Booms erwies. »Irrational exuberance«, »irrationaler Überschwang«, war ein inzwischen geflügeltes Wort aus einer Rede Greenspans beim AEI im Dezember 1996, eingeflochten als leise Warnung für die Zukunft.[289] Shiller sagte hier präzise das Platzen der Blase und den Marktzusammenbruch voraus. Er beschrieb ihn nicht mit Hilfe überkommener ökonomischer Modelle. Vielmehr zeichnete er ihn – und dies ist hier von eminenter Wichtigkeit – als dynamischen Schub verhaltensökonomischer Energien (overconfidence) in die Überakkumulation. Diesen Schub in eine neue geschichtliche Ära sah er geprägt von neuen Technologien und den damit verbundenen Renditemöglichkeiten aus steigender Produktivität, getragen und eingehüllt in narrative Epidemien und Ströme. Er zieht den Vergleich zu analogen historischen Momenten wie vor allem den Krisenjahren ab 1907 und 1929 mit ihren gleichermaßen markanten Abstürzen in die Überakkumulation.[290] Shiller sagte eine lange Krise voraus, die sich ja – mit dem Aufschub durch den Subprime-Boom – inzwischen eingestellt hat. Zunächst zum ungläubigen Erstaunen vieler Anleger, dann nach Einsetzen

---

288 Vgl. zu allem der sachkundige Bericht von: John Cassidy, Pricking the Bubble, The New Yorker, 17.8.1998, Cassidy ist Autor mehrerer wichtiger Bücher über die New Economy-Blase und die jetzige Finanzkrise.

289 Greenspan berichtet über diese Rede in seinem Buch »Mein Leben für die Wirtschaft«, Frankfurt 2007, S. 206 f. und will damit die Absicht eines »Tests« der Märkte verbunden haben, vgl. auch: B. Woodward, Maestro ..., a.a.O., S. 197 f. (s. Fn. 11). Wie dem auch sei, der Markt reagierte prompt, er fiel in der Befürchtung einer Zinserhöhung – ein Zeichen immerhin für seine Möglichkeit, Blasen früh zu vermeiden, wenn er denn gewollt hätte.

290 R. Shiller, Irrational ..., a.a.O., S. 96 ff., S. 103 ff., S. 142 ff., S. 160 ff., et passim (s. Fn. 94).

der Krise mit wachsender Anerkennung.[291] Shiller, der Greenspan über die Jahre genau beobachtet hat, hält Greenspan als einziger wirklich den Spiegel vor: den Spiegel seines verhaltensökonomischen Managements eines Booms bis zu dessen abruptem Ende. Es war wie das Drehbuch zu einem Katastrophenfilm. Zugleich war es eine methodenkritische Meisterleistung, ein erster Schritt zu dem später mit George Akerlof verfassten Buch über »animal spirits«. Sie steht an methodologischer Tiefe Greenspans eigenen Leistungen wenig nach. Allerdings verfehlte seine Kritik Greenspan im entscheidenden Punkt: Greenspan ist nicht blind in diese Dynamik hineingerissen worden, er hat sie bewusst betrieben. Er wollte es so.

Keine Warnung kam erstaunlicherweise von Joseph Stiglitz oder irgendeinem hochrangigen Mitglied aus Clintons Apparat. Demokrat Clinton war mit Greenspan außerordentlich zufrieden und einverstanden. Es gab zwischen ihnen ein unantastbares Vertrauen, ja geradezu ein enges Band, so charakterisiert dies jedenfalls Bob Woodward. In aller Öffentlichkeit beglückwünschten sie sich gegenseitig zu ihrer Politik.[292] Den Hintergrund in Greenspans enger Zusammenarbeit mit Clintons Finanzminister Robert Rubin und seinem Staatssekretär Larry Summers habe ich oben schon erwähnt. Sie saßen im selben Boot, als Steuerungsgruppe, über die vielleicht einmal die Öffnung der Archive Auskunft geben wird. Aber auch Stiglitz warnte offenbar nicht. Dabei hätte er es tun müssen, wenn er seine eigene schonungslose Kritik an der Blase selbst ernst nahm. »Saat der Zerstörung« nannte er den Boom. Er sagte dazu: »Aber die Amerikaner sollten der Tatsache ins Auge sehen, dass in dem Boom die Saat der Zerstörung bereits angelegt war. Wir hatten diese Saat nicht sähen wollen – wir wussten nicht einmal, dass wir es taten.«[293] Wirklich nicht? Stiglitz war von Clinton zum »Vorsitzenden des Sachverständigenrats« und dementsprechend zu ständiger Beratungstätigkeit im engsten Kreis ernannt worden. Ihm war besonders die Aufgabe als Wachhund des Republikaners Greenspan zugewiesen worden. So bestand »... eine der zentralen Tätigkeiten im Sachverständigenrat und im Weißen Haus generell darin, Greenspans Worte und Taten genauestens zu verfolgen«. In dieser Funktion kannte er alles, was Greenspan in seinen öffentlichen Erklärungen und Fed-internen Debatten gesagt hatte. Und er hatte es in die Diskussionen mit Clinton eingebracht. Er wusste also um die Saat der Zerstörung, die Greenspan säte und er wusste, dass die »schöpferische Zerstörung« mit voller Absicht betrieben wurde. Allerdings berichtet er in seinem Buch nicht, wie dies im engsten

291 Vgl. etwa M. Baumann, Fantasievolles Märchen, was Topökonomen von der These des Yale-Professors Robert Shiller halten, der zehn schlimme Börsenjahre voraussagt, in: WiWo 24/8.6.2000, S. 218 ff. mit einem Interview Shillers.

292 B. Woodward, Maestro ..., a.a.O., S. 221 f. (s. Fn. 11).

293 J. Stiglitz, Die Roaring Nineties, Der entzauberte Boom, Berlin, 2004, S. 31.

Kreis um Clinton diskutiert wurde. Von der Unschuld des »Unwissens« und »Nichtwollens«, die Stiglitz für sich in Anspruch nimmt, kann jedenfalls keine Rede sein. Die Früchte jedoch nimmt er jedenfalls in Anspruch. So preist er den »beispiellosen Innovationsschub in der Wirtschaft«, der »unter jungen Menschen, die die Schlüssel für New Economy in den Händen hielten, einen ungeahnten Enthusiasmus« erzeugte, einhergehend mit einem Bewusstseinswandel und einer Änderung von Werten und Maßstäben. Es war all das, was sich Greenspan als einer der leitenden Akteure dieser Dynamik öffentlich und für alle wahrnehmbar auf die Fahnen geschrieben hatte. Von daher ist auch Stiglitz' Vorwurf, Greenspan hätte doch etwas gegen die Blase tun können, mehr als scheinheilig.[294] Die Zerstörung ging auf eine Saat zurück, an der er selbst maßgeblich beteiligt war. Dasselbe gilt – um das Bild der strategischen Geschlossenheit der Fed und der Clinton-Administration abzurunden – neben Summers und Rubin auch für weitere maßgebliche Akteure wie Bradford DeLong, vormals stellvertretender Finanzminister und renommierter Hochschullehrer. Sie verfassten gemeinsam im Jahre 2001 eine noch immer sehr lesenswerte Darstellung der »New Economy«.[295] Darin stellten sie die »Schumpeterianische« Dynamik des New Economy-Booms als Ausdruck immaterieller innovativer Energien im Zusammenwirken mit den neuen Basistechnologien dar, ebenso wie Greenspan dies getan hatte. Sie verorteten dies im übergreifenden historischen Kontext mit einem Blick auf die Analogien der Weltwirtschaftskrise der 20er Jahre und der großen Depression. Wer die Schriften von Summers und Bradford DeLong kennt, weiß, dass es sich hier nicht um eine Darstellung von Parteigängern handelt. Sie waren amerikanische Spitzenökonomen, die beide an der Front der praktischen und wissenschaftlichen Entwicklung operierten.

EXKURS ZUR POLITISCH-ÖKONOMISCHEN METHODE

Spätestens hier ist ein Blick auf Greenspans methodisches und methodologisches Verständnis fällig. Leider kann er an dieser Stelle nicht den Raum beanspruchen, der diesem außerordentlich reflektierten Kapitalisten gerecht werden könnte. Darum hier nur ein kleiner Abriss in aller Kürze. Er fasst die Hauptgesichtspunkte zusammen, die Greenspan in mehreren Artikeln,[296] den genannten Büchern und diversen Reden nieder-

---

294 Ebd., S. 25, S. 31, S. 82, S. 89–95, S. 304–306.

295 J. Bradford DeLong, L. Summers, The 'New Economy': Background, Historical Perspective, Questions, and Speculations, Jackson Hole 2001, S. 34 ff., 46 ff.

296 Hier vor allem: A. Greenspan, Risk and Uncertainty in Monetary Policy. In: American Economic Review, 94(2) 2004, S. 33–40, auch, leicht geändert, als Rede vom 3.1.2004 in www.federalreserve.gov aufgenommen; A. Greenspan, We will never have a perfect model of Risk, Financial Times, 16.3.2008.

gelegt hat. Die Grundfrage, die besonders nach Einsetzen der Finanzkrise das methodische Selbstverständnis der kapitalistischen Ökonomie nicht nur in den USA bis in die Grundfesten erschütterte, lautet: Warum sind die ökonomischen Entwicklungen so wenig vorhersehbar? Und: Was ist dann der Wert der Modelle und Formeln, die sich mit der Ökonomie beschäftigen? Greenspans Antwort: Sie sind der Wirklichkeit in ihrer Dynamik und den Kräften, die sie bewegen, nicht gewachsen. Sie sind viel zu simpel, so kompliziert sie auch erscheinen mögen. Der Realprozess, die Wirklichkeit, die Welt, die Kräfte, die sie bewegen, und die Dynamik ihrer Bewegung sind zu komplex. Dies aus zwei Gründen. Der eine bezieht sich auf die Logik des Prozesses, der andere auf den Grad der Komplexität.

ZUR KOMPLEXITÄT DES ÖKONOMISCHEN PROZESSES

»Das wesentliche Problem ist es, dass unsere Modelle – sowohl Risikomodelle als auch ökonometrische Modelle –, so komplex sie auch geworden sind, noch immer zu einfach sind, um die ganze Breite bestimmender Variablen zu erfassen, die die globale ökonomische Wirklichkeit antreiben. Ein Modell ist notwendigerweise eine Abstraktion der wirklichen Welt. ... Ich sage nicht, dass die gebräuchlichen Systeme des Risikomanagements und ökonometrischer Vorhersage nicht in großem Maß fest in der wirklichen Welt verwurzelt sind ... wie etwa im Hinblick auf das Erfordernis des Gleichgewichts von Ersparnis und Investition, der Positivität, der Grenzneigung zum Konsum, der nicht negativen Größe der Lagerhaltung ... Aber diese Modelle erfassen nicht voll das, was bisher nur als peripheres Beiwerk des Konjunkturzyklus und finanzieller Modellrechnung behandelt wurde – die inneren menschlichen Reaktionen, die sich in Wechseln zwischen Euphorie und Furcht ausdrücken, die sich von Generation zu Generation ohne Nachweis einer Lernkurve ausdrücken. Dies ist für mich die große fehlende ›erklärende Variable‹ – sowohl im Risikomanagement als auch makroökonomischen Modellen. Inzwischen ist es gebräuchlich geworden, Begriffe von ›animal spirits‹, wie John Maynard Keynes es ausgedrückt hat, durch ›Zusatzfaktoren‹ einzufügen. Das bedeutet nichts anderes, als dass wir willkürlich das Ergebnis unserer Modellgleichungen verändern. Die Einführung von Zusatzfaktoren bedeutet jedoch das implizite Eingeständnis, dass Modelle, wie wir sie zur Zeit anwenden, strukturell mangelhaft sind; das behandelt das Problem der ›fehlenden Variablen‹ in nicht ausreichender Weise«.[297] Oder anders: »Jedes Modell, egal wie detailliert

---

297 A. Greenspan, We will ... a.a.O., S. 2 (s. Fn. 296); vgl. auch die kurze, scharfe Kontroverse mit seinen Mitarbeitern Stockton und Kohn über Koeffizienten und nicht formalisierbare Urteile in der Korrektur von deterministischen Modellen und den von ihnen bestimmten Pfaden in der Sitzung des Offenmarktkomitees vom 11.12.2001, Mitschriften S. 71 ff. Die ist nicht nur von »theoretischem« Interesse, denn sie gewinnt ihre Relevanz aus dem historischen Kontext: dem urteilsbestimmten Verlassen des modelldeterminierten Pfads in der Entfesselung einer neuen Blase.

oder gut es konzeptionell und empirisch konstruiert sein mag, stellt nur eine außerordentlich vereinfachte Repräsentation der Welt dar, die wir mit allen seinen Feinheiten Tag für Tag erfahren.« Dies resultiert nicht allein aus der Komplexität der ›Welt‹, die wir nur unvollkommen zum Modell reduzieren können, es resultiert vor allem aus seiner Prozesshaftigkeit. Sie kann nicht auf Regeln reduziert werden, sondern bringt fundamentale, unvorhersehbare Veränderungen mit sich, emergente völlig neue Figuren und Konstellationen. »Die ökonomische Welt, in der wir funktionieren, wird am besten beschrieben durch eine Struktur, deren Parameter sich ständig verändern.«[298] Diese formal irreduzible Dimension historischer Veränderlichkeit erfordert Urteilsfähigkeit und Intuition, die nicht auf mathematisch und quantitativ handhabbare Modelle zurückgeführt und durch sie erklärt werden kann. »Denn um eine solche Urteilsfähigkeit zu erreichen, müssen strategische Instanzen jenseits der Modelle zu breiteren, wenn auch weniger mathematisch präzisen Hypothesen darüber hinausgreifen, wie die Welt arbeitet (How the world works«...). Solche Urteile stützen sich auf Teile und Stücke der Geschichte, die formell nicht auf das Muster von Analyse und Abweichungen bezogen werden können.«[299]

LOGIK

Und zur logischen Seite: »Darüber hinaus erkennen wir, dass die einfachen linearen Funktionen, die den meisten unserer ökonometrischen Strukturen zugrunde liegen, ohne Relevanz außerhalb des Bereichs sind, in dem wir über entsprechende ökonomische Befunde verfügen.«[300] Das meint: lineare Funktionen fassen nur lineare Prozesse und sind jenseits dieser Grenzen methodisch blind. Oder: Wer nur nach Kartoffeln sucht, findet nichts anderes als Kartoffeln. Dieser Gesichtspunkt wiegt methodologisch schwerer, als es scheint. Lineare Funktionen sind die Entsprechung zu Algorithmen, die determinierte Maschinen formulieren. Daher: Gleichung und Modell verpassen alles, was nicht wie eine Maschine funktioniert. Greenspan sagt an anderer Stelle: »Wir haben festgestellt, dass historische Regelmäßigkeiten oft durch unvorhergesehene Veränderungen aufgesprengt wurden ... Solche Veränderungen bedeuten, dass wir nie ein vollständiges allgemeines Modell der Ökonomie konstruieren können.«[301] Das bedeutet: der historische Prozess ändert auch die Regelmäßigkeiten, mit dem wir ihn beurteilen. Und was ist dann der historische Prozess?

---

298 A. Greenspan, Risk ... a.a.O., S. 37 (s. Fn. 296).

299 Ebenda, S. 38 f., Vgl. dazu auch: A. Greenspan, The Map ..., a.a.O., S.5 ff., S. 292 f. (s. Fn. 106).

300 A. Greenspan, Risk... a.a.O.., S. 38 (s.Fn. 296).

301 A. Greenspan, Roles vs. discretionary monetary policy, Rede Greenspans: At the 15th Anniversary Conference of the Center for Economic Policy Research at Stanford University, Stanford, California, September 5, 1997.

Willkür? Nein, sagt Greenspan, es ist der Prozess »schöpferischer Zerstörung«, der fundamentale Erneuerungen hervorbringt und mit diesen Erneuerungen auch das Methodenverständnis: »Dies (Greenspan berichtet aus seiner Erfahrung) war ein klassisches Beispiel, warum man nicht mal eben Geldpolitik unter Anwendung eines ökonometrischen Modells entscheiden kann. Wie Joseph Schumpeter ausgeführt haben könnte, auch Modelle unterliegen dem Prozess schöpferischer Zerstörung.«[302] Anders ausgedrückt: Die Wirklichkeit, die wirkliche Welt ist kein Gegenstand, sie kann auch nicht als Gegenstand erklärt und beschrieben werden. Sie ist ein schöpferischer, erfinderischer, emergenter Prozess, der stetig Neues hervorbringt. Bis hin zu neuen Methoden und Begriffen. Dies ist auch ein Grund, warum – in Übereinstimmung mit neueren Entwicklungen in der Philosophie[303] – Greenspan Kausalvorstellungen für unzureichend hält.[304] Greenspan verwirft allerdings nicht den Gebrauch von Modellen und linearen Funktionen. Sie könnten nützlich sein, müssten aber ihre Nützlichkeit immer wieder beweisen – bei Strafe ihrer Modifikation und Unsicherheiten in der Entscheidungsfindung.[305]

Vizepräsidentin Alice Rivlin (unter Präsident Clinton als Direktorin des Management- und Budgetbüros durchaus sachkundig) bewies in ihrer bereits zitierten Rede über ökonomische Alphabetisierung vom 13. Mai 1999, dass Greenspan mit diesem Verständnis von politischer Ökonomie in der Fed nicht alleine stand. Sie verortete die Bemühungen um diese Alphabetisierung in der politischen Ökonomie wie folgt: »Das, so scheint mir, was ökonomische Alphabetisierung bedeutet, ist ein rudimentäres Funktionswissen von den Konzepten und der Sprache ökonomischer Aktivität und ökonomischer Politik. Ich sagte ›Sprache von ökonomischer Aktivität und Politik‹ im Gegensatz zur Sprache der ›Wirtschaftswissenschaften‹. Ich mache die Unterscheidung, weil das Wort ›Wirtschaftswissenschaften‹ sich auf die akademische Disziplin bezieht, die in Colleges und Universitäten gelehrt wird. Diese Disziplin, so muss ich bedauernd sagen, ist so abstrakt geworden, so besessen von mathematischer Modellbildung einer irrealen Welt, wo ökonomische Akteure perfektes Wissen und unzweideutige Motive der Gewinnsuche haben, dass sie offensichtlich keine Relevanz für das haben, was Durchschnittsbürger brauchen, um ökonomische Aktivitäten und ökonomische Strategiewahl zu verstehen. Die Lehre ökonomischer Alphabetisierung bedeutet nicht die Lehre einer simplifizierten Version eines graduierten Kurses in ökonomischer The-

302 A. Greenspan, The Age ..., a.a.O., S. 174 (s. Fn. 70).
303 Vgl. etwa die Ausführungen und Nachweise in: G. Keil, Handeln und Verursachen, Frankfurt 2000.
304 A. Greenspan, Age ..., a.a.O., S. 471 (s. Fn. 70).
305 A. Greenspan, Risk ..., a.a.O., S. 36 f (s. Fn. 296).

orie. Es ist schwerer als das. Es bedeutet, dass wir von einer komplexen, vieldeutigen realen Welt ausgehen, in der wir alle uns bewegen (ob als Produzenten, Verbraucher, Sparer, Investoren oder Wirtschaftsstrategen), in der wir die Grundkonzepte erfassen, die Leute brauchen, um zu funktionieren und sich in dieser wirklichen Welt ermächtigt zu fühlen, um ihnen dann zu helfen, ein rudimentäres Arbeitswissen dieser Sprache zu erlernen.«[306]

Im Klartext heißt all dies, wenn wir Kräfte und Parameter der Grundvorstellungen Greenspans und seiner Mitarbeiter*innen, wie wir sie oben behandelt haben, zugrunde legen: Die Wirklichkeit und die Methoden ihres Begriffs sind Ausdruck des Klassenkampfs oder des sozialen Antagonismus' um Wert und Unterwerfung. Sie ändert sich im Verlauf der Kampfgeschichte. Greenspan hat bei aller Gegensätzlichkeit eine ähnliche Vorstellung des Verhältnisses von Geschichte und Begriff wie der Marx der frühen vierziger Jahre des 19. Jahrhunderts, wenn dieser in seiner Volte gegen Hegel den Wandel des Begriffs und der Kategorien im Prozess des Klassenkampfs thematisiert. Wie weit die simplen marxistischen Modelle einer historischen Mechanik des sich verwertenden Werts dahinter zurückbleiben, soll unten berührt und im 3. Band erörtert werden. Der historische Prozess folgt also keiner Gesetzmäßigkeit, er ist vielmehr der Ort für die Entwicklung und permanente Erneuerung gesetzesartiger Modelle, um vorübergehend Regelmäßigkeiten zu fassen zu versuchen. Den historischen Prozess sieht Greenspan bestimmt von innovativen Schocks. Von der Produktion ausgehend, greifen sie in alle Ebenen der Gesellschaft und sehen sich mit unterschiedlichen Widerständen, Resistenzen, Beharrungsvermögen konfrontiert, von ihnen blockiert und infrage gestellt. Die innovativen Wellen verwirklichen sich in euphorischen Steigerungen ihrer Intensität spekulativ und investiv bis in nicht mehr haltbare Überinvestitionen hinein. Dann kehren sie ihren energetischen Schub in dysphorischen Verfall um, mit der Folge von Stagnation und Rezession, auch Depression. Greenspan schloss sich und die Fed als beobachtenden Akteur in diesen Prozess ein, ohne den mit dieser Selbstinklusion und Selbstreferenz verbundenen methodischen Problemen weiter nachzugehen. Wenn er sich mit seinen Vorstellungen von schöpferischer Zerstörung an Schumpeter anlehnte, so ergibt sich aus dem Vorgesagten schon, dass er damit nicht die geringste Behauptung irgendwelcher Gesetzmäßigkeiten oder historischer Periodisierungen verband. Schon gar nicht in der Form übergreifender Großzyklen wie sie Kondratiev schematisch behauptet hat (die Schematisierung gilt inzwischen als die große Schwäche in Schum-

306 A. Rivlin, On economic ..., a.a.O., S. 2 (s. Fn. 152).

peters Zyklentheorie). Konkret sah er in den oben behandelten Sitzungen vom 15.11.1995 (Bezug auf die Forschungen von Paul David) und vom 16.11.1999 die von ihm orchestrierte Innovationsoffensive in Analogie zur fordistischen Offensive vor nunmehr 120 Jahren.

Wenn Greenspan die »schöpferische Zerstörung« gegen Resistenzen und Widerstand als Kern der historischen Bewegung behandelt hat, so ist er Kapitalist genug, um ebenso wie Schumpeter den Widerstand abzuwerten. Für die Kapitalseite hat Greenspan die verhaltensökonomische »Subjektivierung« in vielen Punkten vorweggenommen und ihr entscheidende Impulse gegeben. Nach dem Umbruch zur Verhaltensökonomie, den wir weiter unten behandeln, sollte es nur noch eine Frage der Zeit sein, wann Greenspans herausragende Bedeutung als Theoretiker und Philosoph ins rechte Licht gerückt werden wird. Eminent wichtig ist der verhaltensökonomische Umbruch für das rückblickende Verständnis historischer Krisen, vor allem der von 1907 und 1929.

DER CRASH

Greenspan wollte den Innovationsschub so weit wie möglich ausreizen. Darum erklärte er es für ebenso unmöglich wie müßig, eine Vorhersage zu treffen, wann der Crash beginnt und wann die Blase platzen würde. So mischen sich in seine euphorisch-propagandistischen Ausführungen zum innovativen Schub zunehmend Mahnungen zur Vorsicht vor dem »dysphorischen« Abschwung. In seiner wegen ihrer Bedeutung schon zitierten Rede vor dem »Economic Club of New York« über »Technologie und Ökonomie« am 13.01.2000 zeichnet er ein Szenario, in dem die sogenannte New Economy Ungleichgewichte antrieb, die an einem bestimmten Punkt abrupt korrigiert und die ökonomische Expansion, ihre Euphorie und Reichtumsschöpfung zu einem abschwächenden Stopp bringen würden. Das jedoch beeinträchtigte seinen Willen nicht, den Zyklus voll auszureizen: »Wie ich schon am Anfang meiner Ausführungen angemerkt habe, kann es Jahre dauern, bevor wir den Charakter des rapiden Wandels vollkommen verstehen, der unsere Wirtschaft konfrontiert ... Bedauerlicherweise können wir uns in der Federal Reserve nicht den Luxus eines Abwartens besserer Einsichten in diesen Prozess leisten. Daher zielen wir in der Antwort auf die Komplexität aktueller ökonomischer Kräfte darauf, die Expansion auszuweiten, indem wir die Ungleichgewichte im Zaum halten und genau die Rezession vermeiden, die den Konjunkturzyklus beendet.« In diesem Zusammenhang der Kräfte, die den Zyklus beherrschen, weist er noch einmal auf Widerstand und Widerspruch derjenigen hin, die durch die Gewalt der Innovation bedroht sind: »Während wir etwas zu steuern versuchen, das inzwischen ein zunehmend fühlbarer historischer

Wandel der Art und Weise ist, wie Unternehmen und Arbeiter*innen Wert schaffen, muss unsere Nation sich mit den damit verbundenen Verwerfungen auseinandersetzen, die sich besonders bei den Arbeiter*innen zeigen, die die Sicherheit ihrer Arbeitsplätze und ihres Lebens bedroht sehen. Gesellschaften können nicht florieren, wenn wichtige Segmente ihr Funktionieren als ungerecht ansehen ... (wie) ... in Seattle vor einem Monat.«[307]

Auch wenn sich das Wort »Crash« und »platzen« der Blase eingebürgert hat, der Weg nach unten ging in einer Kaskade markanter Schübe in Richtung einer Rezession vonstatten, die Greenspan als verhältnismäßig milde einschätzte. Als Scheitelpunkt der Wende gilt in nachträglicher Interpretation der Monat März. Das ist nicht ganz korrekt. Robert Shiller brachte sein Buch mit der präzisen Vorhersage des Zusammenbruchs auf den Markt. Als Mitschöpfer des »Case-Shiller-Index« fanden seine Einschätzungen weithin Beachtung und so trug er selbst sicher nicht unerheblich zum Druckabfall der aufgeschäumten Euphorie bei. Wichtiger noch war ein Artikel von Jack Willoughby in Barron's, einem der wichtigsten Anlegerorgane, vom 20.3.2000 unter dem Titel »Burning Up«. Darin wurde unter Bezugnahme auf eine Studie des »Pegasus« Marktforschungsunternehmens berechnet, welche von den als »Geldverbrenner« bezeichneten Internetfirmen bald wegen Versiegens der Geldflut auf dem Trockenen sitzen würden, und wann. Die Liste nannte für März zwei Unternehmen, für April eins, für Mai drei, für Juni schon sieben und bis Dezember weitere 22 Unternehmen. Es bewertete in einer »Verbrennungsliste« von insgesamt 207 Unternehmen die »burn out rats«. Am 7. März brach eToys zusammen; auf dem Höhepunkt mit zehn Milliarden Dollar bewertet, jetzt mit 274 Millionen Schulden. Drei Tage danach berichtete Cisco Systems, der Hauptnutznießer des Internetbooms, die Entlassung von 11% seiner Belegschaft und verzeichnete einen Aktienwertverfall von 466,5 Mrd. (auf dem Höhepunkt) auf nunmehr 164,2 Mrd. Yahoo sackte von 93,7 Mrd. auf 9,7 Mrd.; Amazon von 22,8 Mrd. auf 4,2 Mrd. Dollar. Das leitete im Nasdaq einen Verfall auf breiter Front ein. Am 10. März erreichte er noch 5.048 Punkte und sackte bis zum 23. Mai auf 3.164 Punkte: ein Verlust binnen eines Jahres um 23% und um 47% seit seinem höchsten Stand. Noch behielt Greenspan seine mit Zweifeln eingefärbte optimistische Rhetorik bei. Schließlich stürzte der Nasdaq um die Jahreswende 2000/2001 um 12% ab, der S& P 500-Aktienindex um fast 10%. Etwa 200 der großen Internet-Neugründungen überlebten den Crash, ein stolzes Resultat, das in Greenspans Augen die großen Verluste wert war.

---

307 Greenspan, 13.1.2000, auch 26.1.2000, 14.4.2000, 20.7.2000.

Die Geschichte würde zeigen, dass dies nur ein Zwischenstand war, der mit der Subprime-Offensive in eine neue Dynamik hineingetrieben werden sollte. Dieser Zwischenstand soll hier nur kurz umrissen und charakterisiert werden. Natürlich handelt es sich nur um einen Moment in einer großangelegten historischen Dynamik. Nicht etwa um eine »neue Ökonomie« als fertiges System. Derartige Vorstellungen greifen ins Leere. Denn in 99% der Wirtschaft außerhalb des Sektors, der Computer-Hardware und Software etc. herstellte, hatte sich das Produktivitätswachstum nicht beschleunigt. Dieser Sektor stellte daher einen energetischen explosiven treibenden Kern einer neuen Entwicklung in einem trägen Umfeld dar. Von einer Verallgemeinerung und völligen Durchdringung – gar im Weltmaßstab – konnte nicht gesprochen werden. Unter der Wirkung dieser Triebkräfte hatte die amerikanische Wirtschaft in den 1990er Jahren ihre Investitionen in Maschinen und Ausrüstungen fast verdreifacht, während sie in der deutschen stagnierten. Das Investitionswachstum beschränkte sich allerdings auch in den USA weitgehend auf den informationstechnologischen Sektor, während die übrigen Investitionen (im industriellen Bereich ohne Wohnungsbauinvestitionen) sogar von 30% im Jahre 1991 auf 23% im Jahre 1999 fielen.

Die Überkapazitäten, in denen diese Innovations- und Investitionsoffensive versandete, waren beträchtlich. Ich glaube, es braucht nach allem nicht weiter dargelegt zu werden, dass »Überakkumulation« oder »Überinvestition« nicht der *Grund* ist, sondern eine Symptombeschreibung, nicht die Ursache, sondern das Ergebnis. Sie erstreckte sich natürlich mit zunehmender Verfallsdynamik auch auf die Zuliefererketten bis hin zu hochqualifizierten Servicebereichen und Herstellern allgemeiner Entwicklungsbedingungen der Investitionsoffensive. Insgesamt wurden sie auf 35% grob geschätzt, von manchen auf 40%. Allein im Jahre 2000 waren die Kapazitäten in den High-Tech-Industrien um 50% gewachsen.[308] Die auf IT zurückgehenden Produktivitätsgewinne lagen in dieser Zeit durchschnittlich bei 2,6%.[309] Sie und die Überinvestition dürsteten nach neuer und erweiterter Nachfrage.

Die nüchternen Zahlen zur Stagnation des Innovationsschubs, zu seinem Rückstau oder Versanden mangels weiterer tragfähiger Nachfrage, oder: zur »Stockung«, wie Arthur Spiethoff dies vor hundert Jahren treffend genannt hat, sie bleiben an der Oberfläche des umfassenden Prozesses schöpferischer Zerstörung. Hier, in diesem »Transformationsboom« (Arno

---

308 Vgl. Greenspan 24.5.2001

309 Vgl. E. Brynjolfsson, A. Saunders, Wired for Innovation. How Information Technology Is Reshaping the Economy, Cambridge (MIT) 2010, Kap. 3, aufgeschlüsselt und mit weiteren Nachweisen; S. Oliner et al., Explaining a Productive Decade, Brookings Papers on Economic Activity, 2007 (1), S. 4 ff, 48 ff.

Heise)[310] liegt der historische Ort all dessen, was aufmerksame Beobachter schon damals als Ausdruck dieses zerstörerischen Prozesses in allen Bereichen der amerikanischen und der Weltgesellschaft registriert haben. Der Schock hat die alten Verhältnisse zwischen Kapital und Unterklassen aufgebrochen und zugleich ein neues Gefälle der Reichtumsverteilung (wie bei jedem historischen innovativen Schock) in die Weltgesellschaft hineingetrieben. In einem Rückblick aus dem Jahr 2005 haben Ian Dew-Becker und der bekannte Wirtschaftshistoriker Robert Gordon dies detailliert nachvollzogen.[311] Auf der Basis breiter Befunde finden sie den Hauptgrund des neuen Reichtums im »Skill-Biased Technical Change«, dem technologisch induzierten Qualifikationsschub, jedoch nicht mehr, wie früher, in Kapitalgewinnen.

Die Gewinner dieses Schubs waren in erster Linie die Superstars aus den Schichten des neuen Managements bis hin zu denjenigen der technologischen Avantgarden. Die Top-1% in der amerikanischen Einkommensverteilung haben die größten Gewinne aus dem Produktivitätswachstum nach 1995 gezogen. »Diese Superstars bezogen reine Renten in dem Sinn, dass sie ein Vielfaches von dem verdienen, was sie in der nächstbesten anderen Beschäftigung verdienen könnten«. »Renten« ist etwas schief, denn es handelt sich um Vorteile aus dem Durchbruch neuer Qualifikationen. Man könnte sie daher etwas altertümlich meritokratische Renten nennen. Denn das Monopol lag nicht im Besitz, sondern in der Qualifikation. Es waren Gewinne, die aus dem Innovationsschub selbst umgemünzt wurden. Sie repräsentieren den Einkommensvorteil aus dem Schock schöpferischer Zerstörung selbst.

Die Spitzen dieser Avantgarde einer neuen Creative class[312] bildeten die Unternehmensgründer, die den Kern der führenden Cluster ausmachten. Es waren nietzscheanische neue »Herrenmenschen«, schumpeterianische Pioniere. Castells charakterisiert sie so: »Die Internetunternehmer sind zugleich Künstler, Propheten und gierig ... Ihre Techno-Meritokratie verschrieb sich einer Mission der Weltherrschaft (oder Gegenherrschaft) durch die Macht des Wissens ... Sie würden die Welt übernehmen durch die Macht, die diese Technologie ihnen verlieh.«[313] Die Innovationsoffensive der New-Economy-Blase war der Schub, mit dem sich die Cluster, die Zusammenballungen dieser neuen Klasse zu den Zentren nationaler und

310 A. Heise, Einleitung: Vom Pflegefall zum Modellfall – die rasante Erfolgsstory der USA, in: A. Heise (Hg.), USA – Modellfall der New Economy? Marburg 2001, S. 20.

311 I. Dew-Becker, R. Gordon, Where did the Productivity Growth Go? Inflation Dynamics and the Distribution of Income, Brookings Papers on Enonomic Activity, 2005 (2), zu einer Diskussion mit Größen wie Bradford DeLong, Chris Taylor, Carol Corrado etc.

312 R. Florida, The Rise of the Creative class, New York 2002, vgl. auch: D. Hartmann, G. Geppert, Cluster ..., a.a.O., S. 37 f (s. Fn. 57)

313 M. Castells, The Internet Galaxy, Oxford 2001, S. 59 ff.

globaler Macht aus dem Meer in die Armut zurückgestoßener Menschen heraushoben: Seattle, Nord Carolinas »Research Triangle«, Austin (Texas), Bostons Route 128 und als ihre neue, alles überragende Kaiserburg Silicon Valley. James Galbraith und Travis Hale haben damals diesen Prozess der sozialräumlichen Reorganisation des Macht- und Reichtumsgefälles für Kalifornien und Silicon Valley nach Counties (Verwaltungsbezirken) detailliert in Zahlen aufgeschlüsselt und eine erste Landkarte neuer sozialräumlicher Gliederung der USA skizziert.[314] Es war nur der Anfang einer sich weiter einfressenden sozialräumlichen Profilierung mit globaler Ausdehnung, die heute auch in Europa weiterfrisst. Das sozialräumliche Gefälle einer »Neuen Geographie der Innovationsdistrikte« schliff sich zu einer komplexen Struktur ein.[315] Die lokalen Kämpfe in Silicon Valley gegen die Vertreibung durch steigende und nur für die neuen High-Tech-Sub-Eliten bezahlbare Mieten zeigen, dass hier die Energiequelle der neuen Gentrifizierung zu suchen ist.[316] Gerald Geppert und ich haben die konzeptionelle Frucht dieses Prozesses in unserem Buch analysiert und in seine strategischen Weiterungen im Gefolge ihrer Übertragung in das Hartz-Projekt der Agenda 2010 nachgezeichnet.[317]

Sozialpsychologisch war die Blasendynamik der Ort einer regelrechten Massenhysterie. Ihre Treiber predigten: Wer nicht schleunigst einsteigt, muss unweigerlich zurückbleiben.[318] Greenspan setzte auf dieses Herdenverhalten, angetrieben durch den Zwang, mit den Nachbarn mitzuhalten (to keep up with the Joneses). Wenn es irgendetwas Vergleichbares in der jüngeren Geschichte gibt, dann der analoge Moment des Jahres 1911 in der tayloristischen Rationalisierungshysterie (dazu mehr im 2. Band). Solche Hysterien werden als uramerikanisches politisch-religiöses Phänomen gesehen, das die Geschichte der zyklisch immer wieder hochkochenden »Awakenings« in der Moderne erneuert.

Unter diesem Schock wurde den alten Mittelschichten durch die Veränderung der Qualifikationsprofile mit atemberaubender Geschwindigkeit der industrielle Boden unter den Füßen weggezogen.[319] Sie wurden zuneh-

---

314 J. Galbraith, T, Hale, Income Distribution in the Information Technology Bubble, University of Texas Inequality Project, Working Paper 27, 14.1.2004, hier vor allem S. 7–9, S. 11, S. 14.

315 B.Katz, J. Wagner, The Rise of Innovaton Districts. A New Geography of Innovation in America, The Brookings Institution 2014.

316 Vgl. E. Badger, What the big fights about gentrification are really about, Washington Post, 6.6.2015.

317 Vgl. D. Hartmann, G. Geppert, Cluster ..., a.a.O., (s. Fn. 57).

318 J. Galbraith, T. Hale, Income, a.a.O., S. 7 (s. Fn. 314).

319 Aus kürzlichen Publikationen: G. Michaels, et. al., Has ICT Polarized Skill Demand? Evidence from Eleven Countries Over 25 Years, Centre for Economic Policy Research, Discussion Papers, No. 7898, 2013, mit Länderüberblick; USA, UK, Finnland werden in dieser Entwicklung als führend ausgewiesen, S. 9 ff.; siehe auch; D. Autor, The Polarization of Job Opportunities in the U.S. Labor Market, Center for American Progress and The Hamilton Project, April 2010, nach Ländern und gender aufgeschlüsselt, S. 8 ff., 16 ff., sowie den Überblick in: »Automatic Reaction. IT spending

mend in schlecht entlohnte Arbeit und Mehrarbeit durch Outsourcing oder schlichte Entlassung getrieben. Das brachte den Zwang zu Mehrarbeit in mindestens zwei Beschäftigungsverhältnissen mit sich. Der bis weit nach links renommierte Historiker und vor allem Analytiker technologisch induzierter Sozialprozesse Charles Maier stellt den Abbruch fordistischer hierarchischer sozialer Pyramiden fest. Er charakterisiert die transformierten sozialen, auch sozialräumlichen Verhältnisse plastisch so: »Heute sehen wir Elite und Masse in konzentrischen Kreisen arrangiert, nicht mehr in zugespitzten Pyramiden. Wir gebrauchen die Sprache von Zentrum und Peripherie: die neue Elite im Zentrum erntet die Früchte für ihre Fertigkeiten in transnationaler Kontrolle von Information und Symbolen. Das neue Proletariat verrichtet niedere Dienste: Es reinigt Krankenhauskorridore oder Straßen, es kümmert sich um unsere Häuser und Kinder.«[320] Immer aus der Perspektive innovativer Hegemonie: dieses neue Verhältnis von Herren der Wissensgesellschaft zu ihren Sklaven als ihre soziale Umgebung und als Objekt ihres Kommandos charakterisiert jedoch nur den mittleren Bereich im neuen Gefälle. In den USA und mit zeitlicher Verzögerung auch hier entsteht das, was Manuel Castells plastisch als »schwarze Löcher des informationellen Kapitalismus« beschreibt. Es sind schwarze Löcher sozialer Exklusion in den Stadtgürteln, Banlieues, Grauzonen einer neuen Umgebung der Wachstumsspitzen.

Im globalen Gefälle gibt diese Offensive den kapitalistischen Avantgarden der neuen »Emerging Economies« in Asien, Lateinamerika und inzwischen sogar Afrika die Chance, den Schock schöpferischer Zerstörung aufzugreifen, in ihre Länder hineinzutreiben und Zonen der Überausbeutung für ihre mobilisierten Wanderarbeiter*innen zu etablieren. Den strategischen Schwerpunkt der hierdurch begründeten neuen internationalen Arbeitsteilung bildete der WTO-Beitritt Chinas im Jahr 2001. Er stieß eine Welle von Direktinvestitionen zur Verlagerung von Billiglohnarbeit im Wege des Outsourcing an. Dies und die zusätzlichen Eigeninvestitionen brachte die Versorgung der verarmenden amerikanischen Unterschichten mit billigen Konsumgütern mit sich und hielt Reproduktionskosten und Lohnhöhe niedrig. Die steigenden Handelsüberschüsse im Verhältnis zu

has hollowed out labour markets, to the detriment of middle-income workers, in: Economist 9.9.2010; Skepsis zur Annahme »strutureller Arbeitslosigkeit«, so lange die konjunkturelle Seite nicht genügend erforscht sei, äußern: L Mishel et al., »Reasons for Skepticism About Structural Unemployment – Examining the Demand-Side Evidence«, Economic Policy Institute, Briefing Paper # 279, 22.9.10; die Verarmung stellen aufgrund der Preisdeflation infrage: C. Broda et al., The Role of Prices in Measuring the Poor's Living Standards, Journal of Economic Perspectives,Vol. 23, 2009 (2), p. 77–97; Barbara Ehrenreich hat in »Arbeit poor. Unterwegs in der Dienstleistungsgesellschaft«, München 2001, den Niedriglohnsektor aus eigenen Erfahrungen beschrieben und im letzten Kapitel (S. 197) einen plastischen Überblick über die Situation im Jahr 2001 gegeben.

320 Ch. Maier, Transformations of Territoriality, in: G. Budde u.a. (Hg.) Transnationale Geschichte. Themen, Tendenzen und Theorien, Göttingen 2006, S. 32, hier: S. 50.

den USA wurden durch den Kauf von Anleihen kompensiert.[321] Diese Form der Schockübertragung war historisch nicht neu. Sie war immer mit Innovationsoffensiven verbunden (z.B. die Aufhebung der englischen Einfuhrbeschränkungen für Getreide, die sogenannten »corn laws«, mit der als »Eisenbahnzyklus« bezeichneten Offensive). Der Innovationschock schaffte ein neues weltweites Gefälle sozial-zerstörerischer Inwertsetzung. Er eröffnete von seinen Kernen aus einen neuen Zyklus der Globalisierung in Erneuerung und zugleich Vertiefung vorhergehender Globalisierungszyklen. Er sieht sich damit zunehmend mit Widerspruch und Kämpfen konfrontiert, die sich ähnlich wie in früheren Zyklen global auffächern. Es wäre falsch, dies statisch und systemorientiert als »weltweite neue Zusammensetzung der Klasse« zu bezeichnen. Dies würde den Charakter der Dynamik verfehlen, in dem ein energetischer Schock in der Globalisierung seiner Erschließungsoffensive auf die weltweite Subjektivität trifft, die sich im Prozess der Auseinandersetzung neue Formen gibt.

Die sozial-technischen Zugriffe auf die Bevölkerung haben wir in dem Buch über Cluster beschrieben, sie differenzierten sich in der ebenfalls schockartig durchgeführten Transformation des Bildungs-, Gesundheits- und »Public-Management-Sektors« weiter aus.[322] Insgesamt: in einer neuen Organisation des sozialen Kriegs.[323]

Es war vor allem auch der Rausch der spekulativen Euphorie selbst, in dessen hochgeheizten Aufwallungen (ähnlich wie schon vor 1912 und in den goldenen 20er Jahren) tradierte Lebensvorstellungen, moralische Wertmaßstäbe und Verhaltensorientierungen einschmolzen und sich irreversibel veränderten. Die alte »Lebenswirklichkeit« verblasste darin und machte einer neuen zunächst schemenhaften Wirklichkeit Platz. »Bewusstseinswandel« nennt Stiglitz dies in seinem Buch über die »Roaring Nineties«.[324] Aber er meinte das Bewusstsein derjenigen, die sich als Akteure in diesen Schock einbrachten. Auf das Bewusstsein der betroffenen Unterschichten, den anschwellenden Belegschaften der Knäste, den Bewohnern der »schwarzen Löcher«, der »working poor«, der neuen mobilen Unterklassen weltweit ging er nicht ein. An der »Spitze« das neue Lebensgefühl »rücksichtslosen Ehrgeizes«. Es sucht das Risiko, wo der Markt es ihm erlaubt. Der beteiligte Akteur und Publizist Michael Lewis: »Was eine robuste Marktökonomie wie unsere von einer weniger robusten wie zum Beispiel der französischen unterscheidet, ist, dass es energische, ehrgeizige Leute ermutigt, einen Flieger zu nehmen – und

321 Vgl. die Zahlen: Als China den Turbo einschaltete, in: FAZ 13.12.2011.
322 Vgl. dazu D. Hartmann, G. Geppert, Cluster ..., a.a.O., S. 63 ff (s. Fn. 57)
323 Ebd., S. 21, vgl. dazu auch den gelungenen Überblick in: M. Castells, Das Informationszeitalter. 3 Bände, Opladen 2001-2003.
324 J. Stiglitz, Die Roaring ..., a.a.O., S. 305 (s. Fn. 293).

dass sie diese Ermutigung aufgreifen. Sie ermutigt frechen Mut (Nerve), und das ist eine schöne Sache.«[325] Und die Opfer der Spekulation? Lewis sieht in der Spekulation einen »massiven Transfer von Dollarnoten in die Ingenieurabteilung der amerikanischen Gesellschaft«. Nicht verloren, sondern transferiert zu Lasten der Leute, die spekulativ auf diesen Transfer gesetzt haben, verloren haben und jetzt im Rückblick von »rücksichtslosen Spekulanten zu Opfern umgeschminkt werden«.[326] Sicherlich zu hart formuliert in Anbetracht der vielen Menschen, die der Druck der Veränderungen und die Aussichten der Verarmung dazu getrieben hat, ihre ohnehin mageren Pensionen etwas aufzubessern und sich gar zu verschulden, um am Rausch teilzuhaben. Fragwürdige Populisten machen daraus das Material für Anklagen gegen Greenspan. Exemplarisch der Anlageberater W. Fleckenstein in seinem Pamphlet »Mr. Bubble«. Selbst Mitbetreiber des Anlagezirkus im amerikanischen Kapitalismus lässt er die Opfer als moralisches Argument gegen Greenspan Revue passieren – natürlich als Werbung für seine eigenen, »besseren« Finanzmarktstrategien.[327]

Und – wie oben schon etwas ausführlicher behandelt – ist der Schock der Ort, in dem die Methodik und Methodologie des Kapitalismus neue Dimensionen der politischen Ökonomie suchte, in Verhaltensökonomie, in den narrativen Strängen der Zentralbankstrategien, in dem, was das kapitalistische Management als »Subjektivierung« erfasste.[328] Es war der Geburtsort eines neuen Wirklichkeitsverständnisses der politischen Ökonomie des Kapitals aus dem Klassenkampf.

Und wo liegt der »Grund« für die Stagnation, die Stockung, den Rückstau in den Zustand der »Überakkumulation«? Er ist in dem Missverhältnis zwischen den ungestümen Kräften der Offensive und der Transformations- und Anpassungsfähigkeit zu suchen, in den Resistenzen, Blockierungen, Widerständen, auf die die Kräfte der Offensive trafen und die sich ihnen entgegenstellten. Es war auch das Missverhältnis zwischen den Anpassungsimperativen und den Fähigkeiten, ein den neuen Technologien entsprechendes Kommando über die Gesellschaften und die Subjektivität ihrer Menschen herzustellen. Denn dies war die Voraussetzung für die Erschließung effektiver – das heißt aus Arbeit gepresster – Nachfrage im Rahmen einer neuen internationalen Arbeitsteilung. Sie war unabdingbar, um die Produktion von High-Tech-Waren und -Dienstleistungen vor allem angesichts der gesteigerten Produktivität zu tragen. Typischerweise

325 M. Lewis, In Defense of the Boom, NYT Magazine, 27.10.2002, abgedruckt in: ders., Panic, New York 2009, S. 247.
326 Ebd., S. 244, S. 252.
327 W. Fleckenstein, F. Sheehan, Mr. Bubble: Wie Alan Greenspan die Welt an den Abgrund führte, München 2008, S. 91 ff.
328 D. Hartmann, G. Geppert, a.a.O., S. 27 et passim mit weiteren Nachweisen (s. Fn. 57).

verlangte die Innovationsoffensive in der Take-off-Phase – bei Strafe eines Absturzes in die Deflation – nach erweiterter Nachfrage, um ihr Potential zu entfalten.[329] Immer wieder beklagte Greenspan die Nachfrageschwäche der amerikanischen Handelspartner.[330] Er wurde auch nicht müde, zu betonen: dieser Prozess der Zurichtung brauche Zeit, die Selbstzurichtung sei nicht zu erzwingen, die Wertquanten, die der Offensive die Fortsetzung sichern könnten, blieben daher aus. Die Blockierung sozialer Zurichtung und Erschließung nicht nur im nationalen, sondern auch im Weltmaßstab, die Resistenzen gegen das kapitalistische Kommando, die ausbleibende Nachfrage, sie alle sind nur unterschiedliche Ausdrucksformen der krisenhaften Stagnation einer Innovationsoffensive.

Aus dieser Stagnation suchten Greenspan und die neue Bush-Regierung einen Ausweg. Sie fand ihn in der Erneuerung des Tsunami, in der künstlichen Entfachung eines weiteren Booms, einer weiteren Blase: der Subprime-Blase. Sie sollte neue künstliche Nachfrage schaffen, die die Überinvestition auffangen und der Innovationsoffensive einen neuen Schub geben konnte. Der Ausweg wurde eingebettet in eine komplexe neue Erzählung: die Erzählung der Ownership Society. /

---

329 Gut dargestellt von J.G. Palma, On the Discreet Charm of the (Rentier) Bourgeoisie: The Contradictory Nature of the Installation Period of a New Techno-Economic Paradigm, in: W. Drechsler et al. (Hg.), Techno-Economic Paradigms. Essays in Honour of Carlota Perez, London 2009, S. 307, hier: S. 308 ff.

330 Greenspan, 24.5.2001.

2. VON DER NEW-ECONOMY-BLASE IN DIE KERNSCHMELZE DES WELTFINANZSYSTEMS

Die Meilensteine für den Weg aus der Stockung in eine neue Blase, in eine neue Dynamik irrationaler Übertreibung und globaler schöpferischer Zerstörung wurden zügig gelegt. Einige aufmerksame Beobachter haben das schon früh gerochen. Allen voran Paul Krugman, der sich als fleißiger Kommentator der New York Times zu einem neuen Guru zu mausern begann. In einem Interview mit Lou Dobbs Moneyline (CNN) am 18. Juli 2001 brachte er die Situation etwas krude, aber korrekt auf den Punkt: »Und diese (Rezession) ... ist im Grunde genommen die erste, die wir seit Generationen erlebt haben, die durch eine Blase im privaten Sektor verursacht wurde. Sie wurde durch Überinvestition verursacht. Und das ist irgendwie unerforschtes Gelände. Wir wissen nicht, wie viel Zinsschnitte die Fed braucht. DOBBS: Um Unternehmensinvestitionen, Kapitalinvestitionen und Käufe durch Unternehmen wieder zu stimulieren? KRUGMAN: Ehrlich, ich denke – Unternehmensinvestitionen werden nicht die treibendes Kraft in dieser Erholung sein –, es muss *von Dingen, von Häusern kommen* (kursiv von D.H.), Dinge, die bisher nicht (unverständlich). DOBBS: Paul, wir beobachten den Häuserbau nahe der Rekordmarke, wir beobachten Autokäufe nahe der Rekordmarke. Der Verbraucher bedeutet in dieser Ökonomie noch immer viel. Kann er oder sie – oder sollte ich sagen er und sie, können sie diese Ökonomie wieder auf den Wachstumspfad zurückbringen? KRUGMAN: Nun soweit Zahlenspiele reichen, ja, es ist möglich. Wird die Fed die Zinssätze genügend herabsetzen? Werden die langfristigen Sätze ausreichend fallen, um den Verbraucher, um den Haus-Sektor schnell genug in die Höhe zu bringen? Wir wissen es nicht.«[331] Und in der New York Times: »Schlechte Nachrichten zuhauf. Die US-Wirtschaft ging in die Rezession ... die gute Nachricht über die US-Wirtschaft: Sie ging in die Rezession aber sie fiel nicht in den Abgrund. Das lag zum größten Teil an dem unerschütterlichen Optimismus der amerikanischen Verbraucher, aber die dramatischen Zinsschnitte der Fed hielten den Haussektor stark, während die Unternehmensinvestitionen absackten ...«[332] Und in unmissverständlicher Eindeutigkeit noch einmal: »Der entscheidende Punkt ist, dass die Rezession des Jahres 2001 nicht der typische Nachkriegskonjunkturabfall war, nachdem eine die Inflation bekämpfende Fed die Zinsraten angehoben hätte und leicht in einem Schrumpfen des Bausektors und des Konsum hätte enden können,

---

331 www.pkarchive.org/economy/ML071801.html | 20. Juni 2015
332 P. Krugman, Could've Been Worse, NYT 28.12.2001

wenn die Fed die Sätze wieder gemindert hätte. Das war eine Rezession im Vorkriegsstil nach einer irrationalen Übertreibung. Gegen eine solche Rezession braucht die Fed mehr als ein Schrumpfen. Sie braucht schnell steigende Ausgaben der privaten Haushalte als Gegengewicht gegen die siechenden Unternehmensinvestitionen. Und um das in Gang zu bringen, muss Alan Greenspan, wie Paul McCulley von Pimco es ausgedrückt hat, *eine Häuserblase schaffen, die an die Stelle der Nasdaq-Blase tritt.*«[333] Paul Krugman, Berater zweier Präsidenten, hochdekorierter Princeton-Professor, Nobelpreisanwärter, und Pimco, einer der weltgrößten Anleger, sie waren nur die stärksten Stimmen aus einem anschwellenden Bocksgesang für eine neue Blase, eine Häuserblase.

Und Forbes fragte am 3. September 2001 schon ängstlich: »Und was, wenn der Wohnungsbau kracht? ... Wenn du den Nachweis für einen Wohnungsbau-Boom willst, guck einfach nach draußen. Nimm eine Zeitung und lies, wie dieser pulsierende Sektor eine ansonsten taumelnde Wirtschaft stützt. Die Tischler sind gut beschäftigt. Hauskredite stützen in großem Maß den Verbrauch ... Diese ›For Sale‹-Tafeln eurer Nachbarn könnten von feisten Verbrauchern stammen, die mit den wilden Hauspreissteigerungen Kasse machen wollen ... Die andere Seite der Münze des leichten Kredits: Überschuldung.«[334]

Indes, so weit war es noch nicht. Es kann uns egal sein, ob Krugman – wie ihm im Jahre 2010 in der breiten Öffentlichkeit vorgehalten wurde – die Blasenbildung propagiert und gefördert hat: Aber er traf den Knackpunkt. Doch während er dies sagte und schrieb, stand Greenspan schon in den Startlöchern. Er hatte die Blasenbildung längst zu seiner mittelfristigen Strategie gemacht, kalkuliert bis in die Ziffern hinter dem Komma. Das Ausmaß der politisch-ökonomischen Bewusstheit und Zielorientierung reduziert die neuere Literatur, die dies in das Schulwissen objektiver, modell-theoretisch fundierter Prozesse zurückverwandelt, zu einer kaum zu überbietenden Lächerlichkeit.[335] Krugman traf mit dem Gespür, das ihn auszeichnet,

333 P. Krugman, Dubya's Double Dip? NYT 02.08.2002

334 S. Fitch, What If Housing Crashed?, Forbes Magazine, 3.9.2001

335 Krass: A. Kermani, Cheap Credit, Collateral and the Boom-Bust-Cycle, MIT, Job Market Paper November 2012, und die darin auf S. 6 ff. behandelte Literatur. Sie stellt die Dynamik der Konsumsteigerung durch einen Boom in Immobilienwerten und den daraus erlösten Auszahlungen (cash-outs), ermöglicht durch Kreditexpansion auf der Grundlage der Sekuritisierung, als modellkonformes Geschehen dar, ohne nur die geringste Ahnung davon zu vermitteln, wie sehr dies ein strategisch betriebener Prozess war. Ein weiteres Exempel für die unten noch ausgiebiger behandelte, leider zählebige Trostlosigkeit der ökonomischen »Wissenschaft« stellt der 2013 erschienene Aufsatz von N. Bhutta und B. Keys über »Interest Rates and Equity Extraction During the Housing Boom« dar. Er zeichnet die von der Fed offensiv betriebene Dynamik ohne Rekurs auf die Akteure und ihre Strategien als objektives Kausalgeschehen mit den üblichen Determinanten. Herzlichen Glückwunsch! Oder war das ein Dienst an der Fed zu ihrer Entschuldigung? Nützlich ist allerdings das Zahlenmaterial; A. Luce, Das Ende des amerikanischen Traums, Financial Times Deutschland vom 10.8.2010.

einen entscheidenden Punkt: es war eine Vorkriegsrezession und Greenspan begriff sie auch so. Er wurde nicht müde zu betonen, dass der innovative Schub nach dieser ersten Episode von Schock und Überakkumulation bei weitem nicht ausgereizt war. Und zwar weder im produktiven, noch im finanztechnischen Bereich. Denn er verfügte noch über ein gewaltiges Potential an Entwicklungsmöglichkeiten und Produktivität, transformativen Energien und hegemonialen Perspektiven für die USA. Der Fortsetzung seiner zunächst in der Überakkumulation versandeten Dynamik fehlte die Nachfrage und wenn die Welt sie nicht in ausreichendem Maße schaffen konnte, weil sie abhängig von der amerikanischen Konjunkturlokomotive hinterherzuckelte, dann musste die Nachfrage künstlich geschaffen werden. Und das hieß: in einer neuen Blase. Die Frage, was sich neben den schwächelnden Unternehmensinvestitionen zu einem mittelfristigen spekulativen Wertträger eignen würde, war aus der Geschichte der kapitalistischen Entwicklung schnell beantwortet: Hausspekulation. Immobilieninvestitionen und -preise waren schon von der Euphorie und den niedrigen Zinsen der New-Economy-Blase angetrieben worden – zunächst in den höheren Einkommensklassen. Sie hatten dazu beigetragen, dass die Auswirkungen der Rezession relativ milde blieben. Nun ging es darum, die Spielräume für Hypotheken in niedrigere Einkommensklassen mit bislang geringerer Kreditwürdigkeit (»subprime«, schlechter als »prime«, erstklassig) und daher erhöhten Zinsbelastungen auszuweiten. Das Regierungsamt für Wohnungsbau und Stadtentwicklung (HUD) hatte schon unter Präsident Clinton während der 90er Jahre die Aufweichung der Bedingungen für Hypotheken betrieben, um den Hauserwerb zu erleichtern.[336] Ende der 1990er Jahre und im Jahr 2000 fokussierte Greenspan die Forschungs- und Analyseressourcen der Fed auf diesen Punkt. Greenspan selbst veranlasste detaillierte Untersuchungen zur Aufschlüsselung des Reichtumseffekts (wealth effect) auf dem Haus- und Hypothekensektor nach Gesichtspunkten der Einkommensklassen und Bildungskohorten. Sie zeigten »eine dramatische Verhaltensreaktion« in gesteigerter Konsumneigung, zunächst geschätzt auf drei bis fünf Prozent pro Dollar.[337] Greenspan war dies so wichtig, dass er sich

336 Hier setzt der republikanische Wohnungsbauexperte Peter Wallison in seiner sorgfältig recherchierten Arbeit (Hidden in Plain ..., a.a.O., S. 13 ff., 156 ff. – s. Fn. 83) an, um die Subprimekrise aus dem gezielten Verfall der Standards für die Hypothekengewährung zu erklären und den Demokraten unter Clinton in die Schuhe zu schieben und vor allem Wall Street von Vorwürfen zu entlasten. Der Ansatz hat einen richtigen Kern, rückt aber aus offenbar parteipolitischen Gründen gezielt Greenspans Strategien in der Innovationsoffensive und Bushs im Folgenden behandelte Einleitung der Ownership Society aus dem Fokus.

337 D. Maki, M. Palumbo, Disentangling the Wealth Effect: A Cohort Analysis of Householt Saving in the 1990s, Washington 2001, S. 22 mit detailliertem Zahlenwerk. Es lohnt sich, eine Schnüffeltour durch die in der Fed erhobenen Befunde zu den Möglichkeiten der Konsummobilisierung zu machen, auch unter methodischen Gesichtspunkten. Einfach in den hervorragenden Suchapparat der Fed einsteigen.

persönlich intensiv mit den Spielräumen der Privathaushalte beschäftigte, Geld aus der Refinanzierung von Hypotheken bei steigenden Hauspreisen für den Konsum zu ziehen oder diese als Basis für die weitere konsumorientierte Verschuldung zu nutzen.[338]

Greenspan tritt mit seinem Interesse an diesem Potential von Nachfragereserven zum ersten Mal auf dem Symposium von Jackson Hole am 30.8.2001 an die Öffentlichkeit – direkt, ohne Umschweife, kühn und unmissverständlich. In der Öffentlichkeit herrschte eine deprimierte Stimmung. Gegen alle Hoffnungen auf eine baldige Erholung aus der Rezession (der Tiefpunkt sollte erst 2003 erreicht sein) hatte sich auch dieses Jahr miserabel entwickelt und zu einer alles durchdringenden düsteren Stimmung geführt, auch in der Fed. Ihre Beige- und Green-Books zur Vorbereitung der FOM Komitee-Sitzungen und die hieraus gefertigten Mitschriften bringen diese düstere Stimmung in Ökonomie und Gesellschaft bis in die Gemütsdepression des Komitees selbst deutlich zum Ausdruck. Die Überkapitalisierung vor allem der High-Tech-Unternehmen war zu groß, die Lager warteten Monate auf Abbau. Die Bereitschaft zu Neuinvestition war gleich null, die Arbeitslosigkeit hoch – vor allem die technologisch induzierte. Das Konsumentenvertrauen war flau. Aus dieser Situation tritt Greenspan in aller Öffentlichkeit die Flucht nach vorne an. In seiner Rede zur Eröffnung des Symposiums erklärte er einem depressiven Publikum aus der globalen Spitzenfinanz und Spitzenökonomie unverblümt, zentral sei die Frage, wie man an das Konsumentenverhalten herankommen könne, das aus dem Reichtum von Wertzuwächsen schöpfe. Denn das gelte es anzuregen:

»Die schnelle technologische Innovation, die den Fortschritt der ›Informationsökonomie‹ vorangetrieben hat, hat sich in dramatischen Kapitalgewinnen und -verlusten auf den Wertpapiermärkten der letzten Jahre niedergeschlagen. Diese bemerkenswerten Entwicklungen haben erhebliche Aufmerksamkeit seitens der Ökonomen und makroökonomischen Politikstrategen auf sich gezogen. Zur gleichen Zeit haben sich die Preisbewegungen einiger anderer Wertträger in der Ökonomie – zum Beispiel Änderungen bei den Hauspreisen – stetiger, weniger dramatisch, aber viel-

338 Ergebnisse vorhergehender Studien veröffentlicht in: A. Greenspan, J. Kennedy, Estimates of Home Mortgage Originations, Repayments, and Debt On One to-Four-Family Residences, Finance and Economics Discussion Series, Devisions of Research & Statistics and Monetary Affairs, Federal Reserve Board, Washington D.C. 2005-41. Dies ist ein Update, frühere Versionen wären wegen der Dynamik interessant, sind aber nicht aufzufinden; dies., Sources and Uses of Equity Extracted from Homes, Finance and Economics Discussion Series, Devisions of Research & Statistics and Monetary Affairs, Federal Reserve Board, Washington D.C. 2007-20; für eine auf Stand gebrachte Neufassung: dies., Sources and uses of equity extracted from homes, Oxford Review of Economic Policy, Bd. 24, Nr. 1, 2008, S. 120, insbesonders S. 125 f., S. 131, Zahlen für Verwendung S. 131, Tab. 2, Ziff. 1–20.

leicht nicht weniger bedeutsam entwickelt. Es kann wenig Zweifel darüber geben, dass erhebliche Ausschläge bei den Marktwerten von Unternehmen und den Hauswerten bedeutende Herausforderungen für die Politik hervorgerufen haben. Nach einer relativen Stabilität über eine Anzahl von Dekaden hinweg stieg das Verhältnis von bereinigten Hauswerten zum Einkommen während der zweiten Hälfte der 1990er Jahre steil an und erreichte Anfang des letzten Jahres ein beispielloses Niveau. ... Aber wir müssen fragen, ob dies eine ausreichende Statistik für die Einschätzung der Wirkung von Kapitalgewinnen auf ökonomisches Verhalten darstellt, oder anders ausgedrückt, ob die Verteilung von Kapitalgewinnen über die verschiedenen Wertträger und der Art, wie diese Gewinne geschöpft werden, auch bedeutende Bestimmungsgrößen für das *Ausgabeverhalten* (kursiv vom Verf.) darstellen. Um diese Fragen zu beantworten, brauchen wir weit mehr Informationen als wir gegenwärtig über die Natur und die Quellen von Kapitalgewinnen und die Wechselwirkung dieser Gewinne mit Kreditmärkten und Konsumentenverhalten haben ... Als Konsequenz daraus sind wir im Federal Reserve Board dabei, Verfahren zur Aufschlüsselung von Bilanzen zu entwickeln, die uns Rückschlüsse auf die Neigung zum Verbrauch aus Kapitalgewinnen über die verschiedenen Wertklassen hinweg erlauben ... Auf der Seite der Verkäufer stehen die Kauferlöse für Akkumulation, Schuldenzahlungen und Verbrauch zur Verfügung. Auf diese Art und Weise wird der Kapitalgewinn realisiert und verflüssigt, mit dem Potential, Verbrauch, Vermögenswert oder Schulden zu beeinflussen ... Vermögensentnahmen (equity extration) durch realisierte Gewinne schafft liquide Wertmittel ... Uns interessiert natürlich in allererster Linie die *Geldausgabe* (kursiv vom Verf.) ... Die Höhe von persönlichen Konsumausgaben aus realisierten Kapitalgewinnen bei Hausverkäufen, die durch den Hypothekenmarkt finanziert werden, beläuft sich ungefähr auf 10 bis 15 Cents pro Dollar ... Die Auswirkung von Kapitalgewinnen auf ökonomisches Verhalten erscheint von erheblicher Bedeutung für die zukünftige ökonomische Entwicklung.«[339]

Langer Rede kurzer Sinn: »Das Geld wollen wir!« All das war nicht mehr und nicht weniger als eine strategische Eröffnung mit ungeheuren Konsequenzen. Es ging darum, die Hauswerte nach oben zu mobilisieren, um die Hausbesitzer zu veranlassen, die bei der Hypothekenrefinanzierung gewonnenen 15% als Konsumausgaben auf die Mühle der Konjunktur zu lenken. Das geht in den USA (anders als in Deutschland) ganz einfach. Der Hauspreis steigt, der Hypothekenvertrag wird unter Erhöhung der Hypothek neu abgeschlossen, daraus wird zugleich die niedrigere alte

339 A. Greenspan, Opening Remarks, Jackson Hole 31.8.2001, S. 1, 3, 4–6

Schuld zurückgezahlt und die Differenz (cash-out) bleibt als »Gewinn« für den Konsum. Angesichts der niedrigen Zinsen eine klare Sache. All dies ist allerdings – wie zuvor auch die Strategien beim Betrieb der New-Economy-Blase – so gut wie gar nicht im Fed-Komitee diskutiert worden, vielleicht auch, weil die Protokolle jetzt nach Gesetzesänderung öffentlich zugänglich gemacht werden mussten. Jedenfalls hat es in den offiziellen Mitschriften der Verhandlungen und Diskussionen keinen Niederschlag gefunden, auch wenn man davon ausgehen kann, dass das Thema in inoffiziellen Gesprächen erörtert wurde. Wie sonst sollte es zur europäischen Propagandamission Gouverneur Edward Gramlichs für die Einleitung einer Hypothekenblase in den folgenden Monaten gekommen sein, auf die ich noch zu sprechen komme? Und auch hierzu sind die Mitschriften wenig ergiebig. Der durch die niedrigen Zinsen begünstigte Bausektor und Häusermarkt wird nur als Lichtblick im Umfeld rezessiver Trübsal erörtert.[340] Auch Greenspan hält sich zunächst bedeckt und lässt es mit der Erwähnung des Reichtumseffekts aus dem Haussektor bewenden, den er dem stark negativen globalen Reichtumseffekt gegenüberstellt.[341]

Das ändert sich im Vorfeld der oben wiedergegebenen Rede in Jackson Hole. In diese Zeit fällt wohl endgültig sein Entschluss zu einer offensiven Wende. In der Sitzung des Komitees vom 21.8.2001, deren Beiträge seitens der Gouverneure und Fed-Mitarbeiter depressiv eingefärbt bleiben, auch vor allem angesichts der verfallenden Nachfrage von außen – bis auf die Erwähnung der kleinen Lichtfünkchen aus dem Haussektor –, kommt Greenspan zurück auf seine Grundvorstellung eines psychisch bestimmten Verhaltenszyklus mit den negativen Wendepunkten von Furcht und Vertrauen. Die aus dem Konsumentenvertrauen resultierende Konsumneigung werde in steigender Tendenz unterfüttert durch Gewinne aus steigenden Hauspreisen. Womit das Konsumentenvertrauen seine wachsende Bedeutung für die Expansion erweise.[342] In der Folgezeit sei dieser Optimismus durch die verheerende Wirkung der Anschläge vom 9/11 auf den psychischen Hintergrund der Verhaltensdispositionen am Markt etwas eingetrübt worden.[343] In der Gewinnung und Entnahme (extraction) von Gewinnen aus der Hypothekenfinanzierung bei steigenden Hauspreisen für den Verbrauch vermochte selbst Greenspan zu diesem Zeitpunkt keine tragfähigen Zukunftserwartungen für einen sich selbst dynamisierenden

340 Mitschriften der Sitzung vom 30.–31.1. 2001, S. 128; Mitschriften zur Sitzung vom 26.–27.06.2001, S. 111.

341 Mitschriften 15.5.2001, S. 80.

342 Sitzungsmitschriften (FOMC) vom 21.08.2001, S. 64–69.

343 Vgl. Greenbook 2001, Current Economic and Financial Conditions, Part 1, S. 8 f, 16 f; Sitzungsmitschriften (FOMC) vom 06.11.2001, im Bericht von Gouverneur Gramlich und Kohn, S. 62 ff., 69 ff

Prozess (self-feeding, self-reinforcing) nachhaltig herzuleiten. Woher sollte der Prozess kommen, woher die Nachhaltigkeit? Greenspan wusste (gegen die Plattitüden monetärer Mechanik, wie er es schon in der New-Economy-Blase gezeigt hatte), geringe Zinsen allein reichten nicht aus.

Und in der Tat hat der Spezialist für Immobilienmarktentwicklungen Robert Shiller nachgewiesen, dass die Zinssenkungen den Immobilienboom nicht erklären konnten. Entgegen kurzfristigen monetären Entwicklungen bewegten sich Entscheidungen der Einzelhaushhalte auf dem Haussektor in längerfristigen narrativen Perspektiven der Lebensführung.[344] Die Einleitung eines nachhaltigen historischen Schubs bedurfte einer vertrauensstiftenden Sicherheit. Und diese war, wie wir wissen, auf einen Mythos angewiesen, auf einen narrativen Rahmen, ein übergreifendes Framing, das die Zukunftsprojektionen in einen stabilen Kontext einzubetten vermochte. Sicher wurden die narrativen Projektionen einer »neuen Ära« des Kapitalismus aus der letzten Blase aufrechterhalten und weiter gepflegt – in seinen produktiven, wie auch finanztechnischen Aspekten. Sie waren zwar nicht verbraucht, reichten auf der anderen Seite aber nicht aus, um die Bereitschaft neuer Schichten von Hausbesitzern in den Prozess hineinzuziehen. So war es die propagandistische Vision einer Ownership Society, die diese Aufgabe übernahm. »Framing the Ownership Society« war das Etikett, unter dem dies in einem großangelegten Mobilisierungsunternehmen in Angriff genommen wurde.[345]

Selbst lebenslanger Republikaner und darum in weitgehender Übereinstimmung mit der neu gebildeten Bush-Administration konnte sich Greenspan mit seinem Beitrag hierzu dieses Mal zurückhalten. Das »intensive cheerleading«, wie Fed-Governor Gramlich es beschrieb, besorgte der Boss höchstpersönlich, Präsident George W. Bush.[346] Bereits im Juni 2001 hatte Bush die Propaganda für dieses »Framing« an das »Herz des amerikanischen Traums« geknüpft: »Hausbesitz liegt im Herzen des amerikanischen Traums. Es ist ein Schlüssel zum Aufstieg für Amerikaner mit geringen und mittleren Einkommen. Es ist ein Anker für Familien und eine Quelle für die Stabilität der Gemeinschaften. Er bildet die Grundlage der finanziellen Sicherheit vieler Menschen. Und er ist ein Quelle des Stolzes für Menschen, die in der Sorge für ihre Familien

344 R. Shiller, Die Subprime Lösung, Kulmbach 2009, S. 62 f., so auch: IMF, World Economic Outlook Oct. 2009, S. 106; R. Shiller, Understandig Recent Trends in House Prices and Home Ownership, Jacksen Hole 2007, S. 37 f. (auch als NBER Working Paper No. 13553) ; G. Akerlof, R. Shiller, Animals Spirits, Princeton 2009, S. 36 ff., S. 153 ff.

345 Vgl. D. Béland, Framing the Ownership Society. Ideas Institutions, and Neo Liberal Social Policy, Paper Prepared for the Annual Meeting of the Research Committee 19 (Poverty, Social Welfare and Social Policy) of the International Sociological Association [Chicago, September 2005], unter: www.northwestern.edu/rc19/Beland.pdf

346 E. Gramlich, Booms and Busts: The Case of Subprime Mortgages, Symposium in Jackson Hole 2007, S. 258.

hart gearbeitet haben.«[347] Und mit dem ihm eigenen Schmalz 2002: »Aber ich glaube, etwas als Eigentümer zu besitzen, ist auch Teil des Amerikanischen Traums. Ich glaube, wenn Menschen ihr eigenes Haus besitzen, verwirklichen sie den Amerikanischen Traum ... Das haben wir gestern in Atlanta gesehen, als wir zu den neuen Häusern und neuen Hausbesitzern gingen. Und mit Stolz hörte ich in erster Person den Mann sagen ›willkommen in meinem Haus‹. Er sagte nicht ›willkommen im Haus der Regierung‹, er sagte nicht ›willkommen im Haus meines Nachbarn‹, er sagte ›willkommen in meinem Haus‹. ... Er war ein stolzer Mann ... Und ich möchte diesen Stolz auf unser ganzes Land ausdehnen.«[348] Und noch einmal 2004: »Wenn du etwas besitzt, hast du einen vitalen Anteil an der Zukunft deines Landes. Je mehr Eigentum es in Amerika gibt, desto mehr Vitalität gibt es in Amerika und umso mehr Menschen haben einen vitalen Anteil an der Zukunft dieses Landes.«[349]

Bush brauchte nur die bereits unter Clinton 1995 eingeleitete Strategie zur Expansion von Hauseigentum in den unteren Schichten aufzugreifen, für seine Zwecke umzuprägen und nutzbar zu machen.[350] Im Juni 2002 – so die Presseerklärung des Weißen Hauses –, als eine Stagnation der Hypothekenaufnahme erkennen ließ, dass allein Zinssenkungen die Hypothekenblase nicht in Gang bringen würden,[351] kündigte Präsident Bush eine aggressive Hausbesitzeragenda mit dem Ziel an, die Schranken zum Hauseigentum durch Hilfe bei der Anzahlung, der Erhöhung des Angebots von preisgünstigen Häusern, Unterstützung zur Selbsthilfe, Vereinfachung des Kaufprozesses und geeignete Erziehungsmaßnahmen zu durchbrechen. Die Banken ermunterte Bush persönlich und ausdrücklich – wie er später verlauten ließ, » ... aggressiver an die Gewährung von Krediten an Erstkäufer heranzugehen«.[352] Dabei ging es ausdrücklich nicht nur darum, den Amerikanern die Tore zum Hauserwerb weit zu öffnen, sondern auch darum, die amerikanische Ökonomie zu stärken. Zunächst in Höhe eines Anschubs von 256 Mrd. Dollar.[353]

---

347 Vgl. American Dream Down Payment Assistance. Informational Resource Guide, A Home of Your Own: Expanding Homeownership Opportunities for All Americans, S. 4, vgl. auch: www.presidency.ucsb.edu/ws/?pid=80041

348 G.W. Bush, Remarks by the President on Homeownership, Rede im Department for Housing and Urban Development, Washington DC, 18.6.2002.

349 G.W. Bush, America's Ownership Society: Expanding Opportunities, Rede vom 17.6.2004, http://georgewbush-whitehouse.archives.gov/news/releases/2004/08/20040809-9.html

350 Hierzu detailliert: P. Wallison, E. Pinto, Free Fall: How government policies brought down the housing market, American Enterprise Institute, 26.4.2012; Clintons »Housing«-Experte Henry Cisneros hatte 1995 sogar schon von »der Nationalen Eigenheimstrategie: Partners in the American Dream« gesprochen«, J. Fried, Who Really Drove the Economy Into the Ditch«, New York 2012, S. 9.

351 Greenspan, 24.1.2002.

352 http:// www.whitehouse.gov/news/releases/2004/03/20040326-15.html

353 http://www.policyalmanac.org/social_welfare/archive/wh_minority_housing.shtml

Die Aktivitäten waren beeindruckend, zügig und umfassend. Noch im Juni veröffentlichte Bush die »America's Homeownership Challenge«. Das war ein Aufruf an alle auf dem Sektor von Grundstücksmärkten und Hypothekenfinanzierung tätigen Industrien, staatlichen Agenturen bis hin zu den Kirchen, sich in dieses Projekt von »fundamentaler Wucht« einzubringen.[354] Bush erklärte: »Ich habe dem Land dieses Ziel gesetzt. Wir wollen 5,5 Millionen zusätzliche Hauseigentümer bis 2010.«[355] 2003 unterzeichnete er das »Amerikanischer-Traum-Anzahlungs-Gesetz«, das die Anzahlungserfordernisse drastisch nach unten mobilisierte. Mit den Mitteln des Internets richteten sich nicht nur die Hypothekenfinanzierungsindustrien auf diese Kampagne zur Nutzung der damit verbundenen Chancen ein. Innerhalb von Monaten hatten auf diesem Sektor tätige staatseigene Gesellschaften (wie vor allem Fanny Mae und Freddy Mac) und ein gigantischer staatlicher Apparat eine flächendeckende Offensive hochgerüstet. In jedem Staat, in jeder Stadt und auf dem Land stellten sie die organisatorischen Mittel des Internets in den Dienst der Förderung von Hypothekendarlehen. Das reichte von der Hilfe bei Anzahlungen über Schulungsprogramme für Minoritäten bis zur Errichtung »strategischer Partnerschaften« zwischen Bau- und Kreditunternehmen und den Gemeindespitzen. Wer sich ein Bild davon machen will, kann sich noch heute auf der Homepage der »American Dream Downpaymentassistance« durchklicken in die Strukturen einer x-beliebigen Gemeinde eines x-beliebigen Staats.[356]

So avancierte das Internet zum Medium der Vergesellschaftung von Blasenenergien, bis über die Sättigungsgrenze für die Aufnahmefähigkeit des Publikums hinaus – sekundiert von Presse und Fernsehen. So wurde eine gesamtamerikanische Herdenbildung angeschoben, die sich auf den Weg in die Subprimekrise und den katastrophalen Meltdown des Weltfinanzsystems machte. Medium und Message, strategisches Framing und ökonomische Dynamik verschmolzen in einem einheitlichen Prozess der Formierung. Ich habe damals diesen Prozess ziemlich erschöpfend durchsurft. Wenige Minuten Aufenthalt in dieser postmodernen Formierung des »amerikanischen Traums« reichten aus, um die Lächerlichkeit von Greenspans nachträglicher Entschuldigung zu erkennen, er habe die Gefahr der Blase unterschätzt, weil Häusermärkte traditionell lokale Märkte seien. Die informationelle Vernetzung zerbrach diese Tradition. Sie verallgemeinerte die daraus resultierende Krise zur systemischen Krise

354 Ebd., und die Erklärungen des Weißen Hauses, The White House, Chapter 2, Mobilizing the Private Sector: America's Homeownership Challenge, http://georgewbush-whitehouse.archives.gov/infocus/homeownership/homeownership-policy-book-ch2.html

355 Th. Sowell, The Housing Boom and Bust, New York 2009, S. 46.

356 http://www.americandreamdownpaymentassistence.com/

von globalen Ausmaßen. Wenige Minuten im Netz des »American Dream« und du konntest ein glückliches Partikel im Gesamtfraimingprozess der Blase werden. Greenspans Entschuldigung macht allerdings nicht ihn selbst lächerlich. Lächerlich ist vielmehr eine Kritik, die sich auf partikulare Einzelheiten einer Schuldsuche reduziert und dadurch den insgesamt barbarischen Prozess schöpferischer Zerstörung schont und unangetastet lässt. Greenspan sah seine Aufgabe darin, diesen Prozess in allen seinen noch unausgeschöpften Produktivitäts-, Inwertsetzungs-, Reichtums-, Gewinn-, und Transformationspotentialen voll auszuschöpfen. Er begriff sich weiterhin als zentraler Agent einer historischen Mission. Allerdings mit dräuenden persönlichen Risiken: »Die Geschichte geht nicht freundlich mit Leuten wie mir um«, klagte er hellsichtig und im Wissen um die hypokritischen Neigungen seiner Schicht, die nur zu oft mit der einen Hand erntet, was sie mit der anderen geißelt. Zwar lag der ökonomisch treibende und tief in die unteren amerikanischen Schichten greifende Kern auf dem Haussektor, doch das Framing der Ownership Society zielte sozialpolitisch weit darüber hinaus auf die neoliberale Verlagerung von Verantwortung auf den Einzelnen. In einem Memorandum hat der Gründer und Präsident eines der großen Think-Tanks »Cato Institute«, Edward Crane, dies in einem Memorandum an den Wahlkampfleiter Bushs und stellvertretenden Stabschef des Weißen Hauses Karl Rove wie folgt zum Ausdruck gebracht: »Im Gegensatz zum New Deal, der New Frontier oder der Great Society, bedeutet Ownership Society wirklich etwas zum Kern des Wesens Amerikas gehörendes. Dieses Wesen ist der Respekt vor der Würde des Individuums, die grundsätzlich erhöht wird, wenn jemand mehr Kontrolle über sein eigenes Leben hat.«[357] Der Stärkung der »grass roots«, das zentrale Credo neoliberaler Ideologie, sollte angeblich auch die Privatisierung der sozialen Sicherungssysteme (Erziehung, Gesundheit etc.) dienen, in Bushs Ownership-Propaganda verkauft als »Kontrolle« über die eigenen Geldmittel. Auch das gehörte zum Transformationsschock schöpferischer Zerstörung.

Wie konnte das gelingen? Immerhin war ein großer Teil der anvisierten Adressaten schon in der ersten Blase ihrer Lebensgrundlagen als Mittelschichten beraubt, sozial und ökonomisch entwertet und teilweise sogar unter das Existenzniveau gedrückt worden. Und jetzt sollten sie noch einmal in einen spekulativen Prozess hineingetrieben werden, um sie weiter zu entwerten und ihre soziale Sicherheit einem weiteren Zerstö-

357 Memo from Ed. Crane to K. Rove vom 24.03.2005, http://www.socialsecurity.org/daily/04-04-05.html. Wie dieses Framing bis heute das Denken der amerikanischen Konservativen und insbesondere der Republikaner beherrscht, berichtet Mike Konczal, Conservatives Hindered by Ownership-Society Ideal, Bloomberg 27.2.2013.

rungsprozess zu unterwerfen? Kurz: sie umfassend zu enteignen und ihre Lebensbedürfnisse nur noch durch Kredite und kurzfristige spekulative Vorteile befriedigen zu lassen (Rajan sarkastisch: to »let them eat credit«), sowie Lohnkosten zu sparen? Der Grund liegt zum einen darin, dass den Unternehmern in den USA durch die enorme Machtzuweisung vor allem des Rechts auf »hire and fire« eine schwer angreifbare Herrenposition eingeräumt ist und sie mit großer Härte politisch unterstützt werden. Zum anderen durch die Vorspiegelungen, Hoffnungen und kulturpolitische Pflege des »american dream«. In diesem Zeitraum sind zu Dutzenden preisgekrönte Bücher über Einzelschicksale des folgenlosen »tragischen« Zerbrechens am amerikanischen Traum erschienen. Doch ein Traum ist offenbar schwer zu knacken.

Die Fed-Propaganda für eine erneute Blase zielte von Anfang an über die nationalen Grenzen hinaus auf die Aufblähung der globalen Nachfrage. Das lässt sich u.a. aus Gouverneur Gramlichs Reisediplomatie ablesen. Unter Bezug auf Greenspans öffentliche Verlautbarungen (offensichtlich die in Jackson Hole) verwies er in einer Rede bei einer Veranstaltung der französischen Zentralbank auf die Konsumspielräume, die sich mit der Verflüssigung der Grundstückswerte auf dem Häuser- und Hypothekenmarkt erzielen ließen. Er regte die Zentralbanken (deren Vertreter zum Teil ohnehin über das Symposium in Jackson Hole von Greenspans Initiative wussten) unter Hinweis auf die oben genannten Untersuchungen der Fed zu eigenen Studien und die entsprechenden Maßnahmen an.[358] Dasselbe sagte er auf dem International Bond Congress in London am 20.2.2002.[359] Man kann allerdings davon ausgehen, dass die Dinge bereits zwischen den Spitzen erörtert waren – in Jackson Hole, bei den regelmäßigen Treffen in Basel oder den vielen informellen Gelegenheiten –, sodass Gramlichs Vorträgen auch eine propagandistische Funktion zur Verbreiterung der Blasenoffensive zukam. Sie machen jedenfalls deutlich, dass die kommenden Blasenentwicklungen in Europa genauso wenig »naturwüchsig« waren, wie in den USA.

Im Gegensatz zur New-Economy-Blase überließ Greenspan das Framing der Subprime-Blase weitgehend der Bush-Propaganda. Die Fed sorgte für die Liquidität durch dauerhaft niedrige Zinsen. Die zwischenzeitlich in der letzten Phase der New-Economy-Blase auf 6,5% angehobe-

358 Edward M. Gramlich, Asset Prices and Monetary Policy Remarks by Governor Edward M. Gramlich at the New Technologies and Monetary Policy International Symposium, Bank of France, Paris, France, 30.11.2001, http://www.federalreserve.gov/boarddocs/speeches/2001/20011130/default.htm, insbesondere S. 1, 4 f., S. 6.

359 Edward M. Gramlich, Consumption and the Wealth Effect: The United States and the United Kingdom, Remarks by Governor Edward M. Gramlich Before the International Bond Congress, London U.K., 20,2.2002, www.federalreserve.gov/boarddocs/speeches/2002/20020220/default.htm, insbes. S. 1 ff., S. 5.

nen Zinsen senkte die Fed wegen der Rezession ab Januar 2001 aggressiv in rascher Folge fünf Mal um je 50 Basispunkte und dann im Juni und August nochmals um je 25 Basispunkte auf 3,5% im September 2001. Nach den Anschlägen vom 9/11 reduzierte sie sie bis zum Jahresende zunächst weiter auf 1,75% und im danach zügig mit der Begründung von Deflationsrisiken auf 1%. Das war die niedrigste Rate seit 45 Jahren und ein insgesamt in der Geschichte der USA beispielloser Lockerungsprozess, wie die BIS anmerkte.[360] Auf diesem Niveau wurden sie bis 2004 gehalten, um dann »in gemessenem Schritt« wieder angehoben zu werden. Langsam also, um die Bereitschaft zur Aufnahme von Hypotheken nicht abzuwürgen. Wie schon in der New-Economy-Blase signalisierte Greenspan den Märkten und der Bevölkerung immer wieder, dass sie sich auf niedrige Zinsen würden verlassen können – eine unabdingbare Voraussetzung für die Verstetigung der Risikobereitschaft und um die Maschinerie von Kreditgewährung und Verschuldung am Laufen zu halten.[361]

Zur Pflege dieses Risikoverhaltens machte Greenspan früh unmissverständlich klar, dass er und die Fed eine erneute Blasenbildung nicht nur in Kauf nahm, sondern sogar zum notwendigen treibenden Moment der ökonomischen Entwicklung zählte. Schon in seiner Rede vom 24.5.2001 vor dem Economic Club of New York über »ökonomische Entwicklungen« stellt er die nächste Blase als praktisch unvermeidlich in Aussicht:

»... wir erleben lediglich eine Pause der Investition in einen breiten Gesamtkomplex von Innovationen, der die zugrunde liegende Wachstumsrate der Produktivität auf eine wesentlich höhere Ebene über die zwei Jahrzehnte vor 1995 gehoben hat ... Aber haben wir die Fähigkeit, Booms und Zusammenbrüche zu eliminieren? ... Die Antwort ist in meinen Augen: nein, denn es gibt kein Mittel, die menschliche Natur zu ändern und menschliches Verhalten mit großer Sicherheit vorauszusagen. Die Geschichte legt nahe, dass Risikoaufschläge fallen, sobald die Wahrnehmung der Bedrohung eines ökonomischen Abschwungs verfliegt. Je länger eine Ökonomie in solider Rate expandiert, umso wahrscheinlicher projizieren die Leute diese in die Zukunft und lassen die frühere Vorsicht fahren. Das ist eine völlig rationale Reaktion ... Wie ich bei früheren Anlässen schon gesagt habe, ist die Feststellung von Blasen und schließlich die Feststellung ihres Endes außergewöhnlich schwierig. In Wirklichkeit spiegeln – wie ich bereits angemerkt habe – Bewegungen bei Vermögenspreisen meistens grundlegende Veränderungen wider. Voraussagen,

---

360 BIS 72nd Annual Report, Basel 8. Juli 2002, S. 60.

361 G. Jiminez et al., Hazardous Times for Monetary Policy: What do Twenty-Three Million Bank Loans Say about the Effects of Monetary Policy on Credit Risk? Center for Economic Policy Research, Discussion Paper No. 6514, London 2007.

dass ein Steigen von Vermögenspreisen eine Blase darstellt, würde der konventionellen Weisheit eines großen Teils der Investorengemeinschaft widersprechen, sonst wären die Vermögenspreise nicht so hoch.«

Der renommierte Chefökonom der Rating-Agentur Moody's, Mark Zandi, sah in solchen Erklärungen Greenspans einen wesentlichen Beitrag zum Subprime-Schock.[362] Raghuram Rajan kommentierte eine dieser Verlautbarungen aus dem Jahre 2002, Vermögensblasen nicht anzutasten folgendermaßen: »Wenn Märkte jemals eine Lizenz dafür brauchten, über Bord zu gehen, dies war sie«.[363] Das Datum erklärt diese Rede. Bush rief gerade die Ownership Society auf dem Haussektor aus und Greenspan lagen die fertigen Analysen des Konsumpotentials einer Häuserblase aus seiner Rede in Jackson Hole vor. Es war diese »rationale Reaktion«, auf die Greenspan wie schon beim Betrieb der vorherigen Blase kalkulierte – völlig im Einklang mit seinem verhaltensökonomischen Selbstverständnis. Eine Warnung würde nur stören.

Gerade diese Einstellung traf unmittelbar danach auf eine heftige Reaktion aus der BIZ, dem globalen Zentralorgan der Zentralbanken, in dem auch die Fed als prominentestes Mitglied vertreten war und sich bei turnusmäßigen Treffen einbrachte. Ihr 71. Jahresbericht vom 11. Juni 2001 behandelt in seinem VII. Kapitel das Thema »Zyklen und das Finanzsystem«. Eingepackt in allgemeine Darstellungen, jedoch erkennbar auf Greenspan gemünzt, wird konzis auf 18 Seiten dessen strategisches Grundverständnis attackiert.[364] Offenbar war Chefökonom William White selbst federführend. Denn zu deutlich ist die Übereinstimmung mit seiner Attacke in Jackson Hole ein Jahr später, die ich oben bereits wiedergegeben habe. Von vorneherein bewegen sich die Ausführungen auf der Basis von Greenspans verhaltensökonomischem Ansatz. Selbst voll auf der Höhe politisch-ökonomischer Entwicklungen stellen sie diesen Ansatz gar nicht erst infrage. Auch sie sehen Zyklen getrieben von Wellen des Optimismus auf der Grundlage technologischer Innovationen und einhergehend mit ökonomischer Liberalisierung. Dies drücke sich zunehmend in einem wachsenden Risikoappetit und Exzessen der sich wechselseitig steigernden Kreditexpansion und Vermögenspreise aus. Auch die rasante wachsende Vergabe von Subprime-Krediten an Haushalte müsse dazugerechnet werden. Die abnehmende Empfindlichkeit der Marktteilnehmer für die wachsenden Risiken mache das Finanzsystem exzessiv »prozyklisch« – konjunkturanheizend also. Dies manifestiere sich

---

362 M. Zandi, Financial Shock, New Jersey 2009, S. 71.

363 R. Rajan, Fault Lines: How Hidden Fractures Still Threaten the World Economy, Princeton 2010, S. 15.

364 Ich beziehe mich auf die englische Fassung, in der der direkte Bezug auf Greenspans Verlautbarungen oft deutlicher sichtbar wird.

in dem experimentell erforschten Wirken von »Desaster-Blindheit« und »kognitiver Dissonanz«, d.h. der Interpretation von Informationen im Sinne vorherrschender Einstellungen und der Bereitschaft, gegenwärtige mentale Bedingungen in die Zukunft zu verlängern. Die mangelnde Empfindlichkeit für Risikowahrnehmung könne eine bedeutende Rolle für die Erweiterung und den Aufbau des Finanzzyklus spielen. Die Sicherung der Inflationsziele sei kein ausreichendes Mittel zu ihrer Kontrolle. Im Gegenteil. Die erklärte Beschränkung darauf könne bei günstigen preisdämpfenden Entwicklungen (produktivitätssteigernde Innovationen etc.) die Welle sogar intensivieren. Da Kreditexpansion vor allem in heutigen Papiergeld-Regimen ein wesentlicher Bestandteil im Aufbau von Ungleichgewichten sei, falle die Hauptrolle bei ihrer Zügelung in den Verantwortungsbereich der Institutionen (wie Zentralbanken und anderen »policymakers«). Das angebliche »bessere Urteil« der Marktteilnehmer (»Weisheit« bei Greenspan) sei nicht ausschlaggebend. Denn die Institutionen hätten andere Verantwortlichkeiten und Zeithorizonte. Ihre Mittel seien Zinserhöhungen auch über die Sicherung der Inflationsziele hinaus, solange noch Zeit sei. Darüber hinaus seien ihre Mittel aber auch – besonders bei hoher öffentlicher Glaubwürdigkeit – Berichte und Reden der leitenden Verantwortlichen. Gerade dies zielte in besonderem Maße auf Greenspan. Denn er heizte öffentlich als »Maestro« die Welle des Optimismus unter Einsatz seines großen Ansehens an.

Greenspan waren diese Vorwürfe und Mahnungen aus den turnusmäßigen BIZ-Debatten bekannt. Seine oben behandelte Rede vom 24.5.2001 kann durchaus als vorweggenommene Verteidigung gelesen werden, aber auch als offensive Besetzung des Themas. Er ließ sich jedoch nicht im Geringsten irritieren, wie sein Vortrag in Jackson Hole zeigte. In Korrespondenz zu den von Präsident Bushs initiierten Hypotheken-Schulungsprogrammen im »American Dream« führte er in seiner Rede vom 5.2.2002 über »finanzielle Alphabetisierung« (financial literacy) beide IT-gestützten Stränge finanztechnischer Innovation zu einem Projekt zusammen: die Sekuritisierung von Darlehenspools und die Entwicklung von Organisationsstrukturen und Institutionen. Das seien Institutionen, die »die von Banken und Maklerfirmen, die ihre Dienstleistungen ausschließlich durch elektronikgestützte Vermittlungsmechanismen an lokal situierte Public-Private-Partnerships anbieten, die Beratung und Finanzierungsmodelle liefern, um Familien mit geringem und mäßigem Einkommen den Zugang zu Hypotheken zu erleichtern.«[365] Damit war klar: Vormals lokal gebundene Vermögenswerte und Verhaltensweisen wurden über

365 Greenspan 5.2.2002

einen komplexen IT-vermittelten Erziehungs- und Organisationsprozess in einen nationalen Blasenprozess eingespeist.

Drei Wochen später griff Greenspan im finanzpolitischen Sechsmonatsbericht an den Kongress die Frage der Risiken auf, auch die mit der Entfesselung der Finanzinnovationen verbundenen »systemischen«, also für das Gesamtsystem anwachsenden Risiken. Sie seien durch die Innovationen gemindert, nicht gesteigert. Denn sie würden durch den Massenhandel mit verbrieften, sekuritisierten Schulden und anderen neuen Produkten über das ganze System verteilt. Kaskadenartige Kausalketten von Bankzusammenbrüchen seien nicht mehr so wahrscheinlich wie früher. Allerdings erhöhe die gewonnene Flexibilität für die Vertragsparteien die Gefahr nicht erkennbarer Risiken und gefährde bei genügender Größe nunmehr das Gesamtsystem »Genau diejenigen Technologien, die als Ursache für unsere offenbar gewachsene Flexibilität erscheinen, können Ausgangspunkt verschiedener Formen von Verletzlichkeit sein, die durch einen Konjunkturzyklus intensiviert werden oder ihn intensivieren können ... Obwohl die Befürchtungen von Unternehmensverschuldungen in vergangenen Jahren zumeist auf spezifische Sektoren beschränkt waren, sind Besorgnisse über potentielle systemische Probleme infolge einer großen Ausweitung von Derivaten mit den Schwierigkeiten von Enron (das milliardenschwere Unternehmen hatte sich gerade in Luft aufgelöst, D.H.) wieder hervorgetreten ... Aber gerade ihre Komplexität könnte Vertragsparteien hohen Risiken aussetzen, die sie im laufenden Geschäftsbetrieb nicht erkennen. Und daher machen diese Instrumente bei großen Fehlern potentiell das Gesamtsystem schutzlos.«[366] Wie wahr! Aber einen besseren Rat als Wachsamkeit mochte Greenspan nicht anbieten. Schon gar nicht eine Strategie der Risikoeindämmung, die der historisch neuen Situation gerecht würde und die Anregungen aus der BIZ aufnahm. Denn es war ja seine eigene Politik, die die systemischen Risiken deutlich erhöhte. Immerhin schien es ihm darauf anzukommen, den Gesichtspunkt der durch finanztechnische Innovationen gewachsenen systemischen Risiken zu erwähnen und damit zu zeigen, dass er sie sah und ernst nahm. Denn er wiederholte seine Ausführungen wortwörtlich auch in anderen Reden.[367] Gesichtswahrend, wenn man so will. Denn Blasenbildung war gewollt und der Crash sehenden Auges einkalkuliert.

In seiner Rede vor dem Joint Economic Committee des Kongresses vom 17.4.2002 wies Greenspan die inzwischen gewachsenen Besorgnisse einer Hauspreisblase mit dem Hinweis zurück, dass die Analogie zu einer

366 Greenspan 27.2.2002, S. 6 f.
367 Greenspan 7.3.2002, vgl. zu Greenspans gesichtswahrenden mit beruhigenden Abschwächungen vorgebrachten »Warnungen« auch: Th. Sowell, The Housing ..., a.a.O., S. 47 ff (s. Fn. 355).

Aktienblase fehlerhaft sei. Dies begründete er mit dem schon durch seine eigene Politik falsifizierten Argument, dass der »nationale« Häusermarkt in eine Ansammlung lokaler Häusermärkte zerfalle mit nur lokalen Risiken. So konnte er unbeschwert in seinem halbjährlichen finanzpolitischen Bericht an den Kongress am 16.7.2002 die erwartete Konsumbelebung aus Gewinnen bei der Hypothekenrefinanzierung verkünden – im Gegensatz zu den noch immer darniederliegenden Unternehmensinvestitionen bei fortbestehenden Überkapazitäten.

Auf dem Treffen in Jackson Hole ergriff er – auch an die Adresse seiner Kollegen aus der BIZ gerichtet – am 30.8.2002 die Gelegenheit, die Möglichkeit nochmals zurückzuweisen, man könne Blasen vor ihrem Platzen identifizieren. Die in einer ökonomischen Expansion steigende »irrationale« Risikobereitschaft sei durch maßvolle Zinssteigerungen nicht abzuwenden. Dies sei nur durch frühe scharfe Steigerungen mit der Wirkung erheblicher ökonomischer Schrumpfung möglich. Verlässlich sei es mit nur geringen Kosten und Risiken nicht möglich, die Luft auch nur schrittweise aus der Blase zu lassen. Möglich sei auch nicht die Begrenzung ihrer Größe und damit der zerstörerischen Wirkungen. Erst das Platzen würde die Existenz einer Blase bestätigen. (Alan Blinder erkennt schon hier die strategische Richtlinie: »erst platzen lassen, danach aufwischen«[368]): » ... gibt es andere Strategieoptionen, das Ausmaß von Blasen wenigstens zu begrenzen ohne wesentlichen Schaden für den Prozess? Bis heute haben wir sie nicht erkennen können ... « Warnungen, Reden? Greenspan ging nicht darauf ein, er propagierte ja die entgegengesetzte Richtung. Greenspans Bekenntnis zur historischen Notwendigkeit von Blasen war unmissverständlich: »Wenn wir tiefer in die Fragen einsteigen, die durch die Entwicklungen der letzten Jahre aufgeworfen wurden, muss das Zusammenspiel zwischen struktureller Produktivität und Vermögensgewinnen, das im letzten Zyklus so evident wurde, eine herausragende Rolle spielen. Vor allem müssen wir bestimmen, ob das periodische Hervortreten von Marktblasen, wie sie so oft in der Vergangenheit vorgekommen sind, unvermeidlich für den Fortschritt ist.«[369] Eine erkennbar rhetorische Frage, denn Greenspans Meinung war gefestigt. Er signalisierte den Märkten, wie in der New-Economy-Blase, in aller Deutlichkeit schon vorweg, dass die Fed ihre Spekulationsblase unterstützen würde. Ich habe oben die stellvertretende Vorsitzende Alice Rivlin mit dem noch unmittelbar nach dem »meltdown« bekundeten Hinweis zitiert, man könne ja nicht die Wirtschaft durch den Stopp der Blasenbildung leiden lassen. Andersherum: wenn die Blase der Wirtschaft dient, darf

368 A. Blinder, Commentary: Monetary Policy After the Fall, Jackson Hole 2010.
369 Greenspan 30.8.2002, S. 3-6

man sie nicht stoppen. Rivlin war mit Greenspan d'accord. Für Greenspan war das eher eine Aufforderung, denn eine Frage. Er hatte sie schon oft beantwortet. Er sah die Blase im innovativen zyklischen Prozess schöpferischer Zerstörung als unvermeidlich. Auch die neue Blase, denn deshalb blies die Fed sie ja auf.

Greenspans späterer Nachfolger Ben Bernanke, gerade eben zum Fed-Gouverneur ernannt, sekundierte ihm öffentlich in zwei grundsätzlich angelegten Reden.[370] Es gebe kein sicheres »Aufstechen« der Blase. Die Große Depression sei erst durch die Einengung der Geldpolitik so schwerwiegend und lang geworden. Schon zu diesem Zeitpunkt stellte er bei einer »depressiven« Deflation, bei der einer steigenden Produktivität keine ausreichende Nachfrage gegenüberstehe, Maßnahmen ungehemmter Ausweitung von Liquidität in Aussicht. Kein Problem allerdings im »Papiergeldsystem«, wie er sagte. Auch bezog er bereits jetzt die Option ein, bei Erreichen der Nullzinsgrenze die Liquiditätsausweitung mit dem massenhaften Ankauf von Schuldpapieren (bonds etc, auch ausländischen) zu betreiben, später »Quantitative Easing« (QE) genannt. Seine Erinnerung an Friedmans Bonmot, man könne ja Geld aus dem Helikopter werfen, trug ihm den Spitznamen »Helikopter-Ben« ein. Nichts Neues also gegenüber den späten 90ern. Aber eine brisante Erklärung für die spätere bis heute reichende Strategie der Greenspan-Folge-Tsunamis.

Anfang 2003 stellte Greenspan fest: die Offensive hatte gegriffen. Das robuste Anwachsen von Auszahlungen (cash-outs) im Zuge der Hypothekenrefinanzierungen – also praktisch durch steigende Schulden finanziert – hatte sich 2002 auf 1,6 Billionen (am. Trillion) summiert. Sie sorgten bei noch immer stagnierenden Unternehmensinvestitionen für einen gewaltigen Nachfrageschub. Der wurde noch verstärkt von einer rasanten Zunahme der konsumrelevanten privaten Verschuldung bei Abzahlungskäufen etc.[371] In seiner Eröffnungsrede des Symposiums in Jackson Hole desselben Jahres stellte er die Innovationen der Hypothekenfinanzierung in den Gesamtrahmen der Entwicklung finanztechnischer Innovationen. Er konstatierte befriedigt, dass seine verhaltensstrategischen Ziele erreicht würden: »Aber einige Innovationen im Bereich der Hausfinanzierung haben neue Wege des strategischen Einflusses auf wirtschaftliches Verhalten eröffnet. Beispielsweise waren die Haushalte in der Lage, mit größerer Leichtigkeit Werte aus ihren Häusern zu ziehen, und dies hat zweifellos in den letzten Jahren zur Unterstützung der Konsumausgaben über die

370 B. Bernanke, Remarks, Before the New York Chapter of the National Association for Business Economics, New York, New York 15.10.2002: Asset-Price »Bubbles« and Monetary Policy; ders., Deflation...,op.cit., (Fn. 282)

371 Greenspan 11.2. und 15.7.2003.

traditionellen Effekte der Geldpolitik hinaus beigetragen.«[372] Schon 2003 war die Blase auf das dreifache der New-Economy-Blase angewachsen und sie wuchs weiter.[373] Der Tsunami schwoll an.

SENGENDE HITZE: 4 BILLIONEN $ REFINANZIERUNGEN

Als »sengend heiß« (torrid) begrüßte Greenspan[374] schließlich die »massive Welle« von Refinanzierungsaktivitäten im finanzpolitischen Jahresrückblick am 11.2.2004 vor dem Kongress. Sie summierten sich auf vier Billionen (4.000 Milliarden) Dollar. Damit war der Gipfel noch nicht erreicht. 2006 dienten schon 86% der Refinanzierungen nur dem Zweck der »cashout«-Verflüssigung.[375] Der frühere präsidentielle Berater Martin Feldstein bezifferte sie später für den Zeitraum von 1997–2006 auf mehr als neun Billionen, (9.000 Milliarden).[376] Die Nachfragewirkung wurde noch verstärkt durch ein dramatisches Anwachsen der Konsumentenkredite um 5¼ %, auch auf der Basis gestiegener Häuserwerte. Zusammen mit den Steuererleichterungen für höhere Einkommensklassen hat beides bei nur mäßigen Lohnerhöhungen die Konsumausgaben um mehr als die Hälfte von 3% zu Jahresbeginn auf 4¾% zum Ende 2004 gesteigert – verteilt über die ganze Palette von Konsumgütern, vor allem auch Elektronik. Detaillierte Untersuchungen[377] haben gegen verschiedene Einwände[378] belegt, dass es tatsächlich die Subprime-Kredite waren, die den Kern dieser Dynamik bildeten.

Die Arbeitslosenzahlen besserten sich allerdings nicht, die Unternehmen nahmen keine Erweiterungsinvestitionen vor. Sie sogen Profitsteigerungen aus dem technologisch induzierten Produktivitätswachstum. Die dadurch in Schach gehaltene Inflation wurde darüber hinaus eingedämmt durch die Flut billiger Konsumgüter aus der Überausbeutung asiatischer, vor allem chinesischer Arbeitskraft. Neben der privaten stieg die öffentliche Verschuldung in den USA massiv infolge der Steuervergünstigungen für Gutverdiener (mit Greenspans ausdrücklicher Billigung), wachsenden öffentlichen Ausgaben für den Irakkrieg und für soziale Sicherheit und Gesundheit bei fallenden Einnahmen. Greenspan

372 Jackson Hole 2003, A. Greenspan, Openinmg Remarks, S. 2 f., 5 f.
373 P. Wallison, Hidden ..., a.a.O., S. 60, 239 (s.Fn. 83).
374 Greenspan 11.2.2004, S. 7.
375 Th. Sowell, The Housing ..., a.a.O., S. 23 (s. Fn. 355).
376 Zahlen: Moody's economy.com; M. Zandi, Financial Shock, New Jersey 2009, S. 75; M. Feldstein, Housing, Credit Markets and the Business Cycle, NBER working paper No.13 471, October 2007.
377 A. Mian et al., The Consequences of Mortgage Credit Expansion: Evidence from the U.S. Mortgage Default Crisis, Quarterly Journal of Economics (2009) 124 (4) S. 1449- 1496; M. Zandi, Shock, a.a.O., S. 31 ff. (s. Fn. 376); R. Rajan, Fault Lines, a.a.O., S. 38 ff (s. Fn. 363).
378 J. Stiglitz, Freefall. America, Free Markets, and the Sinking of the World Economy, New York 2010.

mahnte die Reduzierung der Ausgaben für den sozialen Sektor als drängende Aufgabe an.[379]

Dies war aber nur die initiale Phase einer komplexen Dynamik. Sie nahm die Impulse des New-Economy-Schubs auf und trieb die zweite Welle des Tsunami über das im Jahre 2000 erreichte Niveau weit hinweg. Das war nicht nur ein bloßer Aufschub der Krise, und es ging über den Betrug an den amerikanischen Unterschichten hinaus. Natürlich, das Manöver ging zu ihren Lasten, wie es historisch immer die Unterklassen sind, die den Aufbruch in einen neuen Zyklus bezahlen. Und es war sicher besonders dreist, ihnen die Einspeisung ihrer Lebensgrundlage noch als Verwirklichung des American Dream zu verkaufen. Aber es handelte sich darüber hinaus um einen epochalen Vorstoß, der eine Innovationsoffensive gesellschaftlich und global umsetzte, und sich darum nicht auf die Bedeutung einer bloßen Konjunkturbelebung beschränkte. Der IWF hat der Komplexität dieses Schubs grundlegend und exemplarisch im World Economic Outlook vom Oktober 2009 Rechnung getragen. Darin schlüsseln zwei Arbeitsteams die Subprime-Blase als Ausdruck multipler Schocks auf, in deren Kern der Finanzschock in Verbindung mit einem auf Innovationen basierenden Produktivitätsschock lag. Sie zeichnen die Subprime-Blase in Analogie zu den Schocks von 1907 und 1929 als Bereinigung, als Reallokation von Arbeit und Ressourcen auf dem Weg zu größerer Effizienz[380] Die bemerkenswerten Ausführungen ihrer Autoren werden uns weiter unten noch beschäftigen.

Auf finanziellem Sektor fand dieser Schub seinen Ausdruck im Durchbruch zu einem neuen globalen Kommando und erweiterten Spielräumen der Finanzmärkte und ihrer Akteure. Wenn Greenspan immer wieder den außerordentlichen Erfindungsreichtum der amerikanischen Finanzmärkte betonte und sie darum schon in der New-Economy-Blase förderte, so meinte er dies in einem grundsätzlichen politisch-ökonomischen Sinne ernst. Im Kern sah er in allererster Linie die Sekuritisierung und ihre Techniken. Darüber hinaus im engeren Sinn auch die Techniken der Hypothekenfinanzierung, der Kreditversicherung. Grundsätzlich manifestierte sich in ihnen nicht nur ein Rausch der Erfindung und Profitgier, sondern ein regelrechter Machtrausch. In keiner Phase der Nachkriegsentwicklung fühlten sich die Kommandohöhen des Finanzsektors, fühlten sich Wall-

379 Greenspan 25.2.2004; 15.3.2005.

380 IMF, Worlds Economic Outlook Oct. 2009, Kap. 3 und 4, insbes. S. 110-115, 128-131; Ein Exempel für die unten noch ausgiebiger behandelte, leider zählebige Trostlosigkeit der ökonomischen »Wissenschaft« stellt der 2013 erschienene Aufsatz von N. Bhutta und B. Keys über »Interest Rates and Equity Extraction During the Housing Boom« dar. Er zeichnet die von der Fed offensiv betriebene Dynamik ohne Rekurs auf die Akteure und ihre Strategien als objektives Kausalgeschehen mit den üblichen Determinanten. Herzlichen Glückwunsch! Oder war das ein Dienst an der Fed zu ihrer Entschuldigung? Nützlich ist natürlich das Zahlenmaterial.

Street-Akteure derart als Herren nicht nur des amerikanischen, sondern des globalen Geschehens wie zur Zeit der Subprime-Blase – gefördert und unterstützt von der Fed. Die Schlagwörter dazu sind Shadow Banking, »alternatives Bankwesen«, in Deutschland auch »Finanzmarktkapitalismus«.

Die Entwicklungen am Hypothekenmarkt und in der Sekuritisierungsindustrie sind natürlich nicht voneinander zu trennen. Erst die Verbriefung von Schulden zu standardisierten Waren und ihr geradezu exponentiell wachsender Vertrieb mit Hilfe der Informationstechnologien im globalen Maßstab sorgten für die Kreditexplosion. Denn die verbrieften, gebündelten Schuldpositionen aus Hypothekenkrediten konnten je nach Risikoklassen sofort verkauft werden. Damit wurden die Risiken weitergegeben und der Erlös wurde in neue Kredite zurückgespeist. Die Möglichkeit einer jederzeitigen Verkäuflichkeit sicherte den sorglosen, stockungsfreien Absatz und die Möglichkeit der Diffundierung des Risikos im Gesamtsystem. Dies vermittelte ein Sicherheitsgefühl, das in die wachsende Sorglosigkeit bei der Hypothekenkreditgewährung zurückwirkte, befeuert von höchster Ebene durch Bushs anheizende Reden und Aufforderungen. Die verschiedenen Agenturen im Geschäft – Makler, Broker, Kreditvermittler, Banken – gingen mit der von Bush geforderten Aggressivität erbarmungslos an ihr soziales Objekt heran.

»Es gab einen Zeitpunkt, da war es (das Haus) 105.000 Dollar wert. Wir dachten, wir hatten das Nirwana erreicht. Immer wieder riefen Leute von der Bank an, manchmal vier-, fünfmal pro Abend, um uns neue Darlehen oder Kredite für Renovierungen anzudrehen. Die waren wie Drogendealer.«[381]

Der American Dream nahm die Form eines Drogenrausches an.

Am Anfang waren es noch normale »plain-vanilla«(08/15)-Kredite mit festen Zinsraten. Aber um an die Subprime-Schichten, die Geringverdiener ohne Ressourcen, heranzukommen, musste der Einstieg für erleichtert werden. Oder besser: die Sogwirkung. Dafür sorgten Techniken, die mit geringen Einstiegszinsen lockten. Das Anziehen der Zinsschraube wurde aufgeschoben. Die Kreditnehmer wurden auf die Aussicht verwiesen, diese über Hauswertsteigerungen aufzufangen. Die Hypotheken hießen »adjustable-rate mortgages« (ARM), Hypotheken mit Zinsanpassung. Diese waren es, die die Verschuldungen erst in ihre Dynamik hineintrieben. Systematisch und absichtlich. Im Jahre 2004, als Greenspan der Blase den Eintritt in die »heiße Phase« attestierte, forderte er die Bevölkerung in einer öffentlichen Rede vor der nationalen Kreditvereinigung

381 A. Luce, Das Ende des amerikanischen Traums, Financial Times Deutschland vom 10.8.2010.

(Credit Union National Association) dazu auf, den Einstieg über ARMs zu suchen. »Neue Forschungen in der Federal Reserve sagen, dass viele Hauseigentümer zig 1.000 Dollar hätten sparen können, wenn sie in den letzten zehn Jahren »adjustable-rate-mortgages« eingegangen wären und nicht Hypotheken mit festen Zinsraten ...«[382] Diese Rede fand, wie beabsichtigt, ein großes Echo und trug nicht wenig – spätere Kritiker sagen: entscheidend – dazu bei, die Blase zum Überschäumen zu bringen. An die Adresse der Banken richtete Greenspan in dieser Rede die Aufforderung, »...mehr Alternativen in der Entwicklung von Hypothekenprodukten für die traditionellen Hypotheken mit festen Zinsen anzubieten«. Das bestärkte diese in ihrem Eifer, Geringverdiener und arme Leute einzusaugen. Kreditinstitute und -vermittler gingen dazu über, Lockzinsangebote (teaser rates) zu machen. Sie offerierten außerordentlich niedrige Eingangszinsen mit dem Ziel, Geringverdiener anzuziehen. Zeitweise wurden »teasers« zu Raten von 1% oder 2% angeboten. Die nächste Stufe wurde mit »Nur-Zins-ARMs« (interest-only mortage) erreicht: keine Anzahlung und ohne Rückzahlung ausschließlich Zinszahlung auf die Kreditsumme. Auch sie verschleierten das unausweichliche dicke Ende. Dann ging man zu »option-ARMs« über. Sie ließen den Kreditnehmern die Wahl zwischen Standardzinsen und Zahlungen auf die Schuld selbst oder beim Einstieg nur die Zahlung eines geringen Betrags, der nicht einmal den Zins deckte. Da in der Vergangenheit regelmäßig eine teure Hypothekenversicherung (private mortage insurance) abgeschlossen werden musste, erfanden die Verleiher die sogenannten Huckepack-Kredite (piggyback-loans). Sie sattelten auf eine Hypothek im Wert von 80% des Hauspreises eine zulässige und billige zweite Hypothek für die restlichen 20% drauf, aus der die Versicherung und weitere Kosten beglichen werden konnten. Es wurde zu guter Letzt üblich, überhaupt auf Anzahlungen zu verzichten, ja sogar auf Einkommensnachweise. Im Jahre 2006 waren über die Hälfte der Subprime-Kredite »Einkommensangabe-genügt-Kredite« (stated income-loans). Der Kredit wurde auf nichtüberprüfte Einkommensangaben hin gewährt. Der Phantasie waren keine Grenzen gesetzt. Die steigenden Hauspreise führten darüber hinaus dazu, dass viele Käufer zusätzlich Kredite aufnahmen, bei denen allein schon die Tatsache des Hauseigentums als Sicherheitsgrundlage für ausreichend erachtet wurde. Die Anzahl der sogenannten flipper stieg atemberaubend an. Das waren Leute, die in spekulativer Absicht die rasanten Hauspreissteigerungen nutzten und in schneller Folge Häuser kauften und wieder verkauften. Bauunternehmen und Grundstücks- und Stadtentwicklungsgesellschaf-

382 A. Greenspan, Understanding Household Debt Obligations, 23.2.204.

ten schufen sich ihre eigenen Kreditabteilungen, um die Dynamik zugleich zu nutzen und weiter zu befeuern.[383]

Sicher war es der gesamte Immobiliensektor, der durch die Offensive in eine wilde Bewegung getrieben wurde. Oberhalb der Subprime-Schicht gab es ein ganzes Spektrum mehr oder weniger prekärer und natürlich auch vermögender Haushalte, die sich gleichermaßen ihren Einstieg in die spekulative Dynamik suchten.[384] Das stärkste Wachstum lag im Subprime-Sektor. Hier stiegen die Hypotheken von 2001–2006 allein um 2,5 Billionen $, 2005 -2006 um 1,2 Billion $. Der Subprime-Anteil stieg von 5% der Gesamthypothekensumme auf etwa 20% im Jahre 2006 mit 625 Mrd. $ allein in diesem Jahr. Seit Ende der 90er verdoppelten sich die Hauspreise bis 2006, in Los Angeles (von 2000–2005) auf 110% und in San Diego auf 127%.[385] Wohnungsbauinvestitionen waren auf 6,3% des BIP gestiegen – den höchsten Stand seit 1950.[386]

Die Subprime-Kredite wurden zu etwa zwei Drittel sekuritisiert (das galt auch für die Hypothekenkredite in ihrer Gesamtheit). Sie hatten so einen erheblichen Anteil an der stürmischen Entwicklung der gesamten Sekuritisierungsindustrie in diesen Jahren. Wenn Mark Zandi von einem »Schneesturm zunehmend komplexer securities« spricht, dann meint er die enorme Vielfalt von Kombinationen an Kreditklassen, die in völlig unterschiedlicher Weise gebündelt wurden.[387] Sie alle aufzuführen, würde den Rest des Buches in Anspruch nehmen. Dazu gehörten: Flugzeug-Leases, KFZ-Kredite (sowohl prime, als auch subprime), Computer-Leases, Konsumentenkredite, Kreditkartenschulden, Franchise-Kredite, Schulden wegen gesundheitlicher Versorgung, Ratenzahlungen an Gesundheitsclubs, Ratenzahlungen an Versicherungen, Kredite an kleine Geschäftsinhaber, Studentenkredite, baby bonds usw.[388] Praktisch jeder Lebensaspekt war inzwischen für den Kredit und damit die Sekuritisierung erschlossen worden, für die umfassende »financialization of daily life«, wie Robin Blackburn richtig formuliert.[389] Aus diesem Riesenpool von Kreditklassen wurden inhomogene (d.h. nicht derselben Klasse zugehörige) Kredite

383 M. Zandi, Shock ..., a.a.O., Kap. 1 - 4 (s. Fn. 376), J. Dokko et al., Monetary Policy and the Housing Bubble, Federal Reserve Board , Staff Working Paper in the Finance and Economics Discussion Series 2009-49, S. 39 ff.

384 Aufgeschlüsselt bei J. Dokko et al., a.a.O., S. 39 ff (s. Fn. 383).

385 Th. Sowell, The Housing... , a.a.O., S. 1 (s. Fn. 355).

386 Zahlen bei: G. Gorton, A. Metrick, The Run on Repo and the Panic of 2007-2008, Yale Working Paper 2009, S. 4; G. Akerlof and R. Shiller, Animal Spirits: How Human Psychology Drives the Economy, and Why It Matters for Global Capitalism, Princeton 2009, S. 36, S. 149; M. Zandi, Shock, a.a.O., S. 43 f. (s. Fn. 376); R. Shiller, Understanding ..., a.a.O., S. 21 (s. Fn. 344).

387 M. Zandi, Shock ..., a.a.O., S. 11 (s. Fn. 376),

388 Einen kleinen Überblick gibt: G. Gorton, Slapped in the Face by the Invisible Hand: Banking an the Panic of 2007, prepared for the Federal Reserve Bank of Atlanta's 2009 Financial Markets Conference: Financial Innovation and Crisis, May 11-13, 2009, S. 9 f.

389 R. Blackburn, The Subprime Crisis, New Left Review 50, March – April 2008, S. 84 f.

meist mit unterschiedlichem Risikogehalt (risk content) zu einer Einheit zusammengelegt, die dann als »collateral«, d.h. Sicherheitsgrundlage für darauf auf den Markt gebrachte Wertpapiere dienten, genannt »CDOs« (collateralised debt obligation). Wegen der heterogenen und unterschiedlich riskanten Zusammensetzung wurden sie auch strukturierte (structured) Papiere genannt. Insgesamt ist der Anteil sekuritisierter Kredite am gesamten Wertpapiermarkt in den letzten Dekaden enorm gestiegen. In den Vereinigten Staaten reichte ihre Gesamtsumme Ende 2007 an die 11.500 Milliarden heran, davon 2.500 Milliarden als ABS und 9.000 Milliarden als MBS (asset-backed-securities bzw. mortgage-backed-securities). Sie zogen darin mit traditionellen Schuldpapieren gleich (Schatzpapiere, Papiere, die von Bundesstaaten und Gemeinden sowie Unternehmensanleihen mit Ausschluss von Finanzunternehmen).[390] Parallel dazu und von ihrer Dynamik mitgetragen, stieg die Anzahl anderer Derivate: der CDS (credit default swaps), Papiere, mit denen sie gegen Ausfall versichert wurden. Sie waren ebenfalls handelbar und Gegenstand von Spekulationen. In stürmischem Wachstum begriffen waren auch die nicht-standardisierten (oft nur auf Papierfetzen dokumentierten) »over-the-counter«-Kontrakte (OTC). Sie dienten z.B. zur Absicherung gegen Zins-, Währungs- und Warenterminrisiken. Sie explodierten regelrecht bis Dezember 2007 auf einen Wert von 600 Billionen (600.000 Milliarden) Dollar.[391]

Eine maßgebliche Rolle bei den Bemühungen, diesen »Schneesturm« richtig auf Touren zu bringen, spielte das 2004 gegründete American Securitisation Forum (ASF). In ihm organisierte sich mit über 330 Firmen ein großer Teil der bedeutendsten Marktteilnehmer der Sekuritisierungsindustrie.[392] Das ASF trieb mit seinen öffentlichen Foren, Arbeitsgruppen, vernetzter Kommunikation und Jahresversammlungen die Techniken der Sekuritisierung voran. Es sorgte für Lobbydruck und öffentliches Vertrauen. Öffentliches Vertrauen vor allem in die »Produkte« der Sekuritisierungsindustrie. Das waren die komplex zusammengebündelten Tranchen aus Schulden unterschiedlicher Art, Herkunft, Laufzeit und Bonität. In ihnen schienen die manchmal außerordentlich geringen Anteile guter

---

390 A. Brender, F. Pisani, Global Imbalances ..., a.a.O., S. 10 f (s. Fn. 222), T. Adrian, H. Shin, The Shadow Banking System: Implications for Financial Regulation, Federal Reserve Bank of New York, Staff Report no. 382, July 2009, S. 1 f.

391 Zur Entwicklung vergleiche aus der gewaltigen Literatur: Report of The Presidents Working Group on Financial Markets, Over-the Counter Derivatives Markets and the Commodity Exchange Act, November 1999; zur Entwicklung bis 1999, einschließlich ihrer rechtlichen und informationstechnischen Dimensionen, deren Entfesselung Greenspan im Auge hatte; M. Gertler et al., External constraints on monetary policy and the financial accelerator, BIS Working Papers No 139, September 2003; M. Segoviano, Counterparty Risk in the Over-The-Counter Derivatives Market, IMF Working Paper 258, Nov. 2008; mit gutem Überblick zu Zahlen und Parallelen in der Entwicklung der Derivative siehe den Überblick in: Economist vom 12.11.2009, Over the counter, out of sight.

392 Vgl. ASF-News Statement 15.10.2010

Bonität (wie eine Art Deckblatt) den Rating-Agenturen die Berechtigung zu einer AAA-Bewertung für das gesamte Paket zu geben. Die Dichte der Kommunikation und der im ASF versammelte Sachverstand machen die oft gehörte Entschuldigung unglaubwürdig, die Struktur der zusammengesetzten Pakete sei so kompliziert gewesen, dass selbst Rating-Agenturen die Risiken nicht hätten durchschauen können. So hat Moody's, die weltweit führende Ratingagentur, mehrfach die Jahresversammlungen des ASF in Las Vegas ausgerichtet und betreut. Allein der bei Moody's versammelte Sachverstand, wie er sich auch in Mark Zandis hervorragendem Buch zur Krise zeigt, macht eine solche Entschuldigung unglaubwürdig. Zum öffentlichen Vertrauen trug allerdings erheblich bei, dass selbst das amerikanische Wertpapieraufsichtsamt SEC (U.S. Securities and Exchange Commission) auf einer ASF-Veranstaltung mit einer Rede darüber hervortrat, wie wichtig die Sekuritisierungsindustrie für die Entwicklung der amerikanischen Volkswirtschaft sei.[393] Erstaunlich ist, wie gut das ASF entgegen eigenen Befürchtungen den Schock der Finanzkrise und die damit verbundenen Schuldvorwürfe weggesteckt hat. Es brachte sich, wie wir unten sehen werden, mit inzwischen wieder gestärktem Einfluss in die Regulierungsdebatte nach dem Crash ein. Das lag daran, dass Sekuritisierung und die damit verbundene Macht der Märkte schon damals kaum noch infrage gestellt wurde. Ja, aus den Zentralbanken verlautete (dazu unten), dass Sekuritisierung mehr gebraucht werde, denn je.

Ratingagenturen versahen die sekuritisierten Papiere mit hohen Bonitätsnoten. Sie stießen auf dem aufgeheizten Markt in Anbetracht der in die Tranchen einbezogenen Anteile von Schulden mit hoher Bonität öffentlich auf geringe Zweifel. Sie sorgten für das Gütesiegel beim Vertrieb. Doch Zweifel gab es durchaus. D. Keith Johnson, der frühere Präsident von Clayton Holdings, hat sie in einer Anhörung vor der U.S. Krisenkommission (Financial Crisis Inquiry Commission) Ende September 2010 bezeugt. Sein Unternehmen habe vor der Krise festgestellt, dass die Hälfte der Hypotheken der Jahre 2006 und 2007 nicht den Qualitätsnoten entsprach, die den Investoren versprochen wurden. Er sei mit den Befunden zu den Ratingagenturen Standard & Poor's, Fitch Ratings und Moody's mit der Aufforderung gegangen, dies bei den Bonitätsnoten zu berücksichtigen, ohne Erfolg. Eine zu kritische Einstellung gegenüber Wall Street sei gegen

---

393 Vgl. Rede des SEC-Vorsitzenden Christopher Cox, Remarks at the American Securitization Forum vom 7.6.2006. Am besten informiert man sich auf der ASF-Homepage: www.americansecuritization.com mit tausendfältigen Links; guter Überblicksartikel im Economist über securatization: Fear and loathing, and hint of hope, 14.2.2008; siehe auch: C. Nicholson, A Defence of the Electronic Mortgage System, NYT 16.11.2010 (online-Edition), A. Currie, Bericht zur Jahreskonferenz des ASF, Verbriefungsmarkt: Gefangen in der Zeitschleife, Handelsblatt vom 10.2.2009 (online-Ausgabe).

ihre Geschäftsinteressen gewesen. Immerhin erwirtschafteten sie auf dem Gipfel des Booms die Hälfte ihrer Erträge aus solchen Bewertungen.[394] Wer die Befunde aufgegriffen hätte, hätte Marktanteile verloren. Moody's hat sich durch seinen Sprecher hierzu immerhin zu dem Eingeständnis bequemt, einen Trend zur Lockerung der Standards wahrgenommen zu haben.[395]

Die beim Aufblasen der Subprime-Blase entfesselte Dynamik saugte über die globalisierten Finanzmärkte tausende von Milliarden Dollar anlagewilliges Kapital an, vermittelt über Fonds, institutionelle Anleger, Banken. Schadenersatzprozesse haben belegt, wie leicht Geldbesitzer weltweit in die Anlagen gelockt werden konnten und noch ihre angesparten Notgroschen, Rücklagen für die Alterssicherung etc. verfeuert haben. Das durch die niedrigen US-Zinsen weltweit gedrückte Zinsniveau verstärkte den Anreiz zur Investition in die Produkte der Sekuritisierungsindustrie. Zig Billionen an globalen Ersparnissen (allein etwa vier Billionen aus den ermerging countries[396]) wurden so in die Taschen der amerikanischen Konsumenten gespült. Angeregt durch ihre Berater in den je nationalen Finanzinstitutionen, Banken und Sparkassen, verschuldeten sich private Haushalte über ihre eigenen Ersparnisse hinaus, um vom Boom zu profitieren. Denn der amerikanische Konsum, die amerikanischen Konsumenten belebten mit ihrer Nachfrage auch die peripheren Industrien nicht nur in Europa und Japan, sondern auch in den »ermerging markets« Asiens und Lateinamerikas. Die darüber erwirtschafteten neuen Ersparnisse wurden in einem gigantischen Recycling in die amerikanische Sekuritisierungsindustrie zurückgeleitet.[397] Das Geld floss weder in die unterentwickelten Länder noch in die Schwellenländer, also nicht in die Peripherien des amerikanischen Molochs. Es war vielmehr seine Maschinerie, die es aufsaugte.[398] Mitgefüttert wurde dieser globale konjunkturelle Schub in verschiedenen Ländern mit je eigenen Häuser- und Kredit-Blasen: Die Parallelen sind nicht zufällig, die Fed-Initiative zog sie hinter sich her. Edward Gramlichs Mission hierzu habe ich oben behandelt. Das galt vor allem für England, Irland (wo die Hauspreise um das Vierfache stiegen), Spanien, Frankreich, Portugal, Australien, Kanada, kaum aber für Deutschland. Dies machte Europa einer Begriffsprägung des Economist zufolge zum »Subprime Continent«.[399] Die deutsche Produktion fand

---

394 The Moody's Blues (editorial), Wall Street Journal 15.2.2008, zit. n.: R. Blackburn, Subprime Crisis, a.a.O., S. 75 (s. Fn. 389).

395 Vgl. den gründlichen Bericht von Gretchen Morgenson, Raters Ignored Proof of Unsafe Loans, Panel is Told, in: NYT v. 26.9.2010, Online-Ausgabe.

396 A. Brender, F. Pisani, Global Imbalances ..., a.a.O., S. 115 (s. Fn. 222).

397 R. Rajan, Fault Lines, Fault Lines, a.a.O., S. 108 ff (s. Fn. 363).

398 A. Brender, F. Pisani, Global Imbalances ..., a.a.O., S. 87 ff (s. Fn. 222).

399 Vgl. Economist, The Subprime Continent, 3.10.2011, Online-Ausgabe.

einen nur wenig gesteigerten Absatz im Inland. Die Exporte schwammen nach der Rezession, die auf die New-Economy-Blase folgte, auf den Wellen des künstlich angeheizten Booms vor allem in die USA.

Einige, auch Greenspan, wie wir im ersten Kapitel gesehen haben, haben dem Druck der weltweit anlagewilligen Ersparnis-Schwemme (global savings glut) die Schuld an der Finanzkrise gegeben. Er hätte die Kreditindustrie aufgeblasen, sie hätte sich nicht dagegen wehren können. Natürlich hatte auch sie einen gewissen Anteil an der Entwicklung. Aber diese Meinung vertauscht aus Gründen der Schuldabwälzung Ursache und Wirkung. Eine Schuldrochade sozusagen, die dem Schweinchen die Schuld an seinem Verzehr gibt. Die Schwemme hätte sich ohne die durch die oben dargestellten Strategien erschlossenen Anlagemöglichkeiten gar nicht entwickeln können.[400] Wenn es überhaupt eine Ersparnis-Schwemme gegeben hat, sind die Sparer*innen durch diese Möglichkeiten zur Investition in die Papierflut eingeladen worden. Greenspan selbst hat seine Behauptung auch, unter dem Eindruck von John Taylors Argumenten, praktisch wieder zurückgenommen.[401]

Der konjunkturelle Schub transportierte die von der Fed angetriebene Innovationsoffensive in eine weitere stürmische Expansions- und Entwicklungsphase. Amazon, Google, Twitter, Salesforce, Facebook eroberten als Avantgarden vieler weiterer Startups mit atemberaubender Geschwindigkeit die Weltbühne, disruptiv zerstörend und zugleich schöpferisch, hegemonial und weltbeherrschend. Ihre Smartphone-Apps lockten die Nutzer in Tausende Anwendungsmöglichkeiten, vergesellschafteten sie zu Schwärmen, überlagerten und löschten tradierte Vergesellungsformen. Über die Cloud rationalisierten sie die Internetnutzung und öffneten Zugänge in die privaten Sphären. Über Smartphone-vermittelte soziale Netzwerke erschlossen und prägten sie Kommunikationsnetze. Korrespondierend drang das Management der »human relations« in die neuen Kommunikationsformen ein. »Connectivity«, die Erschließung und Einbindung kommunikativer Aktivitäten in übergreifende Netze avancierte zur Grundstrategie imperialer Bemächtigung und ihre Behinderung zum Grund militärischer Intervention. Informationstechnologien (Vernetzung mobiler Kampfeinheiten, über Sateliten gesteuerte smart bombs und cruise missiles etc.) erhöhten im Irak und in Afghanistan die militärische Schlag-

---

400 So richtig: R. Rajan, Fault Lines, (s. Fn. 363); The Financial Crisis Inquiry Report, submitted by The Financial Crisis Inquiry Commission, January 2011, Dissenting Statement, Peter J. Wallison, S. 441, hier: S. 458.

401 J. Taylor, Getting off Track: How Government Actions and Interventions Caused, Prolonged, and Worsened the Financial Crisis, Stanford 2009; A. Greenspan, The Crisis, Brookings Papers of Economic Activity 2010, S. 240, f. Greenspan argumentiert mit dem subjektiven Verständnis bei den Anlageentscheidungen.

kraft, auch dort ausdrücklich geleitet von der Vorstellung schöpferischer Zerstörung. Die rapide Entwicklung verlangt eine Gesamtdarstellung, die dem 3. Band vorbehalten bleibt.

Trotz der aus der Subprime-Offensive fließenden Nachfrage blieben die Überkapazitäten auch nach dem Jahr 2000 sehr hoch. Auch die Produktivitätssteigerungen blieben in etwa in derselben Höhe und stiegen zeitweise auf 3,6%. Allerdings hatten nun auch die Industrien Anteil am Produktivitätswachstum, die die neuen Technologien lediglich anwendeten. Auch hierbei kam den IT-induzierten immateriellen Faktoren (Software, Organisation) eine wachsende Bedeutung zu.[402]

Zugleich erschloss der konjunkturelle Schub den Industrien Europas, Japans, der Schwellen- und rohstoffexportierenden Länder gewaltige Spielräume effektiver, wenn auch letztlich kreditfinanzierter Nachfrage. Er blies damit auch ihre Kapazitäten auf – weit über einen tragfähigen Rahmen hinaus, d.h. mit der Folge von Überkapazitäten im Falle des krisenhaften Nachfrageverfalls. Er hielt sie damit aber zugleich – wie schon in der New-Economy-Offensive – weitgehend in ihren alten Produktionsschwerpunkten fest. Wie schon in der Etappe vor 2000 produzierten sie die Technologien und auch die entsprechenden Managementstrategien weit überwiegend nicht selbst, und so blieben die Industrien großenteils anwenderorientiert. Dabei steigerten sie ihre Produktivität allerdings ebenfalls beträchtlich (in Deutschland vor allem bei den Giganten der noch immer dominierenden Automobilsindustrie und ihren Zulieferern -wie bspw. bei Bosch-, die ihrerseits Firmen der IT-Indutrien wie z.B. Infineon in der Spur hielten). Dies vergrößerte den Vorsprung der amerikanischen IT-Unternehmen und machte sie praktisch uneinholbar. Schon jetzt galt, was EU-Internetkommissar Günther Oettinger auf der Digitalkonferenz DLD im Januar 2015 beklagte: »Wir haben das Spiel in der IT-Branche verloren.«[403]

SHADOW BANKING

Dasselbe galt für die finanztechnische Seite. Auch wenn die oben beschriebenen Finanztechniken vorher entwickelt waren, es war die Subprime-Blase, die sie entscheidend vorantrieb, vor allem das Shadow Banking. Der Name soll uns nicht irritieren. Er suggeriert nur das Bild dunkler Mächte, die unbeobachtet im Schatten ihre finsteren Machenschaften treiben. Und in der Tat: mit großer Verspätung auch in Deutschland angekommen, schäumte die Entrüstung über »Schattenbank-Monster«,

402 S. Oliner et al., Explaining... , a.a.O., S. 4 ff, 49 ff; E. Brynjolfsson et. al, Wired... , a.a.O., S. 43 ff (beide s. Fn. 309).

403 FAZ 20.1.2015.

»Schattenbanken-Zombiebanken« schließlich hoch, die – als Geschwister der »Heuschrecken« aus Münteferings Backstube – unser »Weltfinanzsystem bedrohen« und »die Weltwirtschaft in den Abgrund reißen.[404] Geprägt wurde der Terminus von PIMCO-Direktor Paul McCulley auf dem Symposium 2007 in Jackson Hole[405] bei der Behandlung der Frage, ob und gegebenenfalls wie das Schattenbanksystem wieder in das traditionelle Banksystem integriert werden könne. Das Wort war griffig und machte schnell die Runde. Die professionelle Debatte hingegen ist technisch und nüchtern. Die renommierten Bankexperten Zoltan Pozsar und Tobias Adrianund ihre Mitarbeiter bedauern das ins Pejorative spielende Etikett »... für einen derart verbreiteten und bedeutenden Teil des Finanzsystems«.[406]

Die Debatte um das Shadow Banking ist noch nicht zum Abschluss gelangt. Aber skandalisiert wird es in der neuen politischen Ökonomie nur am Rande. Allenfalls die spekulativen Übertreibungen werden kritisiert, nicht die in ihm zum Tragen gekommenen Innovationen selbst. Dazu wird lediglich darauf hingewiesen, dass der kapitalistische Fortschritt ohne die spekulativen Formen nicht denkbar sei, ja nicht einmal ohne die Inkaufnahme der Einladung zu Täuschung und Betrug. Die neuen finanztechnischen Formen des Shadow Banking selbst werden als genuines »banking« behandelt, außerhalb des traditionellen Bankwesens und damit außerhalb ihrer Regulierung. Sie gelten als Eintritt des Finanzwesens in ein neues Entwicklungsstadium, als eine innovative Form der wesentlichen Bankfunktionen. Diese Funktionen sind Transformation von Kredit (Entgegennahme als Einlagen und Vergabe von Krediten) und damit Veränderung der Liquidität und der Fälligkeitsfristen. Die Debatte sieht eine »Rückkehr des Zeitalters der Bankpaniken«.[407] Sie stellt die Panik von 2007 und 2008 in den Zusammenhang der großen historischen Paniken. Wie die heutige, so hätten auch sie sich im Gefolge der Entfesselung neuer Formen von Geld und Kredit ereignet: 1873, 1907/1914 und 1929. Die Literatur ist lesenswert,[408] weil sie die zentralen Funktionen des Bankwesens in den

---

404 So Oliver Roth, Das Schattenbankmonster, Deutsche Börse, 31.3.2011; H. Prantl, Banken, Schattenbanken, Zombiebanken, Süddeutsche.de, 20.10.2008; C. Kloth, Der lange Schatten der Finanzkrise, Tagesspiegel.de, 27.1.2011.

405 In der General Discussion, Symposium-Reader, S. 485; und kurze Zeit später unter dem Titel »Teton Reflections« bei PIMCO: Global Central Bank Focus, August/September 2007.

406 Z. Pozsar et al., Shadow Banking, Federal Reserve Bank of New York, Staff Report No. 458, July 2010.

407 So die Formulierung von Tyler Cowen in seinem Essay unter dem Titel »The Age of the Shadow Bank Run« in der NYT vom 24.3.2012.

408 Vgl. G. Gorton, a.a.O., S. 17 (s. Fn. 388), inzwischen auch Greenspan 2011. Besonders lesenswert über die bisher genannten Darstellungen hinaus: T. Adrian, H. Song Shin, The Shadow Banking System, a.a.O., (s. Fn. 390) mit einer exzellenten und präzisen Skizze auf 16 Seiten, die mit den Darstellungen Gary Gortons und seines Mitarbeiters Andrew Metrick weitgehend übereinstimmt; G. Gorton, A. Metrick, The Run on Repo and the Panic of 2007-2008, vorläufiges Papier vom

Mittelpunkt stellt und sich von da aus an die neuen Erscheinungen herantastet. Vor allem ist sie erholsam gegenüber den kindischen Beiträgen, die die neuen finanztechnischen Formen in der Sehnsucht nach einem Kapitalismus mit menschlichem Antlitz verteufeln. Den gibt es nicht. Der Kapitalismus erfindet sich im produktiven wie im Finanzsektor jeweils neu durch innovative Schocks, die Elend, Krankheit und Tod produzieren auf dem Weg zu einer neuen Stufe von Inwertsetzung und schöpferischer Zerstörung.

Daher muss ich es hier bei einer vorläufigen Skizze der wesentlichen Momente belassen, in der ich die obigen Ausführungen zur Entwicklung bis 2000 aus der Rückschau auf die Subprime-Blase neu beleuchte, mit Bitte um Nachsicht für unvermeidliche Wiederholungen. In den Kern des neuen Schatten-Bankwesens wird die Sekuritisierung gestellt, die Verbriefung der Kredite.[409] Der Finanztheoretiker Gary Gorton hat dies so zusammengefasst, wie wir es aus der obigen Erörterung der Innovationsoffensive schon kennen:

»Sekuritisierung ist eine Form des Bankwesens außerhalb der Bankbilanz (off-balance sheet banking). Das geht folgendermaßen: Banken nehmen Kredite entgegen (Einlagen) und vergeben die Einnahmen als Kredite. Die dadurch begründeten Forderungen auf Rückzahlung werden an eine gesonderte Rechtsform verkauft (special purpose vehicle – SPV – ein eigenes Rechtssubjekt). Diese juristische Person verkauft Anteilsscheine an dem so gebildeten Forderungspaket auf den Kapitalmärkten. Sie spült damit das Geld für die Kreditvergabe wieder ein und finanziert sie auf diese Weise. Das SPV ist nicht mehr als ein IT-gestützter Roboter. Niemand arbeitet dort und es gibt auch keinen physischen Ort dafür.

22.1.2009, neu gefasst am 9.3.2009 mit einer guten Darstellung der Transformation des Banking auf Seite 4 und 5; G. Gorton, Questions and Answers about the Financial Crisis, prepared for the U.S. Financial Crisis Inquiry Commission, mit einem guten Vergleich der historischen Paniken auf Seite 3 bis 4 und einem guten Bericht über den Entstehungshintergrund der neuen Bankformen auf S. 6 f, alles in didaktischer Frage-Antwortform, Yale and NBER 20.2.2010; G. Gorton, A. Metrick, Securitized Banking and the Run on Repo,Yale ICF Working Paper No. 09-14, 9.11.2010; Z. Pozsar et. al., Shadow Banking ..., a.a.O. (s. Fn. 406), mit einer guten Darstellung der Verwandlung kurzfristiger in langfristige Schulden sowie der Fristen, Kredit- und Liquiditätstransformation auf S. 8 ff, S. 18 ff.; L. Bini Smaghi, Monetary policy transmission in a changing financial system: lessons from the recent past, thoughts about the future, Rede auf der Barclays Global Inflation Conference, New York 14.6.2010; Raj Date, Michael Konczal, Out of the Shadows: Renewing Glass-Steagall for the 21st Century, Make Markets Be Markets, Roosevelt Institute (March 2010). Alle Aufsätze mit umfassenden Hinweisen auf weiterführende Literatur.

409 Die hier bislang behandelte Literatur sowie u.a. der stellv. Generalmanager der BIZ Hervé Hannoun mit seiner vielbeachteten Rede auf der jährlichen Konferenz der Ostasiatischen Zentralbanken (SEACEN) unter dem Titel »Financial Deepening without financial excesses« am 31.3.2008; B. Bernanke, Some Reflections on the Crisis and the Policy Response, April 2012; manchmal werden auch Fonds dazu gezählt (Hedge-, Private-Equity-, Geldmarkt-Fonds), die auf der einen Seite Anteile, auf der anderen Kredite ausgeben. Aber sie sind einfacher strukturiert, überwachen ihre Risiken individuell und sind nicht im Massengeschäft mit den hohen Risiken tätig. Hin und wieder werden auch Investmentbanken dazu gezählt, die sich allerdings auch der Sekuritisierung bedienen. Auf die Auseinandersetzung über Definitionsfragen kann ich hier nicht eingehen.

Die Kreditvergabe wird dadurch aus der Bank ausgelagert (outsourced) und die Entgegennahme der Rückzahlungen und der Schuldendienst wird nach vorher festgelegten Regeln zugewiesen.«[410]

Die Funktionen von Kreditaufnahme und -vergabe durch Banken im traditionellen Verständnis werden dadurch aufgespalten und auf verschiedene Akteure verteilt: Bank und SPV. Das SPV vergibt keine Kredite mehr, es fabriziert Wertpapiere und verkauft sie. Darum wird dieses neue Banking auch das »OD-Modell« (originate-and-distribute-model) genannt.[411] Schulden aus Kreditbeziehungen werden in die Roboter der Kreditfabrik (SPV bzw. SIV – structured investment vehicle) eingespeist. Dort werden sie in Massenproduktion zu standardisierten Kreditpaketen verarbeitet, zu einer Art Kredit-Waren oder auch Schulden-Waren, je nach Perspektive. Das ermöglicht den Massenvertrieb an Investoren, also an über die Märkte organisierte Käufer = Kreditgeber. In diesem Prozess werden sie informationsunempfindlich (informationally-insensitve). Das heißt, sie werden handelbar, ohne dass ihr Warencharakter durch irgendwelche Informationen über den jeweiligen Schuldenwert beeinträchtigt wäre. Informationen über den Schuldenwert bleiben in der Bank zurück und für den »Käufer« der »Ware« verborgen. Das Marktgeschehen bleibt unbeeinträchtigt durch die daraus geschaffenen Unsicherheiten. Diese »Unempfindlichkeit« war also ein Grund der Krise. Der Flutpegel der Gesamtliquidität stieg unmerklich, aber stetig bis zum Staumauer-Rand, ohne dass infolge der Unempfindlichkeit der faulige Geruch toxischer Papiere die Nase belästigen musste.

Damit gewinnen sie sogar den Charakter einer Art Währung.[412] Das mag eigenartig für diejenigen klingen, die den Wert des Geldes im Sachwert suchen. Wie etwa beim Gold, auf das man wenigstens beißen kann, oder beim Papiergeld, das man anfassen kann. Ihr Wert besteht ja auch nur in der Sicherheit, dass man dafür etwas bekommt. Dies ist im Fall des Papiergeldes, das früher nicht mehr darstellte als das verbriefte Goldleistungsversprechen der Banken, trügerisch, ja selbst im Fall des Goldes, wie die spanische Goldinflation nach den amerikanischen Eroberungen gezeigt hat: Gold war kaum noch etwas wert. Anders ausgedrückt: auch hier ist der Wert, der einem Geldgegenstand innewohnt, das Leistungs- bzw. Arbeitsversprechen. Die Sicherheit und manchmal Illusion des Werts im Geschäftsverkehr beruht auf nichts anderem als der von Gary Gorton

---

410 G. Gorton, Slapped ..., a.a.O., 3 ff, S. 24 (s. Fn. 388)

411 Vgl. C. Borio, The financial turmoil of 2007–?: a preliminary assessment and some policy considerations, BIS Working Papers No 251, Monetary and Economic Department March 2008, S. 25, hier: 28, 38 ff.; J.-C. Trichet, The global dimension of the Crisis, Speech at the Foreign Correspondets' Club of Japan, Tokyo, 18.4.2009.

412 Vgl. G. Gorton, Slapped ..., a.a.O., S. 7 (s. Fn. 388).

beschriebenen »Informationsunempfindlichkeit«. Aus einer anderen Perspektive, aber doch in dieselbe Richtung zielend, drücken dies die Analysen eines paradigmatischen Übergangs von einer »Ära des Geldes« zu einer »Ära des Kredits« aus (Moritz Schularick und Alan Taylor, auf die ich unten noch zu sprechen komme). Greenspan war, wie wir oben gesehen haben, mit diesen Vorstellungen vertraut und Ben Bernanke, selbst hervorragender Geldtheoretiker, bezieht sich ausdrücklich auf Gorton.[413]

Damit werden Schuldenpositionen nicht nur massenhaft zum Gegenstand eines »Großhandelsbankwesen« (wholesale-banking) transformiert. Massenproduktion und Massenvertrieb stellen praktisch eine systemische Rationalisierung des Bankgeschäfts dar, die in der Subprime-Phase ihren Höhepunkt erreichte. Sie ist mit enormen Kostenreduzierungen und Skalenerträgen verbunden.[414] Sie hat allgemein und und vor allem für die US-amerikanischen Vorreiter gewaltige Wettbewerbsvorteile gebracht. Konkurrenznachteile hatte sie für die kostenintensiven traditionellen Bankgeschäfte.[415] Den Massenprodukten werden durch diese Vergegenständlichung neue Möglichkeiten im Kreditgeschäft eröffnet. Sie werden als Wertunterlage und Absicherung (collateral) für neue Kredite genutzt. Schulden zur Absicherung von Schulden also. Der Höhe der Pyramiden sind prinzipiell keine Grenzen gesetzt. In diesem Sinne einer die Grenzen des traditionellen Banksystems sprengenden Fähigkeit zur Kreditausweitung und Schaffung von Liquidität sprach das Mitglied des Exekutivrats der EZB, Lorenzo Bini Smaghi, auch von einem »Finanzmultiplikator« des »shadow banking system«.[416]

Das lawinenartige Anwachsen des shadow-banking und seiner Sekuritisierungsindustrien saugten vor allem in der Subprime-Phase weltweit zunehmend anlagewilliges Kapital in gigantischem Ausmaß ein. Sie durchdrangen in diesem Vorstoß die je nationalen Kreditsysteme und transformierten sie damit zugleich. Richard Green und Susan Wachter bezeichneten dies auf dem jährlichen Symposium in Jackson Hole 2007 als eine Revolution und verglichen es mit dem »Terror« der französischen Revolution.[417] Auf demselben Symposium spricht das Mitglied der Fed Edward Gramlich von einem »Blutbad« im »Wilden Westen«.[418] Die Revolution stieß nicht nur in den USA, sondern weltweit mit Lichtgeschwindigkeit vor. Sie durchdrang mit ihren alles erfassenden Tentakeln nicht

413 B. Bernanke, Causes of the Recent Financial and Economic Crisis, Testimony before the Financial Crisis Inquiry Commission, Washington, D.C., 2.9.2010.

414 Z. Pozsar et al., Shadow Banking, a.a.O., S. 8, S. 15 (s. Fn. 406).

415 R. Date, M. Konzcal, Out of the Shadows ..., a.a.O. S. 68 f. (s. Fn. 408).

416 L. Bini Smaghi, Monetary ..., a.a.O., S. 1 (s. Fn. 408).

417 R. Green, S. Wachter, The Housing Finance Revolution, Jackson Hole, 31. August 2007, S. 21, hier: S. 49.

418 E. Gramlich, Booms ..., a.a.O., S. 258 f (s. Fn. 346).

nur Banksysteme entwickelter Gesellschaften, wie die europäischen, das australische oder kanadische, sondern auch vormals relativ abgeschottete Systeme wie dasjenige von Bangladesch. Wie bei jeder Rationalisierung waren es neben dem leichten Zugang zu Krediten die Kostenvorteile, die aus den Peripherien im Anschluss an diese »Finance Revolution« auf der Basis des global niedrigen Zinsniveaus gesucht wurden.[419]

DER MACHTKOMPLEX DES NEUEN KREDITSYSTEMS

Dieser »terroristische« globalisierende schockartige Vorstoß war der historische Ort, in dem ganz wesentlich eine viel umfassendere Transformation und Machtverschiebung des Finanzsystems seinen Platz hatte. Die Macht des keynesianischen Banksystems begann sich aufzulösen. Sie verlagerte sich auf das, was allgemein mit dem etwas diffusen Begriff »die Märkte« bezeichnet wird. Das sind vor allem die großen Kapitalsammelstellen der institutionellen Anleger (Versicherungen, Pensionsfonds etc.), das weite Feld der Fonds von Hedgefonds bis zu Investmentbanken, der Staatsfonds usw. Sie verleihen kein Geld, sie investieren in verbriefte Papiere (auch Zertifikate etc.), verbriefte Unternehmensanleihen, Grundstücksfonds und in die anschwellende Masse der sekuritisierten Schulden, wie wir sie oben als Feld der Subprime-Offensive behandelt haben. Vor allem nach der Deregulierung der 1980er Jahre unter dem Regime des »Washingtoner Konsenses« lösten sich diese Formen der Vermittlung von verbrieften Kredit- und Finanzinvestitionen aus den je nationalstaatlichen Regimen. Sie entfesselten ihre vormals durch nationale Verfassungen und Beziehungen gebändigte Macht auf die transnationale Marktebene. Die Subprime-Offensive ging daher parallel mit der Entfaltung der Anleihemärkte auch auf anderen Gebieten. Von ihr ging jedoch eine ganz wesentlicher Antrieb für diesen Prozess der Machtverschiebung aus.

Von der transnationalen Machtebene werden nunmehr auch die Bedingungen der Kreditgewährung diktiert. Dies geschieht durch die Bewertung der Kreditwürdigkeit aus einem regelrechten Geflecht der neuen Wissensökonomie. Es besteht aus den Ratingagenturen, den Analyseabteilungen der großen Investoren (wie z.B. herausragend Pimco, Allianz), den Analyseabteilungen der großen Beratungsunternehmen (wie z.B. McKinsey). Es erschließt transnational Wissens- und Forschungsressourcen, die über viele Verästelungen und Vernetzungen tief in die nationalen wissensökonomischen Geflechte hineinreichen – in ihre Universitäten, Instituten, Stiftungen, Think Tanks etc. Aus diesem Geflecht werden die lebendigen Quellen des Werts sondiert. Drei große global beachtete amerikanische

419 R. Green, S. Wachter, a.a.O., S. 31 ff. (s. Fn. 417); A. Brender, F. Pisani, Global Imbalances ..., a.a.O., S. 19 ff., S. 33 ff. (s. Fn. 222); J.-C. Trichet, The global ..., a.a.O. (s. Fn. 411).

Ratingagenturen (Moody's, Fitch, Standard & Poor) liefern die Analyse- und Bewertungstechniken (wie z.B. die auch IT-technisch sehr ausgefeilten »Moody's Analytics«, in die ein Blick lohnt), das Benchmarking und Punktesystem (Kreditscoring) für die Einschätzung der jeweiligen Kreditwürdigkeiten. Die Schuldner, Länder und Unternehmen zittern gleichermaßen unter dem Bewertungsdiktat der Ratingagenturen und ihren Zensuren (von AAA+ über B und CCC- bis Ramsch, für die Wahrscheinlichkeiten zukünftiger Leistung). Aber mit der Bewertung werden zugleich Zielorientierungen und Verhaltensrichtlinien formuliert. Die schuldunterworfenen Gesellschaften werden genötigt, ihr Verhalten und Bemühungen daran zu orientieren. Wir haben im Rahmen von Untersuchungen zur Schuldenkrise am Beispiel des »Krisenlabors Griechenland«[420] dargestellt, wie diese Machtstruktur auch zu einem Kommando über ganze Staaten und Großregionen weiterentwickelt wird – über die alten Rezepte des IWF hinaus. Auch hier ist zu betonen, dass es sich nicht um eine abgeschlossene »Regulierung« handelt, wie sie etwa die Regulationstheorie in ihren idealtypischen Vorstellungen zeichnet. Vielmehr handelt es sich um einen Vorstoß, eine Offensive, die ihre Charakteristika in ständiger Auseinandersetzung mit den Subjekten und ihrem Widerstand zu profilieren sucht. Erst aus der historischen Rückschau post festum, wenn die Kämpfe eines Zyklus abgeschlossen sind, kann der Schleier einer Regulierung gewebt werden.

Mit dieser Transnationalisierung der Macht ging ein gleichfalls IT-gestützter Zugriff in die soziale Tiefe, die Mikrodimension einher. Er erodierte die Staatlichkeit, den korporatistischen Machtapparat einschließlich der sozialen Garantien der fordistischen Phase weit über die Deregulierungsangriffe der 1980er Jahre hinaus. Die Individuen, die Klasse, die Subjekte werden in ihren Kompetenzen, ihrem Status enteignet mit dem Ziel, sie viel umfassender zu unterwerfen. Ihre Lebensverhältnisse werden dem Zugriff der Finanzmärkte geöffnet. »Als Träger des Humankapitals müssen sie ihre Erträge maximieren«, formuliert Robin Blackburn das Finanzmarktdiktat.[421] Das gilt auch für den Unterwerfungs- und Inwertsetzungsmodus überhaupt. Die Agenturen der Finanzmärkte geben ja nicht schlicht Befehle. Sie formulieren Richtlinien, Benchmarks, Zielvorstellungen ökonomisch gewünschten Verhaltens. Die Subjekte müssen eigene Anstrengungen unternehmen,

---

420 D. Hartmann, J. Malamatinas, Krisenlabor Griechenland, Berlin, Hamburg 2011, z.Zt vergriffen. Ein Update wird daher in Bälde ins Netz gestellt werden (s. Verlagsseite von Assoziation A).

421 R. Blackburn, The Subprime Crisis, a.a.O., S. 88 (s. Fn. 389) mit Hinweis auf Fischer Black, der auf dieser Basis ein neues Gleichgewichtsmodell zu formulieren versucht: Fischer Black, Banking and Interest in a World Without Money: The Effect of Uncontrolled Banking, in: F. Black, Business Cycles and Equilibrium, Oxford 1987, S. 1–19.

sich diesen Zielvorstellungen anzupassen und ihr eigenes Verhalten zu optimieren. Dieser Zugriff ist eingebettet in das Gesamtspektrum der postfordistischen Stränge und Strategien der Inwertsetzung. Sie suchen über die unmittelbare Produktion hinaus, tiefer in die subjektiven, psychischen und psychosozialen Dimensionen der lebendigen Quellen des Werts vorzudringen.

Wir haben diesen paradigmatischen Übergang ausgiebig im Buch über »Cluster« analysiert. Nach der Erschöpfung der technologischen Befehlsorganisation des Fordismus – die Managementstrategen nennen sie »Push« – trägt das Kapital dem Umstand Rechnung, dass die Erschließung neuer subjektiver Quellen des Werts nur durch Selbstoptimierung möglich ist, weil die primitiven Formen seines technologischen Zugriffs an der grundsätzlichen Autonomie des lebendigen Subjekts abprallten. Hier hilft nur das, was das kapitalistische Management »Pull« nennt, den Zwang zur Selbsteinspeisung von Subjektivität in den Prozess der Produktion von Wert. Die deutsche Managementliteratur nennt dies »Subjektivierung«. Es handelt sich aber vielmehr um eine Verobjektivierung von Subjektivität mit neuen Erschließungsrezepten.

Dies verweist darauf wie sehr auch die Offensive finanztechnischer Reorganisation im Kern eine psychosoziale Offensive ist, die mit anderen Strängen der fordistischen Inwertsetzungsoffensive ein komplexes Ganzes bildet. Das wird bereits an der oben erörterten Förderung der »financial literacy« durch die Fed deutlich, der finanziellen Alphabetisierung. Sie soll die Subjekte darauf konditionieren, sich in den großen Kreditnexus einzubringen. Eine weitaus stärkere Konditionierung geht jedoch vom »credit-scoring« aus. Was das Länder- und Unternehmensrating für die Makroebene ist, stellt das »credit-scoring«, als ein dazu analoges Rating für den Mikrobereich dar. Auch wenn es eine lange Geschichte hat, mit Sekuritisierung und shadow banking hat es nunmehr die Schwelle in ein neues Zeitalter überschritten. Wie bei den Rating-Agenturen gibt es in den USA drei Kreditbewertungs-Agenturen: Equifax, Experian und TransUnion.[422] Ihre Skala reicht von 0 bis 1.000 Punkte, 750 Punkte sind ein ausgezeichneter Wert. Jede von ihnen bearbeitet ca. 1,5 Mrd. Punktekonten von ca. 225 Mio. Menschen. Als Kriterien offiziell verboten sind Rasse, ethnische Herkunft, Geschlecht, nationale Herkunft, Familienstand und Religion. Angewandt werden Kredithöhe und -entwicklung, Zahlungsverhalten, Dauer, Kredit-Typ, neue Kredite. Unter der Hand gebräuchlich sind aber weit mehr Informationen. Mit ihrer Hilfe können sich Agenturen statistisch an weitere Erkenntnisse

422 Information dazu unter www.equifax.com, www.experian.com und www.transunion.com

herantasten, auch die unerlaubten. Schon der Wohnort erlaubt Schlussfolgerungen auf Minderheiten und »ethnische« Kreditwürdigkeit. Das führte zu dem früher gebräuchlichen »red-lining«. Eine auf dem Stadtplan gezogene rote Linie sorgte für Ausgrenzung der kreditunwürdigen Bewohner oder die Entwertung ihrer Kreditwürdigkeit – oft von Afro-Amerikaner*innen, Latinos etc. bewohnte Stadtbezirke. Die atemberaubende Entwicklung der »social networks« hat die Zugriffstiefe in eine weitere Dimension vorangetrieben. Die neuen Datenvermittler sagen, dass sie so genau wie nie zuvor die Zahlungsfähigkeit und -bereitschaft voraussagen können.[423] Greenspan und der Fed-Apparat waren immer auf der Höhe der Entwicklung. Sie sahen in der informationstechnischen Bewertung die Möglichkeit für das Massengeschäft mit kleinen Krediten vor allem im Subprime-Bereich und ihre Sekuritisierung im shadow banking bei geringen Kosten und hohen Skalenerträgen. Ich glaube nicht, dass sie sich damit die Vermeidung des Zusammenbruchs eingeredet haben, zu deutlich zeichnete er sich am Horizont ab.[424]

Inzwischen dringt das Scoring über die nackten Personendaten hinaus um eine Dimension tiefer ins humane Gewebe vor. Es greift mit dem »behavioral scoring« nach dem Verhalten der Kreditnehmer. In den Medien wurde über Beschwerden von Kreditnehmern berichtet. Sie beklagten sich über die Minderung ihrer Bewertung wegen ihres Kauf- und Konsumverhaltens. Für die Art der Geschäfte gab es Punkteabzug (sogar für Käufe bei Wal-Mart), die Art der Waren (Schmuck, Automarke) und Dienste (Eheberatung: Punktabzug wegen destabilisierter Lebensverhältnisse), für den Besuch bestimmter Bars, für Spiele. Mit den technologischen Fortschritten von »Big Data« und »Data-Mining« wurden Zugriffe auf alle Bevölkerungsschichten und Berufe (vor allem Studenten mit der Gesamtkredithöhe von inzwischen über eine Billion Dollar) flächendeckend. Mustererkennung und Verhaltensvorhersage wurden sicherer. Über Big Data und Social Networks wird sogar die Art und Weise einbezogen, wie Antragsteller Online-Formulare ausfüllen.[425] Die Fed blieb auch nach Greenspan bei allem voll auf der Höhe, wie die breite Umfrage und der Bericht an den Kongress

---

423 S. Lohr, If Algorithms Know All, How Much Should Humans Help? New York Times, 6.4.2015, S. 2

424 A. Greenspan, Rede am 8.4.2005 über Consumer Finance, S. 3. Als Auswahl und zum Einstieg: Board of Governors of the Federal Reserve System, Report to the Congress on Credit Scoring and Its Effects on the Availability and Affordability of Credit, August 2007: R. Avery et al., Does Credit Scoring Produce a Disparate Impact, Federal Reserve Board, Finance and Economics Discussion Series 2010-58, 12. Oktober 2010, mit weiteren Nachweisen; J. Berkovec et.al., Race, Redlining, and Residential Mortgage Loan Performance, Journal of Real Estate Finance and Economics, 9, 1994, S. 263; L. Mester, What's the Point of Credit Scoring, Federal Reserve Bank of Philadelphia, Sept./Oct. 1997. Der Bericht befasst sich auch mit der Sekuritisierung kleinerer Unternehmenskredite und enthält eine gute Literaturübersicht bis 1997.

425 S. Lohr, If Algorithms ..., a.a.O., S. 2 (s. Fn. 423).

vom März 2010 zeigen.[426] Die Berichterstattung aus Deutschland über Redlining, Wohnumfeldanalysen, Konsumverhalten als Scoring-Inputs in eine »Matrix des Makels« zeigen, dass diese Entwicklung nicht auf die USA beschränkt ist.[427] Auch hierzulande werden Konsumenten als »selbständige basale Wirtschaftssubjekte« mit einer »sorgfältigen Analyse ihrer Leistungsfähigkeit« ins Visier genommen, um »Selbstbestimmung«, »Selbstorganisation« und den »Anforderungen an die Haushalte bei der Alltagsbewältigung und Lebensplanung« auf den Grund zu gehen. »Bei Prüfung der Kreditwürdigkeit eines privaten Kunden wird jedoch mit der wirtschaftlichen Leistungsfähigkeit zugleich dessen personale Kompetenz und Lebensführung geprüft.«[428]

Für das Monitoring und volkswirtschaftliche Auswertung sorgen staatliche Institutionen der Überwachung. In Deutschland ist es u.a. der »wissenschaftlichen Beirat für Verbraucher- und Ernährungspolitik beim Bundesministerium für Ernährung, Landwirtschaft und Verbraucherschutz«. Ähnliches gibt es inzwischen in allen Kernländern der Innovationsoffensive. Da die Massenkreditvergabe die Grundlage des »wholesale-banking« bzw. des shadow banking darstellt, verwundert es nicht, dass es gerade seine Theoretiker sind, die auf die Managementstrategien der Konsumentenerziehung im Rahmen des »Konsumentenschutzes« verweisen, die in den USA breit entwickelt sind.[429] »Konsumentenschutz« ist auch das wohlklingende Etikett für neue Formen der IT-vermittelten Massenkontrolle und die damit zugleich abverlangte Selbstunterwerfung und -optimierung. Denn an Kreditwürdigkeit kann man ja arbeiten. Man kann sie verbessern, optimieren. Und so ist eine algorithmisch errechnete und in Punkten ausgedrückte Feststellung der mangelnden oder eingeschränkten Kreditwürdigkeit, die »Matrix des Makels«, wie Marcel Rosenbach es nennt,[430] immer mit der Aufforderung der Verhaltensänderung verbunden, ähnlich wie im Makro-Rating. Rating ist Bestandteil der Massenkonditionierung einer Bereitschaft zur Verbesserung des eigenen »Humankapitals«. Und das nicht an bestehenden Richtlinien, sondern im Appell an die individuelle Bereitschaft zu

---

426 Federal Reserve System, Report to the Congress on Reductions of Consumer Credit Limits Based on Certain Information as to Experience or Transactions of the Consumer, May 2010, S. 17 ff., The Survey of Credit Card Issuer Practices, S. 48 ff.; S. Thurm, Next Frontier in Credit Scores: Predicting Personal Behavior, Wall Street Journal, 27.10.2011; J. Rivero, From Credit Scores to »Behavioral Scores«: What Numbers Say About You, Forbes 28.10.2011; L. Chapman, »Behavioral Scoring« Leaves Some Consumers With Reduced Credit Limits, finding Dulcinea, 30.1.2009; J. Frank, Analysis of Federal Reserve Research on Behavioral Scoring, Center for Responsible Lending, 11.8.2010.

427 M. Rosenbach, Die Neue Klassengesellschaft, Spiegel-online, 21.4.2008.

428 F. Bertsch, W. Just, Die Suche der Verbraucher nach verantwortlichen Kreditinstituten, APuZ 26/2009, 22.6.2009, S. 20, hier: S. 21–23.

429 T. Adrian, et al., The Shadow ..., a.a.O., S. 15 (s. Fn. 390).

430 M. Rosenbach, Die neue ..., a.a.O., S. 3 (s. Fn. 427).

aktiven, kreativen Anstrengungen. Suche die richtige Nachbarschaft, die richtigen Freunde, den richtigen Konsum, optimiere dein psychisches und gesundheitliches Potential zur Leistungssteigerung, halte deine Familie stabil! Auch in den vom Scoring ausgehenden Diktaten von Verhalten und seiner Optimierung wird der Übergang vom Paradigma des »Homo oekonomicus« zur Verhaltensökonomie[431] in einer neuen Ära des kapitalistischen Kommandos offenbar. Mit zunehmender Bedeutung des Internets entwickeln findige Startups jenseits der Sphäre traditioneller credit-ratings Angebote zum aktiven Selbstmanagement des online-Profils digitaler Vertrauenswürdigkeit: »welcome to the new reputation economy!«[432]

Damit ist schon jetzt erkennbar, dass Innovationsoffensive und ihre Krise den historischen Ort auch eines paradigmatischen Umbruchs des Finanzsystems und zugleich der Geldform darstellen. Nach der Etappe des Warengeldes (Gold, Silber), des hierauf aufbauenden imperialen Gold-Standards seit 1870, der Phase des staatlichen Papiergeldes mit seiner Verzahnung der staatlichen und monopolistischen Machtebene seit 1914, sucht der nun beschriebene Schub eine »neue Ära« des Geldes und Geldkommandos einzuleiten. Exemplarisch seien für die Analyse dieser Entwicklung die Arbeiten Moritz Schularicks von der FU Berlin und Alan Taylor's von der Universty of California genannt. Sie sehen einen Übergang von der Ära des Papiergeldregimes zur Ära des Kredits, einen regelrechten »paradigm shift«,[433] einen paradigmatischen Schub. Schularick und Taylor knüpfen an die Merkmale des Shadow Banking an, die ich oben beschrieben habe. Sie behandeln über die Darstellungen der oben genannten Autoren hinaus die finanztheoretische Seite des epochalen paradigmatischen Schubs. In Deutschland ist dies von Gerald Braunberger für die FAZ aufmerksam rezipiert worden, auch wenn die Analyse der »zwei Epochen des Finanzkapitalismus« die grundsätzlichen Überlegungen zurückhaltend dokumentiert und sich eher am traditionellen Rahmen monetärer Analysen orientiert.[434]

---

431 Vgl. z.B. die noch tastende Studie im Auftrag des Verbraucherzentrale Bundesverbandes von A. Oehler und L. Reisch, Behavioral Economics - eine neue Grundlage für Verbraucherpolitik? Berlin 2008.

432 Vgl. R. Botsman, Welcome to the new reputation economy, Wired.co.uk, 20. August 2012; M. Fertik, D. Thompson, Wild West 2.0: How to Protect and Restore Your Reputation on the Untamed Social Frontier, New York 2010.

433 M. Schularick, A. Taylor, Credit Booms go wrong, VOX – CEPR's policy portal, 8.12.2009; dies. Credit Booms gone bust: Monetary Policy, Leverage Cycles and Financial Crises, 1870 - 2009, American Economic Review: Vol. 102 No. 2 (April 2012) und als NBER Working Paper No. 15512, Nov. 2009; vgl. auch M. Whitehouse, Crisis Compels Economists To Reach for New Paradigm, The Wall Street Journal 3.11.2009.

434 G. Braunberger, Die zweite Epoche des Finanzkapitalismus, FAZ.Net 4.5.2011 und ders. Die Rückkehr von Geld und Kredit, FAZ.Net 3.7.2011.

GELDTHEORIE. DIE GEBURT DES GELDES AUS SCHULD UND KREDIT

Inzwischen kristallisiert sich dieser Schub des Kreditregimes auch begrifflich in neuen geld- und kredittheoretischen Erkenntnissen. Der sogenannten »Kredittheorie des Geldes« zufolge beginnt die Einsicht wieder Raum zu greifen, dass den historisch unterschiedlichen Geldformen der Kredit als fundamentaler Sachverhalt zugrunde liegt. So kommt dem Gold, wie auch anderen historischen Trägern, kein ihm selbst innewohnender (intrinsischer) Geldwert zu. Es hat nur die Bedeutung eines monetären Instruments. Es teilt dies mit historischen Erscheinungsformen wie Muscheln, Kerbhölzern, Papier und heute den Chips und elektronischen Prozessen innewohnenden Informationen.[435] Danach ist Geld ein soziales Verhältnis, es ist Kredit und – von der anderen Seite – Schuld. Als Schuld wird es – heute im Wesentlichen von den Banken (im oben ausgeführten Sinn) – aus dem Nichts geschöpft. Es dient, in den verschiedensten Formen der oben genannten Art materialisiert, mit öffentliches Vertrauen begründenden Rechten ausgestattet und von staatlicher Macht garantiert, als Mittel der Zahlung, der Begleichung von Forderungen etc. Die Materialisierungen in Geld (in Münzen, Kerbhölzern, Papier) begründen den Geldcharakter nicht, sie dienen nur als Mittel der Bemessung, Belege der Vertrauenswürdigkeit, der Dokumentation. Ihnen gegenüber sind »geldtheoretisch« auch die von der klassischen Geldtheorie aufgeführten Funktionen des Mittels zum Tausch, der Recheneinheit und Wertaufbewahrung, sekundär. David Graeber betont auf dem Hintergrund seiner historischen Forschungen die Rolle von Macht und Gewalt bis zum Völkermord bei der Generierung von Schuld. Das geschieht z.B. in der Bereitstellung von Münzen für die Versorgung des Heeres im Krieg. Sie werden mit der Macht ausgestattet, als Gegenwert für Waren zu fungieren und so den Zugang zu den Ressourcen unterworfener oder betroffener Gesellschaften zu öffnen. Hierdurch werden zugleich Märkte hergestellt und erweitert – das heißt Arbeit abgezwungen –, ... wo sie vorher nicht oder nicht in diesem Ausmaß und Tiefe bestanden hatten«. Belastungen wie »Sicherheitsleistungen«, Steuern und sonstige Sonderlasten werden in »Geld« auferlegt. Zahlbar wird es in extra für diesen Zweck ausgegebenen Münzen, die durch die gewünschten Arbeitsleistungen bzw. Waren erworben werden müssen. Dies ist eine

---

435 Für einen kleinen Überblick siehe: M. Moini, Toward a General Theory of Credit and Money, The Review of Austrian Economics, Vol. 14 (4) 2001, S. 267; A. Parguez, M. Seccareccia, The credit theory of money: the monetary circuit approach, in: J. Smithin, What is money?, London 2000, S. 101; M. Mellor, The Future of Money: From Financial Crisis to Public Resource, London 2010, Kap. 1, insbes. S. 14 ff, S. 24 ff.; G. Ingham, The Nature of Money, Cambridge 2004, S. 198; R. Werner, New Paradigm in Macroeconomics, New York 2005, S. 190 ff., auch S. 174 ff. Für die historische Fundierung siehe auch: D. Graeber, Schulden. Die ersten 5000 Jahre, Stuttgart 2012, Tb. Ausgabe 2014, aus der ich ebenfalls mit besonderem Hinweis zitiere.

Form der »Inwertsetzung« von Arbeit aus Verschuldung ex nihilo, aus dem Nichts. Sie schafft mit »Schuldgeld« Arbeit, Märkte, Tauschformen und generiert darüber all die mit einer solchen Aufschließungs- und Erschließungsgewalt verbundenen »zivilisatorischen« Wirkungen. Es ist ein historisch bedeutender Strang »ursprünglicher« Akkumulation. Die generative Kette »kriegerische Besetzung«, Steuern, Geld, Arbeit, Ware, Markt ist in der Geschichte eine zentrale Technik kolonisierender Erschließung gewesen. Graeber: »Aber auch in den ganz grellen Verschwörungstheorien über das Bankensystem bleibt ein Element zu meist unberücksichtigt: die Rolle des Kriegs und die Militärmacht. Nicht ohne Grund gelingt es dem Magier so gut, Geld aus dem Nichts zu erschaffen. Hinter ihm steht der Mann mit einer Waffe. ... Mit der Gründung der Zentralbanken wurde die Verschmelzung der Interessen von Kriegsherren und Geldgebern, die schon im Italien der Renaissance zu beobachten gewesen war, dauerhaft institutionalisiert. Diese ›Interessengemeinschaft‹ schuf schließlich die Grundlage für den Finanzkapitalismus.«[436]

Natürlich fehlt in den historischen Untersuchungen meist das Kapitel über die Moderne. Hier wirkt der Weg der Gewalt in der Offensive von Innovation und schöpferischer Zerstörung auf dem Weg zur Gesellschaft von Massenproduktion und -konsum. Schumpeter sah ja den Kredit aus dem Nichts als geldtechnische Seite einer historischen Innovationsoffensive. Die innovative Gewalt »schöpferischer« Zerstörung spielt auch hier eine zentrale Rolle als der Zwilling des Geldes. Ebenso spielt Krieg eine zentrale Rolle. So etwa waren die »Reichkreditkassenscheine«, mit denen die deutsche Wehrmacht im 1. und 2. Weltkrieg abgezwungene Leistungen »bezahlte« ein bedeutendes Vehikel in der Durchsetzung des Papiergeldes (die Unterworfenen wollten Gold) und damit Vehikel einer geldtechnischen Modernisierung (dazu mehr im zweiten Band). Und darüber erschließen wir uns auch die Dimension des sozialen Kriegs: der innovativen Gewalt schöpferischer Zerstörung – gegen die Subjektivität der Selbstherstellung und Selbstbehauptung von unten – als historischem Ort des Geldregimes.[437]

---

436 D. Graeber, Schulden ..., a.a.O, S. 282 und zum Zusammenhang von Kredit aus dem Nichts, kriegerischer Gewalt und Märkten, S. 56 ff., S. 218 ff., S. 238 ff. (s. Fn. 435).

437 Bei Graeber wird der alltägliche Kommunismus der agrarischen Gemeinschaften als Antagonist ja immerhin erwähnt, vgl. S. 343 f. Eine Beschäftigung mit der Geldtheorie des revolutionären Marx müsste bei den Grundgedanken der philosophisch-ökonomischen Manuskripte aus dem Jahre 1844 ansetzen, um die Plattitüden der marxistischen Geldtheorie zu unterlaufen. Einen interessanten Versuch, den Zusammenhang zwischen Kredittheorie des Geldes und dem Produktions- bzw. Innovationsprozess bei Schumpeter herzustellen, enthält das für eine Konferenz in Bergamo verfasste Papier von: M. Messori, Credit and money in Schumpeter's Theory, Department of ›Economia e Istituzioni‹ University of Rome, 2002. Dieser Aufsatz bleibt allerdings vor einer Geldtheorie des sozialen Kriegs stehen, an der ich mich im zweiten Band dieser Arbeit ausführlicher versuchen werde.

Ist es möglich, ökonomische Phänomene von der historisch-anthropologischen Seite her zu erklären und zu verstehen? Braucht man nicht dazu Ökonomen? Keinesfalls. Denn Ökonomen beschäftigen sich mit dem »fait accompli«, mit dem Ergebnis eines historischen Prozesses und erklären dann die Phänomene praktisch aus sich selbst heraus. Dann ist Geld konstituiert und erscheint als das Produkt der Tauscherfordernisse des Marktes. Ebenso wie Graeber hat Philip Coggan dem antagonistischen Charakter von »Geld« Rechnung getragen, wenn auch nicht historisch, sondern konzeptionell und aus der kapitalistischen Perspektive. Als langjähriger Mitarbeiter der »Financial Times« für grundlegende Fragestellungen und danach Herausgeber des »Economist« für Kapitalmarktfragen ist er zu den Einsichten der Kredittheorie des Geldes und sogar darüber hinaus gelangt. Er sieht Geld nicht nur statisch als soziales Verhältnis, sondern als Kampfverhältnis in der Begründung und dem Betrieb von Gläubiger- und Schuldnerpositionen.[438] Ähnlich wie Schumpeter ist er damit für uns zwar ein theoretischer Gegner, aber immerhin einer, der konzeptionell den Blick frei gibt auf die geldtheoretische Bedeutung des sozialen Kampfs.[439]

Daher bleibt die Behauptung einer neuen Ära des »elektronischen« Geldes an Oberflächenphänomenen haften, wenn sie nicht die hier wiedergegebenen Befunde zugrunde legt. Geld erscheint heute in einer postmodernen informationstechnologischen Form: als informatischer Prozess im Interbankverkehr, der Kommunikation der Kreditkarte mit dem System, als Funksignal aus dem Smartphone, als Experiment im Bitcoin-Projekt etc. Geld, auf das man beißen und das man zwischen den Händen rubbeln kann, wird immer bedeutungsloser. Aber erst die Macht des Kreditsystems und die Gewaltsamkeit der Entstehung von neuer »Schuld« offenbaren erst die Grundlage des Geldes und seine Entstehung aus einer neuen Etappe des sozialen Kriegs.

Die hochqualifizierten Warnungen vor den strukturellen Risiken des shadow banking können wir hier unter Verweis auf das erste Kapitel übergehen. War all das, die Sekuritisierung, das »wholesale banking« der dadurch hergestellte Macht/Kreditnexus und das damit verbundene soziale Regime nur ein Spuk, der mit der Überwindung der Krise vergehen und die alten Verhältnisse wiederherstellen wird? Der entfesselte Terror nur ein krankhafter Überschwang, der die Hoffnung auf Gesundung lässt? Er war es genauso wenig wie die zugrundeliegenden Strategien der Inno-

---

438 P. Coggan, Paper Promises: Debt, Money, and the New World Order, London 2011, S. 6 ff., 24 ff. et passim.

439 Er geht damit sogar ein bisschen weiter als David Graeber, der die Auseinandersetzung nur als eine über die Definition des Geldes sieht, ein gefährlicher Reformismus. Dazu jedoch mehr im zweiten Band.

vationsoffensive. Die oben wiedergegebenen grundsätzlichen Analysen dieser Entwicklung sprechen eine andere Sprache. Sie weisen die Entwicklung als Ausdruck eines historischen innovativen Schocks aus, mit dem sich der Kapitalismus nicht nur im produktiven Sektor, sondern auch im »banking« auf ein neues Niveau des sozialen Kommandos zu heben sucht. Auch die finanztechnische Seite, auch Sekuritisierung und die dunklen Schatten des shadow banking werden nicht mehr vergehen.

Es ist zu früh, die Konturen der weiteren Entwicklung zu zeichnen. Zu früh vor allem auch, weil dieser Schock, diese Offensive nicht etwa autonom ist, sondern seinen Erfolg in den Klassenauseinandersetzungen suchen muss und weiter suchen wird. Die Debatte lässt jedenfalls erkennen, dass die Agenten und Betreiber dieser Offensive einschließlich der kritischen Beobachter sich mit den Lächerlichkeiten der Skandalisierung kaum abgeben werden. Schon unmittelbar nach dem Lehman-Zusammenbruch pries der Fed-Vorsitzende Ben Bernanke in einer Rede in Berkeley die Rationalisierungsvorteile der Sekuritisierung und des OD-Modells.[440] Auch in seiner Anhörung vor der »Financial Crisis Inquiry Commission« am 2.9.2010 stellte er unter Bezugnahme auf Gary Gorton die Entwicklung beileibe nicht grundsätzlich infrage. Vielmehr beschäftigt er sich nur mit dem Problem des neuen Kontrollbedarfs der mit jeder Innovation verbundenen Risiken.[441] Fed-Governor Elizabeth Duke konstatierte ein Jahr später, dass »... das Finanzsystem von der Sekuritisierung als wichtigem Instrument der Finanzvermittlung abhängig geworden ist«.[442] Der IWF propagierte in seinem Global Financial Stability Report vom Oktober 2009 »... den Neustart privater Sekuritisierungs-Märkte ... als entscheidend für die Schadensbegrenzung der Kreditkrise ... «[443] Auch die frühen Krisen-Warner Claudio Borio aus der BIZ[444] und Nouriel Roubini[445] stellten den Schub als solchen nicht infrage. Sie rieten nur zu schärferer Kontrolle durch eine »holistische« (ganzheitliche) Herangehensweise. Das Mitglied des Direktoriums der EZB Lorenzo Bini Smaghi propagierte das shadow banking in der schon zitierten Rede im Juni 2010 als mögliches Instrument der Krisenbewältigung. Denn an der Massen- und Großhandelsfinanzierung käme man nicht mehr vorbei. Der frühere Vize-Präsident von Goldman Sachs und heutige Präsident der Europäischen Zentralbank Mario Draghi arbeitete

440 B. Bernanke, The Future of Mortgage Finance in the United States, Speech at the UC Berkeley/UCLA Symposium: The Mortgage Meltdown, the Economy, and Public Policy, Berkeley, California, 31. October 2008.

441 B. Bernanke, Causes ..., a.a.O. (s. Fn. 413)

442 E. Duke, Regulatory Perspectives on the Changing Accounting Landscape, Speech at the AICPA National Conference on Banks and Savings Institutions, Washington, D.C., 14. September 2009.

443 IMF Global Financial Stability Report 10/2009, S. 33.

444 C. Borio, The financial turmoil ..., a.a.O., S. 39 ff, S. 42 (s. Fn. 411).

445 Review: N. Roubini, S. Mihm, Crisis Economics, NYT 6.5.2010.

seit November 2010 im Auftrag der G 20 als Leiter des FSB (Financial Stability Board) nicht etwa an der Beseitigung des shadow banking, sondern an dessen Verbesserung und Kontrolle.[446] Und zeigt uns als EZB-Chef seit Anfang 2015, wie man Verbriefungen (neben »covered bonds« vor allem ABS) zum Bestandteil einer gigantischen QE macht. Die 2013 vom europäischen Economic and Financial Committee (EFC) eingesetzte hochrangige Expertengruppe schlug im Dezember 2013 die Nutzung der Sekuritisierung in der Finanzierung kleiner und mittlerer Unternehmen (SME) und Infrastrukturprojekten vor.[447] In einem ebenso kritischen wie hellsichtigen Aufsatz für das City Journal wies Nicole Gelinas ironisch darauf hin, dass Banken inzwischen zu sehr aus den alten Geschäftsformen raus sind, um überhaupt das Rad noch zurückdrehen zu können. Sie hätten ja kaum noch eine Erinnerung daran, wie es war, eine Bank zu sein.[448] Der Experte der New York Times Floyd Norris berichtete am 30.9.2010, dass inzwischen alle Sekuritisierungsmärkte wieder geöffnet hätten.[449] Laut Spiegel erreichte der Nennwert der 2010 auf dem europäischen Markt neu aufgelegten ABS eine Höhe von 380 Mrd. Euro.[450] Und das American Securitization Forum wusste Bernanke und den IWF auf seiner Seite, wenn es aggressiv die große Bedeutung von Sekuritisierung und shadow banking für Finanzsystem und Wirtschaft propagierte. Selbstsicher brachte es sich mit neu gewonnenem Gewicht in die Regulierungsdebatte ein. Sein Direktor Tom Deutsch konstatierte nüchtern: »Das Finanzsystem ist von der Sekuritisierung als wichtigem Mittel der Kreditvermittlung abhängig geworden.«[451] 2012 belief sich der Umfang des shadow banking in den USA nach Angaben der Federal Reserve Bank von New York auf 15 Billionen Dollar (gegen vier Billionen im Jahre 1990).[452] Weltweit stieg das Volumen von nicht-bankvermittelten Schulden um fünf Billionen auf 75 Billionen.[453] Tendenz steigend in einem »rasanten Aufstieg der Schattenbanken«.[454]

---

446 Vgl. FSB, Presseerklärung vom 12.4.2011 zur Veröffentlichung einer grundsätzlichen Analyse des shadow banking unter dem Titel: Shadow Banking: Scoping the Issues, A Background Note of the Financial Stability Board, vgl. auch die ältere Veröffentlichung von M. Draghi, Monetary Policy and New Financial Instruments, Central Bank of Argentina – 2007 Money and Banking Conference, wo er das shadow banking affirmativ als »Welle finanzieller Innovation« abhandelt.

447 Finance for Growth, Report of the High Level Expert Group on SME and Infrastructure Financing, 11.12.2013, S. 28 ff.

448 N. Gelinas, Can the Feds Uncrunch Credit? City-Journal, Winter 2009, S. 7.

449 F. Norris, The Upside of Reviving Securitizing, NYT 30.9.2010.

450 »Auf schmalem Grat«, Spiegel 21/11, S. 60 f.

451 Aussage von ASF-Direktor T. Deutsch vor dem Kongress-Rechtsausschuss am 2.12.2010.

452 T. Cowen, The Age ..., a.a.O. (s. Fn. 407) Zu Zahlen und Irreversibilität des Prozesses auch: P. Wallison, Does shadow banking require regulation?, *American Enterprise Institute, 14.6.2012.*

453 Financial Stability Board, Global Shadow Banking Monitoring Report 2014, 10.10.2014, S. 2. Für eine Aufschlüsselung, R. Dobbs et al., Debt and (Not Much) Deleveraging, McKinsey Global Institute, Februar 2015, S. 55 ff. Unterschiedliche Zahlenangaben beruhen auf unterschiedlichen Definitionen.

454 K. Putzier, Der rasante Aufstieg der Schattenbanken, Zeit-online 5.2.2015.

Die im »Blutbad« des Subprime-Rauschs und der Krise »terroristisch« erzwungenen sozialpsychologischen Veränderungen, der Wandel in Einstellungen und Selbstverständnissen auch im Verhältnis zum sozialen Gewebe nicht nur der amerikanischen Gesellschaft, sondern weltweit, ist – auch in ihrer Bedeutung für die Kämpfe – ein Thema für die Geschichtsbücher. Mit Sicherheit von fundamentaler Bedeutung können sie aus der heutigen Perspektive noch nicht sicher eingeschätzt werden. Aber sie folgten der strategischen Linie, die Bushs Strategen mit dem Konzept der Ownership Society (»Kontrolle über das eigene Leben«) verbunden haben: den Einzelnen mit Haut und Haar, mit Besitz und Potential für die kapitalistische Dynamik verfügbar zu machen.

Die massive Verschuldung der Haushalte hat jeden Aspekt der Lebensführung zum Objekt des Kreditregimes gemacht: Geburt, Auto, Studium, Haus und Hunderte kreditfähige Lebensbereiche mehr. Damit sind sie auch zu Sonderkategorien und Bereichen der Verhaltensbeeinflussung durch Verschuldung gemacht worden. Erschlossen, wie früher die Urbarmachung von Land. Grundbesitz und Hauseigentum, einst die sicher geglaubte Grundlage für einen ganzen Lebenszyklus, sind in einem gewaltigen Ausmaß verflüssigt und aller Sicherheiten beraubt worden. Es gehört zu den strategisch eingesetzten Paradoxien des Kapitalismus, dass das Versprechen der Ownership-Society auf eine eine umfassende Enteignung zielte. Das Schuldenregime auf der Basis verbriefter Titel hat das Versprechen zukünftiger Arbeitsleistung – denn etwas Anderes stellen solche Titel ja nicht dar – zu einem geldwerten und handelbaren Gegenstand gemacht und in die Unsicherheiten und Abhängigkeiten der Marktentwicklung geworfen. Dies hat auch die subjektiven Vorstellungen von »Identität« weiter flexibilisiert. Und zugleich in die Richtung ihrer Objektivierung gedrängt. Als Träger von »Humankapital« müssen sich die anvisierten Menschen so verhalten, dass sie ihre Rendite möglichst maximieren, um das Schuldenregime zufriedenzustellen. »Das Individuum wird gedrängt und ermutigt, von sich selbst als einem zweibeinigen Kosten- und Profitzentrum zu denken«, sagt Robin Blackburn treffend.[455]

Die Dynamik hat sich nicht verlangsamt. Sie hat sich vielmehr beschleunigt. Die Weltverschuldung ist seit Krisenbeginn 2007 bis Ende 2014 um 57 Billionen Dollar auf 199 Billionen Dollar gestiegen, weit über das BIP-Wachstum hinaus. In allen Ländern, auch in den USA, haben die Schulden der privaten Haushalte (außer der reichsten), Unternehmen und Regierungen (»Länder«) enorm zugenommen. Absolut und im Verhältnis zum Einkommen/BIP. In den USA sind die Studentenkredite auf insgesamt über

455 R. Blackburn, The Subprime Crisis, a.a.O. S. 84 (s. Fn. 389).

eine Billion gestiegen, erhebliche Steigerungen verzeichnet der Kreditkartensektor (seit 2010 von etwas über 100 Mrd. auf knapp 230 Mrd.), Autoabzahlungskredite (seit 2010 von etwa 300 Mrd. auf etwa 470 Mrd.), ja sogar Hypothekenschulden steigen wieder. Vor allem der Subprime-Anteil hat sich erheblich gesteigert, »Kreditnehmer strömen in Subprime-Kredite«, hieß es Ende Februar 2015 im Wall Street Journal. Sattes Material für die Stärkung auch des Schattenbankwesens. Hier brauche ich diese Angaben nur als Beleg, wie sehr die oben behandelte Macht des Kreditsystems weiter zunimmt, im Mikro- ebenso wie im Makrobereich. Natürlich wächst das Tremolo der Warner. Aber an dieser Stelle interessiert vor allem, dass sich damit auch der Transformationsprozess in eine neue Ära des Geldregimes fortsetzt. Kann man Vermutungen anstellen, wohin? Vielleicht aus Erfahrungen in historisch analogen Prozessen. Sie werden im 2. Band am Gegenstand des Übergangs zum goldfreien Papiergeldregime behandelt werden.

DER CRASH

Die Blase platzte. Der Zusammenbruch ist – zeitlich etwas gestreckt – so verlaufen, wie White, Rajan und auch Greenspan es vorausgesehen haben. In Raten allerdings und zeitlich etwas auseinandergezogen. Der Zusammenbruch begann mit den Indizien, die den »Märkten« signalisierten, dass sich die Dynamik des Booms zu erschöpfen begann. Der Boom war kreditgefüttert und so zog das Platzen der Kreditblase den Nachfrageverfall und damit den Absturz in die Überakkumulation des Realsektors nach sich, nicht umgekehrt. Moderate Zinserhöhungen der Fed im Jahre 2005 waren für den Boom unschädlich, aber sie mochten auch signalisieren, dass sich die Zeit des billigen Gelds dem Ende näherte. Sie ließen dem Boom vorerst kurzfristig noch genügend Luft und Hypothekenverleiher senkten die Vergabebedingungen kompensatorisch, sodass die Hauspreise nicht sofort fielen. Zum Jahresende 2005 fielen die Hauspreise in einigen Regionen (Ocean City, New Jersey). Im April 2006 jedoch begannen sie in breiter Bewegung zu fallen, die Fed gab sich offiziell unschlüssig, ob nur vorübergehend oder dauerhaft. Kleine bis mittlere Grundstücksspekulanten wurden nervös und fingen an zu verkaufen. Wenig später stiegen die Zahlen der privaten Insolvenzen und Grundstücksversteigerungen. Sie stiegen bis Ende des Jahres im Verhältnis zum Vorjahr um eine Million und wurden Anfang 2007 bald von einer neuen Konkurswelle abgelöst. Hypothekenkreditgeber stellten die Vergabe im Risikosektor mit der Folge ein, dass der Verfall schon Mitte 2007 zur Panik anwuchs und die Kreditwirtschaft einschließlich ihrer Emissionen, Derivate etc. mit sich riss. Moody's Präsident Mark Zandi hatte schon Oktober 2006 eine Warnung herausgegeben. Die Moody's war es auch, die im März 2007 die Senkung der Bewertungen durch alle drei großen Ratingagenturen einleitete. Die Hauspreise waren jetzt im freien Fall, eine systemische Krise am Horizont sichtbar. Im Januar 2007 meldeten die stark im Subprime-Geschäft engagierten Hypothekenkreditgeber New Century und HSBC hohe Verluste. Als im März mit Merrill Lynch, ein Gigant vor dem baldigen Ende schien, galt es unter institutionellen Investoren als ausgemacht, dass der »meltdown« nur noch eine Frage der Zeit war. Im Juli schloss die schwerpunktmäßig im Sekuritisierungsgeschäft tätige Investmentbank Bear Stearns zwei der von ihr betriebenen und im Subprime-Markt tätigen Hedge Fonds. Die deutsche IKB Bank, über ihr »Rhineland« genanntes Programm mit toxischen amerikanischen Papieren vollgestopft, konnte nur durch die Intervention der KfW gerettet werden. Im Herbst musste die amerikanische Countrywide in einem Notverkauf von der Bank of America gerettet werden. Die französische BNP Paripas geriet mit drei Investmentfonds in Schwierigkeiten und die englische Northern Rock wurde nach einer Panik verstaatlicht. Im März 2008 geriet Bear Stearns in ernsthafte Schwierigkeiten. Weltweit hatten Finanzfirmen bis dahin eine halbe Billion Verluste abgeschrieben. Im Herbst strebte die Finanzkrise dem Höhepunkt zu. Eine Panik (mit Kern auf dem Repo-markt) und ein systemischer Kollaps des globalen Kapitalismus standen unmittelbar bevor. Der Siedepunkt war mit dem drohenden Kollaps der viertgrößten Investmentbank, Lehman Brothers, erreicht.

Ab Freitag, den 12.9.2008 beriet die Spitze der Finanzwelt über die Frage »Retten oder Fallenlassen?« Merrill Lynch wurde von der Bank of America aufgefangen. Aber die viel größere Lehman Brothers, für die sich Barclays als Käufer angeboten hatte (die Bedingungen seien unzureichend, wurde behauptet), wurde dem Bankrott überlassen. Warum, scheint nicht geklärt. Die Frage ist endlos durchgekaut worden, weil es zu viele Widersprüche und fadenscheinige persönliche und rechtliche Begründungen gibt. Dies legt als plausibelsten, wenn auch kaum diskutierten Grund ein politisches Motiv nahe. Die Fed arbeitete seit Wochen an einem umfassenden, aber äußerst kostspieligen Maßnahmenpaket. Darunter war auch das später unter »TARP« bekannt gewordene Programm zum Kauf toxischer Papiere, um das kapitalistische System zu retten. Bernanke war sich völlig im Klaren über dessen unmittelbar bevorstehenden Zusammenbruch. Es war eine Sekunde vor zwölf. »Wenn wir das (er meinte TARP) nicht machen«, sagte Bernanke bei einem dramatischen Arbeitstreffen mit dem Finanzminister am 18.9.2008, »dann haben wir am nächsten Montag keine Wirtschaft mehr.«[456] Der Kongress zögerte und verschleppte. Er hatte große Bedenken

456 The Reckoning: As Crisis Spiraled, Alarm Led to Action, in: NYT 2.10.2008.

gegen TARP. So half der Zusammenbruch Lehmans, den Ernst der Lage dramatisch in den Fokus zu rücken und sorgte für ausreichenden Druck. TARP ging durch, die Fed hatte die Lizenz zum Fluten des Systems mit frischer Liquidität. Es war die erste Folgewelle des Tsunami nach Lehman Brothers und ganz in Übereinstimmung mit Bernankes früh propagierten Rezepten. Das Motiv kann natürlich keiner der Verantwortlichen zugeben. Schadensersatzklagen ohne Ende wären die Folge. Die Rettung von AIG, das die Blasenbildung mit billigen Ausfallversicherungen (credit default swaps, CDS) abgesichert hatte, wurde zugleich sofort in Angriff genommen. Die Wirkung der Liquiditätsinfusion stellte sich allerdings erst mittelfristig ein. Viele Monate noch blockierte das aufgetürmte Misstrauen das Funktionieren des Finanzsystems. Denn der Interbankverkehr war derart vereist, dass er praktisch zum Erliegen kam.

Die Folgen und das Gewicht des Crashs im historischen Vergleich sind kaum exakt aus dem Geschehen zu destillieren. Denn der Zusammenbruch war ein prozessierendes Geschehen. Er begann Ende 2005 mit der Umkehr der Hauspreisbewegung. Das durch die Blase aufgeschäumte Nachfragevolumen von jährlich 1,4 Billionen Dollar brach ziemlich schnell weg.[457] Auf der anderen Seite hatten auch Gegenmaßnahmen schon vor dem Lehman-Zusammenbruch begonnen. Darüber hinaus setzte die massive Flutung mit einer Welle frischen Geldes durch die Fed unmittelbar nach der Lehman-Insolvenz ein, praktisch noch in derselben Woche. Das öffentliche Vertrauen war zwar nachhaltig erschüttert, aber die Leute und die Geschäftswelt sahen, man tat etwas. Außerdem bringen in Anbetracht der unterschiedlichen Interdependenz der einzelnen Volkswirtschaften Länderzahlen den wirklichen Verfall nur unzureichend zum Ausdruck. Schließlich enthalten viele Statistiken wie etwa aus der sehr detaillierten Berichterstattung des IWF (auf die ich im Folgenden durchaus zurückgreife) Hochrechnungen: von Monaten auf Quartale, von Quartalen auf das Rechnungsjahr. Letztlich aber stellte der vorhergehende Boom nicht etwa einen »Normalzustand« dar und das statistische Mittel differierte je nach Zeitraum. Kurz und gut, es war ein relativierter und zeitlich gestreckter Zusammenbruch.

Trotzdem geben die Zahlen für den Verfall des Bruttosozialprodukts im ersten Quartal 2009 ein dramatisches Bild: 6% für die USA, 9,8% in der Eurozone, 14,4% in der BRD, 7,4% in England, 15,2% in Japan, 21,5% in Mexiko.[458] Allein in den ersten neun Oktobertagen verlor der ameri-

---

457 D. Baker, The US economy and jobs: the basic arithmetic, in: The Guardian 4.6.2012.

458 Ebd., M. Baily, D. Eliott, The U.S. Financial and Economic Crisis: Where Does It Stand and Where Do We Go From Here, Business and Public Policy at Brookings, June 2009; IMF, World economic Outlook, April 2009, Kap. 2, S. 63 ff.

kanischen Aktienindex fast 22%, die darauffolgende Woche wartete mit dem höchsten Verlust in der Geschichte des Dow Jones auf, der sogar den Zusammenbruch von 1929 übertraf. Vor allem die Steigerung der Arbeitslosigkeit war enorm. Underemployment: (Anteil der Arbeitssuchenden) allein in den USA, die im Dezember 2007 schon 8,8% erreicht hatte, stieg im Dezember 2008 auf 13,7% und im Oktober 2009 auf 17,4%. Sie ging einher mit einer Arbeitsplatzvernichtung von 3,6 Mio. Jobs in 2008 (der größten seit Zählung im Jahre 1940) und im November 2010 um weitere 4,7 Mio. Jobs.[459] Der Verfall in den USA drückte den Krisenschock wegen der unternehmerischen Freiheit zur Entlassung (hire and fire) am klarsten aus, im Unterschied zu Europa, wo rechtliche Schranken und politische Maßnahmen (wie etwa Teilzeitarbeit in Deutschland) den Schock abmilderten.

Am eindrucksvollsten und klarsten geben die Darstellungen von Barry Eichengreen und Kevin O'Rourke die Entwicklungen wieder, in ihrem dauernd auf Stand gebrachten Aufsatz »What do the new data tell us?«.[460] Sie stellten den Verfall, ausgehend vom höchsten Punkt der Aufwärtsentwicklung im Boom, auf einer monatlichen Skala bis zum letzten Update am 3. März 2010 in Kurven dar und verglichen sie mit der Entwicklung nach 1929. Weltproduktion: minus 13% (nach 11 Monaten); Welthandel: über minus 20% (nach 10 Monaten); Weltaktienmärkte: über minus 50% (nach 11 Monaten). Die Dynamik der Abwärtsbewegungen war nach einzelnen Ländern aufgeschlüsselt, deren Entwicklung sich in etwa glich. Im Ergebnis: Sie war dramatisch schlechter, und zwar in allen Aggregaten, als in der »großen Depression« nach 1929. Die Autoren erklärten den üblich gewordenen Begriff »Great Recession«, zu reiner Schönfärberei: »It's a Depression allright«.[461] O'Rourke und Eichengreen gehören zur Crème der amerikanischen Wirtschaftstheoretiker*innen und -historiker*innen. Es lohnt, sich ihre schonungslosen Zahlen und Kurven in dem genannten Aufsatz im Einzelnen zu studieren. Es lohnt sich vor allem darum, weil die Vermeidung des Begriffs »Depression« zum Bestandteil neuer verhaltensökonomischer, optimismusfördernder Beeinflussung gehört, auf die ich oben schon eingegangen bin und im nächsten Kapitel eingehend zu sprechen komme.

Die Bilder des damaligen Elends sind aufgrund der wirtschaftspolitischen Maßnahmen und der zwischenzeitlichen Entwicklung vorübergehend etwas verblasst, auch wenn sie hin und wieder durch aktuelle

459 The Financial Crisis Inquiry Report, The Financial Crisis Inquiry Commission, January 2011, S. 390.

460 http://www.voxeu.org/article/tale-two-depressions-what-do-new-data-tell-us-february-2010-update

461 Ebd.

Berichterstattung aufgefrischt werden: Bilder von den Zeltstädten der Obdachlosen in den USA, von Riesenarealen leer stehender Häuser, die nach dem Bankrott der Familienökonomien zum Verkauf bei noch immer fallenden Preisen anstanden, von der steigenden Menge der Suppenküchen und Tafeln, aus denen die Massenarmut notdürftig mit Lebensmitteln versorgt wurde. Die Arbeitslosigkeit hatte besonders Afroamerikaner (Arbeitslosenrate 16,0%) und Hispanics (13,2%) ohne Einkommen gelassen und bei einem Gesamtverlust des Vermögens privater Haushalte von 17 Billionen (17.000 Milliarden) Dollar am schlimmsten getroffen.[462] 40% des Familienvermögens und 42% des Grundstücksvermögens gingen im Schnitt verloren, die Zunahme aus den letzten 20 Jahren wurde ausgelöscht.[463] Gegen das politisch korrekte Lamento, in dem dieses Elend meist folgenlos zur Bebilderung der behaupteten blinden Unfähigkeit des Kapitalismus herhalten muss, ist jedoch immer wieder zu betonen: die Entwertung der Lebensverhältnisse, die durch den Crash bewerkstelligte Pulverisierung der Sicherheiten und tradierten Sozialstrukturen sind ein zyklisches Geschäft des Kapitalismus. Die Entwertung der Arbeit gehört nicht nur zu den Begleiterscheinungen kapitalistischer Entwicklung. Sie stellt darüber hinaus ein Mittel im Rahmen der Innovationsoffensive dar, die Anpassungsprozesse an ein neues produktives und finanzielles Kommando zu erzwingen und zu beschleunigen. Joseph Schumpeter, aber auch Alan Greenspan, haben sich dazu in der wünschenswerten Klarheit geäußert. Auch das ist nicht ohne den Hintergrund der ursprünglichen Strategien der auf Jahrzehnte angelegten Innovationsoffensive gegen die sozialen Widerstände und Resistenzen zu verstehen und verfolgt auch die Strategie, sozialen oder gar sozialrevolutionären Bewegungen zu entgegnen.

Da die »Krise« nur aus den komplexen Angriffsstrategien des »Tsunami« zu erklären ist, sind die Myriaden von Ursachenerklärungen absurd, hilflos und bieten ein klägliches Bild. Waren es die Zinsen? Oder eher die Housing-Politik? Shadow banking? Ratingunternehmen? Oder doch vielleicht die Ersparniswellen aus den Periperien? Oder die spekulativen Überschwänge? Die Gier? Es war gar nichts davon und auch alles. Es ist das das Wirkung-Ursache-Schema, das völlig danebenliegt. Das ist etwa so, als ob geprüft wird, ob ein Torerfolg auf dem Fußballfeld ursächlich entweder von den verschiedenen Muskelkontraktionen des einen oder des anderen Spielerbeins, oder dem Vorhandensein eines Bal-

462 The Financial Crisis Inquiry Report, a.a.O., S. 390 ff. (s. Fn. 459).
463 Bericht von: Y. Mui, Americans saw wealth plummet 40 percent from 2007 to 2010, Federal Reserve says, in: Washington Post 11.6.12, Zusammenfassung von neuen Fed- und PEW-Veröffentlichungen.

les, oder der Oxygenzufuhr in die Lungen, oder den Kopfdrehungen beim Anvisieren der Schussrichtung etc. verursacht wurde. Als ob man sich heftig darüber streitet, welches denn nun die Ursache sei, zehntausende Einzelanalysen verfasst, tausende Diskussionskonferenzen veranstaltet. Und sich dann vielleicht mehrheitlich zur Meinung durchringt, dass es die Wadenmuskelkontraktion des Offensivverteidigers Peter Pups in der 80sten Minute war. Wir würden das albern finden. Denn wir wissen, alle als »Ursachen« verbratenen Kandidaten stellen strategische Stränge und taktische Momente eines einheitlichen Geschehens zum Erreichen des Torerfolgs dar. Ihre Zerlegung wäre ebenso kindisch wie isolierende Behandlung im Modell von Ursache und Wirkung. Es ist logisch zu primitiv. Wenn die Ohrfeige gegen deine Backe, liebe Leser*in, nur nach diesem Modell behandelt würde, brauchtest du nichts zu befürchten. Wenn also die Hauskaufspekulation, das Schattenbankenunwesen, die Sekuritisierung, die Ratings, die Überakkumulation im Autosektor, die Derivate, die Eigenheimpolitik, die Zinspolitik etc. von den Disputanten als »Ursachen« behandelt und gegeneinander in Stellung gebracht werden, womöglich noch wie üblich in wissenschaftlichen Studien, gespickt mit trostlosen Differentialgleichungen, dann ist das genauso albern. Meist haben die Verengungen der Perspektive ideologische und politische Gründe. Oder sie sollen das wirkliche strategische Gesamtgeschehen verschleiern. Denn das Renommee des Kapitalismus‹ sieht dabei nicht besonders gut aus. Oder eine Schuldzuweisung bewerkstelligen oder irgendeinem Gegner eins auswischen. Ein solch absurdes Theater waren beispielsweise – bei aller Anerkennung der sorgfältigen Recherchen auf über 600 Seiten – die Debatten und Befunde der vom Kongress eingesetzten Untersuchungskommission zur Finanzkrise, die ich allen DADA-Freund*innen wärmstens ans Herz lege.[464] Natürlich endeten sie in einem bis heute währenden Krach.

Immerhin gibt es sogar Versuche zur Bildung von Ursachenbündeln, die aber grundsätzlich nichts änderen. Den Vogel allerdings schossen diejenigen ab, die John Wallison als »perfect-storm«-Theorien klassifiziert, als »Theorien des perfekten Sturms.[465] Mehrere seiner republikanischen Kollegen aus der Untersuchungskommission benannten zehn der Einzelursachen als relevant. Sie mussten alle zusammen auftreten, um die Krise zu verursachen. Das taten sie dann auch. Donnerlittchen! Welch ein Pech, welch ein verhängnisvoller Zufall, verflixt und zugenäht! In der Fußballmetapher ausgedrückt: Alle Muskelkontraktionen mussten zusammen

464 The Financial Crisis Inquiry Report, submitted by The Financial Crisis Inquiry Commission, January 2011. Homepage der Kommission: http://fcic.law.stanford.edu/. Ich hab den Ausdruck noch und kann ihn verleihen.

465 P. Wallison, Hidden ..., a.a.O., S. 98 (s. Fn. 83).

auftreten, um ein Tor zu verursachen. Wenn es eines guten Belegs für die Primitivität des Kausalmodells bedurft hätte, dann war dies einer.

Ähnliches gilt für die Zuweisungen von Fehlern, Versäumnissen und Schuld an Greenspan und andere in die Dynamik eingebundene Akteure. Es gab kaum Fehler. Greenspan hat eine Fortschritt fördernde Blasenpolitik nach allen Regeln historischer Kunst hingelegt, lege artis. Ich kann mir nicht vorstellen, dass ein anderer Kapitalist das hätte besser machen können. /

3. DER TOD DER ALTEN POLITISCHEN ÖKONOMIE

Man könnte fast sagen, es gibt noch ein »Opfer« der Krise: die überkommene politische Ökonomie des Kapitalismus. Ihre herrschende Methodik hat mit dem Zusammenbruch einen dramatischen Verfall hinnehmen müssen. Dieser hat sich, wie wir gesehen haben, schon vorher angekündigt, etwa mit den Einsichten der »Behavioral Finance«, mit der wissensgesellschaftlichen Offensive in der mikroökonomischen Dimension,[466] mit Greenspans verhaltensökonomischer Bewirtschaftung der Blase in der makroökonomischen Dimension. Danach sind die Konzepte der Wirtschaftswissenschaft nicht mehr die methodische Grundlage des Verstehens der wirtschaftlichen und der gesellschaftlichen Wirklichkeit. Sie sind vielmehr eingewoben in die Offensive, in den historischen Prozess, als bloßes strategisches Moment, als Reflex, als Produkt. Als Produkt also der Wirklichkeit des Kampfs, des sozialen Kriegs.

In der Verstärkung dieser ersten Impulse erreichte der krisengetriebene Verfall der herrschenden politischen Ökonomie einen ersten Höhepunkt in den Jahren 2009 und 2010. Zuerst ein passender Witz. Es ist Kenneth Rogoffs Lieblingswitz für Methodenblindheit: Er geht so: Ein Betrunkener stellt auf seinem Weg von der Bar nach Hause fest, dass er seine Schlüssel verloren hat. Unter einer Straßenlaterne begibt er sich auf alle Viere und kriecht suchend herum. Ein Polizist kommt des Wegs und fragt, was er denn da mache. Er sagt: »Ich habe meine Schlüssel im Central Park verloren.« »Aber warum in aller Welt suchen Sie dann nicht im Central Park, sondern hier unter der Straßenlaterne?« »Weil«, sagt der Betrunkene, »hier ist es wenigstens hell.«

Der Betrunkene, das sind für Rogoff die, die ihre Wissenschaft mit Modellen und exakten Formeln betreiben. Sie seien völlig ungeeignet gewesen, die Wirklichkeit zu beschreiben und die Krise vorherzusehen, weil sie mit der Wirklichkeit des ökonomischen Geschehens nichts zu tun haben.[467] »Sie verwechselten Schönheit mit Wahrheit«, höhnte Paul Krugman.[468] Bradford DeLong von der University of California in Berkeley attestiert den »intellektuellen Kollaps« der »Chicago School«, der Produktionsstätte der makroökonomischen Nobelpreisträger der letzten Jahrzehnte. Und Anatole Kaletsky winkte mit beißendem Spott: »Good

466 Vgl. die Literaturangaben in Fn. 194.
467 C. Rampell, They Did There Homework (800 Years of It), in: NYT 2.7.2010.
468 P. Krugman, »How Did Economists Get It So Wrong?, in: NYT 6.9.2009.

bye, Homo economicus«.[469] Im Bild des oben erzählten Witzes: Unter der nächtlichen Laterne sehen sie ein ganzes Heer modell- und formelgeleiteter Ökonomen. Sie krabbeln auf der hilf- und sinnlosen Suche nach einer Wirklichkeit herum, die sie irgendwo im dunklen Park zurückgelassen haben, wo der Bulle tobt und der Bär tanzt.

Im Zentrum von Hohn, Spott und Kritik stehen exemplarisch die »Hypothese effizienter Märkte« aus der Schule Eugene Famas und »Theorie rationaler Erwartungen« der Chicago Boys, aber auch die neoklassischen Theorien.[470] »Der Wettbewerb zwischen den vielen intelligenten Marktteilnehmern (wird) zu jedem Zeitpunkt einen effizienten Markt (herstellen), (auf dem) der aktuelle Preis eines Wertpapiers eine gute Einschätzung seines inneren Werts darstellt«, behauptete Fama.[471] Eine Doktrin, die er in der Folgezeit verallgemeinert hat. Nach der »Theorie rationaler Erwartungen« konstruieren Marktteilnehmer ihre Erwartungen in rationaler Weise, auch wenn sie die Zukunft nicht vollständig voraussehen und die Kausalzusammenhänge nicht voll begreifen. Sie tun das vor allem in effizienten Märkten mit vollständiger oder nahezu vollständiger Information. Der Initiator und Chicago-Boy Robert Lucas bekam dafür den Nobelpreis. Auf der Basis dieser Grundannahmen, vor allem der Grundannahme, dass alle Marktteilnehmer dasselbe Modell darüber teilen, wie Ökonomie funktioniert, sind eine Fülle von Einzelarbeiten entstanden, die ich hier vernachlässigen kann. Sie teilen den Glauben, dass gesellschaftliche und ökonomische Wirklichkeit in Modellen mit mathematischen Mitteln darstellbar ist. Etwa als Maschine in der Analogie zum Auto, wie wir Bernanke schon zitiert haben. Auf viele ähnliche Theorieansätze brauche ich hier um so weniger einzugehen, als ihr Verfallsdatum nunmehr abgelaufen ist.

Die Krise hat auch inzwischen die letzten davon überzeugt, dass die ökonomische Wirklichkeit nicht so funktioniert. Sie ist noch immer nicht mathematisch exakt darstellbar. Sie ist nicht der Ausdruck eines Modells, gehorcht nicht überzeitlichen Gesetzen, vor allem nicht linearen Funktionen und den bisher bekannten Gesetzen der Stochastik. Kurz: sie ist nicht determiniert. Die kritische Auseinandersetzung hat sich in einer breiten Publizistik niedergeschlagen. Auch wenn ihre Anfänge in die Zeit vor dem New-Economy-Crash zurückreichen, im Krisenpunkt der Subprime-Blase

---

469 A. Kaletsky, Prospect Magazine, 28.3.2009.

470 Sie legen mathematisch beschreibbare Modellentwicklungen zugrunde und untersuchen die Reaktionen auf Schocks (Produktivitäts-, technologische Schocks etc.). Vgl. exemplarisch: E. Prescott, Non-Convexities in Quantitative General Equilibrium Studies of Business Cycles, Federal Reserve Bank of Minneapolis Research Department Staff Report 312, Oct. 2002. Absurd, weil sie die Erklärungen der Schocks schuldig bleiben.

471 E. Fama, Random Walks in Stock Market Prices, Financial Analysts Journal, Sept/Okt. 1965, S. 55, hier S. 56.

erreichten sie ihren Höhepunkt. »Wir stehen am Anfang einer Revolution«, urteilte der Chef des Kieler Weltwirtschaftsinstituts, in der neurowissenschaftliche, psychologische, soziologische Zugänge zu ökonomischen Verhalten die Grenzen der hergebrachten wirtschaftswissenschaftlichen Modelle durchbrechen würden.[472] Ich kann hier nur die markanten Debattenbeiträge berühren. Dies ist allerdings auch unschädlich, denn allesamt berühren sie aus der fundamentalen Diskrepanz zwischen komplexem Sozialprozess und Modellannahmen nur eklektisch bestimmte Gesichtspunkte. Ich will dies aber auf der anderen Seite in einer möglichst großen Breite tun, so breit, wie sie der Rahmen dieses Buchs erlaubt. Denn der Kapitalismus ist auf der Suche. Er tastet nach einer neuen Formulierung seiner politischen Ökonomie. Er tastet nach Leitformeln für einen neuen Zugang zur Wirklichkeit des historischen Antagonismus. Wir müssen das wissen, weil er dergestalt strategisch seine neue »Wirklichkeit« herstellt, die »Wirklichkeit« seiner zukunftsweisenden Gewaltstrategien. Sie lässt sich an der Methode ablesen. Seine Methodik bestimmt und reflektiert zugleich, was für ihn »Wirklichkeit« ist.

1. Für einen guten orientierenden Überblick hat *George Soros* gesorgt. Er sieht sich als Schüler des Philosophen Karl Popper und ist Autor mehrerer Bücher über Finanzmärkte und Methodenprobleme zu ihrer Beurteilung. Im Frühjahr 2010 hat er ein mit fünfzig Millionen Dollar dotiertes »Institute for New Economic Thinking« (INET) gegründet. Auf der Gründungskonferenz vom 8. bis 11. April 2010 versammelten sich über 50 Redner. Es war ein prominenter Querschnitt der Crème de la Crème auf diesem Gebiet.[473] Einige markante Beiträge seien hier kurz wiedergegeben:

Roman Frydman und *Michael Goldberg* legen ihre Kritik in zwei Aufsätzen grundsätzlich mit der Feststellung an: die vollständig vorherbestimmte Rationalität der Modelle mit ihren mechanischen Regeln könne intentionales Vorhersage- und Entscheidungsverhalten nicht abbilden. Darum könne sie die wirkliche Welt mit der künstlichen Welt des Modells nicht in Deckung bringen. Routinisierungen, stabile Kontexte, Konventionen sorgten zeitweilig für eine gewisse Sicherheit bzw. Wahrscheinlichkeit der Vorhersage. Sie stünden aber unter dem Vorbehalt historischer Veränderung, die ihrerseits nicht determiniert und nicht durch Kausalgesetze erfassbar sei. In ihr brächten Individuen als die Agenten kapitalistischer

---

472 »Wir stehen am Anfang einer Revolution«, Interview mit M. Ohanian und M. Kaelble, in: FTD 16.1.2012.

473 INET-Conferenc, The Economic Crisis and the Crisis in Economics, Kings College, University of Cambridge, UK, 8.-11. April 2010. Die im Folgenden vorgestellten Beiträge können über: http://ineteconomics.org/community/events/the-economic-crisis-and-the-crisis-in-economics aufgerufen werden. Über die Autorennamen können die Arbeitspapiere heruntergeladen werden.

Ökonomien auch ihre »animal spirits« (Keynes) zur Geltung – »Lebensgeister« oder vitale Energien, zielgerichtet, kreativ, aber auch impulsgeleitet. Der rationale Durchschnittsagent Lucas'scher Prägung sei nur ein normatives Kunstprodukt. Frydman und Goldberg verfolgen in der von ihnen entwickelten Forschungsstrategie der »Imperfect Knowledge Economics« (IKE) von diesem Ausgangspunkt aus eine bedingte Modellbildung auf der Basis von Kontexten, Regeln, Routinen.

Sheila Dow[474] verweist zur Krisenerklärung auf den Zyklus von Boom und Bust, wie Greenspan ihn beschrieben habe. Er habe sich einer erfolgreichen Modellierung bisher entzogen. Auch sie sieht deduktive Beurteilungen dazu nicht in der Lage. Die »animal spirits«, die sich hier zum Ausdruck brächten, wären in den Modellen der »mainstream economics« nicht greifbar. Sie verweist darauf, dass schon bei Adam Smith der methodische Ort ihrer Energien in seiner »Theory of Moral Sentiments« zu suchen sei. Konventionen und die entsprechenden Urteile würden eine gewisse Sicherheit der Beurteilung begründen, seien aber in ihrer Entwicklung nicht determiniert. Es sei unsinnig, die Gefühle, die im Markt zum Ausdruck kämen, nicht ernstzunehmen, zu ignorieren oder gar als irrational zu eliminieren. Vertrauen und Zuversicht und ihr Zusammenbruch seien nicht von Modellen abzuleiten, sondern nur mit einem geschichtlichen Ansatz fassbar.

Richard Holt, Barkley Rosser und *David Colander* sehen die neoklassische Ära in der politischen Ökonomie als abgeschlossen und im Übergang zu einer neuen Ära, die sie die »complexity era« nennen. Nicht isolierte nach Ursache und Wirkung beschriebene Wirkungszusammenhänge seien der Leitansatz, sondern holistische, ganzheitliche Zusammenhänge von nichtlinearen dynamischen Prozessen. Hier interagierten die Akteure in kontinuierlichen Entwicklungen der Anpassung und des Lernens und brächten ständig neue Formen hervor. Auch wenn Anreize eine Rolle spielten, so sei die grundsätzliche Vorstellung der Akteure diejenige zielorientierter, nicht notwendig formal rationaler Individuen. Gleichgewichtsvorstellungen würden dem Prozess nicht gerecht, sondern eher Begriffe einer evolutionären Spieltheorie, Ökologie, Verhaltensökonomie mit der Bildung von Pfadabhängigkeiten.

Als guter Gastgeber hielt sich *George Soros* selbst mit einem kleinen Beitrag im Hintergrund.[475] Soros wird hierzulande auf seine Rolle als aggressiver Spekulant reduziert. Das ist er ohne Zweifel. Wenig wird allerdings sein Beitrag zur politischen Ökonomie und ihrer Fortschrei-

---

474 What Kind of Theory to Guide Reform and Restructuring of the Financial and Non-Financial Sectors? INET-Conference, ebd.

475 INET-Conference, ebd., Rede am 9.4.2010 mit schriftlicher Präsentation.

bung im gegenwärtigen Zyklus wahrgenommen. Er besticht mehr noch als jeder andere durch seine philosophische Fundierung. Das macht ihn beileibe nicht weniger gefährlich. Aber wie im Fall Greenspans muss man die Gegner auf der Seite des Kapitals in ihrer wahren Bedeutung und ihren Qualitäten würdigen. Soros Gedankengang verläuft so: Im Zentrum steht Poppers fundamentale Unterscheidung zwischen der Axiomatik der Physik auf der einen und der Welt des »Mind« auf der anderen Seite. Das sind die im Zentralnervensystem lokalisierten Prozesse in ihrem Zusammenspiel von dem, was wir Verstand, Seele, Geist, Gefühl nennen. Ökonomische Phänomene können nicht durch universal gültige Gesetze vorhergesehen werden. Denn sie haben als Ausdruck des »Mind« eine von Naturphänomenen »fundamental unterschiedliche Struktur«. Ökonomische Phänomene haben denkende Teilnehmer, Naturphänomene nicht. Das Denken der Teilnehmer führt ein Element der Unsicherheit in den Ereignisverlauf, das natürlichen Phänomenen fehlt. Denken ist Teil der Wirklichkeit, Wirklichkeit daher ein bewegliches Ziel. Die soziale Welt und ihre Ökonomie werden von den Teilnehmern auf der einen Seite als Erkenntnisgegenstand behandelt (kognitive Funktion). Zugleich werden sie aber als Wirkungsfeld in Interaktion, Wettbewerb, Manipulation, Machtausübung ständig beeinflusst und dadurch verändert (Teilnahme- bzw. Manipulationsfunktion).[476] Für das komplexe Niveau dieser als »Interferenz« und »Reflexivität« bezeichneten Wechselwirkung sind Vorstellungen von Gesetz und Kausalität methodisch blind. Unvollständigkeit des Wissens ist daher kein Mangel. Sie liegt in den wesentlichen Eigenheiten dieses Prozesses begründet, Einsatzfeld für Intuition, Instinkt, Erfahrung, Kreativität. Die »Theorie effizienter Märkte« und »rationaler Erwartungen« ist infolgedessen nicht nur unbrauchbar. Sie ist in der methodischen Blindheit ihrer Rationalitätsmythen sogar gefährlich. Es gibt daher in der ökonomischen Wirklichkeit auch keinen Gleichgewichtsmechanismus. Neben Beispielen aus seinen spekulativen Aktivitäten, in denen Soros selbst »Wirklichkeit« in Bewegung brachte (wie der berühmten Spekulation gegen das englische Pfund) sind Boom und Bust, mit ihren (selbst induzierten) Wellen von Optimismus und Panik, Zuversicht und Angst Schwerpunkt seiner Darstellung. Er sieht die von ihm diagnostizierte, kreditgefütterte Superblase im Verein mit der asymmetrischen Politik des amerikanischen Machtkerns zu Lasten ihrer

476 Soros rezipiert die griechische Philosophie, vor allem Aristoteles und die modernen philosophischen Beiträge von Russell, Wittgenstein, Gödel und anderen mit einer philosophisch-methodologischen Einsicht, die man bei anderen Diskussionsteilnehmern vermisst und die über die engere Seite der Betrachtung der Finanzmärkte hinaus seine Ausführungen durchaus lesenswert machen. Die deutschen Leser*innen sehen sich an die Debatte über die Logik der Sozialwissenschaften in den 1970er Jahren erinnert.

Peripherien und ihre zerstörerischen Wirkungen noch nicht am Ende. Obwohl Antimarxist, erscheinen ihm der »rohe Sozialdarwinismus« des Marktfundamentalismus eine größere Bedrohung als die des Marxismus, übertroffen noch von der Bedrohung der Ideologie amerikanischer Suprematie. Diese Kritik veranlasste ihn jedoch nicht, die Machttechniken des Kapitalismus tiefer zu analysieren. Sie veranlasste ihn vor allem nicht, den Opfern dieser Machtpolitik die Rolle eines Subjekts von Erkenntnis und Gegenmacht zuzubilligen.[477] Das muss hier exemplarisch für die insgesamt interessanten Konferenzbeiträge genügen (einen weiteren, George Akerlof, referiere ich unten unter »animal spirits«).

2. Zuvor hatte schon der Economist in einem *»Lucas roundtable«* ein Debatten-Bild wiederzugeben versucht. Robert Lucas brachte einen relativ nichtssagenden Artikel zur Verteidigung der »efficient-market-hypothesis«. Er tat die Abweichungen vom Modell als prinzipiell vernachlässigenswerte »Ausnahmen« und »Anomalien« ab. Darauf folgte eine entschiedene Kritik führender makroökonomischer Theoretiker. Darunter Bradford DeLong aus Berkeley, der Paul Krugman beistimmte, wenn er die Hypothese in das »dunkle Zeitalter der Makroökonomie« verweist; Mark Thoma, der bei aller Nützlichkeit von Modellen und ihrer mathematischen Ausformulierung als analytische Hilfsmittel ihre Begrenztheit für die Bemühung feststellte, die Welt zu verstehen. Die Frage nach dem Zusammenbruch gehörte nicht zu den Fragen, die diese Modelle beantworten könnten. Thoma verweist die Gründe in den Bereich des sozialen Hintergrunds und der Machtorientierung dieser Berufssparte, die es ermöglichten, die Leute abzubügeln, die die richtigen Fragen stellten. Ähnlich Richard Posner, der darauf verweist, dass sie in erster Linie nicht an die Möglichkeit von Vermögensblasen glaubten. Der aus der Praxis stammende Andrew Smithers verweist, wie schon der oben zitierte Richard Holt auf einen methodologischen Paradigmenwechsel der von Thomas Kuhn beschriebenen Grundsätzlichkeit mit dem ironischen Zitat, die Wissenschaft mache ihre Fortschritte von Begräbnis zu Begräbnis.[478] Der Economist setzte die Auseinandersetzung fort im Blog »economics by invitation« mit Beträgen von Michael Pettis, der dringend zur Rehistorisierung der Ökonomie riet mit dem Hinweis auf frühere ähnlich verlaufende Globalisierungszyklen. Gilles Saint-Paul betonte den fundamentalen Unterschied der Ökonomie

---

477 G. Soros, The Alchemy of Finance, mit einem Vorwort des früheren Notenbankpräsidenten Paul Volcker, Hoboken, New Jersey 2003, vor allem die Einführung und Teil 1; G. Soros, The Crash of 2008 and What it Means, New York 2008, mit neuem Teil 3 in der Tb.-Ausgabe 2009, vor allem Teil 1 und 3.

478 R. Lucas, In defence of the dismal science, in:, Economist 6.8.2009, Stellungnahmen im Economist-Blog »Free exchange« vom 6.8., 7.8, 10.8., 11.8.2009.

zur Welt der Physik als Feld determinierter Abläufe. Gerade weil die Ökonomie sich von den Naturwissenschaften unterscheide, seien Krisen nicht vorhersehbar. Das Versagen der Modelle und ihrer Gleichgewichtshypothesen sage uns etwas über die instabile ökonomische Wirklichkeit. Auch hier wollte keiner der Teilnehmer der Fähigkeit der Modelle die Stange halten, Wirklichkeit abbilden zu können.[479]

3. Aus der Fülle der kleineren Einzelbeiträge zur angloamerikanischen Debatte empfehle ich außerdem den schon zitierten Aufsatz in der New York Times von *Paul Krugman*: How Did Economists Get It So Wrong? Er zog sich den Hass der angegriffenen Zunft dadurch zu, dass er sie ins dunkle Zeitalter, ins Mittelalter verwies. Ihre Vertreter seien neoklassische Puristen, denen der Glaube an Rationalität und Effizienz geholfen habe, alle Warnungen in den Wind zu schlagen. Nunmehr sei es Zeit, den Glauben an ein reibungsloses Marktsystem aufzugeben, in Richtung der neueren »behavioral finance«. Diese hätten den Blick geöffnet für die Wirklichkeit menschlicher Entscheidungsstrategien, für das Herdenverhalten und irrationale Übertreibung auf der einen und übertriebene Panik auf der anderen Seite. Die überholten Modelle hätten »... immer eine leichte Lösung für jedes menschliche Problem – sauber, plausibel und falsch«, so zitiert er H. L. Mencken zur Neoklassik. Jerome Ravetz denunziert die an Black-Scholes und Merton orientierten mathematischen Modelle in ihrem Beitrag zu Wirklichkeitsfremdheit und »glücklichem Wahnsinn« der Blase.[480]

4. *Barry Eichengreen* lokalisiert das Problem nicht in der Dürftigkeit der modellorientierten Theorien, sondern in ihrem politischen Gebrauch: »Aber nach einer anderen Sichtweise, wesentlich näher an der Wahrheit, liegt das Problem nicht so sehr in der Armseligkeit der zugrundeliegenden Theorie wie in ihrer selektiven Interpretation – eine selektive Interpretation aus dem Blickwinkel des sozialen Milieus. Dieses soziale Milieu ermutigte die Urheber finanzieller Entscheidungen, sich gerade die Theorien herauszupicken, die exzessives Risiko unterstützten. Es schreckte von Warnungen ab, nicht nur seitens der Risikomanager in großen Finanzinstitutionen, sondern auch von Ökonomen, deren Lehrmeinungen die intellektuelle Rechtfertigung für die Entscheidungen der Finanzinstitutionen lieferten. Die Konsequenz: Lehrmeinungen, die vor dem möglichen Desaster warnten, wurden ignoriert.« Gegen diesen Konformitätsdruck

---

479 Economist, Economics by invitation, 17.9.2010.

480 J. Ravetz, Faith and Reason in the Mathematics of the Credit Crunch, unter: *http://www.pantaneto.co.uk/issue35/ravetz.htm*.

gäben Disziplinen wie »behavioral economics« und neue Suchprozesse im Bereich empirischer Erhebungen Anlass zur Hoffnung, mit deren Ergebnissen sich jeder – am Diktat der wissenschaftlichen Textbücher vorbei – über das Internet versorgen könnte. Die Verfahrensweisen deduktiver Ökonomie seien mit dem 20. Jahrhundert beendet, das 21. Jahrhundert werde das Zeitalter induktiver Ökonomie, offen für Beobachtungen aus der realen Welt.[481]

5. Auch in Deutschland gab es eine kurze, heiße Debatte, von der Financial Times Deutschland schnodderig als »Jungle Camp« bezeichnet. Etwas hochgehängt, wurde es auch als »neuerer Methodenstreit« etikettiert.[482] Die FAZ, wie immer eng am Puls aktueller wirtschaftspolitischer und theoretischer Entwicklungen, gab der Kontroverse breiten Raum. Sie begann mit einem Aufruf von 83 Professoren der Volkswirtschaftslehre in ihrer Ausgabe vom 5. Mai 2009 zur Rettung der Wirtschaftspolitik an den Universitäten gegen die Vertreter einer formalen Rigorosität. Sie sei zur Analyse real-weltlicher Wirtschaftspolitik wenig geeignet. Sie sorge auch dafür, dass an den Universitäten falsche Karriereanreize gesetzt würden. Der bissigen Reaktion (Thomas Gehrig in einem Gastbeitrag der FAZ, ob es schade, wenn Ökonomen rechnen könnten) setzte der Freiburger Ökonom Viktor Vanberg die Kritik am Formalisierungsehrgeiz bei der Schaffung einer artifiziellen Welt entgegen.[483] »Der Streit unter den Ökonomen eskaliert«, berichtete die FAZ in ihrer Ausgabe vom 4. Juni 2009 mit dem Vorwurf, einige aus dem Kreis der 83 Professoren wollten »zurück in die Steinzeit«. Die warteten mit einem Gegenaufruf auf, der Unterstützung von 188 Professoren und Forschern der Volkswirtschaftslehre fand und am 9. Juni 2009 im Handelsblatt erschien. Die Kontroverse folgt ähnlichen Linien und Argumenten wie die angloamerikanische. Sie ist aber trotz einiger sehr interessanter Beiträge oft eher behäbig.[484] Der Grund ist wohl in der Tatsache zu suchen, dass die bundesrepublikanische Ökonomie an der Peripherie und nicht im Zentrum des Innovations- und Krisengeschehens lag. Sie nahm an den transformatorischen Energien des Innovationsschocks weniger teil als die amerikanische und die englische.

---

481 B. Eichengreen, The Last Temptation of Risk, The National Interest; Mai/Juni 2009.

482 Vvgl. Rüdiger Bachmann, Zum Neueren Methodenstreit – Ein Rückblick, 22. März 2010, auf: www.oekonomenstimme.org/

483 W. Mussler, Die Lehren der Anderen, FAS 24.5.2009 mit einem Hinweis auf die amerikanische Behavioral Economics.

484 Interwiev mit Claus Peter Ortlieb unter dem Titel: Ökonomie ist eigentlich keine Wissenschaft, in: FAS 9.5.2010; P. Bernholz, Wirtschaftsgeschichte statt Krisenpalaver, mit dem Hinweis auf die vielfältigen nicht linearen Rückkopplungen bei Konjunkturschwankungen, in: FAZ 17.8.2009; H. Schmidt, Rebell im Elfenbeinturm – über den Ökonomen Axel Ockenfels mit Tendenzen der Behavioral Economics, in: FAZ-online 19.5.2008; R. Bachmann, Ordnungsökonomik reicht nicht aus, in: FAZ 6.6.2009 in der Auseinandersetzung mit unzureichenden wenn-dann-Aussagen.

Besonderes Augenmerk verdient allerdings der Kölner *Axel Ockenfels*. Er ist ein fulminanter Senkrechtstarter, sogar im globalen Feld, und gut vernetzt. Das liegt daran, dass er nicht nur das freigelegte methodische Feld zu einer empirischen Forschungsstrategie über die Wirklichkeit ökonomischen Verhaltens nutzt. Er geht einen Schritt weiter. Er erforscht die Möglichkeiten eines Verhaltensdesigns.[485] Das heißt, die Möglichkeiten eines »Engineerings« des Verhaltens auszuloten im Sinne der neuen Ära von Inwertsetzung und ihrer nachhaltigen Sicherheit. Diesem Zweck dienen Experimente mit menschlichen »Laborratten«. So beschäftigt sich ein »Feldexperiment« über: »Das Timing des Wohlwollens«. Es stellt die Frage, wann und wie Lohnzugeständnisse am besten zwecks Renditeoptimierung eingesetzt werden sollten. Zur Laborbeschreibung: »Wir führen ein Experiment in einer natürlichen Arbeitsumgebung durch, und spüren auf, ob die Leistung der Arbeiter auf unerwartete Lohnsteigerungen reagiert. Insbesondere untersuchen wir, wie das Timing von Lohnsteigerungen Anstrengungen beeinflusst. Ergebnis: Arbeiterleistung ist viel größer, wenn ihr Lohn in zwei Schritten erhöht wird, als wenn die Erhöhung in einem einzigen Schritt zu Beginn erfolgt. Darüber hinaus sind Arbeiter eher nach überraschenden Lohnsteigerungen zu ehrlicher und freiwilliger Extra-Arbeit bereit, verglichen mit einer Grunderhöhung ohne Steigerungen«.[486] Eine andere Untersuchung beschäftigt sich mit dem »Engineering von Vertrauen« und der Produktion von Reputation bei eBay-Käufen.[487] Schon diese Untersuchungen lassen das enorme postmoderne, »softe« Gewaltpotential erkennen. Es ist klar, dass es auf dem Hintergrund von Krise und Prekarität auf das Engineering von Vertrauen angewiesen ist.

6. Es waren *George Akerlof* und *Robert Shiller*, die in die oben dargestellten Debatten neue Impulse einbrachten. In ihrem Buch »Animal Spirits«[488] fokussierten sie die subjektiven Triebkräfte, die den ökonomischen Prozess bestimmen. Auch sie entlehnen diesen Begriff der »Lebensgeister« und »vitalen unternehmerischen Energien« bei Keynes, wie wir oben schon ausgeführt haben. Sie gehen aber über den rein unternehmerischen Bereich hinaus. Sie beziehen dabei die Formierung von historisch

---

485 G. Bolton, A. Ockenfels, Behavioral economic engineering, Journal of Economic Psychology, Bd. 33 (3), S. 665–676 (2012).

486 A. Ockenfels et al., The Timing of Kindness – Evidence from a Field Experiment, (Forthcoming: Journal of Economic Behavior and Organization), vorgestellt unter: http://ockenfels.uni-koeln.de/21401.html

487 G. Bolton, B. Greiner, A. Ockenfels, Engineering Trust – Reciprocity in the Production of Reputation Information, Management Science, Bd. 59 , S. 265–285 (2013).

488 G. Akerlof, R. Shiller, Animal Spirits: How Human Psychology Drives the Economy, and Why It Matters for Global Capitalism, Princeton 2009.

wirksamen Geschichten in »Narrativen« ein, als Ausdruck der unaufhebbaren Geschichtlichkeit des ökonomischen Prozesses. Bis hin zum »epidemischen« Narrativ der aktuellen »Griechenlandkrise«.[489] Shiller hatte die Grundlagen hierfür schon in seinem bereits oben behandelten Buch »Irrational Exuberance« gelegt. Akerlof hatte in einem Beitrag für das American Econonomic Journal 2007 das Fehlen der »Motivation« in makroökonomischen Modellen beklagt.[490] Er war über seine Frau, die Fed-Gouverneurin Janet Yellen, genauestens über Greenspans Tsunami informiert. Der Aufsatz enttäuscht zwar insofern, als er Normbildung und -geltung in den Mittelpunkt stellt. Über die gerade begründete Zusammenarbeit mit Shiller lernte er allerdings schnell dazu.

Für Akerlof und Shiller liegt ein wesentlicher Krisengrund darin, dass – ganz im Gegensatz zu Keynes selbst – zunächst der Keynesianismus und dann seine theoretischen Nachfolger das Wirken und die Wirklichkeit dieser Kräfte durch den Realitätsschein von Modellen und mathematischen Operationen unsichtbar gemacht haben. Sie behandeln die Wirkungsmächtigkeit der subjektiven immateriellen Kräfte (intangibles) auf neuer historischer Stufenleiter. Sie weisen ihnen eine umfassende makroökonomische Bedeutung zu: in den Wellen der Zuversicht, des gegenseitigen Vertrauens und ihres Verfalls, wie sie sich in »boom and bust« historisch materialisieren, in Fairness, Korruption, antisozialen Einstellungen, Geldillusion und vor allem: in Geschichten. Der Zuversichtsmultiplikator (confidence multiplyer) baut sich im Rahmen von Geschichten darüber auf, wer wir sind und was wir tun. Sie sind eingebunden in Geschichten über unser Leben, die sich zu nationalen und internationalen Geschichten formen. »Große Führer sind zuerst und vor allem Schöpfer von Geschichten.« Besondere Bedeutung unter den Geschichten, in denen sich die Zuversicht einer Nation aufbaut, kommt den Geschichten einer »neuen Ära« zu. Diese Geschichten treiben die »booms« oder »Blasen« epidemisch wie Viren als »psycho-ökonomisches Phänomen«, ähnlich einer »geistigen Erkrankung«.[491] Sie geben ihnen ihre jeweils geschichtliche Gestalt und Bedeutung. Shiller bewertet die Subprime-Blase als eines der dramatischsten historischen Beispiele entfesselter »animal spirits«.[492] Der Verfall des Vertrauens lässt auch den ganzen ökonomischen Rahmen verfallen und äußert sich als Depression. Akerlof und Shiller behandeln hier die Depression im ausgehenden 19. Jahrhundert und die große Depression nach den

489 R. Shiller, Economic forecasting can't cope with changing narrative of Crisis, Guardian-online 21.9.2012

490 G. Akerlof, The Missing Motivation in Macroeconomics, American Economic Review, Bd. 97 (1) 2007, S. 1.

491 Zit. n.: Not fully inflated, in: Economist 7.12.2013.

492 R. Shiller, Animal Spirits Depend on Trust, in: Wall Street Journal 27.1.2009

»Roaring Twenties« mit ihrem exzessiven kreditgefütterten Wachstum. Das Wichtige an dem Buch ist nicht nur, dass sie die aktuelle Entwicklung mit der großen Depression vergleichen. Wichtiger noch ist, dass sie beide Epochen als Geschichte einer aggressiven Offensive in eine »neue Ära« und ihrer vorübergehenden Stockung begreifen. Danach verwirklichen sich in beiden auf analoge Weise subjektive immaterielle Kräfte eines komplexen Innovationsgeschehens auf jeweils historisch neuem Niveau.[493]

In der Betonung dieses immateriellen Charakters berühren sie sich auch mit den mikroökonomischen Managementstrategien der »Subjektivierung«. Diese sucht im Griff nach der Motivation zur Selbstinwertsetzung und Selbstoptimierung neue Wertquellen zu erschließen. Sie tun dies im Durchbruch durch die Regeln der alten Befehlsorganisation des Fordismus.[494] So möchte Robert Shiller die »behavioral finance« analog zum »human factors engineering« entwickeln, das auf die Ausbeutung der subjektiven Leistungsressourcen abzielt,[495] und zwar als Teil der mit Akerlof propagierten »behavioral economics«. Ihr strategisches Interesse richtet sich damit auf die makroökonomische Bewirtschaftung der »animal spirits«. Sie seien »sehr schwer zu managen und zu kontrollieren«.[496] Die Regierung hätte die Aufgabe, für die Bedingungen zu sorgen, unter denen »... unsere animal spirits schöpferisch im Dienst des Allgemeinwohls ausgenutzt werden«.[497] Da der ökonomische Prozess nicht von abstrakten Begriffen, sondern von Geschichten getrieben und gesteuert werde, gehöre hierzu das »Framing« mit Hilfe vorgegebener Sprachregelungen, Deutungen, Symbole, Rituale. Das gelte für die Risikokontrolle und gewährleiste langfristige Stabilität.[498] Auf Knast als letztes Mittel zur Erzwingung der Lernbereitschaft wollen beide allerdings nicht verzichten.[499] Jetzt in der Krise ginge es erst einmal um die Wiederbelebung der animal spirits, um das Wachstum anzukurbeln.[500] Der zitierte Economist-Artikel »Not fully inflated« vom 7.12.2013 zeigt, wie weit sich dieser »subjektivierende« Ansatz bereits durchgesetzt hat. Dort wird der Stand der aktuellen Blasenbildung wie selbstverständlich als Stadium eines »psycho-ökonomischen Phänomens« behandelt. Von Bedeutung für die zukünftigen Kämpfe sind Akerlofs und Shillers Darstellungen auch, weil hier zusammen mit den Verhaltenszugriffen in der Kreditgewalt und den Designstrategien à la

---

493 G. Akerlof, R. Shiller, Animal Spirits, a.a.O., vor allem: Einführung, Kap. 1, 5 und 6 (s. Fn. 488).

494 D. Hartmann, G. Geppert, Cluster ..., a.a.O., (s. Fn. 57).

495 R. Shiller, Democratizing and Humanizing Finance, in: R. Kroszner, R. Shiller, Reforming U.S. Financial Market, Cambridge, London 2011, S. 1-50, (Responses) S. 119 ff., hier: S. 4.

496 R. Shiller, Democratizing ..., a.a.O., S. 120.

497 G. Akerlof, R. Shiller, Animal Spirits, a.a.O., S. 173. (s. Fn. 488).

498 R. Shiller, Die neue Finanzordnung, Frankfurt/M. 2003, Kap. 6.

499 G. Akerlof, R. Shiller, Animal Spirits, a.a.O., S 166. (s. Fn. 488).

500 R. Shiller, Animal Spirits Depend ..., a.a.O., (s. Fn. 492).

Ockenfels Stränge eines postmodernen Geflechts von Macht und Inwertsetzung gleichgerichtet hervortreten, makro- wie mikroökonomisch.

7. Nun zu *Joseph Schumpeter.* Während Akerlof und Shiller ihre Methodenkritik an den formalen unhistorischen Modellen zugunsten einer »behavioral economics« breit anlegen, konzentriert sich ein anderer Ansatz in erster Linie auf die »animal spirits« der Unternehmer*innen. Ihre schöpferischen Energien werden ins Zentrum gerückt. Danach verwirklichen sie die Kräfte der kapitalistischen Dynamik und ihre historischen Transformationen. Werden sie blockiert, gerät diese Dynamik in die Krise, nicht fassbar für formale Modelle der politischen Ökonomie. Ohne sie kann weder der Boom, noch der Bust erklärt werden. Joseph Schumpeter hat dies, wie kein anderer Vertreter einer historisch orientierten Wirtschaftswissenschaft, zum Kern seiner Untersuchungen gemacht. Sie sind heute wieder von herausragender Bedeutung. Eine breite Phalanx von Initiativen bezieht sich auf Schumpeter. Greenspan hat seinen Tsunami unter Berufung auf Schumpeter betrieben. In seiner Nachfolge tut dies ausdrücklich auch Obamas Wirtschaftspolitik. Wir kommen also um einen gedrängten Abriss zu diesem »Ökonomen des 21. Jahrhunderts« nicht herum.

Schumpeter begriff aus seinen umfangreichen Studien heraus den historischen Prozess der wirtschaftlichen Entwicklung als antagonistischen Sozialprozess. Antagonistisch, weil in ihm die innovativen Energien unternehmerischer Avantgarden auf dem Weg zu höherer Produktivität und Profit auf die jeweils tradierten Formen von Gesellschaft und Ökonomie treffen, um sich gegen deren Widerstände durchzusetzen. Der »ökonomische« Sozialprozess ist daher für ihn in erster Linie »Kampf«, ein sozialer Kampf. In ihm betreten neue »innovatorische Eliten die historische Bühne und treffen auf Widerstand«.[501] Für diesen Prozess hat Schumpeter – natürlich aus der kapitalistischen Perspektive – den Begriff »schöpferische Zerstörung« gefunden, der in den letzten 20 Jahren zu einem der meist zitierten Schlagworte geworden ist. Das zentrale »Agens« ist daher weder die »Erfindung«, noch »Forschung und Entwicklung«, noch gar »Kapital«. Es sind die schöpferisch-zerstörerischen Energien, die sich in der sozialen Auseinandersetzung geschichtsmächtig zu machen suchen. »So ist also die Energie das entscheidende Moment ... die Fähigkeit, andere sich zu unterwerfen und seinen Zwecken dienstbar zu machen, zu befehlen und zu überwinden, ist es... «.[502] Eine durchaus

---

501 J. Schumpeter, Theorie der wirtschaftlichen Entwicklung, (im Folgenden: WE) 1. Aufl., 1911, S. 129, S. 147, auch S. 119 ff., S. 131 ff.
502 Ders., WE 1. Aufl., S. 164.

barbarische Energie, oder Energie des Barbaren, wie Schumpeter immer wieder betont. Charakterisiert wird sie durch den Wille und die Fähigkeit, »Altes zu zerstören und Neues zu schaffen«. Das ist der »Wille zur Macht«, den es »dazu drängt, den wirtschaftlichen Verhältnissen seinen Stempel aufzudrücken«. Den es zum »energischen Handeln« drängt, »zur Tat«. Das ist der »Siegerwille« und »Kraftüberschuss«, verbunden mit der unternehmerischen Selbstverwirklichung und der »Freude am schöpferischen Gestalten«.[503] Nicht die Nachfrage treibt ihn. Im Gegenteil, er treibt die Nachfrage. »Unser Mann der Tat ... nötigt seine Produkte dem Markt auf. Das ist ein jedem Geschäftsmanne vertrauter Vorgang. Wenn ein neues Produkt auf einem Markte eingeführt werden soll, so gilt es, die Leute zu seinem Gebrauch zu überreden, unter Umständen sogar zu zwingen ... So ist das bei der Erschließung von Märkten in unterentwickelten Ländern. Da müssen Bedürfnisse und Nachfrage erst künstlich geweckt werden ... Keine neue Maschine, keine neue Marke eines Genussgutes wird unter dem Drucke vorhandener Nachfrage erzeugt.«[504] Der Unternehmer sorgt dafür, dass »... neue Bedürfnisse den Konsumenten von der Produktionsseite her anerzogen werden«.[505] Er ist der »Schöpfer neuer Formen und Gewohnheiten des Privatlebens.«[506] Sogar sich selbst, den politisch-ökonomischen Theoretiker, bezieht Schumpeter in diesen Prozess mit ein. Er agiert als eine Art wissenschaftlicher Mitschöpfer im Strom der innovatorischen Energien.[507] Klar ersichtlich ist die Analogie zur postmodernen Methodologie. Und Greenspans oben wiedergegebene Bemerkung, auch die Modelle seien der »schöpferischen Zerstörung« unterworfen, hat hier ihren Bezug.

Die Innovationen verwirklichen sich historisch auf unterschiedliche Weise. Dazu gehört die Dampfmaschine der industriellen Revolution, die Eisenbahn des Eisenbahnzyklus, die Entwicklungen der Elektro- und Chemieindustrie, begleitet von den Management-Innovationen des Taylorismus (die Anfänge der heutigen Innovationen auf dem Gebiet der Informationstechnologien hat Schumpeter nicht mehr registriert). Bei der Herstellung des Innovationsschocks spielen neue finanzökonomische Formen der Kreditschöpfung ex nihilo eine große Rolle. Sie sorgen als Hebel für die Umleitung produktiver Ressourcen in innovative »Andersverwen-

---

503 Ders., WE 1. u. 4. Aufl., jeweils 2. Kap. Die assoziative Darstellungsweise der 1. Auflage ist wesentlich lebendiger und plastischer.

504 Ebd. S. 133 f; ders., Konjunkturzyklen, (im Folgenden KonZ), dt. Ausgabe: Göttingen 11961 (Bd. I +II), hier I, S. 80, S. 92 Anm. 11. Originalausgabe: Business Cycles, New York, London 1937.

505 Ders., WE 4. Aufl., S. 100.

506 Ders., KonZ I, S. 80.

507 Ders. WE 1. Aufl., Schlusskapitel. Es fehlt in späteren Auflagen, wohl weil Schumpeter sah, dass die plump-ontologische Methodik der politischen Ökonomie seiner Zeit für die Inklusion des Betrachters nicht reif war.

dungen«, weit über die Funktionszusammenhänge erwirtschafteter Spar- und Akkumulationsfonds hinaus.

Die Schockentwicklung ist aus keiner wie auch immer gearteten »Rationalität« zu verstehen, und vor allem nicht aus Kausalketten irgendwelcher behaupteter Gesetzmäßigkeiten. Im Sinne der kausal operierenden Wissenschaft »ist« diese Energie ein reines »Nichts«. Sie ist kein Faktum, Datum und kein Gegenstand. Die Wissenschaft und ihr Kausalitätsverständnis sind methodisch blind für sie. Aber sie ist »Wirklichkeit«, weil sie »wirkt«, weil sie Neues schafft.[508] Schumpeter sieht in den innovativen Energien »irrationale« und »barbarische« Momente wirken, die im Zuge ihrer zwangsweise Durchsetzung gegen ihren Ausgangspunkt schließlich als erreichte »Rationalität« widergespiegelt werden. »Und ist die Bedürfnisbefriedigung in diesem Sinne die Ratio des Wirtschaftens, so ist das Verhalten unseres Typus überhaupt irrational oder von einem ganz anders gearteten Rationalismus.«[509]

Zwang, Unterwerfung, Nötigung, Zerstörung[510] charakterisieren im Kern die Aggressivität der Offensiven schöpferischer Zerstörung. Die von Innovationen ausgehenden »Störungen (müssen) notwendig durchschlagend sein in dem Sinne, dass sie das bestehende System zerreißen und einen besonderen Prozess der Anpassung erzwingen, der als solcher in jedem Zeitreihenmaterial sichtbar werden muss.«[511] Diese Anpassungsimperative stoßen notgedrungen auf Resistenzen, sozialen Widerstand, Gegenwehr. Diese sind ein Grund, warum Innovationen nicht kontinuierlich fließen. Nach ihrem Durchbruch nehmen sie die Form einer Welle an, in die sich dann auch konkurrierende Nachahmer einbringen. Das vorläufige Ende der Welle in einer Überakkumulations- und Liquidationsdepression ist daher unvermeidlich.[512] Es ist Teil des historischen Zyklus. Dieser Zyklus hat Wellen und Schubcharakter. Lange Wellen werden daher charakterisiert durch zwei Bewegungen: eine Innovationsoffensive auf der einen Seite und Resistenzen, Blockierungen etc. auf der anderen. Sie sind lange Wellen des Antagonismus, des Prozesses sozialer Auseinandersetzungen. Gleichgewichtstheorien und -modelle verfehlten ihre wesentliche Eigenart. Die Dynamik ist vielmehr durch ein aggressives Ungleichgewicht bestimmt. Dieses entwickelt sich im Verhältnis von innovativem Impuls und sozialen, ökonomischen, kulturellen Umfeldern,

---

508 Ders., WE 1. Aufl., S. 470 ff., auch S. 148 ff.; ders., The Creative Response in Economic History, in: ders., Essays, New Brunswick, 31997, S. 221, hier: S. 222; ders., Theoretical Problems of Economic and Growth, in: ders., Essays, a.a.O., S. 232, hier: S. 335 f, S. 339.

509 Ders., WE 4. Aufl., S. 134.

510 Ders., WE 1. Aufl., S. 133, S. 184 ff., S. 544 f.

511 Ders., KonZ I, S. 109.

512 Ders., The Analysis of Economic Change, in: ders., Essays, a.a.O., S. 134, S. 141 f. (s. Fn. 508) Dies ist eine der besten umfassendsten Darstellungen seiner Ansätze.

von Kern und sozialem Milieu, von aggressiver Energie und den von der sich durchsetzenden Welle erfassten Feldern im globalen Gefälle. Diese treibt die Zerstörungen und Anpassungszwänge in die unterschiedlichen sozialen Dimensionen bis in Lebensweisen, Lebensformen, Mentalitäten und Einstellungen hinein. Schumpeter nennt diese Prozesse auch »Anpassungs- oder Oszillationswellen«,[513] die »... neue Einstellungen, neue Formen sozialen Handelns und Reagierens hervorrufen«.[514] Aus diesem Grund wird Schumpeter missverstanden, wenn er unter die reichlich sterilen Theorien der »Langen Wellen« auch Kondratiev'scher Provenienz subsumiert wird, die eine wie auch immer geartete Gesetzmäßigkeit oder historische Mechanik erkennen wollen.[515] Schumpeter war sich darüber im Klaren, dass er in seinem Buch über Konjunkturzyklen mit seinem Drei-Zyklen-Schema (Juglar, Kitchin, Kondratiev) hierzu beigetragen haben mochte. Er erklärte das Wellen-Bild darum zu einem bloßen Mittel der Darstellung, nützlich, aber ohne theoretischen Anspruch.[516] Es gibt diese Gesetzmäßigkeit im sich entfaltenden Prozess des sozialen Antagonismus nicht. Schumpeter hat sich immer gegen diese mechanistische Betrachtung gewehrt.[517] »Ökonomie« ist auch aus seiner Sicht ein indeterminierter Sozialprozess, den die Sehnsucht nach Gesetzen in die Fesseln simpler Betrachtungsweisen zwängt.

Die Resistenzen, der Widerstand, die Kämpfe begegnen den barbarischen Kräften der Durchsetzung schöpferischer Zerstörung. Der Konflikt nimmt in der Krise der Bereinigung erbitterte Formen an. In dieser Krise wird die Liquidation überholter Produktionsformen ebenso in Angriff genommen wie die Entwertung der mit ihnen verbundenen Lebensgrundlagen. Die Existenz wird prekarisiert und entwertet.[518] Auch die »Führer von gestern ... sinken von ihrer Stellung oft bald zur Bedeutungslosigkeit herab.«[519] Sie machen völlig neuen Typen Platz. »So geht ein Prozess der Verkümmerung, der Deklassierung weiter Kreise mit der Aufwärtsbewegung Hand in Hand ... Weiten Kreisen wird durch die Entwicklung

---

513 Ders., KonZ I, S. 189.

514 Ders., KonZ I, S. 410.

515 Äußerung Schumpeters gegenüber Wesley Mitchell, berichtet bei: Th. McGraw, Prophet of Innovation, Cambridge 2007, S. 253.

516 So gegenüber Wesley Mitchell. Thomas McCraw betont dies in einem ausgezeichneten und fundierten Aufsatz über: Schumpeter's Business Cycles as Business History, in: Business History Review 80 (Summer 2006), S. 231, hier S. 235. Vgl. auch ders., Dividends from Schumpeter's Noble Failure, Harvard Business School, unter: http://hbswk.hbs.edu/item/5626.html, mit Hinweisen auf aus heutiger Sicht methodologisch sehr interessanten Kommentaren in den Fußnoten, vor allem zu Simon Kusnets, der gegen die historisch-narrativen Darstellungen Schumpeters den rein quantitativen Charakter der Zyklik betont (in: *American Economic Review* 30, June 1940: 257, 266-71).

517 J. Schumpeter, The Analysis ..., a.a.O., S. 134, auch noch 1949, ders., The Historical Approach to the Analysis of Business Cycles, in: ders., Essays, a.a.O., S. 323, (s. Fn. 508); KonZ I, S. 176 f, S. 231 ff.

518 Ders., WE 1. Aufl., S. 501 ff.

519 Ders., WE 1. Aufl., S. 502.

der Boden weggezogen, auf dem sie stehen ... sie verlieren langsam an moralischem und intellektuellem Niveau, je mehr sich die ökonomische Atmosphäre um sie herum verdüstert ... Ja selbst die Leiden, die sie zeugen, haben ihre Funktion in der schnelleren Beseitigung des Veralteten, im Antriebe zum Handeln.« Es wird begleitet von dem »Geschrei der Zermalmten ..., über die die Räder des Neuen gehen.«[520] Wer daraus eine Tonschwingung des Bedauerns heraushören will, liegt daneben. Bisweilen steigert Schumpeter die Rhetorik »schöpferischer Zerstörung« sogar zum Lobgesang auf eine »schöpferische Vernichtung«. »Auf die Vernichtung der mit hoffnungslos Unangepasstem

verbundenen Existenz kann diese Wirtschaftsform nicht gut verzichten.« Aus diesem Grund befürwortet Schumpeter in dem forcierten Reinigungsprozess der Depression und Krise, auf Eingriffe und Krediterleichterungen etc. zu verzichten. Weil »... sie jenes Maß an Auslese, das der Depression immerhin zugeschrieben werden kann, vernichten und die Volkswirtschaft mit den unsichtbaren Kosten des Fortschleppens des Unangepassten und Lebensunfähigen belasten.« Eingriffe in diesen Prozess müssten so gestaltet werden, dass sie »... in demselben Sinn Erfolg haben, wie eine bewusste Politik der Rassenhygiene Erfolge haben könnte, die der Automatismus dieser Dinge niemals haben kann.«[521]

Schumpeter spürt auch den Resistenzen, »Reibungswiderständen«, dem »Gegendruck« bis zu dem »revolutionären Tendenzen« nach, die sich den aggressiven Kräften der Innovationsoffensiven entgegensetzten. Das reicht von der widerständigen Migration über bewussten, taktisch eingesetzten Maschinenzerstörungen, Sabotage in den neuen Industrien, Streiks, Unruhen bis hin zur Lebensgefahr für die Unternehmer.[522] Aus seinem grundsätzlichen Ansatz heraus, der den ökonomischen Prozess als Sozialprozess sieht, behandelt er die gegen die Innovation gerichtete Feindseligkeit auch nicht als einen der Ökonomie »äußeren Faktor«.[523] Also nicht als einen der Ökonomie externen, sondern als einen dazugehörigen »endogenen« Faktor. Dies ist eine Erkenntnis von grundsätzlicher Bedeutung und Reichweite für die politische Ökonomie des Kapitals. So begriff er denn auch die fundamentale Feindseligkeit gegen den Kapitalismus als einen Grund für die große Depression von 1929. Sie behinderte die Antriebskräfte der kapitalistischen Dynamik und habe sie in der Stagnation der 1930er Jahre festgehalten. Sie habe ihren Niederschlag in den Maßnahmen des New Deal gefunden, in der Geldmengenpolitik des soge-

---

520 Ders., WE 1. Aufl., S. 503.
521 Ders., WE 4. Aufl., S. 366 ff.
522 Ders., WE 1. Aufl., S. 118 ff., S. 189; KonZ I, S. 107 f., S. 116, S. 249 ff., S. 254, S. 348.
523 Ders., KonZ II, S. 717, S. 1063 Anm. 265, auch: KonZ I, S. 13, S. 14.

nannten »pump-priming« und vielen Maßnahmen, die die Freiheiten des Unternehmerischen gefesselt hätten. Schumpeter brauchte allerdings den sozialen Ort der antikapitalistischen Feindseligkeit nicht näher zu analysieren. Die Zeitungen, die Zeitschriften und Gazetten, die Sonntagspredigten, das erwachende Radio waren voll davon. Armen-, Arbeitslosen-, Altenbewegungen, Streiks beherrschten die Auseinandersetzungen und die Tagebücher der Kabinettsmitglieder des »ersten New Deal« von 1933, und machten das Ausmaß der Defensive des Kapitalismus deutlich.

Auf dieser Folie erklärt sich auch die Sympathie Schumpeters für den Nationalsozialismus und deren Maßnahmen von 1933. Dazu zählt er die Steigerung der »sozialen Disziplin« (sein Euphemismus für den NS-Terror), die Sicherung sozialer Kohärenz (Volksgemeinschaft und Judenhass nennt er nicht), die Arbeitsbeschaffung bei Steigerung des Lohndrucks, die Kartellierung, die Autarkiepolitik und die vorgezogene Kriegsökonomie (»Kanonen sind Konsumgüter«). So wird auch der NS als politische Reaktion auf die fundamentale Feindseligkeit gelesen. Grundsätzlich und verallgemeinert sagt Schumpeter dazu: »Die Beantwortung der Frage, wie diese Entwicklung erwartungsgemäß unseren zyklischen Prozess in Mitleidenschaft zieht, hängt von der Art der Planung ab, die eine faschistische Regierung aufzieht: sind bei einer Zentralbehörde genügend Macht und Einsicht vorhanden, dann lässt sich eine Innovation natürlich so planen, dass Störungen auf ein Minimum reduziert werden.«[524] Das geht so weit, dass Schumpeter in seiner Abschiedsrede vor der Bonner Staatswissenschaftlichen Fachschaft am 20.6.1932 die jungen Leute ermunterte, »nationalsozialistisch (zu) fühlen und trotzdem die ökonomische Technik nicht (zu) verachten – welche ungeheuren subjektiven Möglichkeiten für einen jungen Mann!«. Laut Richard Goodwin, der Schumpeter gut kannte, war »... dieser pro Hitler und sagte jedem, der es hören wollte, dass Roosevelt und Churchill mehr zerstört hätten, als Dschingis Khan.«[525] Mit dieser

524 Ders., KonZ II, S. 716.

525 Ders., KonZ II, S. 101 ff., S. 716; ders., Das Woher und Wohin unserer Wissenschaft, in: J. A. Schumpeter, Aufsätze zur ökonomischen Theorie, Tübingen 1952, S. 598, hier: S. 606; R. M. Goodwin, Schumpeter: The Man I Knew, in: Ricerche Economiche Bd. 37 (4), 1983, S. 610. Es hat nicht an Versuchen seiner Anhänger gefehlt, diese Sympathie für den Nationalsozialismus auf das Konto der Naivität eines Elfenbeinwissenschaftlers zu schieben (vgl. R. L. Allen, Opening Doors, Bd. I, New Brunswick, 1994, S. 286). Völlig absurd in Anbetracht einer derart auf den historischen Realprozessen und ihre Kräfte gerichteten Theorie und dem damit verbundenen Bemühungen, breiteste Informationen zu erschließen. Praktisch belegen seine Kontakte zu den Wirtschaftsinstituten des nationalsozialistischen Deutschland wie dem Institut für Konjunkturforschung unter Ernst Wagemann und dem Kieler Institut für Weltwirtschaft unter Andreas Predöhl, dass er auf dem Laufenden der konjunkturellen Initiativen des NS war. Darüber hinaus sprechen seine Orientierung an Nietzsche eine deutliche Sprache, ebenso sein Bekenntnis zur Rassentheorie Gobineaus – und das noch nach dem zweiten Weltkrieg (vgl. J. Schumpeter, Geschichte der ökonomischen Analyse, Bd. 2, Göttingen 1965, S. 946 ff., S. 965 f.). Im Übrigen steht er mit einer Beurteilung der nationalsozialistischen Konjunkturpolitik nicht allein, auch Keynes teilte sie, wie wir im 2. Band sehen werden.

Einstellung hielt Schumpeter bis zum Kriegsausbruch Kontakt mit dem Kieler Weltwirtschaftsinstitut. Das war das nach außen absichtlich seriös gehaltene Aushängeschild der Nazis, spielte aber eine zentrale Rolle als Nazi-Think-Tank in der NS-Großraumpolitik (dazu genauer im 2. Band). Schumpeter riet der US-Regierung in einem Seminar 1939 offen zur Diktatur, um die Fortsetzung der Innovationsoffensive zu ermöglichen.[526]

Nach dem Zusammenbruch des Nachkriegs-Keynesianismus in den 1970er Jahren setzte eine rasante Renaissance Joseph Schumperters ein. Sie machte ihn binnen kurzem zum meistzitierten Ökonomen des 20. Jahrhunderts. Schon 1983 propagierte Peter Drucker, mit seinem genialen Gespür wie so oft der führende Pfadfinder, methodisch astrein in antimechanistischer Orientierung, den bevorstehenden Übergang von Keynes zu Schumpeter. 1984 folgte ihm der Präsident des Kieler Weltwirtschaftsinstituts Herbert Giersch auf einer Jahreskonferenz der einflussreichen American Economic Association mit einem fast teutonisch-militärischen Fanfarenstoß: »Die Feier des hundertjährigen Geburtstags Schumpeters trifft mit einem Revival Schumpeteriansicher Ökonomie zusammen. Wenn man das dritte Viertel dieses Jahrhunderts zu Recht das Zeitalter Keynes' nennen kann, so hat das jetzige vierte Jahrhundertviertel eine gute Chance, zum Zeitalter Schumpeters zu werden ... In Europa jedenfalls werden die dynamischen Kräfte von verkrusteten Institutionen behindert ... Wenn dann das Weltwachstum wieder in Fahrt gekommen ist – vielleicht Ende dieses Jahrzehnts oder in den 90ern – wird Schumpeter in seinem Walhalla von der intellektuellen Führungsposition wieder zurücktreten können, die dieser Aufsatz ihm in der Nachfolge von Keynes zuerkennt.«[527]

Genau das trat ein, wie wir oben gesehen haben. Die Speerspitzen und nachfolgenden Schwärme schöpferisch-zerstörerischer Avantgarden der innovatorischen Offensive wurden von einer politischen Ökonomie schumpeterianischer Prägung begleitet. Wichtig war auch hier der energetisch-dynamische Ansatz. Sie spürte ihm nunmehr in die größere Breite des postfordistischen Transformationsprozesses nach: vom Unternehmertum bis zu den kulturellen Ausprägungen. Das politisch-ökonomische Verständnis, mit dem Greenspan an der Spitze der politischen Macher die Offensive mit Liquidität versorgte, steht hierfür nur exemplarisch. Ihm schlossen sich Otmar Issing von der Bundesbank und später als Chefvolkswirt der EZB ebenso an wie der Gouverneur der japanischen Zentralbank Masaru Hayami und Norbert Walter von der Deutschen Bank.

526 Vgl. Vorwort zur amerikanischen Ausgabe von »Business Cycles«.
527 P. Drucker, Schumpeter and Keynes, Forbes 23.5.1983; H. Giersch, The Age of Schumpeter, in: The American Economic Review, Vol. 74, No. 2, (May, 1984).

Beim IWF hat Philippe Beaugrand die imperialistische Zerstörung von Volkswirtschaften und Gesellschaften in den bürgerkriegsgeschüttelten afrikanischen Ländern unter den Begriff der »schöpferischen Zerstörung« als Wachstumsvoraussetzung gestellt. Ebenso analysierten Robert Foster und Sarah Kaplan von McKinsey die Reorganisation alter, verkrusteter Unternehmen als »schöpferische Zerstörung«.[528] Und schließlich hat der Economist noch einmal nachgelegt: wir erlebten mit dem innovativen Aufstand neuer Internet-Giganten wie Google, Apple, Facebook, Amazon den »Sturm schöpferischer Zerstörung«, der verwurzelte Unternehmen wie Microsoft hinwegzufegen drohe, »Schumpeter 2.0«.[529] Über die »Schöpferische Zerstörung« als Leitformel der amerikanischen Kriegsführung im Irak berichte ich im 3. Band.

In diesem politisch-ökonomischen Revival der schöpferisch-zerstörerischen Energien unternehmerischer Avantgarden wird erneut deutlich, dass der politisch-ökonomische Begriff den kapitalistischen Unterwerfungs- und Bemächtigungsstrategien folgt, nicht umgekehrt. Anders: die Geschichte des Kapitalismus ist nicht die Verwirklichung seiner »politischen Ökonomie«. Vielmehr ist die »politische Ökonomie« Produkt und Ausdruck der Kämpfe. Das erneuerte historische politisch-ökonomische Verständnis reflektiert die Veränderungen der Angriffs- und Kampfstrategien. Noch anders: die begriffliche Bemächtigung folgt der realen Bemächtigung. Oder, wie Marx dies in seinen frühen Schriften schon richtig gesehen hat: der Klassenkampf bringt den Begriff hervor, es ist nicht der Begriff, der sich in der Geschichte verwirklicht.

7A. Aus der Welle der neoschumpeterianisch inspirierten Kritik an der tradierten politischen Ökonomie des Kapitals und ihrer Methodik sticht in den USA vor allem *Carl Schramm* hervor. Er ist sehr umtriebig und bestimmt maßgeblich die politischen Initiativen der einflussreichen Kauffman Foundation. In einem Schlüsselaufsatz aus dem Krisenjahr 2008 unter dem Titel »Economics and the Entrepreneur« weist er darauf hin, dass die Methodik der Modelle und ihre mathematische Ausformulierung völlig an den Kräften vorbeigeht, die die historische Dynamik des Kapitalismus bestimmen. Dies seien namentlich die Energien des Unternehmers und seiner innovatorischen Strategien. »Die Theorie wächst aus der Beobachtung der Unternehmenspraxis«, sagt er. Die menschliche Kreativität sei in deterministischen Formeln und den daraus fließenden

528 R. Foster, S. Kaplan, Schöpferische Zerstörung, Frankfurt 2002, S. 266 ff., auch in der Kurzfassung ihres Bestsellers, Creative Destruction, McKinsey Quarterly 3/01, S. 41.
529 The Survival of the Biggest, The Economist 1.12.2012.

Vorhersagen nicht fassbar, erklärt er in Erinnerung an Schumpeter.[530] Diese Energien verortet er ebenso wie Schumpeter im nietzscheanischen »Willen zur Macht.«

Wie andere Neoschumpeterianer sieht Schramm die Informationstechnologien im Kern des Innovationsschocks und die neue Gründergeneration in Silicon Valley von Fairchild Semiconductor, Intel, Microsoft, Apple, Google als ihre unternehmerischen Avantgarden: allesamt »Schumpeter's economic heroes«. Helden vor allem einer Belebung amerikanischer Produktivität, die ab 1997 drei Prozent jährlich betragen habe. Zu Keynes erklärt er, dieser mochte dem Kapitalismus aus seiner historisch dunkelsten Stunde geholfen haben. Es sei aber Schumpeter gewesen, der mit seiner Betonung des Unternehmertums als Kern der Ökonomie den Weg in die Zukunft des 21. Jahrhunderts erleuchtet habe.[531]

So bewegt sich auch die von ihm propagierte »Wachstums-Lösung« aus der Krise auf schumpeterianischen Pfaden. »Die klare Lektion aus unserer unmittelbaren Vergangenheit ist, dass, sobald sich die Wirtschaft der USA aus der derzeitigen Abschwächung erholt, unsere unternehmerische Revolution fortgesetzt wird«, und zwar auf dem Gebiet seiner aktuellen Innovationsstrategien.[532] Im letzten Jahr setzte er mit einem Buch über »Die Erfindung des Unternehmens« nach. Es wurde in der Serie der Kauffman Foundation zu Innovation und Unternehmertum veröffentlicht. Schramm hat es gemeinsam mit den bedeutenden Innovationshistorikern David Landes, Joel Mokyr und William Baumol herausgegeben.[533] »Wir werden lernen, wie man heute innovatives, produktives Unternehmertum durch die Entdeckung der Katalysatoren für und der Entdeckung der Behinderungen gegen unternehmerische Aktivität in der Vergangenheit vorantreibt.«

7B. *William Baumols Beitrag* sieht in der Orientierung an Schumpeter den historischen Prozess als Lernstoff und Testfeld für unternehmerische Initiativen. In methodologischer Hinsicht verdanken wir ihm einen außerordentlich wichtigen Hinweis. In einem Beitrag zur Jahreskonferenz der American Economic Association (AEA) 2006 behandelt er die »Wiederkehr des unsichtbaren Menschen: des Unternehmers«.[534] Die Unternehmer seien praktisch aus der ökonomischen Literatur ausgeschlossen.

---

530 C. Schramm, Economics and the Entrepreneur, Claremont Review of Books (Spring 2008).
531 Ebd.
532 C. Schramm, R. Litan, The Growth Solution, The American, July/August 2008, S. 32.
533 D. Landes et.al. (eds.), The Invention of Enterprise. Entrepreneurship From Ancient Mesopotamia to Modern Times, Princeton 2010.
534 W. Baumol, Return of the Invisible Men: The Microeconomic Value Theory of Inventors and Entrepreneurs, AEA: Allied Social Science Associations Conference 6.–8. January 2006, Boston, Conference Paper, S. 1–3.

Unternehmer unsichtbar? Ein Blick in Wirtschaftspresse sagt das Gegenteil. Da tummeln sie sich, in Zeiten einer Innovationsoffensive wie heute vermehrt, in trägen Zeiten weniger. Aber, so Baumol, in mathematischen und Gleichgewichtsmodellen hätten sie praktisch keinen Platz. Das liege daran, dass ihre Aktivitäten nicht die Qualität homogener standardisierter Elemente hätten, die sich für mathematische Beschreibung eigneten, ganz zu schweigen von der üblichen formalen Optimierungsanalyse. Im Klartext: Unternehmer sind unsichbar, weil die modellsüchtige Methodik der ökonomischen Theoriebildung sie nicht sehen kann, blind für sie ist. Unternehmerische Tätigkeit gibt es »theoretisch« nicht, weil sie sich nicht für die begrenzten Möglichkeiten der Formeln eignet. Ein interessanter Beleg für die verkürzte Bedeutung ökonomischer Wirklichkeit in der »politischen Ökonomie«. Wirklich ist, was Formel tauglich ist. Was nicht Formel tauglich ist, gibt es nicht. Sogar Unternehmer nicht. Das, obwohl kein politischer Ökonom anstehen würde, Unternehmer und Unternehmergeist als die zentralen Figuren des Kapitalismus anzuerkennen. Das ist krass. Es wirft ein bezeichnendes Licht auf die behauptete Wissenschaftlichkeit einer ganzen Zunft. Oder mit Rogoffs Lieblingswitz: Die Zunft sucht besoffen vor Selbstgefälligkeit kriechend unter der Laterne, während die Unternehmer im Central Park mit Bulle und Bär gegen die Arbeiter*innen Krieg führen.

7C. In diesem Zusammenhang ist auch *Paul Romer* eine Notiz wert, der wohl begabteste der Chicago Boys, lange Zeit als Nobelpreiskandidat angesagt, und Ehemann von Obama-Beraterin Christina Romer. Als maßgeblicher Akteur der »neuen Wachstumstheorie« drängte sich ihm eine Auseinandersetzung mit Schumpeter regelrecht auf. Zumal seine Kollegen auf diesem Gebiet Philippe Aghion und Peter Howitt sich in ihrer »Theorie endogenen Wachstums« offen an Schumpeter orientierten.[535] In einen Spiegel-Interview gab sich Paul Romer 1999 als Propagandist der »schöpferischen Zerstörung«.[536] Neo-Schumpeterian growth theory verfolgte er auch in einem Aufsatz unter der Überschrift »Beyond Classical and Keynesian Macroecomomic Policy« aus dem Jahre 1994, in dem er die Schaffung eines institutionellen Umfelds zur Förderung des technologischen Wandels forderte.[537] Später relativiert er unter der Knute der herrschenden Wirtschaftsmathematik in einem Interview seine

---

535 P. Aghion, P. Howitt, A Model of Growth through Creative Destruction, Econometrica Bd. 60 (2), S. 323–351; P. Howitt, Endogenous Growth and Cross-Country Income Differences, American Economic Review, Bd. 90 (4), S. 829-846.

536 Interview mit Paul Romer: Das ist die kreative Zerstörung, in: Der Spiegel 33/1997, S. 76.

537 P. Romer, Beyond Classical and Keynesian Macroecomomic Policy, in: Policy Options, July-August 1994.

Orientierung an Schumpeter mit der Bemerkung, dass ihm Schumpeter zu wenig Mathematik biete. Ausgerechnet mit dem Vorwurf der »Mathiness« (Mathetum) geißelte er als gelernter Mathematiker im Mai 2015 die verfehlte Mathematisierung von dynamischen Prozessen, die sich nicht formalisieren ließen.[538] Er vollführte damit einen offenen Rundumschlag gegen die Zunft inklusive seiner alten Chicagoer Freunde. Ein Grenzgänger offenbar, der trotz interessanter Ausführungen grundsätzliche Überlegungen zum Verlauf der Grenze zwischen Formel und Wirklichkeit vermissen lässt, wie sie Greenspan und Soros immerhin versucht haben.

7D. *Joel Mokyr*, ebenfalls Neoschumpeterianer, steht innerhalb der kapitalistischen Forschung für bahnbrechende Beiträge zur Untersuchung der Widerstandsformen, ihrer Problematik für den ökonomischen Prozess und ihrer Durchbrechung. Da, wo der Innovationsschock wie heute den Griff in die produktiven und damit in die Wertressourcen von Subjektivität und Motivation betreibt, ist als Krisengrund die Weigerung, sich voll zu überantworten, in den Vordergrund gerückt. Sich, das heißt Motivation, Gefühle, kreative Lebensenergien, Unterwerfungsbereitschaft und tendenziell das ganze Selbst bis in die Bereiche der »tacit knowledge«, des unausgesprochenen Wissens. Die Weigerung ist krisenträchtiger denn je, weil die Potentiale der Blockierungen in tiefere Dimensionen der Existenz reichen.

Mokyrs Untersuchungen richten sich auf die Entwicklungsbedingungen des Wissens und der Wissensökonomie. Das sind die seelischen Ressourcen in dem, was Michael Polanyi »tacit knowledge« nannte. Das nicht artikulierte und nicht artikulierbare »schweigende Wissen«. Es ist umfassender Inbegriff der in den Menschen eingelagerten Potentiale von Handeln und Erkennen.[539] Dies erklärt, warum Mokyr Widerstand tiefer lokalisiert als nur im »Kampf gegen«. Er lokalisiert ihn in einer mentalen seelischen, kulturell gefassten Trägheit (inertia). Sie hat einen hohen Grad von Resistenz, weil sie »nicht nur der Annahme neuer Ideen entgegenwirkt, sondern auch ihre Entstehung insgesamt behindert und so die Versorgung mit demjenigen Rohstoff drosselt, aus dem der Wandel gemacht ist.«[540] Mokyr beschränkt sich nicht auf den Aspekt der Abwehr von Nachteilen. Vielmehr betont er – verbunden auch mit einer Kritik an der herrschenden politischen Ökonomie – vorrangig die exis-

---

538 P. Romer, Mathiness in the Theory of Economic Growth, American Economic Review Bd. 105 (5), 2015, S. 89–93.

539 M. Polanyi, The Tacit Dimension, New York 1966; ders., Personal Knowledge, Chicago 1952; J. Mokyr, The Gifts of Athena, Princeton 2002, S. 8 f., S. 115 f.; D. Hartmann, G. Geppert, Cluster, a.a.O., S. 59, Anm. 86 (s. Fn. 57).

540 J. Mokyr, Technological Inertia, The Journal of Economic History, Bd. 52 (2), Juni 1992, S. 325, hier: S. 327.

tenzielle Seite: die Selbstbehauptung gegen die Zerstörung von sozialen Zusammenhängen, von familiären Beziehungen, von Kontrolle über den Arbeits- und Lebensprozess.[541] Er entwickelt die existenzielle Seite der Selbstbehauptung in Analogie zu den grundlegenden Kräften genetischen Zusammenhalts, die die Stabilität von Lebewesen gegen Auflösung und Mutation sichern.[542] Dies ist leider kein Gradmesser dafür, wie tief er die schützenswerte Substanz lokalisiert. Die ist ihm egal. Es ist ein Gradmesser, wie fundamental er die Quellen des Widerstands ansiedelt und wie tief darum die Kräfte der Überwindung reichen müssen: »Überwindung eingebauter Resistenz ist der Schlüssel zu technologischem Fortschritt«.[543] Eine derartige Resistenz habe ich oben schon in den Weigerungen gegen die Einführung der Informationstechnologien behandelt.

In diesem Verständnis behandelt er dann die von ihm durchaus als rational geschilderten Kämpfe der englischen Ludditen, die die Maschinenstürmerei als taktisches Moment behandelten, die erfolgreich gegen die Einführung der Dreschmaschine gerichteten »Captain-Swing«-Aktionen, die lebensgefährlichen Abschreckungsmaßnahmen gegen Unternehmer etc. Ebenso wie für Schumpeter, auf den er sich immer wieder bezieht, ist für ihn die Durchsetzung von Innovationsoffensiven untrennbar verbunden mit der durchdringenden schöpferischen Zerstörung bis in die Mentalitäten und Einstellungen hinein. Sie hat bestimmenden Einfluss auf Zyklus und Krise. Die »industrielle Revolution« in England sah er im Kern angewiesen auf die Intervention der Regierung zum Schutz und zur Unterstützung unternehmerischer Initiativen bis in die kulturellen Dimensionen hinein.[544] Blockierung der innovativen Energien durch Widerstand und Aufruhr wird auch von Mokyr als Krisengrund in einer politischen Ökonomie derjenigen Kräfte verstanden, die die Inwertsetzung im Kern bestimmen. Sogar die mit genozidalen Tendenzen einhergehende Gewaltsamkeit, die im Prozess ihrer Überwindung eingesetzt wird, thematisiert er am Beispiel des irischen Widerstands und der englischen Hungerpoltitik. Allerdings leider mehr als Beispiel für die Bestrafung mangelnder Innovationabereitschaft.

541 Ebd., S. 328, 329 f.; ders., Progress and Inertia Technological Change, in: J. James, M. Thomas (eds.), Capitalism in Context, Chicago 1994, S. 230, hier: S. 236 f.; Seine Schlussfolgerungen für die »Krise« der politischen Ökonomie sind in einem Aufsatz wiedergegeben, der den oben zitierten Darstellungen nichts hinzufügt und darum hier nicht behandelt werden muss.

542 J. Mokyr, The Gifts ..., a.a.O., S. 224 f. (s. Fn. 539).

543 Ebd., S. 224.

544 J. Mokyr, Technological ..., S. 331 f.; (s. Fn. 540); ders., Entrepreneurship and the Industrial Revolution in Britain, in: D. Landes et all. (eds.) The Invention ... , a.a.O., Kap. 7, S. 283, (s. Fn. 533); ders. The Political Economy of Technological Change: Resistance and Innovation in Economic History, in: Maxine Berg et. al, (Hg.), Technological Revolutions in Europe, Cheltenham 1998, S. 39, hier: S.44 ff.

7E. *Carlota Perez*[545] operiert – ebenfalls ausdrücklich im Anschluss an Schumpeter – von einer sehr interessanten metatheoretischen Ebene. Sie historisiert die Methodik politischer Ökonomie im Kontext der Innovationsoffensiven und relativiert sie als ihren jeweiligen paradigmatischen Ausdruck. Auch bei ihr figurieren die historischen Innovationsoffensiven als zentrale Impulsgeber der Geschichte. Sie nennt sie »surges«. Der Bedeutungsbereich dieses Begriffs, für den es keine deutsche Entsprechung gibt, umfasst Schock, Sturmflut, militärisch auch Kriegsoffensive (»surge« hieß die zweite Phase des Irakkriegs unter David Petraeus). In ihnen machen sich neue Unternehmereliten geschichtsmächtig. Ihnen schließen sich Nachahmer und Nachzügler an. Ebenso wie Schumpeter selbst und in Übereinstimmung mit ihren konzeptionellen Freunden Chris Freeman und Francisco Louca distanziert sie sich von der Theorie »langer Wellen« und ihren objektivistisch an Gesetzlichkeit orientierten methodischen Verkürzungen.[546] Es kam ihr darauf an, mit dem Begriff »surge« eine klare Trennungslinie zu Kondratievs Wellenvorstellungen zu ziehen. Denn der Prozess ökonomisch-sozialer Durchdringung lasse sich nicht auf Verhaltensweisen aggregierter ökonomischer Variablen reduzieren.[547] Modelle seien eine Zwangsjacke für historische Prozesse und taugten nur als ein heuristisches (die Suche leitendes) Hilfsmittel. Jeder »surge« sei einzigartig. In den verschiedenen historischen Etappen (von industrieller Revolution, Eisenbahnepoche über Massenproduktion bis zum IT-»surge«) betrieben die Akteure in den »surges« die gewalttätige (brutal way), schmerzhafte Anpassung »schöpferischer Zerstörung«. Nicht nur in betrieblichen Organisationsformen, sondern in der Durchdringung aller gesellschaftlicher Sphären bis in Lebensformen, Kultur, Mentalitäten, Sozialklima hinein. Gewalttätig, weil sie dies gegen Trägheit, Beharrungsvermögen, Resistenzen, Widerstand durchzusetzen suchen, und das im globalen Gefälle. Einige Durchsetzungsphasen seien kriegerisch gewesen. Die Durchsetzung erkläre sich daher weniger aus der Natur der

---

545 C. Perez, Financial Bubbles, crises and the role of government in unleashing golden ages, FINNOV Discussion Paper, Work Package 2, January 2012; dies., Why IT and the Green Economy are the Real Answer to the Financial Crisis, Green Alliance blog, 12.3.2012; dies., The financial crisis and the future of innovation: A view of technical change with the aid of history, Working Papers in Technology Governance and Economic Dynamics, No. 28, February 2010; dies., The double bubble at the turn of the century: technological roots and structural implications, Cambridge Journal of Economics 33 (2009); dies., Technological Revolutions and Financial Capital, Cheltenham 2002.

546 C. Freeman, F. Louca, As Time Goes By, Oxford 2001, Kap. 4. Allerdings: Ihr eigener Objektivismus im Konstrukt einer »organischen Totalität« koevolutiver Subsysteme (Wissenschaft, Technologie, Ökonomie, Politik, Kultur) ausschließlich aus der Perspektive des Kapitals ist verkürzt um die Aggressivität innovativer Schocks und ihrer barbarischen Avantgarden auf der einen und des Widerstands als konstitutives, endogenes, ökonomisches Moment auf der anderen Seite und wirft sie sogar hinter Schumpeters Zugeständnisse zurück. Haben sie Schumpeter nicht ganz gelesen oder picken sie nur raus, was ihnen passt? Ich komme im 3. Band bei einer abschließenden Methodendiskussion darauf zurück.

547 C. Perez, The double bubble ..., a.a.O., S. 779, hier 780, Anm. 2; (s. Fn. 545).

Technologie als solcher, als aus der forcierten sozialen und ökonomischen »Assimilierung« bis in die Verhaltensmuster von Produzenten und Konsumenten hinein. Dabei – und darin liegt ihr herausragender Beitrag zur Methodendebatte – formten sie ihre jeweils historisch spezifischen »best practices« aus. Das reiche bis in die Paradigmatik, wie Thomas Kuhn das für die Naturwissenschaften beschrieben habe. Nicht Kausalketten prägten die Entwicklung, sondern ein »emergentes« Hervortreten des Neuen. Auf diese Weise durchdringe die leitende Logik der Welle die Gesellschaft und die Köpfe der Akteure durch Nachahmung und Gewalt »virusartig« in Richtung eines neuen Way of Life.

Perez macht in jedem »surge« vier Phasen aus, in dem er sich gegen sozialen Widerstand durchsetzen muss, zum Teil heftigen, ja revolutionären. Nach dem Einbruch (irruption) folge ein mit neuen Finanzierungsformen gefütterter spekulativer Rausch (frenzy) als durchbruchartiger Schub mit seinem ersten krisenhaften Abbruch. Am Ende stehe eine »Synergie«-Phase. Sie reiche bis zum Reifestadium gesamtgesellschaftlicher Reorganisation und Anpassung. Im »surge« der fordistischen Massenproduktion bildete sich hier eine keynesianischen Paradigmatik heraus. Perez' besondere Relevanz für unsere Untersuchung liegt nicht nur darin, dass sie die Krisen von 1907, 1929 und 2001/2007 als Ausprägungen eines analogen »surge« korreliert. Auf den Boom zur Krise von 1929 sei eine Synergie-Phase mit der Durchsetzung der gesamtgesellschaftlichen Bedingungen für fordistische Massenproduktion und -konsum gefolgt – bis in Institutionen, Kultur, Mentalitäten und Sozialklima hinein. Sie fasst die Entwicklung von Nazi-Faschismus, Sozialismus und der »keynesianischen Demokratien« als gleichgerichtete, wenn auch unterschiedlich ausgeprägte Pfade im »surge« von Massenproduktion und Massenkonsum. »Sie alle zielten zunächst im Rahmen nationaler Märkte auf die Homogenisierung von Konsummustern, um sie dann als Plattform für internationale Expansion zu gebrauchen.«[548] Wir haben die innovative Gewalt des NS aus der Perspektive des Widerstands früh in den Kontext dieser konkurrierenden Pfade gestellt. [549]

Mehr noch als Greenspan mit seiner Orientierung an dem NS-nahen Schumpter muss sich Perez fragen lassen, wie ihre widerwärtig-affirmative Neutralisierung des NS als kapitalistischer Entwicklungspfad zustande kommt. In ihren von mir durchforschten Beiträgen habe ich kein kritisches Wort zu einem Kapitalismus gefunden, der sich durch derart barbarische Wege verwirklicht (dazu mehr im 2. Band).

---

548 C. Perez, Technological ..., a.a.O., S 24; siehe auch S. 7, Anm. 5, (s. Fn. 545).
549 D. Hartmann, Völkermord ..., a.a.O., (s. Fn. 5).

7F. Auf einer ähnlichen Linie wie Schramm operiert *Manuel Castells*. Er bemüht die Grundvorstellung »schöpferischer Zerstörung«. Aber im Gegensatz zu Schumpeter und Mokyr bezieht er Resistenzen und Widerstand nicht ein. Auch er propagiert die Unterstützung unternehmerischer Energien, die in der Krise erlahmt seien.[550] Ähnlich auch Tyler Cowen in seinem neuen Buch über »The Great Stagnation«.[551] Cowen behandelt die aktuelle Krise als Krise einer versandeten Innovationsdynamik. Schon der Titel ist brisant, weil die Debatte der 1930er Jahre in den USA beherrscht wurde von der Vorstellung einer krisenhaften »Secular stagnation«, einer epochalen Stagnation.[552]

7G. Schließlich sei in diesem Zusammenhang auch noch auf den *IWF* hingewiesen. In seinem World Economic Outlook vom Oktober 2009 zeichnete er die Krise als Ausdruck eines doppelten Innovationsschocks, und zwar eines finanziellen Schocks kombiniert mit einem Produktivitätsschock, dem schließlich die Gesamtnachfrage ausgeblieben sei. In der Folge litten krisenbedingt Innovation und Produktivität. Auf der anderen Seite ermögliche die Finanzkrise einen Reinigungseffekt durch die Beseitigung ineffizienter Firmen und Aktivitäten. So fördere sie Anreize zur Restrukturierung und Effizienzsteigerung, insgesamt eine Manifestation der »schöpferischen Zerstörung«.[553] Das ist Schumpeter reinsten Wassers, reduziert um die Dimensionen des Widerstands allerdings.

7H. Und der *Marxismus*? An dieser Stelle muss ich mich damit nicht gründlich auseinandersetzen. Seine Kategorien und Formeln sind Ingredienzien einer lange überholten Methodik, die mit dem hier skizzierten verhaltensökonomischen Umbruch noch einmal und um eine weitere Epoche in die Vergangenheit zurückversetzt wurde.[554] Das ist der Grund, warum den Marxisten wohl inzwischen das geistige Empfindungsorgan für die Wahrnehmung solcher historischen Umbrüche weitgehend abge-

---

550 Am klarsten in seinem Vortrag aus dem Oktober 2009 an der Stellenbosch Universität, Südafrika, vgl. den Bericht: Karen Mac Gregor, GLOBAL: The global crisis of capitalism, University World News Nr. 96, 11.10.2009. Der Reduktionismus ist bei Castells bedauerlich, er ist wohl arriviert. Immerhin hatte er früher den schumpeterianischen Offensiven in seiner Trilogie über die Entwicklung der Informationstechnologien (s. Fn. 123) die Widerstände der marginalisierten Subjektivität entgegengehalten.

551 T. Cowen, The Great Stagnation, e-book, Dutton 2011.

552 Vgl. auch seinen Vortrag am 16.6.2011 (Video) bei Houston's Clear Thinkers unter dem Titel »The Great Stagnation«, vgl. auch: Stagnation or inequality, in: Economist 3.3.2011, und am Runden Tisch des Economist »Economics by Invitation« zur Frage »Has there been a Great Stagnation«? 4.3.2011 mit einer Zusammenfassung seiner Darstellungen und Kommentaren von Paul Seabright,Viral Acharya, Hal Varian (8.3.2011), alle lesenswert.

553 IWF, World Economic Outlook, Okt 2009, Kap. 3 u. 4, insbes. S. 110 f, S. 123 f, S. 131.

554 Ich habe mich mit dieser Rückständigkeit in letzter Zeit erneut auseinandergesetzt, in: D. Hartmann, Was tun ..., a.a.O., S. 341 ff. (s. Fn. 1) sowie D. Hartmann, Revolutionäre Subjektivität ..., a.a.O., (s. Fn. 65).

storben ist. Die Kritik der politischen Ökonomie des Kapitalismus inszenieren sie noch immer als Kritik an Ricardo, Smith o.ä., die ja selbst seit vielen Generationen tot und überholt sind. Umso mehr war ich überrascht, als ausgerechnet ein griechischer Syriza-Minister neue Töne anschlug: Yanis Varoufakis. Im »Guardian« veröffentlichte er im Februar 2015 die überarbeitete Version einer älteren Rede unter dem Titel: »Wie ich ein erratischer Marxist wurde«.[555] Mich interessieren hier die methodologischen Ausführungen, die eindeutig eine Wahrnehmung oder sogar einen linken Nachvollzug des oben behandelten epochalen Umbruchs erkennen lassen. Als guter Mathematiker legte er den Finger auf Marx' »zweiten, schlimmeren Irrtum: Es war seine Annahme, dass die Wahrheit über den Kapitalismus in den mathematischen Formeln seines Modells entdeckt werden könne (etwa mit den Reproduktionsschemata). Das war das Schlimmste, was er seinem eigenen theoretischen System antun konnte. Der Mann, der uns die menschliche Freiheit als wichtigste ökonomische Kategorie nahebrachte ... war derselbe, der schließlich mit vereinfachenden algebraischen Formeln herumspielte, in denen Arbeitseinheiten natürlich voll quantifiziert waren, und dabei wider alle Vernunft hoffte, aus solchen Gleichungen zusätzliche Einsichten über den Kapitalismus zu gewinnen ... Wie konnte Marx nur so verblendet sein? Warum erkannte er nicht, dass keinem mathematischen Modell je die Wahrheit über den Kapitalismus entspringen kann, wie brillant der Modellbauer auch sein mag? Hatte er nicht die intellektuellen Werkzeuge, um zu erkennen, dass die kapitalistische Dynamik dem nicht quantifizierbaren Teil der menschlichen Arbeit entspringt, das heißt aus einer Variablen, die niemals mathematisch genau bestimmt werden kann?«

Natürlich verfügte Marx darüber, sagt Varoufakis, und die Gründe seien finster. »Er begehrte die Macht, die der mathematische Beweis ihm bot.« Das ist brillant formuliert – bei aller ökonomistischen Begrenztheit seines Ansatzes. Es stimmt insoweit mit meinen eigenen Einschätzungen überein: »Rechnen kann nur, wer mit der Klassensubjektivität nicht mehr rechnet.« Die Struktur der Methode enthüllt und sichert die Machtaspiration, die historische Selbstermächtigung.[556] Sie hatte diese Funktion in der Lenin'schen Machtübernahme (dazu im zweiten Band) und im »wissenschaftlichen« Unterfutter des Stalinismus und Spätstalinismus von UDSSR und DDR. Und sie hat sie noch heute. So sichert »Marxismus« eine historische Kette von Selbstermächtigungen jeweils neuer »linker«

---

555 Y. Varoufakis: How I became an erratic Marxist, the Guardian, 18.2.2015. Ich folge der bis auf kleine Ausnahmen guten Übersetzung in der Woz vom 26.2.2015, Y. Varoufakis, Rettet den Kapitalismus. (Eine verzerrende Übersetzung des Titels)

556 D. Hartmann, Revolutionäre Subjektivität ..., a.a.O., S. 251 (s. Fn. 65).

Eliten im kapitalistischen Gesamtkonzert. Sie regen sich auch heute wieder gegen die Menschen, die von ihnen »Subalterne« genannt und als solche behandelt werden. Varoufakis könnte allerdings, das zeigen seine Verkürzungen der sozialen Konfliktualität, selbst in diese Riege gehören, wenn seine Kritik auf die postfordistische Erneuerung des Marxismus in Entsprechung zu den oben behandelten Entwicklungen abzielt. Auch das wäre finster. Es wäre eine Erneuerung im kritischen Gewand auf dem äußersten linken Flügel der kapitalistischen Offensive. Warten wir ab. Ein Anzeichen wäre die Art und Weise, ob und wie Merkel und die Spitzen der Großen Koalition diese Möglichkeit wahrnehmen.

Auch wenn Marx im Umbruch der politischen Ökonomie keine Rolle mehr spielt, ein kleiner Hinweis für weitere Überlegungen sei noch nachgetragen. Vielleicht wäre es Zeit, nicht nur den kriseninduzierten Zusammenbruch der alten politischen Ökonomie im Allgemeinen, sondern den analogen Zusammenbruch des Leninismus/Stalinismus im Besonderen zu nutzen und auch seine Geschichtspolitik zur Marx'schen Methode in den Fokus zu nehmen. Die vom Marxismus-Leninismus-Institut beim ZK der SED editorisch manipulierte Marx-Engels-Ausgabe der Blauen Bände rangiert Marxens Schriften bis 1844 aus den als »Werke« kanonisierten Bänden aus. Sie verweist sie in einem »Ergänzungsband« in die Vorgeschichte, als eine Art unreife Jugendsünde. Unreif? 1844 war dieser geniale Mann 26 Jahre alt, hatte in Paris Klassenkämpfe verfolgt und im Rheinland den Vormärz-Aufruhr der proletarischen Jugendlichen aus der Eifel erlebt. Und in genau diesem Kontext beginnt er 1844 sein erstes ökonomisch-philosophisches Manuskript von 50 Seiten mit dem brisanten Satz: »Arbeitslohn wird bestimmt durch den feindlichen Kampf zwischen Kapitalist und Arbeiter«. In den Mittelpunkt seiner Analysen stellt er konsequent nicht etwa die Arbeitskraft und schon lange nicht deren Verkauf, sondern die Arbeit selbst. Sie sieht er in der Gewalt des unmittelbaren Produktionsprozesses entfremdet. Als »maschinenartige Arbeit« eines »zur Maschine herabgedrückten« Arbeiters, als derart entäußerte »Zwangsarbeit« stellt er die Enteignung nicht etwa des Produkts ins Zentrum, sondern die Enteignung der Tätigkeit im Akt der unmittelbaren Produktion selbst, ein Ausdruck des »feindlichen Kampfs« des Kapitalisten gegen den Arbeiter. »Die Produktion produziert den Menschen ... als eine Ware, die Menschenware«. Die Produktion selbst den Menschen selbst, nicht etwa der Tausch der Arbeitskraft gegen Geld. Damit geht die Entwertung der Arbeit Marx zufolge auch mit allen sozialen und kulturellen Entwertungen einher. Mehr noch und zugleich methodisch brisant: sie liegt darüber hinaus auch den Grundkategorien der politischen Ökonomie zugrunde, allen voran dem »Privateigentum«: »Wir haben allerdings den Begriff der entäußerten Arbeit (des entäußerten Lebens) aus der Nationalökonomie als Resultat aus der Bewegung des Privateigentums gewonnen. Aber es zeigt sich bei Analyse dieses Begriffes, dass, wenn das Privateigentum als Grund, als Ursache der entäußerten Arbeit erscheint, es vielmehr eine Konsequenz derselben ist, wie auch die Götter ursprünglich nicht die Ursache, sondern die Wirkung der menschlichen Verstandesverwirrung sind.« Mit der weiteren Konsequenz: »Wie wir aus dem Begriff der entfremdeten, entäußerten Arbeit den Begriff des Privateigentums durch Analyse gefunden haben, so können mit Hülfe dieser beiden Faktoren alle nationalökonomischen Kategorien entwickelt werden, und wir werden in jeder Kategorie, wie zudem Schacher, der Konkurrenz, dem Kapital, dem Geld, nur einen bestimmten und entwickeltem Ausdruck dieser ersten Grundlagen wiederfinden.«[557] Damit erkennt er den sozialen Krieg im Produktions- und »Lebensprozess« als Kern aller sozialen und politisch-ökonomischen Erscheinungen, einschließlich der Theoriebildung. Ich könnte das unterschreiben.

Leider hat Marx diesen Ansatz abgebrochen und nicht weiterverfolgt. Er hat den Kampf der Arbeiter*innen wieder aus der Theorie eliminiert. Er hat die Gewaltsamkeit des unmittelbaren Produktionsprozesses (bei allen immer wiederkehrenden Erwähnungen) grundsätzlich wieder aus der Theorie ausgeschieden. Er hat den Kampf zwischen Kapitalisten und Arbeiter*innen im unmittelbaren Produktionsprozess, auf dem »shop floor« also, da wo tatsächlich Werte hergestellt oder die Herstellung verweigert wird, und darüber hinaus im Lebensprozess, aus der Theorie beseitigt. Aus der Theorie heißt, aus ihrer Relevanz für die von der Intelligenz praktisch verfolgten Strategielinien. Diese theoretisch-strategische Bereinigung, man kann ruhig sagen: Säuberung, reduziert und verdinglicht den Bestand der Grundkategorien zu »Ware«, »Ware Arbeitskraft«, »Tausch«, »Produktivkräfte« etc. Im »Wertgesetz«, einer Art marktbestimmter Gleichgewichtstheorie, kommt die Subjektivität der Arbeiter*innen im Kampf gegen die Kapitalisten nicht mehr vor. Auch im tendenziellen Fall der Profitrate als Kern der Krisentheorie nicht. Alles ist bereinigt zugunsten eines kapitalimmanenten Prozesses abstrahierender objektiver Bestimmungsgrößen. Konsequent beginnt das Hauptwerk

---

557 K. Marx, Ökonomisch-philosophische Manuskripte, Erstes Manuskript, MEW Ergänzungsband Berlin 1974, S. 471, S. 474, S. 520 f., S. 524. Ich habe in »Leben als Sabotage«, 2. Aufl., Berlin 1988, S. 21 ff. dargelegt, wie Marx diese Gedanken in späteren Schriften (Resultate des unmittelbaren Produktionsprozesses, Grundrisse) noch einmal an sich herankommen lässt. Ich habe ihm dies damals zugute gehalten, wohl zu Unrecht. Denn er stellt darin den Bezug auf die philosophisch-ökonomischen Manuskripte nicht mehr her und verteilt nunmehr das Verhältnis zwischen »Wesen« und »Erscheinung« diametral umgekehrt, wenn auch mit gewaltigen Verrenkungen.

nicht mit dem kämpfenden Arbeiter, sondern mit der Ware. Was »Die Kämpfe der Arbeiter und Kapitalisten« hätte heißen können, wird am Ende »Das Kapital« heißen.

Diese konzeptionelle Rochade pflasterte den Weg – dessen Einzelheiten wir hier nicht aufzeigen können – zu den bestürzenden Eindeutigkeiten seiner Artikel in der »New-York Daily Tribune« der 1850er Jahre. Sie gipfeln in Hymnen auf die kapitalistischen Produktivkräfte in ihrem unerbittlichen Fortschritt. Sie ergreifen Partei für die Gewalttäter und ihre unerbittliche Zertrümmerung der chinesischen und indischen Sozialstrukturen im Zuge der militärisch-ökonomischen Unterwerfung durch die englischen Kolonialherren. Deren imperialistische Barbarei überhöht Marx sogar zur »einzigen sozialen Revolution«. Er scheut sich nicht, Englands Kolonialismus als das »Werkzeug der Geschichte« zur Hervorbringung dieser »Revolution« zu feiern, und den Widerstand indischer und chinesischer Unterklassen verachtunsvoll zu schmähen. So versteigt er sich schließlich gar dazu, Goethes grausame Poesie über die Massaker Timurs in Asien sozusagen als Fazit zustimmend zu zitieren: »Sollte diese Qual uns quälen, Da sie unsre Lust vermehrt; Hat nicht Myriaden Seelen Timurs Herrschaft aufgezehrt?«. Nein, soll sie nicht, sagt er. Denn grundsätzlich kommentiert er das Schicksal des in Metropole und Peripherie durch die Produktivkräfte erzeugten »Bevölkerungsüberschusses« ungetrübt von Anwandlungen praktischer Solidarität, ja Mitgefühl und objektivistisch billigend als die Eliminierung unterliegender »Rassen, die zu schwach sind, die neuen Lebensbedingungen zu meistern«.[558] Das Thema damals und auch das Thema unserer Tage. Das ist kein Ausrutscher, erst Recht kein Skandal. Das ist letztlich konsequent im Sinne einer Theorie, die grundlegend die Subjektivität und Kämpfe der Arbeiter*innen aus der Theorie eliminiert hat und darum auch die Subjektivität der peripheren Unterklassen der Ausmerze anheimgibt.

Wir erleben heute gerade ein neues Geldregime als Begleiterscheinung eines Innovationsangriffs auf Arbeit und Leben, also eines weiteren historischen »Entäußerungs- und Entwertungsschubs« mit hohem mörderischen Potential. Ich könnte daher eine historische Beziehung herstellen zum revolutionären Marx des Jahres 1844. Auch über kapitalistische Epochen hinweg. Könnte vielleicht, aber ich will nicht. Wir mögen mit dem genialen 26-jährigen Revolutionär in einer historischen Entwick-

558 Karl Marx, Die britische Herrschaft in Indien, New-York Daily Tribune vom 25.6.1853, Abdr. in: MEW 9, S. 127; hier S. 132; ders., Die künftigen Ergebnisse der britischen Herrschaft in Indien, New-York Daily Tribune vom 8.8.1853, Abdr. in: MEW 9, S. 220, insbes. S. 226; K. Marx, erzwungene Emigration – Kossuth und Mazzini – die Flüchtlingsfrage – Wahlbestechung in England – Mr. Cobden, New-York Daily Tribune, 22.3.1853, Abdr. in: MEW 8, S. 541, hier: S. 544. Wer die MEW gelesen hat, weiß, dass Engels Marx nicht nachsteht, sondern ihn gelegentlich noch übertrifft.

lungskette stehen und sollten ihn darin würdigen. Aber die Barriere seiner späteren Entwicklung erscheint für einen direkten Bezug geradezu unüberwindlich. Ob er uns in unseren Kämpfen gegen die neuen Strategien von inwertsetzender Gewalt in der unmittelbaren Arbeit und der darüber hinausgehenden Entwertung und Entäußerung des Lebens trotz der Rochade auf die dunkle Seite der Macht noch nützen kann, muss einer einer späteren Erörterung vorbehalten bleiben.

SCHUMPETER FOREVER: SCHUMPETERIANISCHE AGGRESSIVITÄT UNTER OBAMA

Die praktische Relevanz der hier nachgezeichneten Rezeption Schumpeters und des darin liegenden Bekenntnisses zu den barbarischen Energien des Kapitalismus endet nicht mit Greenspan und der Tsunami-Welle der Administration unter Clinton und Bush. Sie setzt sich unter Obama fort. Obama setzte gezielt und kontinuitätssichernd Lawrence Summers als einen von Clintons schumpeterianischen Frontleuten im Januar 2009 als Direktor seines ökonomischen Beraterstabs ein (Director of the White House United States National Economic Council). Summers avancierte zum unangefochtenen ökonomischen Entscheidungsträger der ersten Obama-Administration. Obama war mit ihm derart zufrieden, dass er ihn sogar als Nachfolger Bernankes im Fed-Vorsitz durchsetzen wollte. Der Kongress machte nur nicht mit.

Wir wissen, Summers hatte Greenspans Tsunami-Strategie aus dem Finanzministerium entscheidend mit betrieben. So bedeutete Obamas Auftrag nichts weniger, als die Verlängerung dieser Strategie in die Obama-Administration. Die Verlängerung des technologischen Angriffs also, der schumpeterianischen Innovationsoffensive. Das schlug sich in der programmatischen Erklärung zur Wachstumsoffensive nieder, die Summers mit geradezu herausfordernd triumphalistischem Gestus im Einvernehmen mit Obama am 21.9.2009 aus dem Briefing Room des Weißen Hauses in die Welt schleuderte. Darin hob er nach dem Ende der keynesianischen Etappe nicht etwa Adam Smith, sondern Schumpeter zum »wahrscheinlich wichtigsten Ökonomen des 21. Jahrhunderts« auf den Schild. Das war nicht dahingesagt. Summers wusste, wovon er sprach. Er, Ökonomieprofessor und Präsident der Harvard-Universität, an der Schumpeter 20 Jahre lang gelehrt hatte, war Neffe des (allerdings durchaus kritischen) Schumpeter-Schülers Paul Samuelson, selbst eine wirtschaftswissenschaftliche Ikone. Als Schlüsseltechnologien rief er in einem rasanten historischen Epochenüberblick einmal mehr die Informationstechnologien aus: »Ein Weg, den Pfad der Wirtschaftsgeschichte zu begreifen, geht über die Schlüsseltechnologien, die die

Ökonomie durchdringen. Im neunzehnten Jahrhundert brachten sie uns unter anderem die transkontinentale Eisenbahn ein, den Telegraph und die Dampfmaschine. Im zwanzigsten als die mächtigsten Innovationen das Automobil, das Düsenflugzeug und, in der letzten Generation, die Informationstechnologien. Wenn wir auch nicht wissen können, wo das nächste große Feld amerikanischer Innovation liegen wird, sehen wir schon jetzt eine Reihe von Sektoren herausragen, auf denen amerikanische Unternehmer ihre explosive innovative Energie entfesseln: und zwar in der Informationstechnologie, wo ein gewaltiges Potential für eine breite Reihe von Anwendungen für Jahre auf uns wartet.« Dann folgen weitere Anwendungsmöglichkeiten mit einer erneuten zweimaligen Beschwörung des »von Schumpeter erkannten Unternehmergeists«.[559] Obama selbst flankierte und unterfütterte das in seiner soften Art mit einer am selben Tag gehaltenen Rede über »Innovation und nachhaltiges Wachstum« im Hudson Valley Community College.[560] Obama hat mit seiner breit angelegten Initiative »Startup America Partnership« zur Anregung und Unterstützung lokaler Cluster innovativer Kleinunternehmer diese Impulse zu realisieren versucht.[561]

Diese triumphalistische Innovationsfanfare setzte auf die Verlängerung des Greenspan-Tsunami unter Bernanke. Dies beförderte damit zugleich die schumpeterianische Aggressivität des Programms schöpferischer Zerstörung in eine weitere Etappe. Das ist es, was wir uns klar machen müssen, wenn wir die Va-Banque-Politik verstehen wollen, die 2015 auf einen neuen Höhepunkt getrieben und im »Ausblick« unten noch einmal umrissen wird. Es mag zwar seinen eigenen Witz und vielleicht auch aufklärende Meriten haben, wenn Jeffrey Steinberg und Freund*innen aus der Führung des amerikanischen LaRouche-Movement Präsident Obama Hitler's Oberlippenbärtchen wegen der Schumpeter-Orientierung andichten.[562] Aber es wird dem Ernst der Lage nicht im Entferntesten gerecht. Und es lässt in seiner apple-pie-amerikanischen Einstellung keinen Schimmer von den Ambivalenzen erkennen, in denen die deutsche und amerikanische Wirtschaft ihre Innovationspolitik in den 1930er Jahren betrieben – bei allem Hass der amerikanischen Arbeiter*innen auf den NS und ehrlichem Abscheu Roosevelts vor dem NS (dazu in Band 2).

---

559 L. Summers, A Vision for Innovation, Growth, and Quality Jobs, 21.9.2009, unter: https://www.whitehouse.gov/blog/A-Vision-for-Innovation-Growth-and-Quality-Jobs/

560 Barack Obama, Remarks by the President on Innovation and Sustainable Growth, 21.9.2009, unter: https://www.whitehouse.gov/the-press-office/remarks-president-innovation-and-sustainable-growth-hudson-valley-community-college

561 Vgl. die Berichte: Steven Overly, Startup America Partnership outposts come to the District, Virginia and Maryland, in: Washington Post 30.1.12; Steven Pearlstein: Not exactly the nation's entrepreneurial capital, in: Washington Post 29.1.12.

562 J. Steinberg et al., Nietzsche, Sombart, Schumpeter, and Fascism. Why Obama Wears The Moustache, EIR-Economics 27.8.2010, S. 24 ff.

VORLÄUFIGE ZUSAMMENFASSUNG

So breit ich diesen Überblick angelegt habe, er versammelt nur eine Vielzahl von Facetten des komplexen konzeptionellen Umbruchsprozesses, in dem kapitalistische Theoretiker ihr Wirklichkeitsverständnis an die Innovationsoffensive anpassen. Dieses Verständnis kann seine endgültige Form noch nicht gefunden haben, weil die Offensive und der soziale Krieg als ihr historischer Ort andauern. Eins ist sicher: »Ökonomie« hat Inhalt und Verfahrensweisen geändert. Was viele noch für »Ökonomie« halten, hat seine Bedeutung verloren. Die zentralen Stränge der Transformation liegen in der Abkehr von der Formelwelt, die sich in der relativ ruhigen und routinierten Welt des etablierten Fordismus bzw. Keynesianismus hat einrichten können. Die schockartige Innovationsoffensive hat die Ruhe der Routinen aufgesprengt und die ungeregelte Wirklichkeit der Kräfte, die den Sozialprozess und die ökonomische Entwicklung bestimmen, zugleich entfesselt und bloßgelegt. In ihrem Kern werden die innovativen Energien gesehen, unternehmerische und sie begleitende destruktive soziale, kulturelle, militärische Energien. Eine sogenannte »Rationalität«, die sich in linearen Formeln, kausalen Verknüpfungen, geregelten Vorgängen ausdrückt, hat die Legitimation eingebüßt, Betrieb und Verständnis der Wirklichkeit und des Wirkens der Kräfte zu regulieren. Die scheinbare »Irrationalität« der Energien und »animal spirits« tritt wieder in den Vordergrund, propagiert und geleitet von entsprechenden Erzählweisen, »Narrativen«. Damit betreten auch die Akteure als Ursprung oder Verkörperung dieser Energien, wie man will, wieder die Bühne der Theorie und damit auch der »Geschichte« – der historische Prozess als ihr nicht zu hintertreibender Ort. Eine Geschichte, die sich »narrativ« spiegelt in einer Vielfalt von sich auffächernden Geschichten. Die objektivistischen Formeln verdinglichter Messgrößen und behaupteter Fakten wandeln sich in diesem Umbruch zur Ökonomie des »Verhaltens« um. Die Suche nach einer erneuten vom kapitalistischen Kommando handhabbaren Verfestigung wird nicht mehr zur überholten Formelwelt zurückkehren. Sie bereitet eine neue »Wirklichkeit« auf, durch Verhaltensmanipulation, Verhaltensdesign und der entsprechenden Gewohnheits- und Routine-Formierung unter den Zwängen des Kredits, des innerbetrieblichen Personalmanagements, in sozialen Netzwerken und dergleichen. Überwacht von fast totalitär anmutenden Formen informationstechnischer Kontrolle. Die Pfade dieser Vorstöße sind weit davon entfernt, ein abschließendes Bild zu bieten. Grundsätzlich versucht dieser Schub jedoch, in einem weiteren historischen Schritt die gewaltsame Verobjektivierung von Subjektivität auf ein neues geschichtliches Niveau zu heben, wie vor hundert Jahren der tayloristische Angriff oder zu Marxens Zeiten der Angriff der sogenannten »industriellen Revolution«. Es gibt verschiedene Versuche, dieser neuen radikalen kapitalistischen Wirklichkeit aus Kritik und Widerstand gerecht zu werden, die hier nicht behandelt werden können.[563] Immerhin ist der Übergang zur »Verhaltensökonomie« zumindest in den USA weit vorangetrieben. Als Gradmesser kann man die Entwicklung in der »American Economic Association« (AEA) nehmen. Das ist eine Organisation um die maßgebende amerikanische Zeitschrift American Economic Review. Sie stellt eine Art informelle Kammer der amerikanischen Ökonomen-Zunft dar. Ihr aktueller Präsident ist der oben behandelte Richard Thaler. Er hat die Verhaltensökonomie im Bereich der Börse und Finanzinvestitionen mitbegründet und maßgeblich befördert. Sein im Mai 2015 erschienenes Buch »Misbehaving: The Making of Behavioural Economics« gibt die Geschichte gut wieder, ohne ihr wesentlich Neues hinzuzufügen. Wichtiger ist seine Ernennung zum Präsidenten der AEA. Es ist ein richtungsweisendes Signal. Das wird noch einmal erheblich bekräftigt werden, wenn sein designierter Nachfolger Robert Shiller an seine Stelle tritt.[564]

Aber wenn mit dieser Entwicklung von Seiten der kapitalistischen Energien nicht Schluss ist, so fängt die Wirklichkeit hier für uns erst an. Der kapitalistische Normaltheoretiker verkürzt die Wirklichkeit mit seinem einäugigen Blick um die entscheidende Größe: Widerstand, Resistenzen, Kampf der Subjekte. Das gilt nicht für die ehrlichsten, aber auch aggressivsten und wagemutigsten unter ihnen, nicht für Schumpeter, Mokyr, Greenspan. Schumpeter und vor allem Mokyr haben die ganze lebendige Tiefe des betroffenen und zugleich resistenten Bereichs von Leben und Widerstand in den Blick genommen und sondiert. Konzeptionell war Schumpeter am radikalsten. Denn er hat sogar die Feindseligkeit gegenüber den kapitalistischen Zugriffen als »endogenen« Bestandteil in die politische Ökonomie aufgenommen. Marx hat diesen Schritt in seinen Frühschriften angedacht und später in seinen automatisierten Formeln des Wertgesetzes wieder getilgt.

Natürlich tun alle drei hier angesprochenen Theorie-Größen dies nur zu dem Zweck, realistische Einschätzungen und Strategien zur Überwindung des Widerstands zu gewinnen. Geschenkt, dafür stehen sie ja auf der Seite der Barbaren, was wollte man anderes von ihnen erwarten.

---

563 Für einen interessanten Versuch steht: E. Schmidt, Disconnect – keep the Future unwritten, capulcu productions, Mai 2015, (Capulcus sind Wegelagerer, Nichtsnutze). Die Texte sind zu finden unter: www.capulcu.blackblogs.org. In ihrem tastenden Charakter geben sich die Beiträge bewusst vorläufig.

564 Interessanter als sein Buch ist ein Interview mit der Federal Reserve Bank of Minneapolis von Douglas Clement editiert, in: The Region vom 3. Oktober 2013, S. 15–28, dem offiziellen Veröffentlichungsorgan. Hier spricht Thaler auch verschiedene neue Zwänge und strategische Stränge an.

Dass die kapitalistische Theoriebildung, auch die marxistische, überhaupt zu ihrer absurden Formelwelt finden konnte, erscheint angesichts dessen absurd. Die Berichterstattung über Wirklichkeit des Kampfgeschehens sagt uns unablässig: Profite der Firmen hängen vom Gelingen der Unterwerfung unter das Arbeitsmanagement und das gesellschaftliche Lebensmanagement ab. Streiks, Widerstände, Bewegungen, mindern die Profite und gesamtgesellschaftliche Profitabilität. Sie lösen eine Vielfalt kapitalistischer Gegenstrategien aus, ob Entlassungen, Kriseneskalation, Inflationierung, Repression mit teilweise brutaler Gewalt und dergleichen. Lohn, Preis, Profit sind nicht mehr als numerische Ausdrücke dieses Kampfgeschehens. Dem Widerstand, den Resistenzen tragen sogar die Analyseabteilungen der Ratingagenturen, der großen Investoren etc. in ihren Kalkulationen Rechnung, sie preisen sie ein.[565]

Nun sind es nicht »loser«, die ihnen gegenüberstehen, wie die oben genannten Herren es gerne hätten. Nur aus ihrer Perspektive erscheinen sie so. Vielmehr gehören sie zu einem Spektrum sozialer Bewegungen, das sich gegen den Aufprall der Innovationsoffensive entfaltet. Wie immer in der Geschichte bringt es auch heute neue Formen der Selbstorganisation und der moralischen Ökonomie hervor. Sie bilden die entscheidende Bewegkraft des historischen Prozesses überhaupt. Ihr lebendiger Reichtum steht der kalten Armut gegenüber, zu der Kapitalismus seine inwertsetzende Gewalt in immer neuen Schüben und zu immer neuen Gestalten von »Sachkapital« verdinglicht. Allerdings sind sie theoretisch und begrifflich nicht zu fassen. Darum erscheinen sie flüchtig und nicht existent, während sie doch in ihrer schöpferischen Beweglichkeit eine unvergleichlich reichere Wirklichkeit darstellen und hervorbringen. Wir können sie nur erfahren und erleben, vor allem immer dann, wenn wir uns in solche Prozesse praktisch einbringen.

Nachdem der Aufruhr gegen die Gefängnisse der fordistischen Fabrikgesellschaft den Kapitalismus in eine fundamentale Krise getrieben hatte, ist er mit seiner Gegenoffensive auf ein neues Niveau schöpferischer Zerstörung ausgewichen. Wie jede der bisherigen historischen Offensiven, so fächert auch diese die Zugriffe ihrer schöpferischen Zerstörung global auf – »Globalisierung« ist ein sich in großen Zyklen wiederholendes Geschehen. Desgleichen sind auch die Auseinandersetzungen mit ihr weder aus sich selbst heraus, noch unabhängig voneinander zu verstehen. Sie verwirklichen sich aus dem globalen Antagonismis heraus in der vielgestaltigen Entfaltung von Bewegungen, Widerständen, Kämpfen. Wie immer in der Geschichte sind es die peripheren Bewegungen in den drei

565 Zu der Ratingagentur Moody›s habe ich dies kurz skizziert in: D. Hartmann, J. Malamatinas, Krisenlabor ..., a.a.O, S. 76 (s. Fn. 4).

Kontinenten, die dies am prägnantesten zur Geltung bringen, so herablassend sie zumeist aus der metropolitanen Sicht beobachtet werden. Das Elend, in das die Wellen schöpferischer Zerstörung und ihre neuen Kriege sie gebracht haben, wird ihnen – oft pejorativ zu »Subalternen« reduziert – als selbstverschuldete Eigenheit angelastet. Geflüchtete werden, wie immer schon, zum Gefahrenpotential reduziert. Aber ihre Bewegungsformen, ihre moralische Ökonomie wird zunehmend wieder als Reichtum wahrgenommen. In den Metropolen lag der Schwerpunkt des Widerstands zunächst in Abwehrkämpfen: gegen Globalisierung, Deregulierung, Privatisierung etc. Der Widerstand und die erbarmungslose Zuspitzung der Umbruchsoffensive in Verarmung, Entrechtung, Lebensentwertung, Vertreibung hat jedoch inzwischen den legitimatorischen Schein der kapitalistischen Machtformation immer mehr zerschlissen. Der Abwehrcharakter der Kämpfe macht zunehmend einer Bewegung Platz, in der sich die Selbstorganisation der Lebensprozesse und neue Selbstverständnisse der moralischen Ökonomie hervorbringen. Die Bildung persönlicher Beziehungen etwa zu Subjekten von Vertreibung und Aussonderung und zu Migrant*innen, die aus den Zerstörungen ihrer Lebensformen in ihren Bewegungen neue Erwartungen bis in die Metropolen tragen, tritt an die Stelle der Stellvertreterpolitik. Großevents des Widerstands, wie etwa im Jahr 2015 in Frankfurt, Elmau, Mailand changieren von Demonstrationen »gegen« in Gemeinschaftserlebnisse und -erfahrungen zur Herstellung einer konkreten Gesellschaftlichkeit. Bewegungen finden durch die alten Trennungen nationalen und sozialen Ursprungs hindurch zueinander. Ein Gefühl für die relative Dürftigkeit der IT-Strategien beginnt, sich vom Zauber technologischer Tricks zu emanzipieren. Ein Gefühl für die Möglichkeit einer neuen gesellschaftlichen Wirklichkeit aus der Auseinandersetzung mit dem Kapitalismus sickert ins Bewusstsein. Allerdings sind die Beziehungen zwischen den globalen Erscheinungsformen von Widerstand und Selbstorganisation nur schwach entwickelt. All das ist präsent, aber zugleich prekär und in ständiger Veränderung. Es kann nur aus der Perspektive des fortgeschrittensten Moments dargestellt werden. Darum schiebe ich eine komplexere Darstellung an das Ende dieser Trilogie.

Wichtig sind bei allen Hoffnungen die Warnungen, die mit der Auflösung der Verkürzungen der »politischen Ökonomie« aufleben. Mokyr, Schumpeter, Perez, Greenspan öffnen den Blick für die Gewaltsamkeit innovatorischer Energien. Wir haben gesehen, dass ihr Weg schöpferischer Zerstörung Anpassungszwänge entfesselt, die kaskadenartig in die globalen Peripherien reichen. Selbst wenn man das verharmlosend als Druck der gesteigerten Produktivität, der Überakkumulation, formuliert, folgen daraus Imperative der produktiven und sozialen Zurichtung, darauf angelegt, die Welt auf sie auszurichten und genügend kompatible Nachfrage aus neuen Formen inwertsetzender Unterwerfung zu generieren. Man darf sich also nicht scheuen, darin das explosive Gewaltpotential zu erkennen. Die bürgerliche Ökonomie vermeidet aus nachvollziebaren Gründen, es zu thematisieren – bis auf die wenigen oben behandelten Ausnahmen. Auf diese Weise schirmt sie ideologisch ihre Gewaltoptionen ab. Aber der Kapitalismus hat immer wieder seine Bereitschaft bewiesen, alle Register der ihm zu Gebote stehenden Gewaltsamkeit zur Überwindung der krisenträchtigen Widerstände bis in die existenziellen Tiefendimensionen mentaler Resistenzen hinein zu ziehen. Und die haben nichts mehr mit »Markt« zu tun. Sie reichen von den Formen weicher Gewalt über Knast und Psychiatrie bis hin zu Krieg, Terror, Massaker und sogar Völkermord.

So sprach etwa Schumpeter nicht leichthin von »Rassenhygiene« zur Förderung von Innovation. Er meinte es ernst, bis in die Parteinahme für den NS hinein. Er stand, wie wir im 2. Band ausführlicher behandeln werden, schon vor dem 1. Weltkrieg mit den Spitzen in Politik und Ökonomie in regem Austausch, die solche Optionen systematischer Ausmerze nicht verwertbarer und verwertungsfeindlicher Subjektivität früh propagierten. Die neuere Genozidforschung trägt dem Rechnung, wenn sie die genozidalen Impulse nicht an den »Ewig Gestrigen« festmacht, sondern an den Innovatoren.[566] Von da aus wäre der Zugang zum letzten Kapitel von Rosa Luxemburgs Buch über die »Akkumulation« des Kapitals zu suchen, in dem die Aufforderung zum Handeln gegen die kapitalistischen Massaker mit der kritischen Auseinandersetzung mit den Denkfiguren marxistischer »Kritik der politischen Ökonomie« verbunden wird.

ÜBERBLICK, RÜCKBLICK, AUSBLICK

Hier die wichtigsten Erkenntnisse zur Tsunami-Welle unter Alan Greenspan noch einmal im Überblick. Die Welle war als eine epochale Offensive zur Erneuerung des kapitalistischen Regimes in allen Dimensionen der Gesellschaft angelegt: von Produktion über Kultur bis hin zu den Mentalitäten. Sie reproduzierte die hundert Jahre zurückliegende Offensive des »Fordismus« auf neuem Niveau. Greenspans Initiative schloss an Joseph Schumpeters Befunde aus dieser Epoche an. Als Vorsitzender der mächtigsten Zentralbank dieser Welt entfesselte er eine Flut des aus dem Nichts geschöpften Kredits, um die realwirtschaftlichen Kräfte der Offensive zu füttern und aufzurüsten: die unternehmerischen Energien der Herren von hunderten Startup-Unternehmen und die erneuerungswilligen Kräfte in überkommenen alten Unternehmen. Aus den Erfahrungen Schumpeters,

566 Erwähnt sei aus der im 2. Band verwendeten Literatur die ebenso gründliche wie grundlegende Studie von M. Levene, The Meaning of Genocite, I. Band, New York 2005.

aber auch von Keynes zielten die in ihnen konzentrierten Machtformen auf die Zertrümmerung, die »schöpferische Zerstörung« der überkommenen amerikanischen Sozialstrukturen und in ihrem Gefolge der ganzen Welt. Von der neuen Produktion und der enorm gesteigerten Produktivität der zu neuen »Clustern« organisierten Kerne gingen gewaltige Imperative der Anpassung aus. Sie sollten die Nachfrage erschließen, die eine solche Offensive letztlich tragen konnte. Bis dahin wurde die Nachfrage aus einer anfänglichen und mehreren sich bis heute erstreckenden Wellen »künstlich« erzeugter Kaufkraft hergestellt. Die erste und die zweite unter Greenspan mussten zusammenbrechen. Denn der Innovationsvorstoß war derart aggressiv konzipiert, dass der Ersatz durch neu erschlossene Quellen globaler Unterwerfung und damit Nachfrage vor allem aus den »emerging markets« nicht gewonnen werden konnten. Heftige Zusammenbrüche waren daher die Folge (Asien-, Rußlandkrise). Die zweite »Subprime-Welle« ging bis an den Rand des globalen Zusammenbruchs des kapitalistischen Systems. Er wurde vorhergesehen und billigend in Kauf genommen.

Die Unmöglichkeit, genügend real erarbeitete und durch Ausbeutungsprozesse erwirtschaftete sichere Nachfrage an die Stelle der künstlichen zu setzen, hat ihren Grund in den Widerständen und Resistenzen der Gesellschaften. Abwehrbewegungen, wie zum Beispiel die Antiglobalisierungsbewegung, sorgten für Blockierungen, aber auch eine Vielzahl von Manifestationen der mangelnden Bereitschaft der Menschen, die Zerstörung so einfach hinzunehmen. Die »Macht« des neuen Kaiserhauses Silicon Valley und ihrer nachgeordneten Fürstentümer in den modernen »Clustern« stand infolgedessen lange Zeit auf tönernen Füßen. Durch Flutung der Wirtschaften mit neuem Geld aus einem im Zuge der Innovationsoffensive transformierten Finanzsystem in weiteren Wellen wurde der Zusammenbruch aufgefangen. Zugleich wurde er damit in ein weiteres Stadium der Zuspitzung getrieben.

In einem Zug hat die Offensive zugleich angesetzt, ihre »politische Ökonomie« zu revolutionieren. In der Krise sind die alten Formen und Formeln des neoliberalen Verständnisses und auch des Keynesianismus obsolet geworden. Der alte Kunstmensch »Homo oeconomicus« ist gestorben, seine Lehrgebäude sind zusammengebrochen. Die politische Ökonomie geht in Entsprechung zum »Tsunami« und als sein theoretisch-methodischer Ausdruck über zur »Verhaltensökonomie«. Diese sucht ein besseres Verständnis der real wirtschaftenden, arbeitenden, ausgebeuteten Menschen und zugleich einen besseren Zugriff auf sie. Sie tut dies mit neuen Formen des »Verhaltensdesigns« und des Verhaltens-Engineerings. Das ist auch der Grund dafür, warum wir den ökonomischen und Sozialprozess nicht mehr mit unseren alten Köpfen und Vorstellungen von

System, Ausbeutung, Ökonomie begreifen können. Natürlich stellen auch unsere alten Köpfe eine »Blockierung« dar, aber eine sehr unbewusste und klägliche. Dieser Umstand ist schuld daran, warum sich der Widerstand so schwer damit getan hat, die wirklichen Formen und Quellen neuer Macht zu verstehen und anzugreifen.

RÜCKBLICK

Alan Greenspan hat den Tsunami schöpferischer Zerstörung in historisch beispielloser Bewusstheit als Erneuerung der historischen Dynamik der fordistischen Offensive zugleich begriffen und konzipiert. Er konnte sich damit auf neuere Forschungen zur Entfaltung des fordistischen Angriffs berufen. Ausdrücklich darunter die Arbeiten von Paul David. Dieser hat den langen Weg von dem Einsatz der damaligen elektrotechnischen Schlüsselindustrien bis in die Reife der fordistischen Fabrik nachgezeichnet. Kapitalistische Evolutionshistoriker*innen wie Carlota Perez haben die fordistische Offensive in ihrer bis in den Nationalsozialismus reichenden Gewaltsamkeit thematisiert. Kritiklos und darum affirmativ. Diese Offensive wird im zweiten Band ausführlich behandelt werden. Ebenso wie die aktuelle Innovationsoffensive mit ihren informationstechnologischen Kernen eine Reaktion auf den anti-fordistischen Aufruhr der 1960er und 1970er Jahre war, so ist auch die tayloristisch-fordistische Offensive als Reaktion auf die globale soziale Revolution zu entziffern. Diese Reaktion wurde in verschiedenen Strängen vorangetrieben. Zunächst in den USA, dann, wie auch heute wieder, aus Deutschland und im Gefolge in Russland, zunächst unter dem Zaren und dann durch die bolschewistische Partei, und schließlich in Japan, begleitet von parallelen Prozessen in kleineren und zurückgebliebenen Volkswirtschaften. Ihre ungeheure Gewaltsamkeit manifestierte sich in kriegsökonomisch angeheizten Massakern zweier Weltkriege bis in völkermörderische Zuspitzungen hinein. Die Avantgarden dieser innovatorischen Barbareien rekrutierten sich aus progressistischen Bewegungen ihrer Länder im Aufprall ihrer Innovationsstrategien auf die von ihnen als rückständig bezeichnete bäuerliche Gesellschaftlichkeit und ihrer moralischen Ökonomie. Weit davon entfernt, »anomale« Episoden zu bilden, war der erste und zweite Weltkrieg im Gegenteil das Medium ihres beschleunigten Durchbruchs. Die Kriegsphasen waren im kapitalistischen Sinn »normal« und die »Friedensphasen« ein vorübergehendes Erschlaffen ihrer bösartigen Energien. Die soziale Revolution manifestierte sich bis in die 1930er Jahre, ja sogar bis in den den zweiten Weltkrieg mit großer Zähigkeit und Fähigkeit zur Selbstorganisation.

AUSBLICK[567]

Die Anzeichen mehren sich, dass die Bemühungen um Sicherung einer ausreichenden Nachfrage, die die Dynamik der Offensive wesentlich weiter tragen könnte, endgültig in einen sehr kritischen Grenzbereich geraten. Nach dem Crash hatte Ben Bernanke mit der schon 2002 für diesen Fall angekündigten Geldschwemme seinem Spitznamen »Helikopter-Ben« alle Ehre gemacht und die Kaskade der Folgewellen eingeleitet. Neben unterschiedlich gründlichen Maßnahmen der Reregulierung, Sanierungs- und Rettungsoperationen auf dem Banken- und Unternehmenssektor wurden weltweit die Geldschleusen zur Stimulierung der Nachfrage wieder geöffnet, in den USA, in China, in Europa in den lateinamerikanischen und asiatischen Volkswirtschaten. Nominalszinsen wurden bald bis an die Nullgrenze, Realzinsen unter Null getrieben, Negativzinsen angedroht. Neue Hypothekenblasen wurden durch QE zunächst in England, seit längerem auch in Deutschland und Norwegen aufgepustet. In den USA wurde der Subprime-Bereich wieder eröffnet, wenn auch nicht im Hypothekensektor. Aber am wichtigsten war die global lancierte Aktienblase, in die auch die mittleren Vermögensklassen mangels anderer Anlagemöglichkeiten hineingezogen wurden und aus der über den »wealth effect« Bäche in den Konsum flossen und bis heute fließen.

Gefüttert wurden aus den Folgewellen neue Vorstöße der neoschumpeterianischen Offensive unter Obama mit ihren Derivaten in China und ihren schwachen ersten Lebenszeichen in Europa, wo London, Paris und Berlin sich an ihrer kleinen Startup-Konkurrenz berauschen. Ob durch Verhaltenskonditionierung in den neuen sozialen Netzwerken, IT-gestütztes Personalmanagement in den Unternehmen und Bürokratien, ob durch App-gesteuerte Bewegungen im öffentlichen Verkehr, überall und in allen gesellschaftlichen Dimensionen werden die Pfade der Unterwerfung und Bemächtigung in neue Tiefen der Seele getrieben. Kontrolliert durch Überwachungstechnologie, gegen die Orwells »Paradies« und der alte CIA verblassen. Ein vertieftes Schuldenregime dient als Druckmittel zur Selbstunterwerfung und Selbstoptimierung sowohl Einzelner als auch ganzer Gesellschaften.[568] Die für die nächsten 15 Jahre auf 50% angesetzte Rate des technologiebedingten Wegfalls von Arbeitsplätzen befindet sich im Anfangsstadium.

Aber die Krisensignale aus der letzten Flutwelle des Tsunami sind unübersehbar. Natürlich lässt sich aus der unterschiedlich optimistisch

---

567 Ein kleiner impressionistischer Überflug, weitgehend ohne Belege und Diskussion, sonst platzt der Text wie eine Blase. Es ist ein Vorgriff auf den 3. Band.

568 Vgl. vorläufig Skizzen zur gegenwärtigen Phase des »technologischen Angriffs« E. Schmidt, Disconnect..., op. cit. (s. Fn. 563), auch D. Hartmann., J. Malamatinas, Krisenlabor, op. cit. (s. Fn 4).

bzw. pessimistisch gefärbten Berichterstattung ein klares Bild kaum zeichnen. Als eindeutiges Datum sticht jedoch heraus, dass das globale Schuldenniveau seit 2007 rasant von 142 auf 199 Billionen gewachsen ist. Mit enormen Steigerungen auch in den USA als der »größten nichtmilitärischen Bedrohung.«[569] Offenbar steht ausgerechnet jetzt die Möglichkeit einer weiteren Flutwelle nicht mehr zur Verfügung. Die kredittechnischen Optionen à la QE scheinen ausgereizt (allerdings bleibt hier der Abstieg in fragwürdigere Wertpapierklassen möglich). Janet Yellen hält die Absicht einer Zinswende eher zaghaft am Leben und macht sie offenbar von der weltwirschaftlichen Entwicklung abhängig, aber kaum jemand traut sie ihr derzeit zu. Draghi hält an seinem 2015 begonnenen QE fest, mit mäßiger Wirkung und offenbar eher als Instrument einer exportfördernden Euro-Abwertung. Insgesamt geht die Tendenz zu der Einschätzung, dass die Nachfragepotentiale, d.h. die Potentiale aus erarbeiteten Werten, Verschuldung und Investitionen zusehends verfallen. Das gilt sowohl für die Metropolen als auch für die Halbperipherien, die sogenannten Emerging Markets wie Russland, Südafrika, die asiatischen Tiger, China und Indien.

So gehen in den USA Wachstum und Produktivitätssteigerungen zurück. Der Thriumphalismus der fallenden Arbeitslosenzahlen wird Lügen gestraft durch die steigenden Zahlen derjenigen, die gar nicht mehr suchen (fallende »labor participation rate«), die höchsten seit den 70er Jahren und weit über den deutschen. Die Innovatiosrate stagniert. Das Wachstum der chinesischen Wirtschaft, Motor abhängiger Konjunkturen, vor allem der deutschen, seit Krisenbeginn hochgepeitscht durch Liquiditätswellen und Verschuldung vor allem über den regionalen Schattenbanksektor, fällt gleichwohl unter klaren deflationären Signalen und stand laut Einkaufsmanagerindex Anfang August auf Null. Die alternde japanische Gesellschaft vermag trotz gigantischer Liquiditätsinjektionen der deflationären Wirtschaftsentwicklung keine Impulse mehr zu geben. Die indische Wirtschaft verdankt die propagierten Wachstumsraten nur einer neuen BIP-Berechnungsmethode und schiebt angesichts einer unbesteuerten »informellen« Schattenwirtschaft von etwa 90% enorme Infrastrukturaufgaben vor sich her, ohne etwas zu bewegen. Den asiatischen Tigern wackeln die Zähne, in Anbetracht des verringerten Frachtaufkommens, aus dem es einen großen Teil seines Wertes saugt, sogar Singapur. Die brasilianische Wirtschaft ist auf dem Weg in die schwerste Rezession seit 25 Jahren, die Reallöhne fallen, die Inflation steigt. Der russischen geht es nicht viel anders. Rohstoffpreise sacken seit längerem ebenso ab, wie die

569 J. Capretta, The debt is still a major threat, aei 30.6.2015 auf der Basis der langfristigen Budgetprojektionen des CBO.

Währungen der rohstoffproduzierenden Länder, ein untrügliches Symptom nachlassender Produktion. Die Produktionskapazitäten sind weltweit unterausgelastet, bei anhaltender Deflation. Die europäische Wirtschaft ist durchschnittlich noch tief in der Krise und lässt weiter nach. Die Sprache des Griechenland-Dramas ist kaum misszuverstehen.

Dazu ein kurzes Wort. Das griechische Drama ist ohne den in diesem Buch beleuchteten Hintergrund nicht zu verstehen. Das Mai/Juni hochgeschäumte Vordergund-Gezeter um gute Tsiprasse und böse Schäubles oder umgekehrt, je nach Standpunkt, ist lächerlich. Ebenso wie die allein monetär argumentierenden Warnchöre mit Krugman als Vorsänger über die austerity-bedingte Zerstörung Europas, die 2010 schon mal interessanter und intelligenter klangen.[570] Das Drama hat vielmehr seinen Ort in der weltweiten Kaskade der schöpferischen Zerstörung und Entwertung der Arbeits- und Lebensformen im Zuge der Innovationsoffensive. Hier steht die griechische Gesellschaft im europäischen Kontext im unteren und darum stärker betroffenen Bereich. Das Drama wird noch zusätzlich angeheizt durch die Wiederholung des wilhelminischen Abenteuers, das die deutsche Regierung mit unerbittlicher Härte betreibt. Das im Ersten Weltkrieg und unter Hitler verfolgte Ziel eines den USA zumindest ebenbürtigen europäischen Binnenmarkts, damals unter Reichmark-Währung, diesmal unter einem deutsch hegemonisierten Euro, wird wie vor hundert Jahren befeuert durch eine analoge Innovationskrise.[571] Nur dass nunmehr als Konkurrent auch noch China dazugekommen ist, das für den Yuan den machtsteigernden Status einer Reservewährung anstrebt. Die Befürchtung eines Abstiegs des europäischen Kapitals ohne Euro ist nicht ohne Grundlage. Es ist diese Konkurrenz, aus der der Anpassungs- und Innovationsdruck auf die gesamte Eurozone und vor allem Griechenland, der Druck schöpferischer Zerstörung also, noch einmal erheblich verschärft wird. Sie ist der Sinn auch der stetigen Ermahnungen, Griechenland müsste sich ebenso wie die anderen Euro-Volkswirtschaften durch Rationalisierung und Innovation das Geld und die Euro-Mitgliedschaft auch auf dem Weltmarkt verdienen. Das öffentlich unter enormer Publikumsbeteiligung aufgeführte Drama hat mehrere zentrale Funktionen. Es ist wie ein Labor, in dem die Zwänge der allen abgeforderten Transformationspolitik nicht nur für Griechenland, sondern auch als Lernmaterial für die anderen Länder inszeniert werden. Es dient darüber hinaus als Anschauungsunterricht für die Folterinstrumente gegen je nationale Renitenz gegenüber der Politik schöpferischer Zerstörung – zuletzt als von der EZB am lebendigen Objekt demonstrierter Bankenzusammenbruch

570 Ebd. S. 116 ff.
571 Vgl. D. Hartmann, J.Malamatinas, Krisenlabor, op. cit.(s. Fn. 4), S. 53 ff.

und seine verheerenden sozialen Folgen. Es schleift die Bereitschaft zur Unterwerfung unter deutsche Hegemonie ein und kompensiert den deutschen Geburtenrückgang durch Jobsucher. Wie schon in einer ähnlichen Zuspitzung Ende 2010[572] schüchtert dieses Erziehungsschauspiel auch die renitenteren Kräfte in Italien, Spanien, Frankreich ein, ohne sie unmittelbar zu bedrohen. Denn einmal sind die Phantasieleistungen viel effektiver und zum anderen vermeidet Merkel aus den geschichtlichen Lehren einen direkten Affront. In Anbetracht der bis in die Syriza reichenden mentalen »Rückstände« eines tradierten Klientelsystems, dem die spanische, italienische, und vor allem französische Gesellschaft mehr oder weniger entwachsen ist, ein zudem relativ wohlfeiles und risikofreies Schauspiel. Dass die deutsche Politik dabei durchaus vorankommt, zeigt – bei allem ritualisierten Bekenntnis zu europäischen Utopien – die zunehmend spürbare Gewöhnung an den Gedanken einer Übertragung von Souveränität an Euroland.[573] Schließlich sind es natürlich auch geopolitische Strategien, um die Kontrolle des Balkans, dessen Banken zumindest im Süden zu 50% in der Hand griechischer Banken sind. Und um die geopolitische Barriere nach Vorderasien gegen das imperialistische »Neue Seidenstraße«-Projekt aus China, gegen den radikalen Islamismus und vor allem gegen die Migration. Krugman hin, Stiglitz her, das alles stößt in den USA aus ihrem Selbstbewusstsein globaler technologischer und militärischer Macht auf einstweilen wohlwollendes Verständnis, wie man Obamas Signalen und der Meinungsbildung in den führenden Think-Tanks entnehmen kann. Allgemein geteilt wird allerdings auch die Ansicht, dass das Theater in Anbetracht der weitgehend unproduktiven griechischen Wirtschaftsstrukturen mit – neben dem Tourismus – wenigen Exportgütern unter den gegenwärtigen Bedingungen nur eine begrenzte Lebensdauer hat und die von Draghi kürzlich in Aussicht gestellte »blühende Wirtschaft« eine Fata Morgana darstellt. Die nächsten Monate werden auch zeigen, in welchem Maße, ähnlich wie schon der Sozialdemokrat Papandreou,[574] der Marxist Tsipras das »Spiel schöpferischer Zerstörung« aus seiner Produktivkraftorientierung mitspielt. All das ist, um es noch einmal zu betonen, ohne den hier behandelten Kontext der epochalen Innovationsoffensive nicht zu verstehen.

Ebenfalls aus der Zuspitzung dieser epochalen Krisendynamik werden sehr beunruhigende Symptome erkennbar, die vor allem hierzulande kaum damit in Zusammenhang gebracht werden: die amerikanischen Debatten über die Vergleichbarkeit des heutigen Nachfrageverfalls mit

---

572 Ebd. S. 120 ff.
573 La Stampa, 24.7.15, S. 4.
574 D. Hartmann, J. Malamatinas, Krisenlabor.., op. cit. (s. Fn 4) S. 92 ff.

demjenigen von 1937, der bis dahin schärfsten Rezession in der amerikanischen Geschichte. Ferner die damit zusammenhängende Diskussion über eine erneute »epochale Stagnation« (secular stagnation). Diese Symptome fallen kaum noch in die Rubrik der spekulativ-historiographischen Vergnügen, sie sind todernst zu nehmen. Denn sie gehen einher mit einer Politik der Spannung an den geopolitischen Bruchlinien in Asien und Europa.

Die Behauptung einer »epochalen Stagnation« aufgrund des Missverhältnisses von wachsender Produktivität und zurückbleibender, bzw. verfallender Nachfrage, zuerst in der Wirtschaftswissenschaft (z.B. Tyler Cowen) aufgestellt, wird heute von namhaften Großbanken (z.B. Citigroup, JP Morgan) ventiliert und breit diskutiert. Sie bezieht sich zurück auf die vor bald 80 Jahren geführte Diskussion, die Alvin Hansen mit der Behauptung einer »secular stagnation« nach der verheerenden und bis dahin schärfsten Rezession der amerikanischen Geschichte im Jahre 1937 angestoßen hat. Roosevelt hatte monetäre Injektionen, vor allem auf dem Sozialsektor, gestrichen und damit die Nachfrage reduziert. Die Unternehmer waren darüber hinaus verunsichert durch die Feindseligkeit aus der Besetzungsbewegung, dem »sit-in-movement«, nicht nur in der Fabrik, sondern in allen gesellschaftlichen Bereichen. Folgt ein ähnlicher Absturz in die große Stagnation, wenn die Blase endet oder gar Luft abgelassen wird, etwa durch Yellens Zinswende? Brisant ist – in den USA nur andeutungsweise mit der gebotenen Zurückhaltung diskutiert – noch etwas anderes: Die Kommandohöhen des amerikanischen Kapitalismus haben aus der Erfahrung dieser »Rezession« ökonomisch den Anschluss an die blühenden europäischen Kriegsökonomien vollzogen und sind ihnen damit auf dem Weg in den zweiten Weltkrieg gefolgt. Ein blutiger Gesundbrunnen effektiver Nachfrage und ein Ingenieurkrieg, wie ihn das Einleitungszitat beschwört. Sicher sind historische Momente nicht derart simpel korrelierbar, aber Dynamiken sind es durchaus. Wenn schon, dann würde ich die Analogie eher zur großen Rezession 1913/14 herstellen.[575]

Zugleich aber – und das unterstreicht die Besorgnisse – wird in Osteuropa[576] und in Ostasien eine Politik der Spannung betrieben, wie sie aus sozialen und ökonomischen Gründen für ein derartiges Krisenstadium durchaus zu erwarten ist. Markant wird die Konfliktualität von Handels- und Militärpolitik enggeführt, besonders in der Auseinandersetzung zwischen der amerikanischen und japanischen Regierung auf der einen und der chinesischen Regierung auf der anderen Seite. Die von den USA unter Ausschluss Chinas geführte Initiative zur Herstellung der Transpazifi-

575 Vgl. D. Hartmann, 1914 – 2014?... op.cit. (s.Fn 2), S. 35 ff.
576 Hierzu ebd.

schen Partnerschaft (TPP) konfrontiert die chinesische Handelspolitik ebenso, wie die Politik der Einkreisung durch amerikanische Stützpunkte die chinesischen Manifestationen militärischer Aggressivität und Inselkonstruktionen im südchinesischen Meer herausfordert. Es mag auch um Rohstoffe gehen, wie es heißt. Ich denke, verkürzend. Die Politik der Spannung übersetzt die Krisendynamik und die soziale Konfliktualität wieder einmal in die Arena militärischer Auseinandersetzungen.

All dies wird auf dem Hintergrund des historischen Rückblicks im dritten Band in seine verschiedenen Stränge verfolgt werden, innovativ-technologische, ökonomische, soziale, militärisch/geopolitische etc. Mit dem Ziel, zu wissen, wie der Kapitalismus bei der Durchsetzung seiner Innovationsoffensiven operiert und wie weit er geht. Dass er dabei keine Barbarei scheut, hat er in der Geschichte immer wieder bewiesen. Vor allem aber geht es darum, die aktuellen Formen von Bewegungen von unten in den Blick zu nehmen, die sich damit konfrontieren, ob bewusst oder nicht. Es ist klar, dass keine »marxistische« Volte uns vor den Barbareien retten wird. Ganz im Gegenteil. Denn sie hat sich in der Geschichte als kapitalistischer Strang erwiesen und tut dies auch heute wieder. Retten wird uns nur eine umfassende soziale Revolution, die den Kapitalismus auf allen seinen Pfaden aufhält und keinen auslässt. Vor allem nicht den des technologischen Angriffs, der innovativen Offensive in allen ihren gewalttätigen Facetten. Wenn die drei Bände hierzu einen Betrag leisten können, so klein er auch sein mag, haben sie ihren Sinn erfüllt. /

DETLEF HARTMANN, GERALD GEPPERT
CLUSTER – DIE NEUE ETAPPE DES KAPITALISMUS

Materialien für einen neuen Antiimperialismus Heft 8

Buch des Monats bei konkret 8/2008

»Daher erkennen immer mehr Regionen, dass Clusterbildung ein Schlüssel zum wirtschaftlichen Erfolg ist«
Dagmar Wöhrl, Parlamentarische Staatssekretärin beim Bundesminister für Wirtschaft und Technologie

»Cluster« heißt wörtlich übersetzt »Haufen«. In der neuen Management-Theorie steht der Begriff für die Zusammenballung von innovativen Unternehmen zu einem strategischen Kern. Ein frühes Beispiel für Cluster dieser Art war Silicon Valley. Aus diesen Kernen werden Strategien der Organisation, des kapitalistischen Kommandos und der Globalisierung entwickelt.

Dieses Heft beschäftigt sich mit den regionalen Cluster-Strategien am Modellbeispiel Wolfsburg. Die Autoren zeichnen die Strategien dieses postmodernen Zugriffs auf die Bevölkerung der Region nach. In dessen Kern stehen die Hartz-Programme, aber die Verelendungspolitik ist nur einer ihrer Stränge.

Cluster-Politik löst die alten Sozialstrategien ab und reorganisiert sie auf neuer Stufe.

ISBN 978-3-935936-62-0 | erschienen 03/2008 |
224 Seiten | Paperback | lieferbar | 14,00 €

DETLEF HARTMANN
»EMPIRE« – LINKES TICKET FÜR DIE REISE NACH RECHTS

Umbrüche der Philosophiepolitik Hardt/Negri, Sloterdijk, Foucault

Detlef Hartmann formuliert eine grundlegende Kritik an den Büchern »Empire« von Negri/Hardt und »Regeln für den Menschenpark« von Sloterdijk. Im Lichte ihres Gegenspielers Foucault interpretiert Hartmann die Thesen der scheinbar gegensätzlichen Autoren als Ausdruck postmoderner Herrschaftsstrategien.

ISBN 3-935936-15-X | erschienen 11/2001 |
194 Seiten | Paperback | lieferbar | 12,00 €

PETER LINEBAUGH, MARCUS REDIKER
DIE VIELKÖPFIGE HYDRA

Die verborgene Geschichte des revolutionären Atlantiks
Aus dem Englischen von Sabine Bartel

Die amerikanischen Historiker Peter Linebaugh und Marcus Rediker stellen in diesem Buch die Herausbildung des »atlantischen Kapitalismus« dar. Sie beleuchten die Ursprünge und den atemberaubenden Aufstieg des frühen globalen Kapitalismus vom Ende des 16. bis zum Beginn des 19. Jahrhunderts, ohne den die Welt, wie sie heute ist, nicht gedacht werden kann.

Den Autoren gelingt es, die »versteckte Geschichte« der atlantischen Kolonisation durch das aufstrebende Britische Empire aus den »Fußnoten« der Historiographie in den Mittelpunkt ihrer Darstellung zu rücken.

Es ist dies die Geschichte der verarmten Massen, der Seeleute und Sklaven, der Schuldknechte, der einfachen Frauen, der marginalisierten Arbeiter und Bauern und all jener, die auf die sogenannten »common rights« dringend angewiesen waren.

Im Gegensatz zur gängigen Geschichtsschreibung stellen die Autoren die Revolten und organisatorischen Anstrengungen der »multi-ethnischen Arbeiter« in den Mittelpunkt ihrer Untersuchung. Die Armen treten als politische Subjekte in Erscheinung, anstatt als unberechenbare und politisch naive Masse abgetan zu werden, die den Gang der Geschichte durch plan- und hoffnungslose Revolten vorübergehend aufhielten.

ISBN 978-3-935936-65-1 | erschienen 01/2008 |
432 Seiten | Paperback | lieferbar | 28,00 €

MARCEL VAN DER LINDEN, KARL HEINZ ROTH (HG.)
ÜBER MARX HINAUS

Arbeitsgeschichte und Arbeitsbegriff in der Konfrontation mit den globalen Arbeitsverhältnissen des 21. Jahrhunderts
Unter Mitarbeit von Max Henninger

Die kapitalistische Weltökonomie befindet sich in einer Krise, deren Ausmaß an die 1930er Jahre erinnert und gesellschaftliche Umbrüche von großer Tragweite erwarten lässt. Nicht wenige greifen wieder zu den blauen Bänden des »Kapital«, um zu verstehen, wie es dazu kommen konnte und womit in den nächsten Jahren zu rechnen sein wird.

Wie steht es heute um die Marxschen Geschichtsprognosen, und wie um sein Verständnis von Arbeit? Ist es scheint an der Zeit, die Beziehungen zwischen Arbeitsgeschichte und Arbeitsbegriff neu zu durchdenken und das begriffliche Instrumentarium zu erweitern.

Autorinnen und Autoren aus aller Welt erörtern diese Fragestellungen in einem Sammelband, der sicht nicht weniger vorgenommen hat, als Reichweite und Aktualität der Marxschen Theorie auf der Höhe der Zeit neu auszuloten und das Anliegen der sozialen Gleichheit und einer sozialistisch verfassten Weltgesellschaft zu reformulieren.

ISBN 978-3-935936-80-4 | erschienen 08/2009 |
608 Seiten | Paperback | lieferbar | 29,80 €